지방정부관리론

김 종 후

도서출판 대영문화사

머리말

민주주의라는 이상과 가치가 궁극적으로 지향해야 할 목표이지만 실제는 주어진 환경에 따라 각기 다양한 양태로 존재하면서 어떤 경우는 그러한 목표와 이상과는 거리가 먼 채 명칭과 용어만 남발되기도 한다. 그럼에도 결국은 그러한 목표를 지향하는 과정과 노력을 안내하는 일을 소홀히 할 수 없다는 것이 대다수 학문하는 사람들의 입장이 아니겠는가 생각된다.

지방자치제도 역시 이러한 궤를 벗어나지 않는 것 같다. 1991년 지방자치제도가 부활한 이후 오늘까지 그 결과에 대한 평가가 상반되기 때문이다. 집권적 국가주도 운영체제에서 지방분권적인 체제로 전환함에 따라 주민에 가까운 정치행정이 이루어짐으로써 민주주의 성숙은 물론 지역의 특성과 주민의 삶의 질을 우선적으로 고려하는 행정이 이루어지고 있다는 긍정적인 평가가 있는가 하면, 지방정치과정의 미숙과 지방정부의 전반적인 관리능력 부족 등으로 오히려 사회적 비용만 증가했다는 부정적인 평가도 만만치 않기 때문이다. 긍정적 평가도 바람직한 수준에 이르렀다는 평가가 결코 아니기에 지방자치 운영에 관한 제도적 문제에 지속적인 관심을 가져야 하겠지만 이제는 특히, 지방자치제도 하의 지방정부 관리능력과 모든 권력의 원천으로서 시민의식과 시민역할에 관한 시민론에 대한 깊은 성찰이 더 절실하게 요구되지 않나 생각된다. 지방정부가 주민들을 위하여 무엇을 해야 하고, 주민들에게 질 좋은 공공서비스를 제공하기 위해서 지방정부를 어떻게 운영해야 할 것인가라는 실질적인 문제들에 관심을 모아야 할 때라 사료된다.

오늘날 공공관리의 실제와 연구에서 개혁, 혁신, 창조성, 위기감수, 그리고 기업가 정신 등의 다양한 용어가 회자되고 있는 반면에, 한 걸음 더 나아가 관리보다는 공공의 이익이나 공공서비스를 강조하는 또 다른 흐름도 도도하다. 이처럼 지방정부 관리현상에 대한 다양한 관점이나 시각들이 혼란을 주기도 하지만 어찌 보면 전혀 쓸모없는 것이 아니라 나름대로 용처가 있고, 상황에 따라 지혜가 될 수 있을 것이다. 결국 독약도 약이 되듯 쓰이는 응용학문은 처해 있는 상황에 따라 유용하게 될 수 있고 이를 활용하는 자에 따라 달라지기도 할 것이다.

따라서 이 책에서는 지방정부 운영에 관여하는 사람들과 지방정부를 어떻게 운영할 것인지를 고뇌하는 사람들을 위하여, 다양한 이론과 주장들이 지방정부라는 쓰임터에서 어떻게 적용될 수 있을 것인가에 대한 안내를 위해 저술한 것이다.

우리는 보다 나은 공공부문의 서비스를 위해 아우성치는 시대에 살고 있다. 시민들의 일상적인 삶의 만족이나 질이 지방정부의 역할과 운영에 의해 크게 영향을 받고 있기 때문에 지방정부의 수월적 역할과 시민들의 주인으로서 역할정향과 적극적 시민성으로, 공공부문에 참여하고 문제해결에 자신들의 생각을 관여시킬 필요가 있다. 그리고 이들 역할의 결과에 따라 지방자치 실시와 지방정부 제도를 설치·운영하는 이유가 충족될 것이다. 따라서 지방정부의 실제 운영과 관리가 민주적 가치와 민주적 대응성에 강한 책임을 공유하면서 다른 한편으로 행정의 전문성, 전문가주의, 높은 기준의 관리적 능력이 해당 지방정부의 상황에서 재창조되기를 기대한다.

지방정부 운영에 관한 보편적 최선의 방법을 제시하기란 쉽지 않다. 현실적 적용과 실제는 관리자가 처해 있는 상황이나 여건에 맞게 재창조하는 관리자의 예술적 몫이기도 하다. 지방정부 운영의 핵심은 관리 실무에서의 적실성이며 이는 현장의 관리자들 간의 담론과 경험 나눔을 통해 얻어질 지혜에서 비롯될 것이다. 이러한 창조적 접근방법은 또한 기존의 관리접근방법에 관한 인식을 토대로 한다. 아는 만큼 느끼고 창조할 수 있기 때문이다. 이러한 창조과정의 생성을 기대하며 이 책에서는 이를 위한 징검다리 역할로서 기존 문헌들에서 제시된 이론과 논거를 소개하는 것으로 한정하고자 한다.

이 책은 크게 세 부분으로 나누어진다. 제1부에서는 공공관리에 관한 일반적이론과 지방정부에의 적용을 통한 관리능력 향상의 필요성과 방향을 제시하고, 제2부 지방정부 외부관리에서는 지방정부를 위요한 외부환경과의 관계에서 지방정부 관리전략과 시민역할 및 전략적 관리를 다루고, 제3부 지방정부 내부관리에서는 지방정부 효율적 구조와 과정에 관한 다양한 방안들을 제시하여 지방정부가 무엇을 어떻게 해야 할 것인가에 관한 논의의 토대를 제공하고자 한다.

끝으로, 이 책을 발간하기까지 안면도 없이 문헌을 통해 훌륭한 아이디어와 사고를 공유할 수 있게 하고 연구의 실마리들 제공해 주신 국내·외 학자들의 도움에 먼저 감사를 드리고 싶다. 아울러 서울대 행정대학원 시절부터 연구에 필요한 문헌과 자료를 흔쾌히 접할 수 있게 해주시고, 이 책을 출판할 수 있도록 많은 지원을 아끼지 않으신 대영문화사 임춘환 사장님과 대영문화사 관계자분들에게도 심심한 감사의 마음을 전하고 싶다.

마지막으로, 그동안 사랑으로 모든 것을 감내해온 가족들에게 다시 한 번 고마운 마음을 전하고 싶다.

2017년 5월
미룡동 연구실에서
저자 씀

차 례

제 2 부 지방정부 외부관리

제 3 부 지방정부 내부관리

제 1 부

공공관리와 지방정부관리

어떤 조직이나 체제의 생존과 성과는 관리에 달려 있다라는 말은 부인할 수 없는 명제이다. 변화하는 환경에서 관리여하에 따라 조직의 유지와 성과가 좌우되기 때문이다. 1980년대 말 선진산업사회에서 관리(management), 관리자(managers)라는 말들이 중앙정부나 지방정부의 정치가나 공무원들의 일상용어가 될 정도였다. 이와 함께 공공부문의 관리개혁을 통한 효과성과 효율성을 제고하는 것이 국가 부흥의 열쇠이고 이러한 관리 정신과 기풍이 전국의 공・사기업이나, 공무원사회, 그리고 지방정부에 걸쳐 곳곳에 확산되어야 한다고 주장되면서 많은 선진국 정부에서 확고한 의제로 등장하고 있다.

오늘날 공공관리의 접근방법이나 개혁은 서로 다르면서 때로는 경쟁적인 처방을 전제로 하는 두 가지 흐름이 있다. 그중 하나는 공공재와 공공서비스 제공에서의 개선에 초점을 맞춰 공공서비스를 보다 효율적이고 창의적으로 생산하여 수요자에게 제공하기 위한 공공관료제의 다양한 관리개혁 아이디어들이 등장하는 것이고, 또 다른 하나는 정치와 행정과정에 시민들의 적극적인 관여에 초점을 두고 시민들에게 더 많은 선택을 보장하고 정부에 대한 신뢰와 지지를 제고하기 위한 민주적 장치를 마련하려는 개혁적 아이디어들이 나타나고 있다. 지방정부관리를 개선하려는 이러한 관점들은 때로 상충되기도 하지만, 한편으로는 민주성을 고양하고 다른 한편으로는 정부효과성을 개선하려는 주장들이다. 여기서는 먼저 공공관리에 관한 관점들과 그 흐름을 살펴보고 이러한 관점들이 지방정부관리에 어떻게 적용할 수 있는가를 살펴보기로 한다.

제 1 장 공공관리

제 1 절 공공관리의 의의

공공관리라는 용어가 널리 사용되고 있지만 이것이 새로운 학문영역인지, 범학문적 응용분야인지에 관해서는 광범위한 합의나 이들 주제에 관한 패러다임적 상태가 이루어진 것은 아니지만, 행정이라는 용어 대신에 등장한 이유는 공공분야에서의 정부효과성과 민주성에 관한 새로운 아이디어가 필요하였기 때문이다. 지방정부 영역에서도 이러한 변화가 반영되어 '지방행정'이라는 용어보다는 '지방정부관리', '지방경영' 및 '지방거버넌스'라는 용어들이 자주 등장하고 있다.

1 행정과 관리

행정(administration)의 어원은 라틴어 '*minor*', '*ministrare*'에서 나온 '봉사하다(to serve)와 통치하다(to govern)'라는 의미에 '*ad*(접근, 방향)'라는 접두어가 결합된 것으로 '봉사와 통치를 지향하다'라는 의미를 갖고 있다(Hughes, 1998: 5). 따라서 행정은 '통치하다'라는 의미인 지배－피지배 구조에서 지배층의 가치 배분 역할에 초점을 두고, 권위에 의해 다스리거나 지시 또는 제한하는 영향력 행사와 '봉사하다'라는 의미인 공익 실현과 공공문제를 해결하여 대중에게 서비스를 제공하는 제반활동이라는 뜻을 함의하고 있다. 이러한 행정은 19세기 말부터 영어사용권 국가들에서 집행부의 활동이나 집행부에 관한 학술적 연구를 의미하는 용어로 사용되었다(Hood, 2005: 10).

관리(management)의 어원은 라틴어 '*manus*'에서 유래한 것으로 '손으로 다루다'를 의미하며, 16세기에 이탈리아어 동사 maneggiare(말을 솜씨 있게 훈련시키거나 타다)라는 의미가 영어로 들어온 말이다. 기업운영이나 경영을 의미하는 오늘날의 의미를 얻기 전에는 전쟁이나 다른 공적인 일의 수행을 의미하는 것으로 사용되었다(Hood, 2005: 8). 사전적 의미로 관리는 '달성하거나 산출한다, 책임지거나 돌보다, 통제하다' 등을 뜻함으로써 부여된 목표달성을 위해 계획을 세우며 조직의 인적·물적 자원을 조직화하고 구성원의 활동을 지휘·조정·통제하는 과정을 의미한다. 관리는 대체로 조직목표를 설정하고 계획을 세우며 인적·물적 자원을 조직화하고 구성원의 활동을 지휘, 조정, 통제하는 과정으로 쓰인다(이종수, 2000: 58). 관리는 19세기 말 관리운동[1)]의 전개와 함께 공적업무 수행을 의미하는 용어로 널리 사용되면서 행정과 밀접한 관계를 갖게 되고, 1937년 루스벨트(Franklin D. Roosevelt) 대통령에 의해 임명된 브라운로(Brownlow)위원회에서 집행부의 설계와 운용을 지칭하여 '행정관리'라는 용어가 등장하였고, 제2차 세계대전 이후 관리라는 용어가 정부에 널리 사용되었다.

행정은 봉사의 의미를 강조하고 있는데 비하여 관리는 통제하거나 결과를 얻어내는 것을 강조하며, 행정은 절차와 우선순위에 초점을 두는 데 비하여, 관리는 결과의 달성과 이를 달성하는 책임에 초점을 둔다(Hughes, 1998: 4-6). 행정은 공공분야에서 발생하는 문제를 공익의 차원에서 우선순위를 정하고 정책수단 및 서비스 제공을 통하여 해결하고자 하는 제반활동인데 반하여, 관리는 조직 내의 합리적 행위로서 부여된 목표달성에 이르기 위한 전략과 추진상황을 모니터링하고 이들 목

---

1) 미국에서는 도시관리자(city manager)들이 이러한 진보적 운동의 중심이었다. 이러한 운동은 시정부 운영과 공공서비스 제공은 정치로부터 독립된 전문가들이 공익 정신에 의해 수행해야 한다는 이상을 반영하고 있다. 이들 도시관리자들은 자율적이며 고도의 전문가 또는 과학자라는 신념을 갖고 있었다.

표에 이르기 위한 추진동력을 소실하지 않고 새로운 환경에 적응해 가는 과정으로 조직 내부 운용의 효율성과 목표달성 정도인 효과성에 관심을 둔다. 또한 행정은 사회적 형평, 윤리, 민주주의 통치와 책임성에 많은 관심을 두지만, 관리가 초점을 두는 전략적 관리, 조직설계, 리더십, 조직효과성 등에는 관심을 적게 둔다. 반면에, 관리는 정치적 맥락이나 행정의 특징적인 측면들을 충분히 다루지 못하고 있다.

이처럼 엄격하게 설명하면 행정과 관리는 서로 다른 뿌리와 특성을 가지고 있지만 이들이 전혀 별개의 의미를 갖기보다는 서로 혼용하거나 친화적 관계를 보여왔다. 현대 행정의 발전을 이끌어 온 미국 행정의 전개과정에서도 행정과 관리의 관계를 동의어로 사용하기도 하고, 행정이 관리를 포괄하기도 하였다.[2)]

2 공공관리의 의미

공공관리(public management)는 1960~1970년대 미국에서 발전한 공공정책대학원의 교과목으로 소개된 이후 1980년대에는 기존의 행정과 관리와는 구별되는 활동 및 연구 분야를 의미하는 것으로 정착되어 하나의 사회운동으로서 뿐만 아니라 학문적 관점으로 간주되었다. 먼저, 공공관리를 일종의 사회운동 또는 보다 광의의 관리자운동으로 간주하는 것은 공공관리를 기존의 접근방법에 대한 하나의

---

2) 행정이론에서의 행정 개념도 다양하여 통일된 구분이 없으나 일반적으로 행정관리설, 통치기능설, 행정행태설, 발전기능설 및 정책화기능설로 구분하여 설명한다.
행정관리설은 정치와 행정을 명백히 구분하고, 행정은 관리라는 사회기술의 과정 내지 기술체계로 보며 행정과 경영을 동질적인 것으로 간주한다.
통치기능설은 행정이란 통치기능, 즉 정치와 밀접한 관계가 있는 과정으로 보고 통치는 정책형성과 정책집행으로 이루어지며 이 양자는 밀접히 연관되어 있다고 본다.
행정행태설은 행정을 설정된 목표를 달성하기 위해 고도의 합리성을 지닌 인간의 협동행위로서 인간과 물자를 조직하고 관리하기 위한 기술이요, 과학이며 정치과정으로 보고 있다.
발전기능설은 행정의 능동적인 면을 강조하면서 행정은 급변하는 새로운 여건에 적응하기 위해서 적극적으로 발전정책 및 발전계획을 형성하고 집행하는 활동이라고 보고 있다.
정책화기능설은 행정의 정책형성기능을 강조하여 행정을 공공정책의 형성에 있어 중요한 역할을 하는 정치과정의 일부로 본다(유종해, 2001: 7-8).
행정관리설이나 행정행태설은 행정과 관리를 동일한 것으로 보거나 관리를 행정의 기술적 하위영역으로 보는데 반하여, 통치기능설, 발전기능설, 정책화기능설 등은 행정을 관리보다 상위영역으로 보고 있다.

도전으로 전개되었기 때문이다. 정부구조의 법적·제도적 설계에 초점을 두었던 행정에 대한 반발이었고 규칙에 얽매인 관료제보다는 업무를 어떻게 수행할 것인가에 관한 관리문제를 생산공학과 관리적 리더십이라는 접근방법에 의해 공공관리에서 최상의 실무가 무엇이고, 이를 어떻게 적용할 것인가를 관리운동으로서 접근하였다(Hood, 2005: 14). 한편, 학문적 관점에서의 공공관리는 관리현상에 관한 기존이론에 도전하려는 노력들로 관리현상을 보다 잘 기술하고 설명하려는 분류 및 범주화작업, 비교를 위한 자료의 수집과 분석활동, 기존이론으로 기술하지 못한 예외나 이례적인 경우 등을 확인하는 활동 등을 포함하고자 하였다. 1980년대 신공공관리에 관한 많은 초기 문헌들도 정부개혁을 위한 설계원리의 주요 특성을 확인하려는 것이었고, 이들 원리들은 이전 시대에 풍미했던 원리들과 비교되었다.

공공관리는 행정과 관리를 결합하여 정부나 공공기관의 조직 및 프로그램 운용의 실제를 새로운 방법으로 발전시키려는 의도에서 사용된 용어이다. 따라서 공공관리는 "바람직한 목표를 달성하기 위한 자원이나 인간노력의 지휘"라는 전통적 의미인 관리와 "공공서비스 제공을 위한 장치나 집행부의 설계와 운용에 관한 연구 및 실제"를 의미(Hood, 2005: 8)함으로써 행정과 관리 양자의 의미를 포괄하고 있다.

공공관리는 본질적으로 공공부문 내 특정 기능과 행위에 대한 '전문적인 관리'가 주요 대상이다. 조직 내부관리와 생산성 향상을 위해 직무에 관한 책임이 정의되고, 직무기술이 명시되며 직무성과에 대한 명백한 기준과 평가 및 산출통제가 강조된다. 공공부문의 다양한 활동을 효율성 기준에서 판단하기 위해 성과지표라는 형식을 취하고, 평가 및 산출통제는 과정보다는 결과를 판단하는 데 관심을 두고 있다(Hood, 2005: 3-17). 그러나 공공관리는 정부기관 내에서 발생하는 것만을 다루는 것이 아니라 정부 밖의 다양한 정치적·사회적 과정에 의해 영향을 받기 때문에 이와 관련한 사회부문들과의 관계를 적절히 이해하고 대응해야 한다는 측면도 포괄하고 있다. 공공부문이 시장 및 사회에 개입하여 한편으로는 시장을 보완하거나 교정하고, 다른 한편으로는 공공서비스 제공에서의 효율성 제고와 비용을 줄이기 위해 민간부문의 관리방법을 적용하여 보다 효과적으로 국민 복지를 증진시켜야 한다는 책무로 인하여 공공관리의 범위가 확대되고 그 규모도 점차 커지며 복잡해지게 되었다는 것이다. 이러한 외부관리도 과거의 권위주의적 조종보다는 다양한 주역들과의 민주적 관계를 보다 효과적으로 강화해야 할 책임과 선도적인 노력을 포함할 것을 요구하고 있다. 종래의 통제위주의 관리가 아닌 민주적 공동체와 협력체제의 형성이라는 전혀 다른 성격으로 행정적 관점보다는 정치적 관점에서 공공부문에 정당성을 부여하는 환경을 어떻게 관리하느냐가 새로운 인식대상으로 등장한 것이다. 이제 정치인들과 선출직 공무원 및 시민들은 보다 효율적이고 대응적인 정부를 운영해주는 공공관리자들을 원하고 있으며, 정부와 시민들과의 보다 밀접한 관계를 위해 다양한 형태의 접근방법들을 탐색·제안하고 있다. 사회·경제적 불확실성 시대에 공공부문 내·외 관리의 접근방법은 하나의 이론을 발견하려고 고집하기보다는 이론화 수준을 수용하여, 실무가들의 지혜를 인정하고 평가하는 것이 도움이 되며 우리의 행동을 안내하는 최선의 길이라는 것이다. 린(Laurence E. Lynn)은 공공관리의 이미지로 창조술(art), 과학, 그리고 전문직을 제시하면서 이러한 이미지가 공공관리 본질을 구성하는 주요 부분이라 하고 있다. 창조술은 기계적으로 배울 수 없는 실무가들의 창의적 활동을 의미하며, 과학은 사례들을 정통적 설명방식을 이용하여 체계적으로 분석하는 것을 의미하고, 전문직은 특정 직무에 헌신하는 집단으로서 공공조직 내에서 공식적 권한을 행사하는 개별 관리자들의 전략적 활동이나 그들이 추구하는 최선의 실무를 찾기 위한 노력들이다(Lynn, 1996).

따라서 공공관리는 조직의 목표를 효과적으로 달성하기 위하여 인적·물적·상징적 자원과 정보 등을 체계적으로 조직화하는 활동뿐만 아니라 정부나 조직을 둘러싸고 있는 보다 광의의 환경변화에 대응하여 조직의 사명과 임무를 탐색하고 이러한 목적을 달성하기 위한 최선의 자원 활용 방안을 모색하는 활동으로 이해되어야 한다. 공공관리는 현상유지에 그치는 것이 아니라 환경의 변화에 대응하는 것까지 포함하고 국가 부흥의 열쇠로서 이러한 관리 정신과 기풍이 전국의 공·사기업이나, 공무원사회, 그리고 지방정부를 망라하여 곳곳에 확산되도록 요구되고 있다(Keeling, 1972: 32).

3 공공관리와 민간부문 관리

공공부문과 민간부문 관리 간의 유사성 및 차별성에 관한 논쟁이 지속되어

왔지만 이들 관리과정의 본질에 대해서는 다음과 같은 방향에서 논의되고 있다(Kerley, 1994: 6－7).

첫째로, 공·사부문의 관리과정은 본질적으로 동일하다는 주장이다. 관리의 주된 요소는 과학적인 그래서 보편적 과정이라고 보는 견해로 과학적 관리의 기본적 원리는 가장 단순한 개인적 행위에서부터 대기업의 작업에 이르는 모든 인간 활동에 공동으로 적용 가능하다고 본다.

둘째로, 공공부문과 민간부문과의 차이가 명료하지 않고 서로 다른 영역이라도 의사결정과 집행이 이루어지는 곳에서는, 관리에 적용되는 절차와 과정은 여러 가지 점에서 유사하다는 주장이다. 대체로 유사성은 조직의 내부 운용에서 발견되는데 예컨대, 동기화나 시간관리 및 수당관리와 같은 관리의 기술적 측면에서 보다 유사하다는 것이다. 그러나 공공부문 관리자들이 민간부문에서의 공통적인 기법과 절차를 단순히 적용할 수 없는 경우가 많은데, 이는 공공부문의 특성과 공공정책 결정에서는 보다 광범위한 고려사항들이 있기 때문이다.

셋째로, 공·사부문의 관리과정은 전혀 다르다는 주장이다. 공공부문에서는 사회·정치적 환경에의 적응과 보다 넓은 의미의 공공 책임성이 요구되기 때문이다. 공공관리자들은 통치권(governing board)과 간접적으로는 시민들에게 정치적 책임을 져야 하며 이익 동기만으로 공공부문을 운영할 수 없고, 민간부문처럼 언제나 효과적으로 또는 효율적으로만 운영하려고 하지 않는다. 오히려 공공부문은 민간부문에서 효과적으로 운영될 수 없는 활동을 책임을 져야 하며 공익실현이라는 목적이나 재정기반, 사회정의 추구 및 시민 요구에 대한 대응성 등 민간부문과는 구별되는 특질을 가지고 있다. 때문에 공공부문은 가장 효율적이고 효과적인 서비스 공급자가 아닐 수 있다는 것을 인정해야 한다.

공공관리와 민간관리 간의 차이는 먼저, 활동환경에서의 구별을 들 수 있나. 공공관리는 전형적으로 그들의 산출물에 대한 경제시장이 없고, 재정자원을 정부 예산할당에 의존한다. 이로 인해 공공관리자들은 비용절감, 효율성 및 효과적인 성과에 대한 인센티브가 낮다. 공공관리는 정치적으로 구성된 권위에 의해 통제를 받는다. 입법부, 계층적 행정구조, 법원과 감독기관 등에 의해 감독을 받기 때문에 공공관리자들은 보다 정교하고 강력한 공식적 또는 법률적 제한을 받아야 한다. 또한 공공관리는 고객이나 이익집단, 선거인 등 다양하고 강력한 외부 정치적 영향을 받고 이들의 지지를 획득해야 한다.

다음으로, 공공조직에서의 전략적 의사결정과정은 민간부문보다 외부기관이나 이익집단의 간섭·개입 및 관여 등이 더 많다. 그래서 공공관리자들은 공정성, 대응성, 정직, 공개성, 공적책임 등과 같은 강력한 기대에 부응해야 한다. 이러한 외부통제들이 공공관리구조와 절차, 활동범위 및 전략적 목표에 영향을 미치며 민간관리와 차별된다.

또한 공공조직이나 관리자들은 공공재 생산에 있어 중요한 외부성을 다루어야 하고 민간조직이 쉽게 관여할 수 없는 활동에서 유일한 공급자가 되어야 한다. 그리고 추구하는 목표가 다르다. 민간관리의 목표는 이익가능성(profitability)이다. 이 때문에 비용절감, 효율성, 효과적인 성과에 관한 관심과 유인을 강화하고 민간부문 관리자들의 성과와 봉급, 승진 및 훈련 등과 연계시킨다. 이에 반해 공공관리의 목표는 다양한 이해관계가 관여될 경우 관리의 목표나 성과기준을 명확히 정립하기가 어렵다. 공공조직에서 생산된 재화와 서비스를 시장가격으로 쉽게 평가할 수 없기 때문에 공공관리에서의 성과를 봉급, 승진 등과 쉽게 연계시킬 수 없고 법률이나 공적규정들에 의한 통제가 주가 된다.

그리고 공공관리자들은 외부 권위나 이익집단들의 관여와 간섭 등으로 의사결정에서의 자율권이나 융통성이 적기 때문에 내부의 관리적 기능과 외부 정치적 관계 간의 균형을 맞추기 위하여, 보다 정치적이며 외부 이익집단이나 정치적 권위들과의 빈번한 만남이나 간섭을 받아야 한다. 공공조직에서의 인센티브 구조가 민간부문에서보다 성과와 부수적인 보상 간의 관계가 약하고, 공공조직에서는 공공서비스 동기, 이타적 동기, 중요한 업무에 참여하거나 영향을 미친다는 동기 등과 같은 인센티브가 강한 편이다.

이와 같은 공·사부문 간 구별이 있음에도 관리분야의 학계나 실무계의 지배적인 합의는 이러한 구별의 실익이 없다는 것이며, 공·사 또는 비영리와 같은 구별이 점차 애매해지고 이들 부문에 대한 정의가 복잡해지면서 이들 간 관리의 차별성보다는 유사성이 많기 때문에 특정 범주에 한정된 관리이론보다는 보다 일반적이고 광의의 이론을 구축하는 것이 필요하다고 주장한다(Rainey & Chun, 2005: 73-74).

따라서 공공관리는 민간부문의 관리 실제로부터의 경험과 교훈들을 가능한 한 적극 활용해야 한다. 공공부문에 민간부문의 관리스타일, 관리구조와 특정 관리방법 및 기술의 적용을 활발히 할 필요가 있다. 그러나 공공부문에 대한 민간부문과 시장 메커니즘의 적용은 공공관리의 특성에 의해 조정되어야 한다. 공공관리는 복잡하고, 경쟁적인 이해, 다양한 집단들에 대한 책임, 만족하지 못한 시민들로부터의 감시 등에 의해 도전을 받기 때문에 민간부문의 관리도구나 수단을 배타적으로 활용하는 것은 적절하지 않다. 공공관리는 공공재라고 분류되는 서비스를 제공해야 할 의무가 있기 때문이다. 그래서 공공관리는 공공조직을 둘러싸고 있는 환경적 변화에 대한 전략적 대응으로서 적절한 외부관리가 요구된다.

제 2 절 공공관리의 등장과 변천

1 공공관리의 등장

관리는 조직화된 사회의 출현과 함께 등장하며 조직화된 사회의 질서와 안정, 번영을 모색하는 과정에서 생긴 부산물이다. 린(Laurence E. Lynn)은 공공관리의 원천을 고대 중국이나 중세기 동·서양 왕국에서의 관료제적 정부 형태, 17~18세기 독일과 오스트리아에서 시작된 중상주의에서 찾고 있다(Lynn, 2005: 26－30).

고대 중국이나 중세 동·서양 왕국에서의 초기 관료제적 정부행태와 운영에 관해 정부 관리자는 중용의 가치와 태도로 문제에 접근해야 한다고 주장한 공자(孔子)의 격언적 행정원리나 신불해의 관리술[3] 등이 서양 왕국이나 그 이후 시대에도 많은 영향을 미쳤으며 공공신뢰나 공공서비스와 같은 현대적 관념에도 영향을 미

3) 중국 전국시대 한(韓)나라 재상, 법가사상가로 내정(內政)을 정비하고 밖으로 다른 제후들과의 관계를 잘 이끌어 15년 만에 나라를 강성하게 만든 신불해는 지배자가 자신의 지위를 유지하고 국가를 번영하게 하는 관리술을 활용할 수 있어야 한다고 주장하였다. 그의 사상은 황로사상(黃老思想)에 기반을 두고 형(刑)과 명(名), 술(術)을 중시하였는데, 술은 군주가 재능에 따라 관리를 임명하고 직무에 근거해 업적을 평가하여 명(名)과 실(實)이 부합되도록 하며 절대적인 권위로서 신하들을 제어하는 것이라고 설명했다. 그의 '술'사상은 법가이론을 구성하는 주요 성분이 되었다. 『한서(漢書)』 예문지(藝文志)에 의하면 그가 『신자(申子)』 6편을 지었다고 하나 현재 대체(大體) 1편만 전한다.

쳤다고 보고 있다.

행정과 관리를 법적 체제 내 책무관계에서 분화된 업무를 수행하고 일상의 공공서비스를 제공하며 정부의 지시에 따라야 하는 공무원들의 업무로 본다면, 17~18세기 절대주의와 중상주의 출현과 프랑스 혁명 이후 제도화된 국민주권이라는 관념의 등장이 오늘날 행정과 관리의 선구라 할 수 있다. 절대주의는 중세 봉건제도에서 근대 자본주의로 이행하는 과도기에 출현한 정치형태로 상공인과 시민계급의 지원 하에 국왕을 정점으로 관료제와 상비군이 중심이 된 강력한 중앙집권적 국가를 말한다. 이들 국가에서는 왕이나 장관에게 책임지는 상임 집행관과 참모(정부관리자)들이 배치되고 이들은 공익을 위해 훈련받고 유능한 공무원으로서 과학적인 사고에 의한 업무수행이 독려되었다. 절대주의 국가가 지향한 중상주의는 행정기술로서 자연자원과 인간의 능력을 관리하여 통치자와 백성들 공동의 행복을 달성하려는 데 목적이 있다고 보고, 귀족출신보다는 실력사회를, 봉건제 법보다는 행정과학을, 지방특성보다는 표준화된 원리를, 전통보다는 공식과 전문성을 옹호했다. 이러한 중상주의는 경제발전에 최선의 관심을 두고, 이를 위해 훈련을 받고, 시험과 평가를 거친 공직자들에 의해 국가관리가 이루어지도록 하였기 때문에 그 본질은 행정과학이라고 할 수 있다. 이러한 이유로 후드(C. Hood)와 잭슨(Michael Jackson)은 20세기 말 신공공관리를 신중상주의라고 언급하기도 하였다(Hood & Jackson, 1991: 182). 프랑스 혁명과 함께 제도화된 국민주권주의 관념은 왕에게 충성했던 사람들이 이제는 국가의 공복이 되고 공직자로 변하면서 관료제가 행정과 관리의 중심이 되었으며, 이러한 관료제는 권한체계에 있는 개인들에게 책임을 명확히 부여하는 관리체계로 정착하게 되었다.

다른 한편으로 공공관리의 원천을 19세기 말과 20세기 초 미국의 행정연구에 대한 과학적 접근에서 찾기도 한다(Lynn, 2005: 27). 남북전쟁을 거치고 난 1880년대 전후 미국은 산업화와 도시화라는 극적인 변화를 겪게 되며, 이러한 와중에서 우선적으로 필요한 것은 대규모 생산을 관리하는 방법이었다. 민간부문에서 시작된 과학적 관리를 통해 작업과정을 합리화하고 효율성을 극대화시킨 성과에 비해, 당시의 정부 운영은 낙후되고 공공서비스의 질이 떨어짐은 물론 부정과 부패가 성행하였다. 이에 정당정치에 의한 엽관제를 배격하고 행정을 중립적이고 전문적이며 합리적으로 운용하기 위한 방법들이 요구되었다. 전국시민서비스개혁연대

(National Civil Service Reform League)에 의한 행정개혁운동이 전개되고, 이와 함께 1887년 현대행정학의 기원이라고 볼 수 있는 윌슨(T. Woodrow Wilson)의 「행정연구(The Study of Administration)」 논문이 *Political Science Quarterly* 6월호에 실리게 됨으로써 행정에 대한 체계적인 연구에 불을 지피게 된다. 이어 굿노우(F. J. Goodnow)의 『정치와 행정(*Politics and Administration*)』(1990)은 행정학의 고전으로서 정치·행정이원론을 체계화하여 행정을 정치나 정책결정으로부터 분리시켜야 한다고 주장하고, 공공행정과 민간관리는 동일하기 때문에 공공행정은 민간관리에서 적용되고 있는 과학적 관리법이나 원리들을 그대로 적용해야 한다고 강조한다. 미국의 초기 행정 사고에 부합된 정치와 행정의 분리 및 관리의 토대로서 과학적 원리의 적용은 1920년대와 1930년대 초 각급 정부의 행정 실제와 연구에서 하나의 공식이자 목적이 되었다. 이러한 과학적 관리는 유럽의 관료적 권력에 대한 우려를 가지고 있었던 미국에서 행정에 대한 정당성을 부여해주는 데 기여하였다.

1930년대 세계공황을 겪게 된 미국의 루스벨트(Franklin D. Roosevelt) 대통령은 행정개혁가들을 모아 브라운로(Brownlow)위원회를 구성하고,[4] 연방정부 조직에 관한 연구와 함께 미국 공공행정의 토대를 만들게 하였다. 1937년 '행정관리(administrative management)'에 관한 위원회 보고서는 미국 연방정부의 각종 현안에 과학적 관리를 적용하도록 하여 행정에서의 관리주의에 관한 표징적 진술서가 되었다. 이 위원회 노력의 일환으로 행정학자들은 '관리로서 행정'에 관한 저술을 통해 POSDCoRB라는 두문자어를 창조해내고 관리로서 행정은 조직의 효과적인 관리를 이루어내는 보편적인 원리에 근거해야 한다고 주장한다. 생산에 대한 과학적 관리처럼 행정에 과학을 적용함으로써 사회적 문제해결을 위한 합리적 관리체계를 구축하려는 것이었다.

2 공공관리의 변천

공공관리의 변천은 행정의 역사와 함께한다. 시대 상황에 따라 행정의 초점과

4) 1937년 루스벨트 대통령에 의해 임명된 이 위원회는 행정부의 설계와 운용을 나타내는 용어로 '행정관리(administrative management)'라는 혼성어를 주조하였다.

관점이 달라지면 그에 따라 공공관리의 범위와 강조되는 측면도 달라진다. 공공관리의 흐름은 앞선 것을 대체하기보다는 기존의 것에 첨부되어 혼합적 행정체제를 만들어내는 층화 및 침전의 과정이다. 새로운 변화에 직면하면 기존 제도는 부분적으로 해체되지만 전통적인 요소들이 새로운 개혁 요소들과 공존하면서 새롭게 제도화되고 더 복잡한 체제를 낳게 된다(Christensen & Lægreid, 2012: 255).

1) 전통행정과 관리로서의 행정

전통행정은 민간부문에서의 생산에 대한 과학적 관리처럼 정부 운영에서도 정당정치에 의한 엽관제의 영향을 배격하고 중립적이고 전문적이며 능률적인 행정모형을 탐색하고 합리적이며 과학적인 방법을 강조한다(유종해, 2001: 44). 행정에 대한 이러한 전통적 사고들은 주로 1870년대에서 1930년대를 거쳐 전개되었으며, 주요 특성으로는 ① 정치와 행정은 개념상 근본적으로 서로 다른 가치척도를 가진 별개의 노력으로 간주되어 행정에서 정치성을 배제하고, ② 정부가 하는 일 대부분은 관리로 선출직 공무원의 통제로부터 차단되어야 하며, ③ 행정은 과학이어야 한다는 것이다(Rosenbloom, 2001: 161−166). 이러한 전통행정 관점에 토대를 둔 주요 관리모델들은 합리적 모델을 들 수 있다.

(1) 합리적 모델

관리는 합리성에 토대를 두어야 하며, 합리성이란 바람직한 목적을 달성하기 위해 적절한 수단들을 선택 조정하는 것으로 선택의 기준은 과학적 단계를 거쳐야 한다. 인간이란 자신이 직면한 문제와 관련하여 합리성의 정도가 제한되지만 어떤 목표를 달성할 합리적 행동노선을 개발하는 것이 어렵지 않다는 것이다. 따라서 행정가에게 가장 합리적인 행태는 조직목적을 의사결정의 가치 전제로 수용하고, 조직을 조직목적에 따라 운용할 때 가장 효율적이고 생산적인 조직이 된다는 것이다(Simon, 1957).

그러나 1940년을 기점으로 정치·행정이원론에 대한 비판들과 함께 이러한 협의의 과학적 관리는 더 이상 주도적인 관념이 되지 못했다. 뉴딜정책을 통해 행정부가 얻은 경험은 행정이 정치와 분리되어 정책집행만을 할 수 없다는 것을 알게 되었기 때문이다. 왈도(Dwight Waldo)는 행정이 정치와 불가분의 관계에 있으므로 민간기업에서 적용되는 과학적 관리기법이나 원리들을 그대로 행정에 적용할 수 없다고 강조하고, 행정이 정치와 철학을 배제하는 관리적 측면에 초점을 두는 것에 도전하면서 행정의 정치적 뿌리를 재조명하고자 하였다(Waldo, 1948). 사이먼(Hebert A. Simon)도 이른바 관리 원리들은 한 번도 과학적인 실험을 겪지 않은 쓸데없는 격언에 불과하다고 주장하면서 전통적인 관리를 비판한다. 그는 관리란 적절한 시기에 적절한 의사결정자로 하여금 사실적 또는 가치적 전제들을 효율적으로 제공해주는 조직체계를 창출하는 것이라고 보았다(Simon, 1947). 아지리스(C. Argyris)는 사이먼 등의 행정행태론이 관리의 과학적 토대를 강화했지만, 조직구성원들의 건강에 관심을 둔 심리적 욕구 등의 범위로 확대되지 못하고 합리적 접근방법에 머물고 말았다고 비판하면서 행정에 보다 인간적인 요소를 고려하고 행정에서의 가치를 강조해야 한다고 주장하였다(Argyris, 1957: 346－353). 이러한 학문적 관심들이 관리에서 인간적인, 그리고 공익 가치와 같은 정치적인 측면을 소홀히 하지 않게 하였으며, 이른바 전통적 관리의 비정치적이고 과학적 관리에 도전하게 되는 연구들이 이어졌다.

이러한 전통행정의 관점과 연계된 관리적 지침들을 살펴보면, ① 관리자들은 정치적으로 중립적이며 정책형성이나 통치에서 중심적인 역할을 하지 않고 공공정책 집행에만 책임을 진다. ② 정부가 직접 서비스 공급을 하고, 계층조직을 통해서 이를 관리한다. ③ 서비스 공급은 선출직 공무원에게 책임을 지는 관리자에 의해서 이루어져야 하므로 이들의 업무에 제한적인 재량권이 부여된다. ④ 프로그램은 하향적 통제기제에 의해 집행되며 가능한 한 재량이 제한된다. ⑤ 관료제는 가능한 한 폐쇄적 체제를 추구하며 시민관여를 제한한다. ⑥ 효율성과 합리성이 공공조직의 가장 중요한 가치들이다. ⑦ 관리자들의 업무는 POSDCoRB이다(Denhardt & Denhardt, 2003: 11－12).

2) 신행정과 관리

전술한 관리로서 행정은 정부조직 및 정부 운영의 기본으로 지속되어 오다가, 1960년대 말에는 사회변화의 효과적인 기관으로서 정부의 능력과 정당성에 회의가 제기된다. 1960년대 말부터 1970년대 초에 이르는 기간 동안 미국은 심각한 정치·사회적 불안 상황을 겪게 된다. 베트남 전쟁의 실패, 인종갈등과 민권운동의 확산

등의 소용돌이 속에서 종래와 같은 조직의 능률성과 생산성을 강조한 관리의 역할보다는 행정이 현실의 절박한 정치·사회적 문제들을 보다 적극적으로 해결하고 모든 사회구성원들에게 봉사하는 기능을 수행하도록 요구되었다. 니그로(F. Nigro) 외는 이러한 일련의 경향을 '신행정학(new public administration)'이라고 명명하였다(Nigro F. & L. Nigro, 1973: 20-22).

이들 신행정론은 바람직한 행정, 사회적 형평성을 강조하고 보다 적극적인 공공서비스 제공을 지향하기 때문에 관리자들이 정치적으로 정향되도록 요구하고 있으며, 취약한 집단을 위한 공공정책 결과에 보다 관심을 갖도록 강조되었다. 행정이 정치·행정이원론에서 벗어나 보다 정책지향적인 방향으로 나아갈 때 행정의 윤리적 신념이 확보될 수 있다는 것이다. 신행정론은 전통적인 행정의 주요 관심이었던 조직관리상의 절약과 능률 달성문제 이외에 격변하는 환경에 적극 대처하고 사회적 형평이라는 가치 실현에 기여하도록 요구하였다. 누구를 위한 능률이고 경제적인가를 물으며 인간적 또는 민주적 행정을 강조하는 신행정에서 관리자들은 정치적인 정향을 갖고 취약한 집단을 위한 공공정책의 결과에 보다 관심을 갖도록 요구하고 있다(Marini, 1971).

이러한 신행정이 강조하는 관리의 특성을 살펴보면, ① 공공조직이란 안정성을 추구하지만 역동적인 사회·정치적 환경 속에서 문제가 발생할 수밖에 없기 때문에 이들 문제를 다룰 조직형태의 변화와 리더십과 같은 변화 촉진 요인들을 확인하고 과정에서의 변화를 강조한다. ② 신행정은 개인적이고 이기적인 고객의 이해보다 훨씬 더 넓고 많은 이해를 가지고 있는 시민들에 대한 정부서비스의 대응성과 적실성을 강조한다. 고객에 대한 대응보다는 건강한 시민성과 정보를 갖춘 비전과 적극적인 참여를 실천하는 시민들에 대한 대응을 강조한다. ③ 행정의 중심 개념이었던 합리성은 합의된 목표와 이들 목표를 달성하기 위한 합리적 자원의 적용과 수단을 탐색하였지만 신행정에서는 이와 같은 합리성에 도전하여, 바람직하지 않은 부수효과를 떼어내고 최선의 효과를 강조하는 "완충적 합리성(buffered rationality)"[5]을 강조한다. ④ 조직구조와 설계는 분권화, 납작한 계층제를 통해 조직내

5) 완충적 합리성의 의미는 예컨대, 학교의 필요성에 관해서 일반적인 합의가 있을 수 있다. 그러나 이것이 교육이 어떻게 구성되고 이루어져야 하는가에 대해서 합의가 있다는 것을 의미하지는 않는다. 신행정에서 성취할 가치들은 보다 적극적으로 참여하는 시민성, 다수결 원칙과 소수 보호

부의 관리는 물론 시민, 타 정부, 이익집단 및 선출직 공무원과 입법부 의원들과의 관계 정립을 강조하는 쪽으로 변화를 기대하고 있다. ⑤ 신행정에서는 누가 무엇을 언제 어떻게 얻는가를 결정하는 정치, 민주적이고 인간적인 행정, 제도형성과 전문가 능력, 다수결 원칙과 소수자 권리, 정의와 형평성과 같은 가치문제들에 중심을 둔다(Frederickson, 1996: 263－271).

이상과 같은 신행정은 공공관리로서의 본질에는 크게 영향을 미치지 못했지만, 사회변화를 이끌 기관으로서 행정에 대한 일반적인 신념을 제기하였다. 사회적 형평을 개선하고 보다 적극적인 공공서비스를 요구하는 사람들은 정부기관이 비효과적이며 시민들의 요구와 희망에서 멀리 떨어져 있다고 비판하고, 시민들의 요구에 대한 대응성을 강조하는 행정개혁을 요구하게 되며 이후 정부개혁운동을 주도한 사람들에 의해 실천운동으로까지 이어진다.

정부개혁운동은 정부에 대한 냉소주의와 비판이 확산되는 시기에서 등장한다. 신행정이 관료제 문제해결을 제도적 측면의 개선에서 찾는데 반하여, 정부개혁운동은 관료적 패러다임이 문제라고 주장하여, 변화는 노 젓기보다는 방향잡기, 직접 봉사보다는 권한위임, 관료제의 시장(市場)기제로 대체, 관료적 필요성보다는 고객의 욕구 충족, 치료보다는 예방, 계층제보다는 참여 및 팀제를 강조한다. 정부개혁운동은 총괄질관리, 기업가 정신, 개혁과 같은 상징들을 사용하면서 개인적 선택, 인센티브 제공, 경쟁 활용, 시장모델 등을 높이 여긴다(Frederickson, 1996: 263－271).

신행정이나 정부개혁운동 공히 대응성을 강조하지만, 신행정은 시민성, 정보를 갖춘 비전과 적극적인 참여와 같은 개념과 연계되어 시민들이 개인적이고 이기적인 이해보다 훨씬 더 넓고 많은 이해를 가지고 있다고 가정하는 데 반하여, 정부개혁운동은 고객주도의 정부로 고객들의 요구를 충족하는 것과 공무원들에 대한 권한위임 및 임무실현과 결과지향의 정부를 강조한다.

신행정이나 정부개혁운동 모두 조직구조와 설계에 대해서는 유사하다. 분권화, 납작한 계층제, 외부계약, 공동생산 체제나 공사 파트너십 등을 강조한다. 그러나 신행정은 계층제나 관리에 보다 많은 관심을 가지고 있는데 반하여, 행정개혁운동

가 균형 잡혀 민주주의가 제대로 기능하도록 하며 효율성과 형평성에 헌신하는 전문공공서비스를 지향한다.

은 서비스 공급자 간의 경쟁과 같은 비제도적 정부와 인센티브 구조화나 계약 감시 및 관리쇄신을 지향한다.

신행정에서는 조직 내부의 관리로부터 시민, 타 정부, 이익집단 및 선출직 공무원과 입법부 의원들과의 관계 정립을 강조하는 쪽으로 변화하고 있는 데 반하여, 행정개혁운동에서는 효과적인 관리자가 기획하고, 기업가 정신을 가지고, 쇄신적이고 위기를 감수할 것을 기대하고 있다. 이러한 정부개혁운동이 신공공관리로 연계된다.

3) 신공공관리

1980년대에 정부는 이용할 수 있는 자원제약과 도시문제, 에너지 부족, 환경문제 등을 포함한 다양한 문제들까지 정부활동의 범위로 확대되면서 위기를 겪게 된다. 이러한 상황에서 공공정책에 대한 관심과 함께 발전한 공공정책대학원, 특히 하버드 케네디 스쿨(Harvard Kennedy School)의 커리큘럼에 '공공관리'가 소개되고 새로운 학문적 운동으로 전개된다. 이들 공공정책학자들은 1970년대 경제위기, 재정부족 등 위기 상황에서 공공관리자들이 전략적 정치행위자(strategic political actor)로서의 역할을 제대로 수행하지 못했다고 비난하고, 창조술(art)로서의 공공관리를 통해 주어진 정치적·제도적 환경에서의 가능성을 어떻게 실현할 것인가에 대해 적극적으로 대응해야 한다고 강조한다. 창조술 지향의 교육과 학문은 효과적인 관리를 위한 최상의 실제이며 보편적인 원리와 규칙을 모색하는 목표와 함께 경험적 학습과 광범위한 사례분석을 특징으로 하고 있다(Lynn, 2005: 41–42).

1980년대에 '공공관리'라는 용어는 한편으로는 경영학과 관련되고 다른 한편으로는 행정학과 관련되면서, 행정이나 경영과의 구별을 교묘히 피하면서, 정부활동에 관리적 특성을 결합하려는 관심이나 학문영역을 지칭하는 것으로 정착되기에 이른다. 행정의 논의가 정치학이나 사회학 또는 조직분석에 보다 근거하는데 반하여, 관리는 관리적 행태에 대한 경제학적 해석에 기울고 있다. 정책분석가나 정책평가에 관여하는 사람들은 경제학 훈련을 받았거나 이에 익숙하고 시장경제나 비용편익 및 합리적 선택모델 등의 용어에 숙달된 사람들이다. 이들 학파는 정책집행에 주의를 두기 시작하고 이전의 '행정'과 구별하여 '공공관리'라고 하였다(Brudney et al., 2001: 2). 이러한 관심들은 전통적 행정과 관련된 관례들을 버리고 정부 운영을 처음부터 다시 생각하고 재창출하려는 운동으로 '신공공관리(new public management, NPM)'를 등장시켰다.

신공공관리는 공공관리에 대한 새로운 시각을 제시하여, 시장과 고객이라는 개념을 아우르고 공공조직이 고객들의 요구에 대응하는 조직문화를 만들고 유지하도록 요구한다. 사람들은 정부기관이 비효과적이며 시민들의 요구와 소망에서 멀리 떨어져져 있다고 비판하면서, 시민들의 요구에 대한 대응성을 강조하는 행정개혁을 요구하게 된다. 신공공관리의 주요 특성으로는 권한 위임과 융통성 제공, 성과지향과 책임성 확보의 조직문화, 경쟁과 선택 및 시장기제의 발달, 대응적 서비스 제공과 고객지향, 인적자원관리의 개선, 정보기술의 최적화, 조정기능 강화와 민간기업형 관리 등을 강조하여 내부생산과 통제에 중점을 두었던 이전의 관리와는 달리, 이들 새로운 추세는 조직과 봉사해야 할 사람들 간의 상호작용에 초점을 두고 있다(Kasemets, 2000: 13-18). 개블러(Ted A. Gaebler)와 오스본(David Osborne) 등도 관리상의 권한 위임과 기업가적 정책형성을 강조한 조직문화를 창출하는 정부혁신을 강조하고 있다(Gaebler & Osborne, 1992). 이러한 요구들이 클린턴(Bill Clinton) 정부에서 개혁의 중심이 되고 보다 대응적인 정부로 지향하기 위해 공무원들에게 권한을 위임하여 시민들의 서비스 수요를 충족하도록 강조하였다. 미국에서의 신공공관리는 1993년 정부성과 및 결과법안(Government Performance and Results Act)과 부시(George W. Bush) 대통령의 성과지향과 아웃소싱관리 등이 강조된 '관리의제(Management Agenda)'에 의해 잘 대표되고 있다.

신공공관리는 1970년대에 발달한 공공정책학파와 세계적인 관리자운동을 지적 배경으로 하고 있다(Pollitt, 1990). 공공정책학파는 행정에 경제학적 관점을 준용하고 정책분석과 정책평가가 주로 경제학 훈련을 받았거나 시장경제나 비용-편익 및 합리적 선택모델에 익숙한 사람들에 의해 주도되었다. 신공공관리에 의한 제도개혁은 주로 공공선택이론, 주인-대리인(principal-agent) 이론 등 경제학의 가정들에 의해 영향을 받고 있다.

공공선택이론은 모든 인간의 행태는 이기심에 의해 지배된다고 보고 공공서비스 제공에 시장기제를 도입하여 구매자와 공급자 간 관계로 모델화한다(Hood, 1991: 3-19). 따라서 공공관리는 효율성, 낭비 근절, 명확한 목적에 대한 자원의 대응과 같은 가치를 중심으로 운용되어야 한다는 것이다. 공공선택이론은 비시장

환경에 경제적 모델을 적용하여 인간의 행태를 안내하는 구조와 인센티브를 제공하려는 입장으로서 공공기관이나 정부 운용의 핵심은 공공재나 서비스를 서로 다른 사회적 환경에 있는 개인들의 선호에 대응하여 제공해야 하므로 개인들의 선택이나 행태에 영향을 미치는 요인들을 체계화해야 한다는 것이다(Ostrom V. & E. Ostrom, 1971: 203-16). 그러나 공공선택이론의 문제는 인간이 자신의 효용을 극대화하기 위해 일관되게 이기적으로 행동해야 하는데 적지 않은 경우 직관이나 감정에 의해 행동하기도 하며, 행동이 합리적이라고 하는 것이 도덕적이고 정치적으로 책임질 목적에 공헌한다고 말할 수 없기 때문에 효율성 하나의 가치만을 강조하는 것은 문제가 있다.

주인-대리인 이론은 주인과 대리인과의 관계로 대리인은 주인을 대신해서 행동하는 상황을 말한다. 대리인 이론은 관료제 내에서 일어나는 특정 문제들을 주인과 대리인과의 관계에서 분석하거나 효과를 평가한다. 주인은 대리인의 순응을 확보하기 위해 어떠한 인센티브를 제공해야 하고, 또 이러한 인센티브가 다양한 관료들의 행태에 어떻게 영향을 미칠 것인가를 분석한다.

(1) 신공공관리가 지향하는 관리의 특성

첫째, 전통적 관료제에 대한 대안 제시와 전통적 관리에 대한 쇄신이다. 전통적 관료제는 계층제, 익명성, 중립성, 능력주의 및 항구성 등의 특성을 가지고 있는데 신공공관리는 이러한 특성들에 대한 비판과 쇄신안들을 제시하고 있다. 먼저, 계층적 구조에 의한 통제를 시장경쟁의 도입과 계약적 통제로 대체하고, 성과와 관련하여 보상을 지향하는 구조가 적절하다고 생각하고 있다. 그리하여 고객지향과 공공자금을 절약할 수 있는 효과적인 조직 창출을 지향하고 있다. 익명성과 중립성으로 공공관리자들은 대중에 얼굴을 드러내지 않고 자신들의 신념과는 관계없이 선출직 정치가들의 의지를 실행하고 이들에게만 책임을 지었던 것에 반해, 신공공관리는 공적활동과 개인의 책임을 중시하며 서비스의 대안적 공급과 질적 제고도 공무원들이 책임을 지도록 강조하고 있다. 따라서 익명성과 중립성을 지킬 수 없으며 공적활동과 개인적 결과를 보다 강하게 연계시킴으로써(보상이나 책임부여 또는 해고 등) 공무원들이 임기 동안 재직할 수 있었던 항구성까지도 흔들어 전통관료제에 쇄신을 불어넣고 있다(Mintzberg, 1996: 78-83).

둘째, 신공공관리는 공공관리부문의 개혁적 변화를 지향한다. 공공부문의 효과성과 능률성, 적응성 및 쇄신의 능력을 극적으로 증진시키기 위한 정부체제와 조직 및 운영에 근본적 변화를 도모한다. 기존 관료제 중심의 공공부문이 내부지향적이고, 시스템 내의 행위자들의 요구에 초점을 두며, 소비자나 시민들의 요구에 소홀하고, 의사결정도 규칙 준수나 절차를 따르도록 강조함으로써 사회·경제적 문제해결에 창의성과 상상력을 고무하지 않으며 그 결과나 성과를 강조하지 않는다는 것이다. 이러한 문제들에 개혁적 방향은 업무권한을 분산시키고, 시장유인책을 개발하며, 민간부문의 관리 원리들을 적용해보고, 직원들에게 권한을 위임하거나, 고객들과 친밀하도록 하는 방안들을 제시하고 있다. 정부에 의해 제공되는 기능들을 민영화하고, 노 젓기보다는 방향잡기에 따라 서비스 공급을 계약 등의 방법으로 다른 주체로 하여금 수행하게 한다(Kaboolian, 1998: 190). 이러한 개혁적 아이디어들은 관료조직을 재구조화하고, 조직의 사명과 임무를 재정의하고, 과정들을 세련화시키며, 의사결정을 분권화함으로써 고객에 대한 책임과 높은 성과에 초점을 두고자 하려는 것이다.

신공공관리는 관료제를 정당화하는 전통적인 방식, 즉 행정재량에 대한 절차적 통제에서 경제적 합리주의라는 이름으로 표방된 시장에서의 신뢰나 민간기업방식 등을 옹호하며 정부의 정책결정, 집행 및 서비스 공급 등을 일련의 거래로서 분석한다. 이러한 관점은 관료제의 병리로 인한 생산적 능률과 배분적(allocative) 능률의 문제를 해결하기 위해 추진되며 고객지향 서비스, 성과에 근거한 계약, 경쟁, 시장 인센티브 및 규제철폐 등과 같은 행정적 기법들을 활용하도록 하고 있다.

(2) 신공공관리의 한계

신공공관리의 이러한 처방이 만능약일 수 없다. 먼저, 신공공관리가 강조하는 가치들과 관련한 문세로 신공공관리는 이기심을 정당화하는 입장이기 때문에 '공익이나 공공선'에 대한 개념적 토대가 거의 없고 인간성에 대한 협의의 관점을 벗어나지 못하고 있다고 지적한다(Moe, 1994: 111-122). 개인의 이기심에 근거한 이들 혁신운동은 사회적 선을 추구하는 동력으로서 이상적인 민주시민성, 시민참여 및 공익을 부정할 수 있다는 것이다(Linda & Denhardt, 2000: 89-93). 정부도 기업같이 운용되어야 하고 '경쟁'과 '사회적 선택에서 시장기제의 선호', 그리고 '기업가 정신의 존중'과 같은 가치들을 채택하여 효용, 효율성, 생산성 및 수익성 등과 같은 민간시장의 규범을 지향하는 신공공관리는 공적책무, 대표성, 평등 및 복지 등과 같은 행정의 근본적 규범들을 시장가치에 종속시킬 우려가 있고 공공성의 본질을 훼손시킬 수 있다는 것이다(Haque, 1996: 518). 시장경쟁과 계약문화는 관리적 효율성이라는 측면에서 장점을 가져다주지만 체제의 응집력이나 광의의 민주적 책임성을 약화시킬 수 있다는 것이다.

또한 신공공관리는 전통적 관료제의 문제들에 대한 쇄신책을 제시하고 있지만 이들 개혁안들도 적지 않은 문제가 있다는 점이다. 정부기관의 서비스 직접 공급보다는 민간부문에 위탁 관리하는 것이 더 효율적이라고 하여, 정부의 많은 기능을 민간부문으로 넘겨 정부관료제를 축소하려고 하지만 정부기능을 민간부문에 위탁하거나 민영화시키는 것이 오히려 부정을 초래하거나 통제가 어려워 행정의 책임성 확보가 어렵게 될 수 있다는 것이다.

아울러 정부조직을 분권화하여 중앙으로부터 보다 적은 통제를 지향하고, 낮은 계층 또는 일선직원들에게 권한 위임이 되어야 한다고 처방하지만, 부서나 기관의 경계를 넘는 정책문제들, 지속적인 재정 압박과 중복적인 정부사업들에 대한 일반 대중들의 불만 및 글로벌 경제환경에서는 중앙정부가 보다 강력한 정책이나 사업 조정 능력을 가져야 한다는 반론도 제기된다(Peters & Savoie, 1996: 281－286). 그리고 계층적 리더십은 조직의 전체성과 공유된 비전 하에서 구성원이나 부서 간 상호연계를 강조하는 데 반하여, 시장지향체제가 강조하는 경쟁이나 분화 및 계약적 방법은 비전과 윤리의 공유가 쉽지 않아 서로 갈등적일 수 있다. 또한 수단으로서 개발된 기법이 그 자체가 목적이 되는 목표도치의 문제가 발생할 수 있다. 예컨대, 서비스 질을 개선하기 위해 고안된 성과측정이 그 자체가 목적이 되어 전반적인 서비스 개선에 기여함이 없이 특정 성과목표만을 달성하기 위해 개혁이 진행되는 경우가 있을 수 있고 개혁과정에서 구성원들의 순응 확보보다는 적대감을 야기할 우려가 많다는 것이다.

따라서 신공공관리의 이러한 모순들이 추상적인 분석수준에서 보다 관리의 실제를 담당하고 있는 실무가들에 의해 자신들의 환경과 조직에 맞도록 이들을 조화하려는 창의적인 방법들이 모색되어야 한다.

4) 거버넌스와 관리

1980년대 이후에는 유럽과 미국에서의 관리분야에 대한 실제적, 이론적, 방법론적 문제들에 대한 의견들이 다양하게 공유되고 신공공관리적 개혁들이 선진국 정치체제 간에 상호 풍부하게 실험되면서 후진국에게도 이러한 사고나 아이디어들이 확산되어 신공공관리의 세계화가 이루어진다. 그러나 1980년대 학문적으로나 실무적으로 인기를 누렸던 공공관리는 1990년대에 공공서비스 공급에 대한 네트워크 조직관점을 강조하는 '거버넌스(governance)'라는 용어에 밀려난다. 계층제적 통제방식의 정부관료제가 정부과부하와 사회통치불능(ungovernability)이라는 많은 문제들이 제기됨에 따라 다양한 시장의 역할을 고양하는 신자유주의 시도들이 뒤를 이었지만, 이러한 경쟁적인 시장 메커니즘도 복합적이고 집단적인 문제들에 대해 정당하고 적극적인 해결책을 제시하는 데에는 실패하였다. 이러한 계층제와 시장 메커니즘의 한계에 대한 인식이 네트워크 거버넌스라는 다중심의 통치방식을 출현하게 하는 길을 열어 놓았다.

1990년대 초 거버넌스에 대한 다양한 담론들이 시작되면서 거버넌스의 의미가 다양하게 정의되고 있다. 클리블랜드(H. Cleveland)는 거버넌스를 상부에서 통제하는 계층제적 조직이 아닌, 상호 얽혀 있고 통제가 느슨하며 권력이 분산되어 의사결정 중심이 다원화된 특성을 가진 일종의 체제라 정의하고, 이러한 체제에서의 의사결정은 조직 내·외의 다양한 중개자들이 복잡하게 관여하며 협의와 합의방식으로 운영되어야 한다고 주장한다(Cleveland, 1972: 13). 거버넌스를 정부의 대안적 제도로 이해하고 국가는 단지 정부 측 행위주체와 사회적 행위주체들로 구성된 네트워크의 집합에 불과하며, 이제 더 이상 국민들의 일반적 안녕과 복지 관리를 독점할 수 없다는 것이다. 사회를 법이나 규제로 하향 통치하던 국가로서의 관념은 사라지고 상호의존과 협상 및 신뢰에 토대를 둔 분산화된 거버넌스라는 관념이 대체하고 있다는 것이다(Levi-Faur, 2012: 8).

거버넌스는 지금까지 정부주도의 공공서비스 제공이나 공공문제 해결방식에 새로운 대안으로 공·사부문 간의 협조와 상호작용에 의해 달성하려는 협치가 강조된다. 즉, 공공서비스 공급에서 독점적 역할을 담당해온 정부부문에 민간부문과 비영리부문의 참여가 확대되고 이들 부문 간 협력적 네트워크의 구축과 관리가 강조된다. 통치와 관리가 결과 및 산출부문에 초점을 두는 데 반하여, 거버넌스는 통치 및 관리과정의 투입단계에서부터 새로운 역할자와 협력자가 필요하다는 논리이다. 이는 전통적으로 정부가 독점적이고 배타적으로 수행해온 공동체 공익활동이나 공공재의 생산을 정부 외의 시장 및 시민사회와의 역할분담과 협력을 통해 수행하도록 하는 근본적인 변화가 필요하다는 인식에서 기존의 통치(to govern)나 정부(government)를 거버넌스(governance)로 대체하려는 입장이다.

이러한 통치변화는 정부가 공공정책을 결정할 때도 강제적 또는 계층제적 스타일에서 이해당사자들이나 다른 정책관련자들과의 광범위한 협의를 구하는 정책공동체나 정책네트워크를 통한 합의적 또는 비계층제적 스타일에 의해 이루어져야 한다는 것이다. 이러한 변화는 사회문제가 그만큼 더 복잡해지면서 민간부문과 지역 행위주체들의 전문성과 지식에 의존해야 하는 새로운 스타일의 통치를 요구하고 있기 때문이다.

(1) 거버넌스에서의 공공관리 특성

정부관할권을 넘고, 정치·행정경계를 넘어서 이루어지는 업무 개념이 행정이나 관리의 실제에서 점차 중요하게 인식되고 있다. 지난 수십 년 동안 공공부문에서 일어난 정부의 본질과 역할에 대한 변화를 거버넌스라 할 때 그 핵심은 공공정책 실행과 서비스 제공을 위해 공공조직 외 다른 조직, 즉 초정부, 민간부문의 조직들과의 협력이 필요하며, 계층제에서 네트워크나 파트너십으로의 변화가 이루어져야 한다는 것이다.

① 정부와 비정부 행위주체들 간의 협력관리

거버넌스에서는 과거처럼 국민들의 안녕과 일반복지 관리에서의 독점적이었던 정부의 역할이 줄어들고 비정부 행위주체들 간의 협력을 강조하고 있다. 사회를 법이나 규칙 및 세부적인 규제를 통해 하향식으로 관리하던 정부는 이제 그 장악력을 상실하고 상호의존적 행위주체들과의 협상 및 신뢰에 바탕을 둔 분권화된 통치 및 관리체제에 의존하게 된다(Sørensen & Torfing, 2005: 195-196). 전통적으로 정부는 서비스 공급을 스스로 관리하였지만, 20세기 말 이후에는 통제를 위한 권위에 의존하기보다는 비정부 파트너들과의 협력을 통해 서비스 공급을 하고 있다.

② 계층적 관리보다는 네트워크 중심의 관리

네트워크 중심의 관리는 복잡하고 구조화가 되지 않고 급격히 변하는 문제들에 적합하다. 네트워크에서는 조정을 각기 다른 계층적 구조나 이들 구조 외곽에서 온 독립적인 행위자들의 상호작용으로 보고 있다. 이들 행위자들은 공식적인 하향식 권위보다는 협상과 상호조정에 더 의존하며 각 조직의 자원과 지식을 함께 나누기 위해 결합한다. 공무원들은 수직적 또는 수평적 조직경계를 넘어 중개자로서 행동하며 서로 다른 정책분야의 공무원들을 협동하게 하고 계층제를 극복해야 한다. 관리자들은 계층적 권한을 행사하는 대신 조장자, 협상가, 외교관으로서 행동해야 한다. 이러한 네트워크 모델은 적응성과 융통성이 높지만 책임성이 약화되거나 모호해질 수 있으며 방향잡기가 더 어려워질 수 있다.

③ 구조보다는 과업달성 중심의 관리

거버넌스는 정책결정이나 사회 전반적인 규제를 분석할 때 제도적 구조보다는 정치과정에 초점을 둔다. 공공제도의 구조와 기능에 관한 것을 주로 다루기보다는 과업을 달성하는 방법에 초점을 두고 있다.

④ 거버넌스에서의 정부 중심의 관리

거버넌스는 비정부 행위자들에게 정책결정과 집행을 넘기지만 정부의 개입을 증가시킬 수 있다. 이는 정부의 역할을 방향잡기로 한정하고 노 젓기는 다른 비정부 행위자들에게 넘기지만 규제나 관리 감독을 강화할 필요가 있기 때문이다. 거버넌스가 국가의 공동화(空洞化)를 결과할 것이라는 인식이 있지만, 거버넌스 네트워크의 성장이 국가 및 정부의 역할과 영향력을 약화시키는 것은 아니라는 것이다. 네트워크는 또한 복잡한 세계에서 강력한 정부에게 공공정책을 형성하고 수행하는 능력을 제고해주는 지원수단이 될 수도 있다. 이는 중앙정부가 조직 간 협동을 요구하는 국가정책을 실행하기 위해 네트워크를 구성하는 강력한 행위자일 수 있기 때문이다. 정책형성이나 집행에서 비정부 파트너와 관련 행위주체들과의 협력을 유인하고 조정할 필요가 제기되며, 특정의 정부활동은 여전히 정부관료제의 손에서 이루어지는 것이 공공책임을 확보하는 데 유리하기 때문이다.

(2) 거버넌스의 효과와 한계 및 지향

거버넌스가 의사결정, 정책결정 및 집행과 서비스 공급에서 새로운 관점이 되고 있을 뿐 아니라 지방정부나 중앙정부들이 공·사 파트너십에서 시민관여와 시민참여에 이르기까지 거버넌스 접근방법을 시도하고 있다. 이는 복잡한 의사결정 과정에서 상호의존의 특성을 살리고 이를 위해 협력과 신뢰형성의 토대를 구축하기 위한 것이다. 이러한 거버넌스 네트워크는 충분한 정보에 입각한 의사결정과정을 확보할 수 있고, 혁신적인 해결책을 낳을 수 있으며, 민간부문의 자원을 동원할 수 있고, 갈등을 조절하며 공동소유의 과감한 아이디어를 창출할 수 있다는 장점들이 있다.

그러나 거버넌스 접근방법에 문제점도 적지 않다. 즉, 관여하는 행위자들이 많음에 따라 이들 수평적 다중 조직체제에서 누구에게 책임을 물어야 할지 모호하며, 이들은 각자 자신들의 인식틀과 목표 및 전략을 갖고 있어 합일된 관점과 목표를 설정하기가 쉽지 않다는 것이다. 그리고 협력과 참여를 조직화하는 데는 많은 시간이 소비되고 결단성이 없는 과정으로 끝날 수 있다는 것이다.

따라서 거버넌스 네트워크의 긍정적 효과를 위해서는 상호학습과 논의를 통한 변화와 적극적이고 지속적인 네트워크 관리 및 메타 거버넌스(meta－governance)[6]가 필요하다는 것이다. 메타 거버넌스는 흔히 국가나 공공부문에 의해 행사되기 때문에 국가가 공동화된다고 보기보다는 제도적 설계를 결합하고, 정치과정을 관리하거나 직접참여 함으로써 네트워크 거버넌스라는 역동적인 영역을 형성하고 관리하는 주요 역할을 한다(Torfing, 2012: 108).

거버넌스 네트워크는 이제 더 이상 새로운 또는 이국적인 어떤 것이 아니라 우리와 함께 살면서 배워야 할 현대 통치 및 규제의 본질적인 부분이 되고 있다. 향후 거버넌스 네트워크에서 보완되어야 할 첫 번째 과제는 민주적 참여를 조장하고 고양시키는 거버넌스가 요구된다. 거버넌스 네트워크가 대체로 전문가나 정치적

6) 메타 거버넌스는 거버넌스에서 국가의 조정 역할에 관한 것으로 국가는 조정을 위해 협상, 외교 및 비공식적 방식들을 활용한다. 국가는 관료제를 통하여 서비스를 직접 제공하기보다는 다른 조직, 하위정부 및 네트워크들에게 방향을 제시한다. 국가는 시민사회를 관리하는 조직들을 통치하지만 이들 조직들은 국가로부터 어느 정도의 자율을 가져 관료제에서와 같은 방법으로 통치할 수는 없다. 국가는 거버넌스에 관여된 다른 행위주체들에게 게임의 규칙을 설정하거나 자금이나 권위와 같은 자원을 배분함으로써 조정할 수 있다(Rhodes, 2012: 37).

엘리트 또는 공공기관에 의해 주도되고 있지만 앞으로는 이해집단의 시민들 참여가 조장되어야 한다. 네트워크 거버넌스는 국가와 시민사회를 연계하는 데 목적을 둔 참여거버넌스라고 인식되기도 한다.

두 번째 과제는 정책 네트워크를 하나로 통일시키고 참여자들 간의 상호작용을 형성하는 담론과 줄거리(storyline)의 역할에 관심을 기울여야 한다. 줄거리와 담론은 거버넌스 네트워크를 통일시키고, 구조화하며 안정화시킬 뿐 아니라 관련 행위자들, 현안문제들 및 선택지 등을 포함하거나 배제하는 중요한 역할을 한다.

세 번째 과제는 공공협치에서 연성적 규칙의 활용에 관심을 두어야 한다. 연성적 규칙은 네트워크 내 공적행위자, 기업 및 사회적 행위자들의 행태를 법적 규제가 아닌 안내, 규범, 기준 등에 의해 규제하려는 시도를 말한다.

네 번째 과제는 거버넌스 네트워크의 성과나 영향력을 어떻게 평가할 것인가의 과제다. 거버넌스 네트워크는 복잡하고 분산화된, 그리고 다층화된 사회에서의 효과적인 통치이며, 사회의 민주화에 기여할 수 있지만 그 효과성과 민주화에 대한 기여를 어떻게 평가할 것인가는 여전히 의문이기 때문이다. 거버넌스 네트워크의 평가는 효과적인 통치와 사회의 민주화에 대한 평가로 초점을 두고 있다(Sørensen & Torfing, 2009: 234-258).

마지막으로, 거버넌스 네트워크에서의 정치 및 권력의 역할에 관심을 두어야 한다. 네트워크 내에서 복잡한 권력게임이 이루어지기 때문에 이에 대한 이해 없이는 상호작용적 거버넌스 세계를 성공적으로 작동시킬 수 없기 때문이다.

이제 정부통치는 계층제, 시장 및 네트워크의 변화하는 결합을 통해 생산되고 전달되고 있다. 오늘날의 공공문제 해결은 이들 세 가지 방식들을 어떻게 결합하여 현안에 적당한 해결책을 제공하느냐의 근본적인 문제를 다루어야 한다.

5) 신공공서비스와 관리

9·11 테러 사건은 미국 사회에 국가와 공동체 및 이웃을 위해 희생한 무명의 소방 및 경찰공무원들의 봉사에 대한 찬탄과 함께 공공서비스 정신을 되새겨보는 계기를 던져주었으며, 공공행정에서의 민주주의 가치, 시민성과 공익과 같은 주제들에 관심을 부각시켰다. 정부는 기업같이 운영되어야 한다는 명제 아래 시장, 경쟁, 고객들과 같은 개념에 대신하여, 정부는 공공서비스의 존엄성과 가치를 진전시

키고, 행정의 현저한 가치인 공익 가치, 시민성 등을 재확인하여 민주주의와 같이 운영되어야 한다고 강조하는 주장들과 아이디어들이 '신공공서비스론(New Public Service)'이다.

신공공서비스는 신공공관리에 대한 비판적 대안들로 제시된 원리들, 민주적 가치와 시민관여의 확대, 그리고 세상을 보다 안전하게 만들고, 시민들이 직면하는 많은 사회적 병폐를 해결하기 위해 시민들을 존엄과 존경으로 대하면서 헌신과 봉사를 소명으로 삼는 관리자들의 역할에 관한 아이디어들의 결합해서 출발한다. 이제 관리자들은 단지 고객에게 서비스를 제공하기보다는 민주주의를 제공해야 한다는 것이고, 방향제시보다는 공공봉사를 위한 정부와 공무원들의 적절한 역할과 정체성을 재정립할 필요가 있다고 주장한다. 일반 시민들도 고객 및 소비자로서의 제한된 역할보다는 공익에 봉사하는 시민으로서 공무원들과 공동의 문제를 상호 호혜적으로 정의하고 해결해야 한다고 주장한다(Denhardt & Denhardt, 2003: xi-3).

(1) 신공공서비스의 지적근원

윌슨(T. Woodrow Wilson), 테일러(Frederick W. Taylor), 귤릭(Luther H. Gulick), 사이먼(Hebert A. Simon) 등이 강조한 행정모델은 정치과정에서 행정가들의 중립적 역할, 효율성 기준의 업무평가, 단수의 통제자가 주요 권한을 갖고 하향식으로 운용하는 공공기관의 구조설계 등을 주요 특징으로 한다. 이러한 모델의 특징은 행정의 이론적 토대를 '합리적 선택'으로 삼고 있는데, 이러한 전제들을 비판하고 더 많은 재량권과 대응성, 행정과정에서의 공개성을 옹호하는 관점들이 하나의 대안으로 등장한다(Denhardt & Denhardt, 2003: 25).

신공공서비스의 지적 유산은 전통적 관료제방식과 그 대한 대안으로 등장한 신공공관리와 같은 합리주의 처방에 건설적인 이의를 제공했던 학자들의 저서로 거슬러 올라갈 수 있겠지만, 현 시대의 선구적 논의들인 민주적 시민성에 관한 이론, 공동체와 시민사회 모델, 조직의 휴머니즘과 신행정, 포스트모던 행정 등에서 신공공서비스의 지적 원류를 찾을 수 있다.

① 민주적 시민성 이론

최근 정치 및 사회이론에서 보다 적극적으로 관여하는 시민성에 대한 관심이 높아지고 있다. 시민성(citizenship)에 대한 정의는 다양하게 접근된다. 먼저, 시민성을 법체계에서 규정된 시민들의 권리와 의무에 초점을 두고 법적 지위로 정의하는 측면이 있다. 법적 측면은 사물이나 소유에 대한 개인의 이해를 보호하기 위해 형성된 법적 권리와 시민들의 과도한 요구를 제한하고 정부를 보호하기 위해 시민들의 의무를 강조한다. 또 다른 관점으로 시민성을 정치공동체의 구성원으로서 정체체제에 영향을 미치는 개인들의 능력, 즉 정치생활에 적극적으로 관여하는 시민의 권리와 책임으로 정의하기도 한다.

이들 시민성에 무엇이 내포되어야 하는가에 대해서, 먼저 정부와 시민의 관계가 이기심에 근거한다고 보는 관점에서는 정부는 우선적으로 공동체나 개인의 경제적 이해를 향상시키기 위해 존재한다는 보고 "정부는 시민들로 하여금 자신의 이기심에 일관된 선택을 할 수 있도록 하는 절차와 개인의 권리를 보장해주기 위해 존재 한다"고 한다. 이 경우, 정부 역할은 개인들의 이기적 이해의 상호작용이 자유스럽고 공정하게 작동하도록 보장하는 일에 초점을 두어야 한다는 것이다. 반면에, 이타심에 근거한다고 보는 관점에서는 이타주의 또는 공공 정신이 민주적 통치과정에서는 보다 중요하고 본질적인 역할을 해야 한다는 주장하고 시민들은 개인의 이기심을 넘어 공동체의 공익을 위해 보다 적극적으로 관여해야 한다는 것이다. 공적사안에 대한 지식, 공동체에 대한 소속감과 도덕적 연대에서 요구되는 보다 넓고 장기적인 시각을 가져야 한다는 것이다(Sandel, 1996: 5-6). 시민성에 대한 이러한 대안적 관점은 개인적·사회적 동력으로서 이기심을 근절해야 한다는 것을 의미하는 것이 아니고 이들 간의 조화가 필요하다는 것이며, 공개적인 논의과정이 이들 협소한 이기심보다 시민적 이해에 토대를 둔 시민성 회복에 기여할 수 있다는 것이다.

이제 시민들은 민주주의에서 요구하고 해야 할 일들을 해야 한다. 사회 개선에 적극적이며 책임 있는 인간으로서 공헌함으로써 자신의 성장에도 기여할 수 있다는 것이다. 공공관리자들은 더 많은 대응성과 시민들에 대한 신뢰를 증진하고 시민중심의 정부를 창출하는 데 어떻게 기여할 것인가를 모색해야 하며, 시민을 단순한 투표자, 고객 소비자로서보다는 시민으로 간주해야 하고 권한을 공유하고 통제를 줄이며 협동의 효능성에 믿음을 가져야 한다는 것이다(King & Stivers, 1998).

② 공동체와 시민사회 모델

신공공서비스의 또 다른 지적 뿌리는 최근 활발히 논의되고 있는 공동체와 시민사회에 관한 담론들에서 찾아볼 수 있다. 일관작업(assembly line)과 컴퓨터가 주도한 현대 기술사회가 가져온 소외와 자본주의 사회의 표징인 과도한 탐욕과 이기심, 만연한 개인주의에 의해 야기된 문제들에 대한 해독제로서, 그리고 인간적 연대로의 회복을 위한 방도로서 공동체에 대한 관심과 논의가 활발해지고 있다. 오늘날 사회는 다양성을 존중하고 확산시키는 것도 중요하지만 공동체에 의한 사회통합과 과도한 개인주의에 대한 치유와 보다 인간적인 연대로 복귀할 수 있는 방법들이 탐색되어야 한다는 것이다(Bellah et al., 1991).

많은 시민들이 폐쇄적인 선거과정이나 정당 활동에 시간을 허비하기보다는 근린집단이나 직장 및 연합회 등에서 풀뿌리 시민운동에 관여함으로써 시민성 배양의 실험실로서, 그리고 사람들 간에 새로운 관계와 더 큰 정치적 질서를 탐색하는 데 기여해야 한다는 것이다. 퍼트남(Robert D. Putnam)도 미국의 민주적 전통이 온갖 종류의 집단이나 연합, 그리고 정부에 적극적으로 참여하는 시민들의 존재에서 근거한다고 주장한다. 이러한 소집단들이 시민사회를 구성하며 사람들은 공동체라는 환경에서 개인적인 이해를 추구한다. 사람들은 자신의 개인적 이해를 공동체 사회라는 관심의 맥락에서 추구하게 되고 이것이 공동체 형성과 민주주의 그 자체의 본질이라는 것이다(Putnam, 1995: 65-78).

이러한 관점들은 정부의 주요 역할이 공동체 형성과 시민사회를 조장하는 일이라고 강조한다. 특히, 지방정부는 시민과 지역 공동체와의 관계에서 이들 연계를 만들어내고 지원하는 역할을 해야 하며, 관리자들은 공공의사결정과정에 시민참여를 조장하여 사회자본(social capital)을 증진시키는 데 적극적인 역할을 해야 한다는 것이다.

③ 조직의 휴머니즘과 신행정

신공공서비스의 또 다른 이론적 뿌리는 조직에서의 인간주의이다. 아지리스(C. Argyris)는 인성연구를 통해 사람들은 유아에서 성인으로 성숙함에 따라 수동성에서 능동성으로, 의존에서 독립으로, 천박한 이해에서 보다 깊은 이해로, 단기적인 시각에서 장기적인 시각으로, 종속적인 지위에서 평등하거나 상위지위로, 부족한 인식에서 보다 폭넓은 인식으로 변하는데, 대부분 조직관리 실제에서는 구성원들이 자신의 업무에 재량권을 갖지 못하고, 수동적이고 의존적이기를 기대하고 있어 직원들의 발전을 조장하기보다는 오히려 저해한다는 것이다(Argyris, 1957: 50). 따라서 조직의 성과와 개인의 성장을 함께 제고하기 위해서는 관리자들 스스로가 성장하고 창의적이 되도록 도와주는 기술들을 개발하고 적용해야 한다는 것이다.

1960년대 말과 1970년대 초에 등장한 신행정학도 전통적인 관료제의 하향식, 계층적 모델에 대한 대안으로 조직구성원들에 대한 객관화나 비인간화 대신 공개성과 신뢰, 정직한 의사소통 등에 토대를 둔 인간적 조직 형성모델을 제안하였다. 행정과 정치적 의사결정에서 지도적인 개념으로 사회적 형평을 주장하고, 공무원들은 형평성의 기준 개발과 이를 측정하며, 제공한 공공서비스가 시민들의 존엄과 복지에 어떻게 영향을 미치는가를 이해해야 한다는 것이다. 따라서 행정은 중립적일 수 없으며 효율성만의 기준이 우선할 수 없으며 평등, 형평, 대응성과 같은 가치개념들이 작동되어야 한다는 것이다(Frederickson, 1980: 46). 창의성과 활발한 대화, 그리고 상호존중의 환경 설정이 개인의 성장과 발전은 물론 조직을 보다 효과적이고 책임감 있게 운영되도록 기여한다는 것이다.

④ 포스트모던 행정

신공공서비스의 또 다른 이론적 뿌리는 포스트모더니즘(postmodernism)이다. 우리가 살고 있는 현 시대는 여전히 모던적 특성들에 의해 주도되지만, 다른 한편으로는 이와는 다른 질적으로 새로운 형태의 포스트모던적 여건들이 등장하여 상호공존하면서 때로는 이들 간에 긴장을 조성하기도 한다. 모던적 특성이 합리화, 집중화, 전문화, 관료화 및 산업화 등으로 그 핵심은 경제 및 사회발전이 과학적 지식의 활용에 의해 이루어지고 지식과 권력 센터에 의해 통제되는 산업체와 관료적 복지국가를 지향하는 특징이 있다. 이에 반하여 포스트모던적 여건은 분해, 단편화로 특징되며, 포괄적인 원리나 비전을 제시하기보다는 추론화 과정이 강조되고 사회의 추세는 분산화, 개인화 및 국제화를 지향한다. 포스트모던이 강조하는 가치는 모더니즘(modernism)의 중심이었던 계층제와 정합성(conformity) 대신에 인간의 자치와 다양성에 두고 있다는 것이다(Inglehart, 1997: 4). 이제 사회는 계층제적 과정에서 순환적 과정으로, 중앙 조정에서 자치로 변화하고 있으며 권력은 분산되고 다양한 측면과 방향성을 갖게 되어 공식조직만의 역할을 당연한 것으로 여기지 않게 되었다.

포스트모더니스트(postmodernist)들은 사회과학의 연구도 실증주의, 경험주의 및 연역적 논리가 중심이 된 접근방법에서 해석학적 분석, 상황적합성 및 귀납적 추론으로 대체되어야 한다고 주장하며 일반화, 통합 및 확정성을 지향하는 모던적 시도들은 예외와 다양성 및 불확정성 등의 포스트모던적 관점으로 대체되어야 한다고 주장한다. 행정학 연구에서도 1960년대 후반과 1970년대 초에 행정의 주류인 합리성 모델의 근간이 되고 있는 실증주의에 비판적 탐색을 시작한 바 있다. 인간행동을 객관적인 관찰이나 법칙 같은 관계로 기술하는 것은 인간행동의 직관, 감정, 느낌 등과 같은 것들을 인식하지 못한다는 것이다. 그래서 실증주의에만 의존한다면 인간 삶의 대부분의 의미와 가치들을 충분히 이해할 수 없다는 것이다. 그리하여 어떤 활동을 하나의 규칙 하에 포괄하여 일반화하려는 모던적 접근방법 대신에 개별적이고 특수한 것들을 중시하고, 현상의 이해를 분석적인 방법에 제한하지 않고 특정 상황에서의 다양성을 이해하기 위해 해석적 접근방법(interpretive approach)이 제시된다. 조직과 관리에 관한 단선형적 이해를 거부하고 적응적 과정 또는 학습과정과 모든 가능성에 대해 열린 접근으로 거버넌스적 공동노력을 강조한다. 포스트모던 세계에서 우리들은 서로 의존하기 때문에 통치는 시민이나 행정가들을 포함한 모든 당사자들 간 진실하고 공개적인 담론에 토대를 두어야 한다는 것이다.

포스트모던 관점의 행정학자들은 행정분야가 합리주의, 특히 시장근거의 합리적 선택이론과 기술적 전문성에 빠져 있다고 비판한다. 활기찬 사회행동의 세계가 관료제에서는 합리적으로 조직화된 행동에 의해 대체되고, 계층적으로 명령된 루틴(routine)에 대한 복종이 서로 간의 감정이입적인 관계를 대신한다. 일방적인 의사소통에는 서로 주고받는 것이 없고, 문제정의와 무엇을 할 것인가의 결정에서 논쟁을 할 기회가 없다는 것이다(Fox & Miller, 1997: 70−71). 정책분석이나 행정학 영역에서 포스트모던 분석의 주제는 숙의적 정책분석(deliberative policy analysis)으로 다양하고 역동적인 분석, 담론과 정치행정과정에서의 보다 광범위한 대중의 관여 등을 강조하고 있다. 폭스(Charles Fox)와 밀러(Hugh Miller)도 관료제 체제 내의 논리보다는 시민을 위한 보다 광범위한 민주적 결과에 초점을 두고 상호작용적 네트워크에 근간을 둔 분석이 필요하다는 것이다. 서구 민주주의 기본 모델인 투입-산출-환류 모델이나 정치와 행정의 분리를 비판하고, 분석의 기본 전제는 진정하고 성실한 담론에 토대를 두어야 한다고 주장한다. 진정한 담론에서 참여란 성실성, 문제를 해결하려는 지향성, 주의깊게 듣는 능력 등이 본질적으로 기여를 하는 것이다(Fox & Miller, 1995: 69). 이러한 논리에 따라 이들은 공공문제는 객관적인 측정이나 합리적 분석보다는 숙의(discourse)를 통해서 해결되어야 한다는 관점을 강조하고 있다.

따라서 관리자들은 사람들 간의 중재기술을 개발해야 하며, 시민들에게 권한위임과 적극적 시민성을 후원하고 의사소통의 조장자가 되어 공공서비스 실천가가 되어야 한다는 것이다(King et al., 1998: 202-203).

(2) 신공공서비스의 관리 특성

① 고객보다는 시민에 봉사

신공공서비스는 시민들을 정부의 소유자로 간주하기보다 큰 공동선(共同善)의 추구를 위해 함께 활동할 수 있다고 본다. 공익은 개별적 이기심의 총합을 초월한 것이라고 보고 보다 폭넓은 대화와 시민참여를 통해 공유할 가치와 공동의 이해를 모색한다.

따라서 공무원들은 고객의 요구에 대응하기보다는 시민들과 또는 시민들 간에 신뢰와 협동관계 형성에 초점을 두며, 시민들을 기획과정은 물론 공공목적을 달성하기 위한 사업집행에도 관여시켜야 한다. 공무원들의 업무는 통제하거나 인센티브를 조작하는 것이 아니고 봉사(service)하는 데 있다(Denhardt & Denhardt, 2003: 42-43).

② 공익 형성 책임

신공공서비스에서는 사회의 비전과 방향을 설정하고 형성하는 과정을 선출된 정치지도자나 임명된 공무원들에 의해 독점되기보다는 보다 광범위한 공적대화와 논의가 중심이 되어야 한다는 것을 강조한다. 따라서 정부의 역할은 사회가 나아갈 방향에 관해 진정한 대화가 이루어지고 이러한 과정에 공무원, 정치가, 그리고 시민들이 관여하여 지역사회와 국가의 바람직한 미래에 대해 생각할 수 있도록 해야 한다. 정부는 이러한 촉매역할 이외에 이러한 과정에서 나온 해결책들이 정의와 공정성의 규범, 절차나 내용에서 공익과 일치되도록 해야 할 책임이 있다(Ingraham & Rosenbloom, 1989: 116－125).

③ **공무원의 시민 정신**

신공공서비스에서 공무원들은 권한을 공유하고, 사람들을 통해 일하고 해결책을 중재할 뿐 아니라, 관리과정에 기업가로서가 아니라 민주적 시민의식과 책임을 공유한 참여자로서 자신들의 역할을 재정립해야 한다. 공공프로그램이나 공적자금 운용에서 '공적자금의 청지기', '시민 정신의 조장자', '지역사회 참여 촉매자' 등으로서 시민에게 봉사하는 시민 정신을 소유해야 한다.

④ **협동과정 조장**

대중의 욕구를 충족시킬 정책이나 프로그램들은 집합적인 노력과 협동적인 과정을 통해 가장 효과적이고 책임 있게 실현될 수 있다. 따라서 공무원들은 집단적인 비전을 실현하기 위한 역할과 책임을 설정하고, 바람직한 목적을 향해 모든 당사자들이 실행과정에 함께 참여하는 구체적인 실천행동을 개발해야 한다. 정부는 또한 시민들의 책임감을 독려하고 지역사회 연대형성에 참여하는 개인이나 집단들을 지원하며 효과적이고 책임 있는 시민행동을 위한 토대를 만들어주어야 한다. 시민교육과 같은 프로그램 참여를 통해 보다 광범위한 시민지도자들을 개발함으로써 새로운 시민으로서의 자존심과 책임성을 자극해야 한다.

⑤ **책임성 준거의 다양성**

오늘날 공무원들은 복잡한 기준들에 의해 책임을 져야 한다. 시장신호는 물론 공익, 관련법, 매스컴, 전문가적 기준, 민주적 규범, 지역사회 가치와 기준들과 시민들의 이해 모두를 고려해야 한다. 전통행정에서 공무원들의 책임은 정치가들에게 져야 했고, 신공공관리에서는 기업가로서 행동할 것을 기대하고 효율성, 비용의 효과성 및 시장 흐름에 적응하는 책임을 강조하였다. 그러나 신공공서비스에서는 공무원들이 갈등적이고 중복되는 규범 상황에서 복잡한 가치 갈등에 처하게 되는데 이러한 문제를 홀로 결정할 것이 아니라 대화와 중재 및 시민에 권한위임, 보다 광범위한 시민참여 등을 통해서 해결되기를 요구하고 있다.

⑥ 통제 · 조정보다는 서비스

현대 사회의 복잡성은 공공정책을 정부 의사결정과정의 결과라고 생각하지 않는다. 사회를 인도하는 공공정책은 다양한 집단과 조직들 간의 복잡한 상호작용의 결과이고 예측할 수 없는 방법으로 결합된 이해의 산물이라는 것이다. 공무원들은 사회를 통제하거나 조정하려고 시도하기보다는 시민들로 하여금 그들의 공유된 이해를 표출하고 충족시키도록 도와주는 역할을 중시해야 한다.

이러한 관점에서 정부의 주요 역할은 규제와 칙령을 통해서 대중의 행동을 지시하는 것이 아니며, 일련의 규칙과 인센티브를 설정하여 사람들을 적절한 방향으로 인도하는 것도 아니다. 정부의 역할은 통제로부터 의제설정으로, 이해당사자들을 협의과정에 참여시켜 협상하게 하고, 공공문제에 대한 해결책을 중개하는 역할로 변하고 있다. 적극적인 시민사회에서는 공무원들에게 중재, 협상 및 갈등해소 등의 기술이 요구된다.

⑦ 생산성보다는 사람을 중시

신공공서비스에서 관리나 조직에 대한 접근방법은 '사람을 통한 관리'를 강조한다. 구조 및 과정 개선 및 성과측정 등은 관리체제 설계에서 중요한 수단으로 간주되나 이러한 인간행태를 통제하려는 합리적 시도들도 조직의 개별 구성원들의 가치와 이해에 충분한 관심과 주의가 기울어지지 않는다면 결국 실패할 것이라는 것이다. 공무원들은 자신들의 동기와 보상을 다른 사람들의 생활에서의 중요한 변화가 발생하고 있는지에서 찾아야 한다(Perry & Lois, 1990: 367-373).

이제까지 살펴본 공공관리 주요 사조들의 특징은 다음 <표 1-1>과 같다.

표 1-1 주요 공공관리의 특성 비교

비교관점	구 공공행정	신공공관리	신공공서비스
주요 이론적 인식론적 토대	정치이론, 순수사회과학에 의한 사회, 정치적 주석, 견해	경제이론, 실증사회과학에 토대를 둔 보다 정교한 대화	민주적 이론, 실증, 해석, 비판 및 포스트모더니즘 등을 포함한 다양한 접근방법
합리성에 대한 관점과 인간행태에 대한 모델	개관적 합리성, 행정적 인간	기술적, 경제적 합리성 경제적 인간 또는 이기적 의사결정자	전략적 합리성, 합리성에 대한 다양한 검증(정치적, 경제적 및 조직적)

공익의 이해	정치적으로 정의되거나 법에 표현된 공익	개인적 이해들의 총합	공유할 가치에 대한 대화의 결과물
공무원들이 대응해야 할 대상	피보호자(clients)와 선거주민	고객(customers)	시민들
정부의 역할	노 젓기(개인이나 정치적으로 정의된 대상에 초점을 맞춘 정책의 설계와 집행)	조정(시장의 세력들을 푸는 촉매자로서 행동)	봉사(시민이나 지역사회 간 이해의 협상, 중재 및 공유할 가치의 창출)
정책목표 달성을 위한 기제	기존 정부기관을 통한 행정	민간 및 비이익단체를 통한 정책목표 달성하기 위해 기제와 유인구조 창출	공·사 및 비이익단체 간의 연합을 형성하여 상호 이해와 욕구 충족
책임성에 대한 접근	계서제적-행정가는 민주적으로 선출된 정치가에 대해 책임	시장에 의해 주도되고, 개개 이기심의 축적을 보다 광의의 시민이나 고객들에 의해 바라는 결과로 본다.	다양한 측면-법, 지역사회 가치, 정치규범, 전문가 기준 및 시민들의 이해에 책임
행정 재량	제한적	기업가의 목표를 총족시키기 위해 광범위하게 허용	재량이 필요하지만 제한되고 책임이 따른다.
조직 구조	관료적 구조, 하향적 권한과 피보호자 통제 및 규제	주요 통제기능이 해당기관에 허용되는 분권화된 공공조직	내외적으로 리더쉽을 공유한 협동적 구조
공무원들의 동기화 토대	봉급과 특혜, 공무원 보호	기업가 정신, 정부 규모를 축소하려는 바램	공공서비스, 사회에 기여하려는 열망

자료: Denhardt & Denhardt(2003: 28-29).

이상의 개괄적인 행정 및 관리의 전개를 살펴본 바와 같이 행정은 복잡한 공공조직의 관리체계(a system of management)로서 시작되었고, 이러한 관리체계는 여전히 주류를 이루면서 공공영역의 합리적 운영에 초점을 두고 있다. 합리적 접근은 사회적 행위에서의 전통이나 비합리적인 것에 기초한 것들을 대체하려는 철학적 운동이었던 계몽주의에서 유래되었다. 이러한 합리적 접근방법은 여전히 대부분의 현대 생활의 토대가 되고 있으며, 그 결과 공공조직의 운영에 매우 효율적인 체계를 가져왔다(Lawrence, 2003: 907). 그러나 관리로서 행정은 내부적으로는 권위적이고 외부적으로는 정치와 분리된 조직을 조장하여, 정치적 가치나 철학의 실현보다는 합리적 관리에 초점을 두며, 법을 일상의 업무수행이나 관리적 윤리기준을 설정하기 위한 엄격한 규칙들로 축소함으로써 민주적 정치구조에 기여하는 역할보다는 합리성에 기여하는 것으로만 강조하였다. 관리를 조직 내 합리적 행위에 초점을 둠으로써 행정으로 하여금 조직 간 관계나 네트워크 내의 관계를 제대로 다루지 못했다.

최근에는 행정보다는 공공관리의 시각을 강조하면서 공공부문의 관리는 행정 내부의 기술적 하위영역은 물론 외부환경에 대응과 조직의 임무와 목표를 다루는 전략 등을 다루어야 한다고 제안하고 있다. 따라서 공공관리는 정부 내 조직과 관리과정은 물론 외부의 사회 · 정치적 환경과의 관계나 영향을 이해하고 관리해야 한다. 이제 공공관리는 정부조직, 정치 · 사회적 집단, 민간 · 기업조직 등과 같은 다양한 참여자들의 복합적인 네트워크 간의 협조와 상호작용에 관한 관리를 포괄하도록 요구되고 있다. 효율성이나 합리성이라는 좁은 의미의 관리에서 벗어나 민주성이나 정의와 같은 정치적 가치와 다양한 참여자들의 권리와 이해의 상호작용에 의한 광범한 협치의 개념에서 운용되어야 한다. 세계화, 정보화, 지방화를 중심으로 진행되고 있는 환경변화와 날로 치열해 가는 경쟁사회 속에서 지방정부도 이제는 더 이상 과거와 같이 독점적으로 공공서비스를 제공하는 지위에 안주할 수 없게 되었다는 것이다(Callahan, 1994: 205-206).

공공관리 이론에 유일무이한 타당한 이론을 구축하려는 시도는 우리들 능력 밖에 일이다. 이론은 언제나 확률적 설명으로 제한되기 때문이다. 따라서 공공관리 연구자들의 노력은 결국 민주사회의 관리적 효과성에 대한 이해를 지속적으로 제고하는 것을 전제로 해야 한다. 그렇기 때문에 앞서의 행정관리 흐름에서 제기되는 상반된 시각들을 통합할 필요가 있다. 각 시대의 요청에 따라 등장한 모든 개혁과 변화의 의제가 민주적 가치와 민주적 대응성에 강한 책임을 공유하면서 또 한편으로는 행정의 전문성, 전문가주의, 높은 기준의 관리적 능력의 중요성도 소홀히 할 수 없기 때문이다. 지방정부관리의 지향도 이러한 맥락에서 탐색되어야 할 것이다.

관리자들도 자신들이 지향하거나 실제행동은 그들이 근거하는 가정이나 원리의 유형에 따라 판이하게 달라질 수 있다. 이론이나 가치 및 신념들이 특정 행동을 조장하기도 하고 제약하기 때문이다. 공공관리 흐름은 특정 시기나 상황에 따라 특정 가치들의 추구가 강조되고 이를 위해 행정제도들이 조직되고 운영되지만 다른 가치들을 완전히 부정하는 것은 아니다. 특정 시기에 어떤 규범적인 모델이 지배적인 경우 다른 모델은 지배적인 관점의 상황에서 다소 적은 역할을 할 뿐이라고 생각해야 한다(Kaufman, 1956: 1057-1073).

제 3 절 공공관리의 유형

공공관리의 실제는 복합적이고 복잡하다. 이러한 공공관리 실제를 이해하기 위해 공공관리의 유형과 접근방법[7]들을 동원하여 설명하기로 한다.

1 공공관리의 유형

1) 분석적 관리

분석적 관리는 공공관리를 주로 공공조직 활동의 수단적 측면에 초점을 두거나 공학적 모델에 근거하여 수단의 합리성 및 효율성을 강조하는 관리 유형이다. 공학적 모델은 공공관리를 미리 정해진 목표의 집행을 감독하는 과정으로 보며, 공공관리인을 공공정책의 도구나 기술의 도구로 간주한다(Colin, 1982: 402-406). 이러한 접근방법은 정책분석과 경제학을 지적 근거로 하여 체계 분석, 예측, 비용-효과분석과 같은 정교한 분석기법의 활용을 강조한다.

2) 자유주의 관리

자유주의 관리는 공공관리자들이 어떻게 관리할 것인가를 이미 잘 알고 있고 숙련된 기술을 가지고 있으며 헌신적이라는 것을 전제한다. 공공관료제의 형편없는 성과는 관리자들의 무능력과 부정의 결과라기보다는 불필요한 규칙, 규제 및 제한 등 과다한 나쁜 체제의 결과이기 때문에 공공관료제의 성과를 개선하기 위해서는 관리자들로 하여금 형식주의의 족쇄에서 벗어나게 해야 하고, 관리자들 스스로 관리하도록 내버려두어야 한다는 것이다. 자유주의 관리는 관료제 내부관리규제 철폐로부터 예산이나 인사 및 조달 등의 관리과정을 분산하거나 간소화하는 등 다양한 상호연계 전략들을 제안하고 있다. 자유주의 관리로 이끌었던 오스본(David Osborne)과 개블러(Ted A. Gaebler)는 공공 기업가들로 하여금 어떻게 형식주의를

7) 래리(D. T. Larry)는 공공관리를 양적·분석적 관리, 정치적 관리, 자유주의 관리 및 시장지향 관리 등으로 분류하고 있다(Larry, 1998: 194-196 참조).

타파하고, 고용인들에게 권한을 위임하고, 고객만족을 최우선시하며, 임무지향적이고 결과지향적 조직을 만들 것인가에 관한 성공적인 예를 제시하고 있다(Osborne & Gaebler, 1992).

3) 시장지향 관리

시장지향 관리는 시장경쟁을 통한 효율성을 공공부문에 적용하자는 관점과 민간부문의 실제와 기술 등을 공공부문에 활용하자는 관점이다. 공공관리자들도 시장경쟁에 노출될 경우 자신들의 성과수준을 제고할 수 있으며, 민간부문에서 사용되는 실제와 기법들이 공공부문보다 우수하기 때문에 공공관리를 기업의 원리에 의해 수행하자는 것이다. 따라서 공 · 사 관리의 구분은 잘못된 것이고 어디까지나 '관리는 관리'라는 것이다. 시장지향 관리를 옹호하는 관점은 공공관리자의 기업가 모델을 강조하며 기업가 정신이 공공관리의 본질이라고 주장한다(Peters, 1996: 28).

자유주의 관리와 시장지향 관리 접근방법은 이른바 관리주의(managerialism)에 토대를 두고 있다. 관리주의의 핵심은 사회발전의 주요 경로는 경제적 관점에서의 지속적인 생산성 성장에 달려 있고, 이러한 생산성은 보다 세련된 기술(제품생산의 하드웨어 기술뿐 아니라 정보 및 대규모 조직 기술을 포함)의 꾸준한 적용에서 나오며, 이러한 기술은 훈련된 능력의 활용을 통해서만 가능하다는 것과 관리는 별개의 조직기능으로 생산성 개선을 기획하고, 집행하며 측정하는 중요한 역할로 이 역할의 성공은 관리자들의 질과 전문성에 달려 있다는 것이다. 그리고 이러한 중요한 역할을 수행하기 위해서 관리자들에게 합리적인 활동의 여지나 재량적 관리권한이 허용되어야 한다는 것이다.

4) 정치적 관리

위에서 전술한 관리방법들은 조직관리에 뿌리를 두고 있다. 이에 반하여 정치적 관리는 정치 · 행정의 이분법을 거부하고 공공관리자들이 정책형성과정에서 정치적 권한을 행사할 정당한 권리를 가지고 있다고 보는 관점이다. 전통행정에서 공공관리자들의 근본적인 책임은 잘 정의된 목적을 달성하기 위한 효율적이고 프로그램화된 수단을 개발하는 것에 한정된 데 반하여, 정치적 관리는 이러한 전통적 책임에 목표설정과 목표설정과정에서의 정치적 관리 책임이 추가된다. 공공관리자들은 달성해야 할 목표를 정의할 책임을 지며 그러한 목표와 추진방법에 관한 정치적 대화과정에 참여해야 한다(Alasdair, 1995: 293).

5) 공동체 및 제도의 관리

공공관리는 공공조직 활동의 수단적 측면에만 초점을 두는 것으로는 충분하지 않다. 공공관리는 통치의 효율성과 건전한 시민성을 형성하고 세련시키는 데에 기여해야 한다. 공공관리는 통치자의 요구에 봉사하고, 집단들의 요구에 대응하고, 시장의 부적절함을 교정하는 것 이상의 목적을 위해 존재해야 한다. 공공관리는 시민들이 자신들의 삶의 의미를 정의하고 발전시키도록 조장하기 위해 존재한다. 따라서 공공관리는 공동체가 어떤 종류의 정책목표를 협동으로 결정하고 목표에 도달할 수단을 함께 결정하기 위한 합리적인 대화의 과정에서 찾아야 한다는 접근방법이다(Harmon, 1995: 195).

그동안의 공공관리에서는 능률과 경제성 이른바 과학적 관리를 강조함으로써 시민들의 잠재성을 환기시키는 것으로부터 멀어졌고 공공행정가나 관리인들로 하여금 사회와의 연대와 제도적 질서[8]에 헌신하는 것을 소홀하였다. 제도적 질서는 규범을 제시해주고 제재를 가할 수 있는 상호작용의 패턴으로서 건전한 시민성을 형성하기도 한다. 정부활동은 이러한 제도와 시민과의 관계를 바람직하게 형성하고 세련시키는 데에 기여해야 한다. 사회는 개인 상호 간의 관계체제이며 이러한 관계는 고정된 모형이 아니고 역동적인 상호작용이다. 제도가 이러한 역동적인 상호작용으로 구성되지 않는다면 그것은 지난 사회의 화석에 불과할 것이다.

제도는 민주사회의 공동생활을 지지하는 하부구조로서 책임을 할당하고, 합법성을 요구하며, 개인들이 자신의 몫을 챙기는 기준을 제공함으로써 경험을 구조화하고 성격을 형성하는 사회적 관계의 패턴이다(Sullivan, 1995: 175). 정부 개혁이 경제성의 입장에서 개선되었다 해도 민주주의 실제를 지원해주고 시민들의 삶의 기회를 고양해주는 능력을 축소했다면 재고해 보아야 할 일이다. 공공관리가 또다

8) 여기서 제도는 의도적인 사회적 구성물이나 조직으로 또는 가족제도와 같은 보다 광의의 사회질서를 구성하는 요소들로 개인들의 행동이나 행태에 영향을 미치는 것을 말한다(Harmon, 1995: 126). 제도는 상황에 처해 있는 행위자들의 반복적인 활동의 산물이며, 또한 이들 행위자들에게 의미있는 행동을 하게 하는 매개체이면서 환경이다. 제도는 제약을 주기도 하지만 할 수 있게 하는(enabling) 권능을 부여하기도 한다.

시 조직적 · 관리적 풍조를 지속한다면 이는 제도주의의 필요성에 대한 인식을 지체시키는 일이 될 것이다. 정치나 행정은 사회적 규제를 정의하는 권위적 역할 이외에도 시민들로 하여금 그들이 직면하는 위기와 기회를 평가할 수 있도록 지식과 제도를 형성해가게 하는 공공과정이어야 한다(Harmon, 1996: 196).

6) 네트워크 관점의 공공관리

네트워크 개념은 정책형성, 집행 및 서비스 공급과 관련한 복잡한 상호작용을 관리하는 대안적 방법 모색되고 있다. 오늘날 대부분의 사회적 문제들은 네트워크와 같은 전략을 탐색하는 것 외에 다른 선택의 여지가 없게 되었다. 네트워크는 정책형성에서 다양한 행위자나 조직들의 상호의존성을 강조하고, 의사결정과 집행과정에서 공직자의 중심적 지위와 역할에 도전하고, 종전의 관리 및 평가방법에 도전한다. 네트워크 사회로의 발전은 정보기술의 결과와 전문화 및 전통적 사회관계의 중요성이 퇴색해가는 개별화 사회변화로 인한 수평적 관계와 네트워크가 중요해지고 있기 때문이다. 또한 많은 정부들이 사회나 기업 운영자들과의 수평적 조정 파트너십을 모색하고 있으며, 공공관리에서도 많은 실무 전문가나 정책형성자들이 행정 및 공공관리 학자들과의 인식 공유가 증가함에 따라 보다 수평적 형태의 거버넌스를 지향하고 있기 때문이다.

이러한 네트워크 관리의 관점은 의사결정과 목표설정을 중요한 집행요인으로 간주하고 의사결정과 집행기관 간의 관계를 조직화했던 전통행정에 도전하여 행위자들 간의 상호작용에서 요구되는 조정활동을 수행할 네트워크 관리자의 역할을 새롭게 부각시키고 있다. 관리에 관한 전통적 문헌에서 관리자의 활동은 목표설정(기획), 조직구조화와 설계(조직화), 그리고 업무를 달성하는 것 등 세 가지가 주요 과업으로 요약될 수 있다. 그러나 네트워크 시각에서 관리자의 역할은 행위자와 자원을 활성화하고, 행위자들의 목표와 인식을 조정하고, 행위자들의 상호작용을 조장하고 강화하기 위해 조직협의체를 구성하고 서로 다른 행위자들의 상호작용을 조정해야 한다. 따라서 네트워크 관리자는 중재자, 과정 관리자나 상호작용의 조장자이어야 한다(Klijn, 2005: 270).

2 공공관리개혁의 접근방법

1) 탐색과 혁신개혁

공공관리개혁의 접근방법은 크게 두 가지로 구분할 수 있다. 하나는 탐색방법으로 변화의 보편적인 방향을 추구하면서 여러 가지 제안들을 실험하고 탐색하는 방법이다. 잘 정의되고 분석된 계획의 추구보다 탐색과 경험을 통한 학습방법이다. 시행착오를 통해서 현재의 실제를 개선해가며 혁명적인 변화보다는 진화적인 변화를 추구하면서 새로운 방법에 익숙해지는 것이다(Sanger & Levin, 1992: 88－115). 이러한 탐색방법은 주로 점증적인 접근방법으로 현상에 대한 온건한 조정을 통해 변화를 추구함으로써 조직구성원이나 이해당사자들로부터의 저항을 최소화할 수 있으며 한정된 자원에서 선택할 수 있는 방법이다.

또 다른 접근방법은 혁신방법이다. 공공관리자가 혁신적인 사고를 체계적으로 설계하고 전략적으로 추진해 가는 것이다. 혁신적인 사고의 정당성은 전략적 분석과 기획으로 특징되는 행태에 의존한다. 혁신으로 발생되는 저항을 극복하고 급진적인 변화를 추구하기 위해서는 정치적이어야 한다(Roberts, 1992: 55－71). 이러한 공공관리개혁 접근방법의 활용은 제도적 환경과 혁신적 사고에 내재된 변화의 수준에 따라 선택되어야 한다. 혁신을 수용하는 문화나 급진적인 변화를 추구할 경우 전략적인 분석과 계획이 요구되며, 쇄신에 저항하는 문화나 점증적인 변화를 추구할 경우에는 탐색의 방법이 바람직하다.

2) 조직과 제도개혁

개혁의 범위에 따라 조직운영에 관한 지향과 다른 하나는 보다 광범위한 공동체 또는 제도를 지향하는 접근방법이 있다. 전자는 조직적 사고에 근거를 두고 더 좋은 수단적 합리성(instrumental rationality)에 의해 조직을 운영하려는 지향이다. 정부관료제의 개혁과 구조개혁 사례 등이 이에 해당한다. 효율성과 경제성, 그리고 과정의 통제라는 전통적 탐색을 지속하면서 행정기관을 축소하고 절차나 형식주의를 폐지하고 정부서비스를 민영화하는 등으로 이를 달성하고자 했다.

이에 반해 공동체와 제도개혁은 공동체적 사고를 조장하고 민주주의를 활발하게 하기 위해 제도를 재구상하여 공공관리의 실제적 관행들을 교정하려는 접근방법이다. 제도는 민주사회 공동생활을 지지하는 하부구조이며 민주주의 실제를 지원해주고 시민들의 삶의 기회를 고양해주는 능력이다. 공공관리개혁이 조직적 · 관리적 범위를 넘어 제도와 공동체 정서, 시민성 활성화에 초점을 두는 접근방법이다. 사회가 민주적이고 공화정적인 것을 유지하기 위해서는 시민사회 하부구조(civic infrastructure)에 투자를 게을리해서는 안 된다는 것이다. 민주적 삶을 위해서는 제도의 건강에 대한 책임을 가져야 한다(Sullivan, 1995: 180). 공공관리학자들도 관리개혁에 영향을 미치는 제도적 환경이 중요하다는 것을 점차 인정한다. 제도적 환경이란 개인의 행태를 형성하는 인센티브는 물론 제도들이 미치는 역할과 기능을 말한다. 효과적인 공공관리개혁은 이러한 제도에 의해 형성된 환경에 보다 많은 주의를 두어야 한다는 것이다.

3) 정부개혁과 시민개혁

공공관리개혁은 개혁의 주체에 따라 정부개혁과 시민개혁으로 나누어볼 수 있다. 전자는 정부기관의 효율성을 증진하는 내부구조 및 절차변화 등에 관심을 갖는데 반하여, 후자는 공공분야에 대한 시민들의 의식과 행태에서의 변화에 관심을 두는 접근방법이다. 정부개혁은 정부자체 내 구조와 절차변화를 통해서 업무를 더 잘 수행하고 비용을 적게 들이는 정부를 만들려는 것이다. 이러한 개혁은 정부가 무엇을 해야 하는가보다는 어떻게 해야 하는가에 초점을 두는 접근방법이다. 이러한 접근방법은 조직의 목표달성을 위해 인력, 조직, 예산 및 프로그램을 최적의 상태로 관리하려는 생각과 가치관 및 전략들이다.

반면에, 시민개혁은 정부가 과업을 어떻게 구조화하든 또는 규칙과 절차를 어떻게 변화하든 시민들이 자신들의 정향을 변화시키고 고객으로서보다는 소유자로서의 역할(owner's role)을 수용하여 공공부문에 참여하고 문제해결에 자신들의 생각을 기여할 때까지는 어떠한 효율성이나 대응성은 제고될 없다는 것을 전제로 한다. 적극적인 시민들은 정치적 의제를 형성하고 현재 특정 공공부문의 프로그램이 잘 운용되고 있는지를 평가할 뿐 아니라 정부가 추구해야 할 목적들을 숙고한다(Schachter, 1997: 1-4). 시민개혁은 시민들에게 적극적 시민성을 갖게 하는 접근방법이다.

제4절 공공관리의 목표와 가치

1 효율성과 민주성의 조화

공공관리가 지향하는 목표와 가치는 효율성과 민주성의 조화에서 찾아야 한다. 공공관리가 정책목적을 달성하기 위한 수단으로서의 성격이 강하여 효율성과 효과성을 강조하여 왔지만 시민들의 요구와 민주주의에 대한 요구를 어떻게 균형화할 것인가의 문제를 소홀히 할 수 없게 되었기 때문이다. 효율적이고 효과적인 정부운영과 정부 운영에 새로운 아이디어를 적용하려는 이유들은 자원제약의 극복과 시민들에게 제공하는 서비스에 대한 불만족 해소는 물론 궁극적으로 정부에 대한 시민들의 신뢰와 지지를 유지하고 개선하려는 데 있기 때문이다. 따라서 공공관리는 성과를 효율적이고 효과적으로 달성하려는 내적정당성뿐 아니라 궁극적으로 정부에 대한 신뢰를 개선하려는 외적정당성을 확보하려는 것을 목표로 해야 한다.

효율적인 공공서비스 개선을 위한 개혁들로는 오스본과 개블러(Osborne & Gaebler)의 개혁정부, 관리자들의 자율성 증대를 강조하는 신공공관리, 결과에 대한 책임 강조, 기업가적 관리와 민영화, 외부계약과 경쟁도입 등과 같은 다양한 시장 메커니즘을 활용하는 방안들이 제시되고 있다. 그러나 이러한 개혁들은 민주적 제도들을 약화시키고 시민들을 수동적인 고객으로 만들어 정치행정과정에 활발한 참여를 저해할 수 있으며, 기업가 정신이란 것도 규칙을 왜곡하거나 파괴할 수 있다는 비판들이 제기된다. 수요와 공급 간 균형을 강조하는 시장기제도 공익가치를 소홀히 할 수 있어 공공관리자들이 무슨 권리로 의사결정을 하고 행동을 하는지에 관한 근거를 민주성과 외적정당성에서 모색해야 한다.

민주주의 모든 권력의 원천은 국민으로부터 나오기 때문에 공공관리활동은 적어도 국민들의 요구와 밀접한 연계성을 가져야 한다. 시민들의 요구에 대한 적극적 대응과 그 결과에 대한 행정책임은 물론 시민들과 관리자 간 상호 개방적 소통을 통해 공유된 가치와 공동의식을 가짐으로써 갈등해소와 협력적 실천이 가능하도록 해야 하기 때문이다.

이러한 외부관리 차원에서 공공관리의 민주적 운용에 관한 접근 외에도 공공조직 내부관리 차원에서의 민주적 문제를 해결하는 방법도 고려되어야 한다. 공공조직의 의사결정과정에서의 구성원들의 포섭 관리 같은 방법을 말한다. 이는 관리자들에 의한 관리과정이나 결과에 대한 통제보다는 일선구성원들의 정책과정에 참여와 팀워크를 통한 지속적인 관리개선의 능력이 중요하기 때문이다(Felderman & Khademian, 2001: 149-167).

그럼에도 불구하고 공공관리자들은 정책과정 중 집행단계를 지휘하기 때문에 정치적 구조에 의해 형성된 타당하지 않는 정책을 집행해야 할 때도 있어 관리의 효율성을 극대화하려는 모든 노력들이 제한을 받기도 한다. 공공관리가 목적-수단과의 연계에서 수단적 측면을 다룰 경우 수단적 합리성이 지배적이고 적당하다고 말할 수 있다. 그러나 공공관리는 조직생활의 낮은 차원이나 수단적인 차원만을 다루는 현상은 아니다. 상위 공무원과 정치적으로 임명된 자들을 다룰 경우 공공관리의 초점은 권력의 문제를 다루어야 하며 정치적 계산법(political calculus)을 적용해야 한다. 공공부문에서 수단과 목적은 언제나 엉켜 있으며 관리적 차원이 포함된 모든 수준의 정부활동은 형성적 특성을 갖고 있다. 정부는 권력자의 요구에 따르고, 이익집단의 압력과 요구에 따라 가치를 배분하고, 시장의 부적절함을 교정하는 것 이상으로 개인이나 집단적 삶의 한 부분인 시민들이 스스로 지배할 수 있도록 조장하기 위해 존재한다. 관리가 단기적이고 목적론의 수단에 얽매일 때 관리는 이러한 인간적 노력에 필수조건이지만 충분조건은 아니다. 따라서 공공관리는 시민과의 관계에서 정당한 역할을 정의함으로써 존재론적 의문을 해결해야 한다(Karen & Wamsley, 1999: 117-142).

이와 같이 공공관리자들은 관리의 효과성과 효율성, 그리고 국민들과 이들의 대표자들에 대한 책임이나 대응성을 균형화하는 데서 공공관리의 목표와 지향가치를 설정해야 한다.

2 민주적 공동체와 시민성 제고

공공관리는 인간의 잠재성을 깨우고 인간 발전과 성취를 조장하면서 민주주의를 유지하기 위해 개인이나 집단을 새롭게 하고 재창조하여야 한다. 오늘날 공공관리는 시민들의 덕성과 사람들 간의 관계나 사람들과 정부와의 관계를 개선하여 공공의 행복을 일깨우는 데 필요한 개념과 기술 및 정서를 담아야 한다(Karen & Wamsely, 1999: 117－142). 공공관리가 정치와 분리되고 정부구조나 과정에서 단순한 기능주의 시각에 빠지기보다는 정치와 행정 및 공공관리가 하나의 조화를 이루고, 시민들의 실제 삶을 지원해주는 역동적 긴장상태가 이루어지도록 하는 시각과 노력이 요구된다(Harmon, 1996: 196). 공공관리의 정당한 역할에 대한 논의가 조직적·관리적 기조 내에서나 합리주의자들의 논의에 한정된다면 이러한 과제를 효과적으로 수행할 수 없다. 모든 사람이 관여하여 토론이 이루어지는 공적공간에서 공동선(共同善)에 관한 대화가 이루어지는 정치가 이루어져야 한다.

따라서 공공관리의 목표와 지향가치를 민주적 공동체 조성과 적극적 시민성을 고양하는 데서 찾아야 한다. 고도의 기술과 전문가 시대에서 정부와 시민들 간의 거리가 점차 멀어지면서 정부에 대한 불신이 점증하는 데 대한 해답은 개인적인 '나'보다 집단적인 '우리'라는 민주적 공동체를 고양하는 데서 모색되어야 한다.

또한 공공관리의 실제가 민주적으로 운용되기 위해서는 적극적인 시민참여가 이루어지도록 조장해야 한다. 시민참여의 유형들로는 정보제공이나 시민자문위원회를 통한 자문구하기, 그리고 시민참여의 정책분석, 심의민주주의(deliberative democracy)를 위한 다양한 형태의 포럼 등이 있다. 이러한 시민참여는 다른 한편 효율성 차원에서 정당화된다. 즉, 의사결정에 관여하는 개인이나 집단일수록 더 적극적으로 지지할 것이며, 의사결정에 다양한 투입은 더 좋은 의사결정을 낳을 수 있고, 현장에 밀접하고 적실성있는 결정을 할 수 있기 때문이다. 또한 시민참여는 사회자본의 형성에 도움이 된다는 점에서도 정당화된다.

제 5 절 공공관리자의 역할변화

정부가 정책을 설정하고 서비스 공급만을 강조하는 현재의 정부 개념화는 모든 인간 활동을 위한 제도적인 틀을 공급하는데서 성공적인 역할을 해야 하는 보다 큰 정부 역할을 경시한다는 지적처럼(Kirlin, 1996: 161), 오늘날 거버넌스는 사회가 실제로 어떻게 선택하고, 자원을 어떻게 배분하며 공유된 가치를 어떻게 창출해내는가 등에 관한 사회적 의사결정과 공공영역에서의 의미창조를 다루어야 한다는 것이다(Denhardt & Denhardt, 2003: 86). 거버넌스 틀 내에서 정부의 역할은 첫째로, 정부는 다양한 네트워크가 작동할 법적 · 정치적 규칙을 설정하는 종합적인 역할을 지속해야 한다. 정부는 초월적 수준(meta-level)에서 다양한 네트워크 간에 이루어지는 의사결정을 비준하고, 성문화하며 정당화하는 데 도움을 주어야 한다. 둘째로, 정부는 다양한 네트워크 내 또는 이들 간의 자원배분과 의존문제들을 지속적으로 해결해야 한다. 정부는 서로 다른 영역 간 혹은 정책네트워크 간의 관계에서 경제적 이해를 보호해 주어야 한다. 다시 말해 정부는 네트워크 경계를 넘는 관계를 지시보다는 유인을 활용하여 균형화시키고, 협상하게 하며 조장하는 역할을 하여 한 영역이 다른 영역을 지배하지 않도록 한다. 셋째로, 정부는 네트워크 상호작용을 모니터하여 구체적인 네트워크 내에서 혹은 서로 다른 네트워크 간에 민주적 과정과 사회적 형평성의 원리가 유지되도록 보장해야 한다.

이러한 정부의 역할변화에 따라 관리자들도 법적 · 정치적 기준과 관련된 역할이나 경제적 혹은 시장을 고려한 기준, 그리고 민주적이고 사회적 기준과 관련한 역할에서의 변화들을 고려해야 한다.

1 법적 · 정치적 기준에 의한 공무원들의 역할

공무원들은 정치적으로 정의된 제한적인 목표들에 초점을 둔 정책을 설계하고 집행하는 데 관여된다. 공무원들은 법과 정치적 현실에 구속되며 정부의 전통적 기구를 통한 프로그램 개발에 관심을 둔다. 공무원들의 업무가 국민들의 바람과 어떻게 일치하느냐의 책임성(accountability)문제는 민주적으로 선출된 리더에 대한 행정가들의 책임성으로 해결된다. 행정가들은 시민들과 유리되지만 선출직 정치지도자들에게 책임을 지고, 정치지도자들은 선거민에게 책임을 짐으로써 행정가에 대한 시민들의 민주적 통제고리를 유지한다고 전제한다. 선출된 정치지도자들이 임명직 공무원들보다 더 큰 권한과 위치를 차지하고 있다고 보고 정책과정 전반에 관여하여 선출직 리더십에 도전하는 것은 좋은 생각이라 여기지 않는다.

그러나 정책과정에 대한 관리자들의 영향이 커짐에 따라 책임성의 연결고리가 문제로 등장한다. 입법가들은 비전문가(generalists)들로서 특정 분야와 문제에 평생을 보낸 행정가만큼 특정 정책에 대해 잘 모를 경우, 관리자들의 정책선택에 대한 책임성을 어떻게 확보하느냐의 문제가 생기게 된다. 이에 대해 공무원들의 전문성이 전제되어야 한다는 것이다. 공공정책은 공익을 찾는 전문가들에 의한 과학적 사업이 되며, 공익을 달성하기 위한 최적의 정책을 찾고 집행과정에 통제를 확보하기 위해 의사결정 기구를 개발해야 한다는 것이다. 관리자들이 사회 전반의 목적을 달성하기 위해 합리적인 개발 계획을 수립하도록 행정책임과 통제 센터를 두어야 하고 적정한 정책선택을 위해 구체적인 분석도구가 개발되어야 한다는 것이다. 이는 문제를 정치로 다루는 것이 아니라 관리로 다루어야 한다는 것을 의미한다.

2 경제적 기준에 의한 공무원들의 역할

경제적 또는 시장 접근방법은 정부의 역할을 시장의 논리에 근거한다. 행정가의 역할에 관해 하나는 정책과정에서 행정가들의 보다 적극적인 역할, 즉 정책기업가(policy entrepreneur)로서의 역할을 염두에 두고 있고, 다른 하나는 관리자들에게 고객의 요구에 대응하고, 가능한 한 고객이 선택할 수 있는 정책대안들을 구조화하도록 독려하고 있다. 공공관리자들을 '기업가'로 설정하고 '기업가 정신(entrepreneurship)'에 의해 공공문제를 창조적이고 쇄신적으로 해결하도록 조장한다(Terry, 1998: 197). 공공관리자들은 높은 성과에 집중적인 관심을 두고 관료제 조직의 재구조화, 조직사명의 재정의, 기관운용과정의 간소화 및 의사결정의 분산을 찾아야 한다. 여러 가지 사례에서 정부나 정부기관들은 민영화, 최고책임자의 성과목표 책임제, 생산성 측정의 새로운 과정설정 및 보다 강화된 책임성을 반영하도록 하는 부서 체제의 재조정 등에서 성공한 바 있다.

그러나 이들 공공기업가들의 정책역할에 대한 문제도 있다. 첫째로, 정책기업가들은 창조적이며 쇄신적일 수도 있지만 규칙을 악용하거나 타협하지 않을 수도 있어 통제하기가 어렵다. 둘째로, 민주적 책임성의 문제이다. 정책선택을 독자적으로 하거나 공공자금을 자신의 돈인 것처럼 사용할 경우 책임성 문제가 제기된다.

3 민주적 · 사회적 기준에 의한 행정가의 역할

민주적 · 사회적 기준에 초점을 둔 정부의 역할은 시민들이나 집단들 간의 이해를 조정하여 공유된 가치를 창조하는 일이라고 본다. 이것은 공적 · 사적 또는 비영리 기구들 간에 연대를 형성하여 요구들에 대해 상호 합의를 이루게 하는 것을 의미한다. 이러한 접근방법에서의 책임성 문제는 공무원들은 법, 공동체 가치, 정치적 규범, 전문가적 기준 및 시민들의 이해에 주의를 기울여야 한다는 것이다.

관리자들은 공공조직을 관리하고 공공정책을 집행할 경우 시민들에게 봉사하고 권한을 위임해야 할 책임에 초점을 두어야 한다. 달리 말하면 시민들을 중심에 두고 정부라는 배의 노를 젓거나 조정하기보다는 성실과 대응성으로 징표되는 공공제도를 형성하는 데 노력해야 한다는 것이다(Denhardt & Denhardt, 2000: 549).

따라서 공공관리자들의 과업은 정책을 형성하고 이를 집행하는 것뿐만 아니라 공공가치가 지속적으로 재표출되고 재창조되도록 민주적 거버넌스 체제에 시민참여를 독려하는 것이다. 그러나 불행하게도 오늘날 정책연구는 주로 세부적인 정책연구와 비용-편익분석에 종사하는 전문 정책분석가들에 의해 수행되고 있는데, 이들 분석가들은 그들이 도와주어야 할 시민들의 요구나 필요 및 가치로부터 격리되어 있다는 것이다. 정책과정에 시민들의 참여가 없다면 '민주주의 실제를 개선'하려는 정책과학의 이상을 벗어나 전재(독재)자들의 정책과학이 될 우려가 있다는 것이다(Peter, 1997: 7-8). 정책과정에서 전문가 지식의 주도를 극복하기 위해 대중 판단(public judgement)의 질을 높여야 하는데, 이를 위해 '구조화된 숙의(논의)과정'이 필요하다는 것이다. 이러한 과정을 통해서 참여자들은 여러 선택들을 평가하고, 선택에 필요한 정보를 개발하고, 동료와의 합리적인 논의에 참여하여, 반성적인 판단에 이를 수 있다는 것이다. 이러한 과정에서 참여자, 시민들은 평등하고, 강제적 영향이 없고, 감정이입으로 듣고, 전제들이 공개되는 대화 환경이 조성될 때 도움을 받을 수 있다는 것이다. 기술적 전문가들에 대항하기 위해서는 시민들에 의한 폭넓은 대화과정이 필요하다는 것이다(Yankelovich, 1999: 41-44).

제 2 장 지방정부와 지방정부관리

제 1 절 지방정부제도의 의의

1 지방정부의 형성과 발달

자유민주주의 사회체제는 자유민주주의가 지향하는 사회규범의 틀 내에서 시장체제, 그리고 정부라는 메커니즘에 의해 작동된다. 이 경우, 정부의 역할은 사회체제에서 발생하는 다양한 사회문제를 해결하면서 자유민주주의가 지향하는 방향으로 나아가게 한다. 정부는 사회의 조타수로서 사회의 운행방향과 양식을 결정하기에 우리의 일상생활에 정부가 미치는 영향력은 대단히 크다 아니할 수 없다. 이러한 정부는 추상적인 개념인 국가의 실질적인 장치(apparatus)로서 권한행사에 책임을 공유하는 사람들로 구성된 집단이나 국가의 통치기능을 맡은 다양한 수단적 기구를 지칭하기도 한다. 국가는 국가의 통치권한과 기능을 분권화하여 지방자치단체[1)]에 부여하는 것이 세계적 추세이다.

1) 지방자치단체는 법률적으로 지역단위 통치기구를 추상화한 개념이라면, 지방정부는 지방자치단체의 구체적 실체로서 지방자치단체의 도구적 측면뿐만이 아니고 작동과정까지 지칭하는 사회학적 개념이다(이달곤, 2004: 10).

세계 각국의 지방정부 형성과 발달은 각 나라의 정치사회적 변동에 따라 상이하게 전개되었고, 현재의 지방정부 형태도 각 나라마다 다르기 때문에 발달과정에 대한 설명 또한 다양할 수밖에 없다. 그러나 현대적 의미의 지방정부와 지방자치는 근대적 국민국가 체제 하에서로 국가통합이 형성된 이후 민주적 정치질서가 확립되면서 민주적 이념과 제도의 수용에 따른 지방분권화과정에서 지방정부가 등장하고 전개되었다. 근대적 국민국가로 통합되기 이전 동·서양에서 지역적 분권화가 있었지만 이러한 분권화는 국가의 통치력이 제대로 못 미치는 상황에서 국왕이나 중앙통치자에게 충성을 담보로 지역적 통치를 양도한 것에 불과하다.

현대적 의미의 지방정부 출현은 실용적인 측면에서 제기된 지방분권의 필요성 때문이다. 각 나라의 역사적 경험과 경로가 각기 다르지만 산업화와 인구이동, 새로운 사회문제의 발생에 중앙정부만으로는 효율적으로 수행하기 어렵기 때문에 이에 대처할 수 있는 지방제도의 필요성이 대두되었고 지역적으로 분담할 필요성이 제기되었다. 이에 국가 및 중앙정부의 독점적 권한과 기능이 다양한 지방제도로 이관·양도되고 이들 지방제도들이 하나의 통합된 지방정부 형태를 갖춰가고 법인격을 획득하면서 지방정부가 출범하게 된다. 이처럼 현대적 지방정부의 형태는 통치권이 분화되고 국민주권의 원리가 반영되어 자치가 이루어지는 행정체제를 말하며, 국민에 의한 국민의 지배가 보편적인 정치원리로 확립되기 이전의 어떠한 분권화된 행정체제도 오늘날의 지방정부로 범주화할 수 없다(이종수, 2002: 15). 지방정부 발달을 주민자치의 원조격인 영국의 지방정부 발달과정과 단체자치의 원조격인 프랑스와 프러시아의 지방정부 발달과정을 살펴보고, 지방정부제도의 필요성에 관한 관점과 주장들을 살펴보기로 한다.

1) 영국의 지방정부 발달

영국의 지방정부 단위는 패리쉬(parish), 카운티(county), 디스트릭트(district), 바러(borough) 등이 있다. 패리쉬는 영국 지방행정에서 가장 기초적 단위의 행정구역이며 자치정부로서 주로 농촌지역이나 소도시에서 운영되고 있다. 패리쉬는 교구위원회(vestry) 조직에 의해 운영되는데 패리쉬 교회의 성직자가 수장을 맡으며, 재산이 있는 지역 내 유력인사들이 교구위원을 맡는다. 패리쉬는 지역교회를 운영하고 주민의 신앙심과 도덕심을 고취시키는 일을 했으며, 도덕적 종교적 일탈에 대해 제재를 가하기도 했다. 또한 도로보수와 빈민구제 등 법률에 의해 권한과 책임이 부여된 사업을 수행하기 위해 도로검사관, 구빈요원 등의 집행관을 교구위원회에서 임명하거나 지역주민이 참석하는 회의에서 선출하였다. 중앙정부는 패리쉬가 해야 할 일의 내용을 상세히 규정하고, 중앙정부가 임명한 치안판사로 하여금 이를 감독하게 하여 주민들의 자치결정 영역이 그리 넓지 않았다(김병준, 2015: 43−45).

카운티는 광역지방행정 단위로서 그 아래 기초지방정부인 디스트릭트 정부나 도시형 디스트릭트 정부인 바러를 두고 있다. 카운티는 1889년 자치정부로서 의회를 설치할 수 있기 전에는 지역사회 운영에 있어 자치적 역할을 거의 하지 못하고 중앙정부의 강력한 통제를 받았다. 국왕은 카운티마다 총독을 임명하여 군사와 징병문제를 처리하게 하였고, 지역의 지주와 귀족 중에서 치안판사를 위촉하여 카운티 행정을 담당하게 하였다.

도시형 지방자치정부인 바러는 신분이 자유로운 상공인들과 자유민들이 국왕과 영주로부터 자치권을 확보하려는 노력의 산물이었다. 국왕으로부터 특허장 형태의 헌장(charter)을 받아 자치정부의 지위를 누리게 되었으며, 도시의 관리나 경제활동과 관련된 자치권을 하나하나 확보해 가면서 이렇게 인정받은 권한을 자치적으로 구성한 의회 등을 통하여 행사하였다. 도시 자치정부는 시장(mayor), 집행관(bailiffs), 의원(alderman) 등으로 구성되는데, 이들 대부분은 일정한 재산과 지위를 가진 선거권자들에 의해 직・간접으로 선출되었다(김병준, 2015: 46−49).

18세기 중반 영국은 산업혁명이 확산되면서 산업화와 인구이동으로 야기된 각종 사회문제와 환경변화는 전통적인 지방제도와 조직으로서는 대처할 수 없는 상황에서 특정 지역 또는 특정 서비스를 위한 지방기관들이 다수 등장하였지만 이들은 통합된 지방정부라기보다는 임시적 역할을 수행한 것에 불과하였다. 산업화가 지속되고 정치의식이 성숙되어감에 따라 민주적 정치체계 개혁으로 투표권의 확대가 이루어지고 지방정부체계의 근본적인 개혁이 요구되었다.

1835년 도시자치단체법(Municipal Corporation Act)이 제정되어 기존의 도시지역이 법인격을 획득하고 직선 지방의회를 구성할 수 있게 됨에 따라 하나의 통합된 지방정부 형태를 갖추어가게 되었는데, 이것이 영국에서의 현대적 지방정부 출범과 지방자치의 원리가 만개하는 단초가 되었다(이종수, 2002: 20). 1889년 왕실이 임명하는 치안판사의 지배가 끝나고 많은 카운티에 의회가 구성되었다. 카운티 의원은 대부분 일반 주민에 의해 직접 선출되도록 하였으며, 이들로 하여금 치안판사 등이 수행해 오던 기능을 대체하게 하였다. 20세기에 들어오면서 다양한 지방기관들을 통·폐합하여 오늘날의 지방정부체제가 확립되기에 이르렀다.

2) 유럽국가의 지방정부 발달

프랑스는 중앙집권적 절대주의 체제가 루이 14세 때 구축되었고 지방은 국왕의 징세권을 바탕으로 하는 30여 명의 왕의 사자 앵땅당에 의해 통치되었다(임도빈, 1993: 42). 18세기에 이르러 프랑스에 분권적 사상이 몽테스키외(Montesquieu)와 프랑스 혁명에 의해 마련되었으며, 1789년 프랑스 혁명은 기존의 절대군주제를 붕괴시키고 의회주의적 민주주의가 도입되어 깡통을 제외한 도와 군, 시·읍·면에 지방의회가 설치되었다. 그러나 시민전쟁의 혼란 속에 전국적인 법 집행의 필요성에 제기되어 1793년에는 도의회를 폐지한 후 중앙집권주의를 한층 강화하였다. 중앙에서 각 도에 파견하는 도지사제를 창설하고 도의회는 중앙에서 임명한 임기 3년의 의원으로 구성하였다. 1830년대에 이르러 분권적 민주주의가 다시 등장하여 지방정부에 자율성이 확대되어 중앙에서의 지방의원 임명제가 폐지되고 각 도의회 선거구(canton)에서 1인씩 주민직선으로 선출하였다. 또한 1982년 사회당정부는 「코뮌, 데파르트망 및 레종의 권리와 자유에 관한 법률」을 통해 분권화 개혁을 추진하여 종래의 중앙정부에 의한 자치단체장(도지사와 군수) 임명, 중앙정부의 권력적 통제와 사전승인 등과 같은 중앙집권적 요소를 폐지하고 지방자치단체의 자율권을 증대시켰다. 프랑스 지방정부 발달과정을 보면 지방정부는 중앙정부의 지역적 집행기관이라는 성격과 지역이익을 대표하되 중앙의 감독을 받는 기구라는 두 가지 성격을 동시에 갖고 있다.

한편, 독일은 1808년 프러시아 수상 슈타인(Baron von Stein, 1757~1831)이 도시정부를 개혁하면서 근대적 지방자치 형태를 마련하고 시민들이 직접 선출하는 '타운평의회'를 구성하여 이들 평의회에서 집행시장과 관료들을 임명하게 하였다. 슈타인의 개혁모델은 프로이센에 의한 독일 통일(1871)이 이루어질 때까지 점차 확산되었다. 이후 여러 개의 공국들이 모여 하나의 국가를 이루게 되었고, 1918년 독일공화국으로 발전하여 1919년 바이마르 제헌 헌법 제127조에 의거 법률의 범위 내에서 자치헌장의 권리를 부분적으로 인정하게 되어 일부 주는 지방자치를 위한 새로운 지방자치법을 1920~1930년 사이에 마련하였다(장지호, 1987: 61). 제2차 세계대전 이후에는 점령국의 영향으로 영국식의 지방자치 관념이 유입되고 부분적으로 프랑스의 제도가 도입되었다. 연방주의를 택하고 있는 독일에서 각 주는 다양한 지방정부 형태를 취하고 있는데 지방정부가 자치적으로 처리할 수 있는 사무는 지방정부가 수행하고 중앙정부는 이들 지방정부를 보충하는 데 초점을 맞추고 있다.

3) 한국의 지방정부 발달

우리나라가 서구식 근대국가체제로 전환을 시도한 계기는 갑오경장 때부터라고 할 수 있다. 1894~1895년 사이에 중앙편제와 지방조직에 많은 개혁이 시도되었기 때문이다. 지방자치와 관련 특기할 사항은 1895년 도입된 향회(鄕會)제도이다. 향회 조직으로서 군에 군회(郡會), 면에 면회(面會), 리에 리회(里會)를 설치하여, 군회는 군수, 각 면의 면장에 해당하는 집행기관의 장인 집강과 각 면에서 공선된 2인의 대표로 구성되고, 면회는 집강과 각 리에서 공거(公擧)된 2인의 대표로 구성되었으며, 리회는 리장에 해당하는 존위와 리 내 매호당 1인의 대표로 구성되었다(한국지방행정연구원, 1999: 13). 향회가 결정하는 사안으로는 ① 교육, ② 호적과 지적, ③ 위생, ④ 사창(社倉), ⑤ 도로와 교량, ⑥ 식산과 흥업, ⑦ 공공산림과 항만, ⑧ 세관문제와 납세, ⑨ 흉년 시 환난상휼, ⑩ 공공복무, ⑪ 제반 계약, ⑫ 신식령(新式令)의 정비 등 18개 항목에 달하였으며, 면의 집행기관 장인 집강은 각 리의 존위와 대표에 의해, 리의 장인 존위는 주민총회에서 1년의 임기로 선출하여 종래 관에서 임명하던 방식을 폐지하였다.

일제 강점기에는 도회, 부회, 읍회 등 지방행정계층에 따라 4년 임기의 공선된 명예직으로 의결기관을 구성하였으나 식민통치 체제 속에서 의결권한이 극히 제한되고, 1943년 이후에는 행정기관이 추천한 자들로 구성되어 자치적 요소는 거의 상실되었다. 해방 이후 1948년 공포된 제헌헌법에서 지방자치제도를 제도적으로 수용하고, 1949년 7월 법률 제32호로 「지방자치법」이 마침내 제정·공포되었으며, 이런저런 정치적 우여곡절을 겪으면서 1952년 4월과 5월에 시·읍·면 의회 의원선거와 도의회 의원선거를 실시하여 현대적 의미의 지방자치제도가 시행되었으나, 지방자치제도가 뿌리를 내리기도 전에 1961년 5·16 쿠데타 발생으로 전국의 지방의회가 해산되고 동년 9월 「지방자치에 관한 임시조치법」에 의거 지방자치단체장에 대한 중앙정부의 임명제가 실시되었다.

1987년 6·29 선언 이후 확산되기 시작한 민주화의 물결은 지방자치법의 전문개정이 불가피하다는 분위기를 조성하였다(정세욱, 2000: 105). 1988년 이후 1989년과 1990년 제7차에서 제9차에 이르는 「지방자치법」이 개정되었고, 1991년 3월과 6월 기초자치단체 의회 의원선거와 광역의회 의원선거가 실시되고, 1995년 6월 기초와 광역의회 및 기초와 광역단체장에 대한 직선이 이루어짐으로써, 1961년 군사쿠테타로 정지된 지방자지제도가 명실공히 부활되었다.

한국에서 지방자치가 부활하게 된 배경에는 개발연대를 거치면서 형성된 중앙집권적 권위주의에 대한 저항과 정치적 민주화의 요구 및 국가주도의 발전에 필요했던 비대화한 행정구조가 야기한 비능률성을 개편하고 국민들의 높아진 기대수준에 부응하는 대응성 가치를 제고해야 한다는 시대적 요청의 결과라 할 수 있다.

2 지방정부제도의 필요성

지방정부제도의 필요성은 현대 국가의 일반적 현상으로 각 국가의 정치행정기능의 분권화 요청에서 등장한다. 1980년대 이후 각국은 지방자치에 대한 관심을 증대시키며 분권화조치를 경쟁적으로 취해오고 있다. 분권화를 통한 권한이양은 정치참여의 확대는 물론 경제주체, 주민의 삶의 질에 이르기까지 심대한 영향을 미치는 것으로 평가되고 있다(이종수, 2002: 67). 분권화가 추구하는 목적은 행정을 보다 주민의 가까운 곳에서 실시함으로써 행정이 더욱 민주적·효율적이 되도록 하려는 데 있다. 즉, 정치적 민주화와 행정의 효율성을 극대화하려는 지향에서 연유한다. 분권화를 촉발시키는 요인들은 각 국가의 상황에 따라 다양하겠지만 정책결정과정에 주민들이 보다 용이하게 참여할 수 있도록 의사결정점을 주민 가까이 둠으로써 정치적 민주화를 보장하고, 오늘날 행정기능이 양적으로 확대되고 질적으로 고도화됨에 따라 이를 효율적으로 수행하기 위해서는 행정기능을 지역적으로 분담하는 중앙정부와 지방정부 간 수직적 분업의 필요성이 증대되고 있기 때문이며, 여기에 현대 사회의 구조적 패러다임 변화에 대응하기 위해서도 집권적 장치보다는 분권화가 보다 적절한 대응장치라는 논리가 뒷받침된다.

분권화를 보는 시각은 대체로 두 가지의 대립적인 입장과 제3의 보완적인 시각 세 가지로 나누어진다(이종수, 2002: 69). 첫째는 분권화를 시민의 참여와 주권을 확대시키기 위한 정치과정으로 보는 입장이고, 다른 하나는 지방정부를 단순히 공공서비스의 전달단위로 보는 입장이다. 전자의 경우는 지방정부를 하나의 정치체제로 민주주의를 위한 장치로 보는 것이고, 후자는 지방정부를 공공서비스의 생산과 배분과정에서의 경제적 효율성을 지향하는 조직단위로 보는 것이다. 여기에 더하여 제3의 시각이란 정보화·세계화 혹은 포스트모더니즘적 현대 사회변화 추세에 적합할 정치행정구조로서 분권화를 보는 입장이다.

1) 정치적 민주성 제고

① 지방정부제도는 권력을 가능한 한 분산시키고 정치적 다양성을 배양시킬 수 있는 제도적 장치라는 것이다. 국가 특히 중앙정부 중심의 경제사회체제를 유지하려는 국가주의나 집권적 정부체제를 억제하고 정치사회적 민주화를 증진시키는 대안이다. 특히, 지방자치는 국가의 집권화된 권력을 지역적으로 분산함으로써 권력의 독점·남용으로부터 시민의 권리 보호와 개인에게 더 많은 자유를 보장하게 함으로써 독재정치의 방어기능을 수행할 뿐 아니라 중앙정부의 획일적·집권적 권력행사보다는 지역특성에 따른 정치행정 운영기회를 제공함으로써 민주주의 본질인 정치적 다양성을 배양시킬 수 있다는 것이다.

② 지방정부는 개별적 시민권의 집합체로 인식되고 민주적 참여와 시민주권을 위한 주민자치의 기제로 민주주의 생활화를 가능하게 하는 제도적 장치라는 것이다. 지방자치는 그 지역 내의 사무를 주민참여를 통하여 자주적으로 결정함으로써 민주주의 이념인 주민의사의 우월적 가치, 자기책임성, 자기결정성과 일치되는 제도이기 때문이다(정세욱, 2000: 13). 그러나 지방자치와 민주주의와의 관계를 부정하는 입장은 이들 관계가 순전히 역사적 우연에 불과하며 절대군주국가 시절, 군주라는 반민주적 세력이 행정권의 주체로서 군림할 때에 한한다는 것이다. 중앙정부가 이미 민주적 방법으로 구성된 오늘날 지방자치가 여기에 대립하여 민주적 경향을 내포한다는 논거는 타당성이 상실되었다는 것이다. 최근에는 지방정부를 하나의 정치체로 이해할 것인가 혹은 단순히 하나의 서비스 전달단위로 이해하는가에

따라 차이가 나타난다. 지방정부를 정치적 주권과 참여의 기제로 보는 학자들은 지방정부를 민주주의에 필수적인 요체로 보는 반면, 공공서비스의 효율적 전달을 위해 고려될 수 있는 하나의 조직단위일 뿐이라고 보는 학자들은 상관성을 전혀 인정하지 않는다(이종수, 2002: 43).

③ 지방정부는 일반인들과 정치인들에게 민주주의의 정치교육과 민주주의 훈련장으로서 기능한다. 일반인들에게 지방자치는 정치에 대한 관심제고와 지역에 대한 애향심을 배양시키며 타협과 협조의 공공 정신을 계발시켜줄 수 있다. 지방정치인들에게는 먼저 소규모의 지방자치무대에서의 충분한 경험을 쌓음으로써 장차 중앙의 정치무대에 진출할 수 있는 식견과 역량을 배양시킬 수 있다(정세욱, 2000: 11).

그러나 지방정부의 교육적 효과에 대한 부정적인 입장들은 중앙정부의 규모나 성격이 지방정부와 달라 지방에서의 경험이 중앙정치에는 도움이 되지 못할 수도 있으며, 오늘날 지방정부는 전문직원인 직업공무원들에 의해 처리되기에 일반인들에 대한 민주주의 학교라든가 실험실이라는 주장은 과장될 수 있다는 주장도 있다.

정치적 민주화를 위한 지방정부제도와 지방자치가 제대로 이루어지기 위해서는 기존의 집권적 정치구조 하에서 기득권을 향유한 계층이나 집단의 저항을 극복하고 지방화와 지방자치를 위해 지출된 정치적 비용을 상쇄할 시민사회 강화와 같은 사회경제적 효과가 창출되어야 한다.

2) 행정의 능률성 향상

① 지방정부제도는 정부 운영의 효율성과 대응성을 제고할 수 있는 틀이다. 중앙정부와 자치단체 간에 적절한 기능분담을 함으로써 합리적인 행정체제를 확립할 수 있다는 것이다. 중앙정부는 정책과 계획의 수립에, 지방정부는 수립된 정책과 계획의 집행에 전념함으로써 수직적 분업체제를 통해 행정의 능률성을 제고할 수 있으며, 집행을 주로 담당해 온 지방정부가 지역주민들의 요구에 적절히 대응할 수 있기 때문이다.

② 지방정부제도는 중앙정부가 결정한 정책을 지역단위에서 실험함으로써 전국적 규모로 실시할 경우 발생할 시행착오를 최소화할 수 있다는 것이다(정세욱, 2000: 14).

③ 지방정부제도는 공공조직 간 경쟁을 통하여 비용감소와 서비스의 효율적 제공에 기여한다. 지방정부제도의 필요성을 옹호하는 논거로 샤프(L. J. Sharpe)는 지방정부는 자유의 보루로서보다는 서비스의 능률적 제공이라는 점에서 중요하다고 주장하고 있다(Sharpe, 1970: 153-174). 지방자치단체 간 경쟁을 통하여 재원절약과 서비스의 효율적 제공은 물론 지역실정에 맞는 행정과 지방적 요구에 대응한 자원과 서비스를 배분함으로써 사회적 후생을 극대화하고 행정의 능률성을 최대화하는 데 도움이 된다는 것이다.

지방정부의 필요성을 이와 같이 경제적 효율성의 관점에서 보는 경우 최근에는 중앙-지방정부 간 관계보다는 지방정부 자체의 경영혁신이 강조되고 있다. 민간부문과의 경쟁과 시장의 원리를 지방정부에 도입하려는 노력이 강조되고 있다.

3) 현대 사회의 구조적 변화

현대 사회의 구조적 변화로 인하여 분권화가 강조되고 있다. 이들 변화의 특성은 다음과 같다.

(1) 세계화와 지방화

오늘날은 세계화의 추세와 함께 지방화의 흐름이 공존하고 있다. 세계화는 전통적인 국경의 붕괴현상과 경제적 경쟁단위가 범지구적으로 확대되고 경제사회문제 해결이 초국가적 차원으로 확산되는 현상을 일컫는다. 이러한 세계화의 흐름은 역설적으로 지역차원의 자생적 경쟁력과 정체성을 강조하는 지방화의 움직임을 불러일으키고 있다. 이는 지방정부가 확대된 경쟁 환경 속에서 경쟁의 주체로 부상하고 있으며, 상대국의 지방정부들과 보다 긴밀한 관계를 발전시키도록 요구되고 있기 때문이다.

이제 지방적 차원의 경쟁력 제고와 정체성 확립은 지역내부의 역할 주체들의 연계성 제고(산-학-연-관 협력 등)와 새로운 것에 대한 모색을 게을리할 수 없게 만들고 있다. 이러한 상황에서 지역발전은 중앙정부가 아닌 지방정부가 주도적으로 해결해야 할 과제가 되고 있다. 국가 주도의 하향적 발전전략이 초래한 지역 간 불균형 성장을 해소하려는 노력의 일환으로 분권화가 요구되고 이제는 지방정부가 지역차원의 내생적 발전전략으로 이를 극복해야 할 과제가 부여되고 있다. 지역이 제대로 발전하기 위해서는 지방정부는 물론 지역산업계, 학계, 그리고 지역시민단체 등 광범위한 역할 주체들 간의 네트워크와 신뢰 및 상호학습체계의 확립에 토대를 둔 지역혁신전략이 필요하다는 것이다(박종화, 1995: 197-199).

(2) 정보화

정보화란 컴퓨터와 통신기술의 발달에 의한 문제해결방식을 말한다. 정보기술과 인터넷의 대중화로 인해 시민들의 일상생활이 크게 바뀌었다. 사이버스페이스(cyberspace)라는 가상공간이 형성되고 사람들은 이 공간에 의존하여 많은 일상생활을 하고 있다. 지식정보화 사회가 확산됨으로써 행정은 전자정부 또는 행정정보시스템을 기반으로 행정을 집행하거나 고객들과 무대면으로 행정서비스를 제공할 수 있는 시대가 열리고 있다. 컴퓨터와 정보기술의 발달에 의존하는 정보화 사회는 오히려 신중앙집권화의 가능성도 있다. 그러나 전자정부가 문서없는 행정조직을 의미하는 것이라기보다는 고객지향적 정부를 의미한다. 고객인 주민과 정보를 공유하고 정책결정과 행정과정에 주민들이 원활히 참여할 수 있도록 행정정보를 공개하여 공무원들의 재량권 남용과 자의적 판단의 여지를 줄이고, 주민을 위해 봉사하는 데 정보기술을 사용하는 것을 지향하기 때문에 기술적 측면에서는 집중적 관리가 가능하지만 다양한 고객들에 봉사하기 위해서는 분권적 행정이 적실할 수 있을 것이다. 대부분의 국가들에서 분권화를 위한 개혁이 추진되고 있음을 실증연구들도 보여 주고 있다. 21세기에는 전자지방정부시대가 도래하여 지방행정서비스의 질이 향상될 것을 전망하고 있기도 하다(정세욱, 2002: 418-419).

(3) 포스트포디즘

포스트포디즘의 시대는 표준화된 대량생산 체제에서 소비자들의 다양한 욕구에 따라 다품종 소량생산을 지향하는 생산양식으로의 변화를 특징으로 하고 있다. 생산과정뿐 아니라 소비양식, 산업화 시대의 대규모 기업구조를 해체시켜 소규모 활동단위로의 분권화를 촉진시키기도 하고, 중소규모의 기업활동을 활성화시켜 주기도 한다(이종수, 2002: 83). 이러한 생산양식은 향후 정치체제에 있어서도 분권화 현상을 요청하는 원심력으로 작용할 가능성이 오히려 크다고 할 수 있다. 탈산업화 사회에서는 내생적·분산적 발전모델에 더욱 적합한 정부단위로서 지방정부가 부상할 가능성이 예측되고 있다(성경륭, 1995: 358).

제 2 절 지방정부의 의의

1 지방정부의 의미

지방정부는 지방과 정부라는 두 개의 개념이 결합된 것이다. 지방은 서울을 제외한 국토의 일정 하부단위를 지칭하는 의미로 사용되어 왔으나 최근 지방자치제도를 도입하면서, 지방은 서울을 포함한 국토의 일정 하부 지역단위를 의미하게 되었다. 지방을 지역적 공간 범위로만 지칭하기보다는 일정한 정치경제적 체계 내에서 수직적·수평적으로 나타나는 사회적 특성의 결합으로 이해하는 견해도 있다. 수직적으로는 국가의 하부구조로서의 위상에 따른 특성을, 수평적으로는 지역공동체 내의 상호의존과 작용에서 형성되는 특성 등으로 설명할 수 있다(이종수, 2002: 9). 따라서 지방은 국가의 일정 하부지역으로서 오랜 역사와 전통에 의해 형성된 공동체 구성원들이 이루어내는 특성을 갖는 사회경제적 영역이라는 의미를 가지고 있으며, 지역문제를 해결하고 주민의 복리를 증진시키고 지역발전을 지향하는 실질적 장치(governing apparatus)이다.

지방정부는 지방정부의 법적 개념인 지방자치단체와 구별된다. 지방자치단체는 국가 내의 일부지역과 그 지역에 사는 주민의 복리를 위하여 헌법에서 정한 범위 내에서 일반적·포괄적 관할권을 행사하는 법인격을 가진 지역단위의 공공단체인데 반하여, 지방정부는 지방자치단체의 구체적인 실체로서 지방자치단체의 도구적 측면일 뿐 아니라 작동장치까지 지칭하는 사회과학적 개념으로 인식하여 지방정부를 지방자치단체라는 기관자체, 그것의 존립근거, 그것이 하는 일, 활동과정과 절차, 그리고 그 과업의 성과 등을 보다 동태적으로 파악할 수 있는 개념으로 보고 있다. 따라서 지방정부는 지방의 공공문제를 해결하고 주민의 복리를 증진시키기 위해서 헌법적인 권위를 부여받은 실체로서 주권국가 내의 일부 지역을 기반으로 구성된 하나의 자치적 관할체이다(이달곤, 2004: 10－11).

이러한 지방정부는 지역주민들을 위한 포괄적인 권한이 부여된 주권기관으로서의 존재라기보다는 그 존립의 근거가 국가로부터 수여된 권리와 수여된 권한 범위 안에서의 자율성을 갖는 조직이다. 지방정부 개념은 단순히 중앙정부의 일선기관이 아니라 독립적인 법인격과 독자적인 조직 및 기능을 지니고 있음을 전제로 성립하게 된다(김영종, 2000: 367). 지방정부는 중앙정부가 부여한 권한 하에서 스스로 당해 지역의 필요와 이익을 위해 자기결정권의 행사와 행동선택의 자유가 발휘되어야 한다. 이러한 맥락에서 지방정부(local governemnt)란 한 국가의 영토 일부를 경계로 당해 지역 내 주민들로 구성되어 있고 법규로서 자치권이 부여되는 법인격체이며, 관할구역 내에 있는 주민들의 복지와 지역사회의 경제・사회적 발전을 도모하기 위해 제한적이나마 자율권을 가지고 지역 내 사무를 처리하고 관리해야 한다. 이와 같은 지방정부는 일정한 지역을 관할하는 정부라는 의미에서 전국적 중앙정부와 대비되는 개념이기도 하다.

2 지방정부의 특성

지방정부는 자치권의 범위 내에서 정치작용과 행정작용이 이루어지는 일련의 과정에 초점을 맞추는 용어이다. 중앙정부와의 관계에서 일정한 범위의 자치권을 부여받고 중앙정부로부터의 통제가 이루어지는 가운데, 주민과의 관계에서 지방정치권력이 창출되고 지방정치와의 유기적 관련 하에서 주민들의 복지와 지역사회의 발전을 위한 정책과정이 이루어지며 이러한 정책의 실현을 위한 행정관리 작용이 요구된다. 따라서 지방정부 운영과 관리에서는 다음과 같은 특성들을 고려해야 한다.

1) 자치적 분권

국가와 별개의 법인격을 가진 지방정부가 국가로부터 상대적으로 독립한 지위와 권한을 위임받아 일정한 범위 내에서 중앙의 통제를 받지 않고 독자적으로 행정을 처리하는 제도이다(정세욱, 2005: 4). 지방정부의 존재근거인 자치권은 국가의 창조물이고 국가로부터 수여된 전래적 권력이지만, 지방정부는 독립적인 법인격을 가지고 헌법에 규정된 범위 내에서 자주성을 가지고 지배권을 행사한다. 지방정부의 자치권은 결국 지방분권의 문제이며 이는 구체적으로 국가가 지방정부에 어느 정도의 권능을 부여하고 있는가에 따라 지방정부의 역할과 기능이 정해진다. 이러한 자치권은 실제 운용과정에서 중앙정부로부터 적지 않은 통제를 받고 있다.

따라서 지방정부 운영과 관리는 이들 중앙정부 및 타 지방정부와의 관계에 의해 영향을 받으며 이들과의 관계를 어떻게 정립해야 하는가를 고려해야 한다.

2) 지방정치의 장

자치적 분권에 토대를 둔 지방정부는 민주적 정치원리의 지역적 구현이라는 정치적 요청에 의해 지방정치의 장이 된다. 정치가 희소자원에 대한 권위적 배분을 의미한 것처럼 지방정치 또한 이러한 정치의 의미를 지역이라는 한정된 영역에 적용할 수 있다. 따라서 지방정치란 지방정부 권력구성과 해당 지역의 공적 가치나 공공재에 대한 의사결정의 과정으로 자치를 핵심으로 한다. 지방정치과정에는 주민, 집단 및 지방언론 등 다양한 참여 주체들이 상호작용을 통하여 지방정부 구성과 정책 및 행정과정에 관여한다.

주민은 지방정부 최고기관이며, 지방정부의 정치질서를 창설하는 선임기관이다(정세욱, 2005: 283). 지방정부 구성과 운용은 지역주민의 의사와 책임 하에 스스로 또는 주민이 선출한 대표자를 통하여 사무를 처리하는 정치과정으로 이루어진다. 이는 지방정치에 주민참여를 중시하는 제도로서 민주주의 원리를 표현하고 있다. 우리나라 헌법 제1조 제2항에서 "대한민국의 주권은 국민에게 있고, 모든 권력은 국민으로부터 나온다"로 규정되어 있는 바 국가로부터 수여된 권력으로서 지방정부 권력 또한 국민과 동일체인 주민들로부터 나오는 것이다. 그렇기 때문에 지방정부는 주민의, 주민에 의한, 주민을 위한 민주적 원리에 의해 운용되도록 주민들의 자치의식과 자치역량을 제고해야 함은 물론 지방정부도 주민들의 자치역량을 제고하기 위한 적극적인 역할과 관리가 요구된다. 주민들의 참여와 견제가 없는 분권화는 지역적 연고주의와 토호세력의 창궐, 부패로 흐를 가능성이 농후하다(이종수, 2002: 5).

3) 수월적 정책 및 관리능력

지방정부의 실질적 기능은 지역주민의 여망과 행정서비스 수요를 정확히 파악하여 공급하고 편익을 제공하는데서 찾아야 할 것이다. 이는 지방정부가 독자적으로 주민의 여망과 요구를 반영하는 정책을 기획하고 수립된 정책을 효과적이고 효율적으로 관리할 수 있는 지방정부 능력을 말한다. 지방정부가 추구할 공적가치와 사명 및 비전에 제시하고 지역공동체 구성원들과의 상호작용을 통하여 정책을 개발하고 이를 실현하기 위하여 지방정부가 동원할 수 있는 인적・물적 자원을 수월적으로 관리하는 능력이 요구된다. 이와 관련한 주제들은 지방정부가 해야 할 일이 무엇인지를 다루는 정책영역에서 살펴볼 것이고, 결정된 목표를 어떻게 달성해 나갈지를 다루는 관리영역을 별도의 장에서 천착할 것이다.

4) 독자적인 통합체제로서 작동

지방정부는 조세 징수 권한을 갖고 공공서비스 제공에 필요한 독자적인 세원을 갖으며 독립적인 서비스체제이다. 이러한 독자적인 통합체제(total system)로서 작동한다는 사실은 지방정부 조직변화나 발전에 있어 중요한 의미를 갖는다. 즉, 지방정부 전체적인 체제변화가 가능하다는 것이다. 지방체제는 대체로 작고 관리가 쉽기 때문에 전체적인 변화를 이끌어내기 위해 몇 가지 중요한 포인트에 개입할 수 있다. 진단이나 자료수집이 가능하고 최고정책결정자나 행정가에게 직접 개입할 수 있는 가능성이 있다. 또한 지방정부체제는 주민들의 기대나 요구에 고도로 적응적이며 유연하도록 장려된다. 따라서 지방정부는 지각된 욕구를 충족시키기 위해 변화의 필요성을 느끼기 때문에 조직발전이나 새로운 아이디어를 적용하려 한다는 것이다. 지방정부가 독자적인 체제라는 의미는 조직변화의 개입시도가 빠르고 명백한 결과변화를 유도할 수 있다는 것이다.

5) 주민과의 근접성

지방정부는 주민이나 투표자에게 가장 가까운 정부형태이다. 행정적 거리감이 있는 중앙정부와는 달리 지방정부는 실적과 결과에 대한 특별한 정치적 욕구나 즉시적 대응요구에 직면한다. 이러한 주민과의 근접성은 주민으로부터의 신뢰성이 중요한 의미를 갖는다. 지방정부의 선출직이나 임명직 공무원들은 주민들로부터 보다 직접적인 정치적 압력을 받을 수 있다. 이는 정책결정자와 행정가 간의 특별한 관계를 낳는다. 선출직 공무원과 행정가 간에 관료제 계층을 갖는 중앙정부 행정가들과는 달리 지방공무원들은 최전선에 있게 된다. 지방 선출직 공무원들은 자신들의 정치적 역할 외에 행정문제에 직접 관여하기 쉬우며, 행정가들을 직접 통제하며, 상호 밀접하게 활동하기 때문에 상호 높은 신뢰와 존경을 요구하게 된다.

3 지방정부와의 유사용어

그동안 지방의 공공부문에 관한 연구는 지방자치와 지방행정, 지방정치와 지방자치행정, 지방거버넌스 등의 용어로 다양하게 접근해 왔다.

지방자치는 지방정부가 지향하는 목표 또는 가치개념으로 일정한 지역을 기초로 하는 단체가 그 지역 내의 사무를 자주재원을 가지고 당해 지역주민의 의사와 책임 하에 자주적으로 처리하는 과정으로 일정한 구역에 거주하는 지역주민들이 정치적 주권과 참여를 통해 공공단체를 구성하여 자신들의 공공사무를 처리하는 정치·행정적 생활양식이다. 지방자치는 일정한 지역을 기초로 하는 단체가 그 지역 내의 사무를 그 지역주민의 의사에 따라 자체재원을 가지고 스스로 또는 대표자를 통하여 처리하는 주민자치와 법률상 법인격을 가진 지방자치단체가 그 자체의 목적을 가지고 자치사무와 위임사무를 독자적으로 결정·집행하는 단체자치의 의미를 포함한다. 지방자치는 국가로부터 상대적으로 독립한 지위와 권한을 부여받는 분권화의 개념과 부여받은 일정한 범위 내에서 중앙의 통제를 받지 않고 독자적으로 권한과 기능을 수행하는 것을 강조하는 개념이다.

지방행정은 일정한 지역을 기초로 하는 지방자치단체가 처리하는 행정으로 정의하여 자치행정과 위임행정을 포함하고, 중앙정부의 하급기관으로 처리하는 관치행정은 제외된다(정세욱, 2005: 51). 지방행정은 자치제가 부활하기 이전 지방의 공공부문을 행정적인 관점에서 다룬 데서 부여된 명칭이라고 할 수 있다. 그러나 행정의 출발이 정치로부터 분리하여 관리 중심의 관점에서 정부의 내부적 관리를 주요 관심대상으로 하다가 1951년 라스웰(Harold D. Lasswell)과 러너(Daniel Lerner)가 정책학을 내놓으면서 정책영역이 행정연구의 주요 주제로 등장하면서 정책과 관리가 행정의 연구범위 내로 포함되었고, 지방자치제 부활과 함께 지방정치 영역도 지방행정의 넓은 의미로 통합 연구되었다. 이러한 광의의 지방행정은 기존의 내부관리 중심의 행정학의 연구범위와 방법과는 상당히 다른 범위와 방법을 필요로 하며 학문적 성격도 행정학으로 동일시하는 것은 부적절하다는 주장이 제기되기도 한다(이달곤, 2004: 16). 지방행정은 대체로 지방정부 의회와 지방정치가들의 의사결정과 이의 집행업무를 다루는 과정과 결과에 초점을 두기 때문에 지방 공공부문의 연구는 이들 정책과 관리는 물론 지방정치현상을 포함하는 별도의 학문분야로 정립될 필요가 있다는 것이다.

지방정치는 지역사회 차원에서 나타나는 정치사회과정으로 지역사회 내의 권위적인 가치배분이 이루어지는 과정이다. 지방 권력의 획득과 자원배분, 사회 내의 상이한 이익과 의견을 조정하고 문제를 해결하는 과정에 초점을 둔다.

지방자치행정은 지방자치 과정의 일부로서 지방자치정부가 지역사회에 필요한 공공재화나 서비스를 생산·공급할 목적으로 공공권력에 바탕을 두고 추진하는 협동적 활동과정이다. 지방자치행정은 지방자치의 정치적 측면보다는 공직자들을 중심으로 한 지방자치정부가 자원을 관리하고 재화와 서비스를 생산·공급하는 활동을 의미하는 서비스 생산과 공급, 집행적·행정적 측면이 핵심이라는 점에서 지방자치 과정 중의 일부로 보고 있다(김영기, 1997: 346－347). 이러한 지방자치행정은 지방권력의 창출과정과 주민 및 이익집단의 이해활동과 같은 정치작용을 제외하고 지방자치정부가 수행하는 활동에 초점을 두고 이해하고 있으나, 지방 공공부문의 기능과 운영 기저에는 지방자치의 의미와 지방행정의 의미를 포괄하는 것으로 이해할 필요가 있다.

지방거버넌스는 지역사회 내의 통치, 관리구조 및 그 과정의 변화추이를 지칭하는 개념이다. 거버넌스 개념은 대체로 정부 중심의 공적 조직과 사적 조직의 경계가 무너지면서 나타난 새로운 상호 협력적인 조정양식을 의미하는 것으로 파악하고 있다. 21세기 세계화, 지방화, 민주화라는 새로운 질서의 도래는 기존 국민국가와 산업화에 익숙한 통치방식과 시스템을 전면적으로 바꿀 것을 요구하고 이에 부응하여 각 나라에서 공동체 운영의 기본 질서를 바꾸는 과정에서 거버넌스라는 개념이 등장한다. 이는 전통적 정부가 독점적이고 배타적으로 수행해온 공동체의 공익활동이나 공공재의 생산이 정부 외에 시장 및 시민사회와의 역할분담과 협력을 통해 수행되도록 근본적인 변화(김석준 외, 2000: 37－38)가 필요하다는 인식이며, 국가와 시민사회 및 시장 간의 파트너십을 통한 새로운 협력형태를 의미한다. 즉, 정부 운영에 있어 기존의 정부 우위적 관계를 청산하고 정부와 시장, 그리고 시민사회가 자발적으로 협조하여 효과적이고 민주적으로 국가를 운영하고자 하는 새로운 패러다임이라고 할 수 있다. 이와 같은 지방거버넌스로의 전개는 우리가 살고 있는 세계가 점차 복잡하고 역동적이며 다양한 성격을 갖고 있다는 것을 반영한다. 단일 방향의 일방적인 조정과 통제로부터 사회-정치체제의 특성과 이들의 통치가 서로의 욕구와 능력을 인정하는 시각에서 보는 복수 혹은 다양한 설계로 변화하는 것 같다. 우리가 다루고자 하는 사회-정치적 문제들이 보다 복잡하고, 보다 역동적이고 다양하기 때문에 이러한 변화의 노력으로 해결하려는 것이다 (Kooiman, 1993: 35-36). 상호의존성에 대한 점증하는 인식은 지방정부 홀로 행하는 통치의 한계를 이해하는 것이고 협동적인 장치, 즉 거버넌스의 필요성을 인정하는 것이다. 문제가 복잡하고 역동적이며 다양한 상황에서는 기능적으로 분화된 기관이나 부서의 단일 개입은 적절하지 못하다. 이러한 상황에서는 공-사 파트너십이 지방거버넌스의 정의적 특성으로 인정되어야 한다(Stocker, 1998: 34-51). 전통적인 지방정부와 지방거버넌스 간의 차이점을 구별하면 <표 2-1>과 같다.

표 2-1 지방정부와 지방거버넌스 간 차이점

	초 점	정 향	기 법
지방정부	별도의 개별적인 것으로 간주되는 사회문제들을 개선하는 서비스 공급	단일 기관에 의한 단독 개입	계층제적, 관료제적 혹은 준 시장기제에 의존
지방거버넌스	다측면적이고 상호의존적인 것으로 간주되는 시민들의 안녕문제를 다룬다.	공-사 파트너십에 의한 다양한 개입	관료적, 준 시장 및 네트워크 기제의 융통적 적용 및 배치

자료: Benyon & Edwards(1999: 146-148).

이와 같이 지방의 공공부문에 관한 연구를 서로 다른 명칭으로 사용되는 것은 연구자들의 서로 다른 관점과 이론적 배경이 다르기 때문이다. 이 책에서는 지방정부의 성립근거와 역할, 주민들의 복리를 위한 활동과정 및 성과 평가 등에서 나타난 특성, 즉 지방정치과정과 정책 및 관리과정 등 지방정부 활동의 흐름을 통합적으로 접근하고자 한다.

4 지방정부의 종류와 구성

1) 지방자치단체의 종류

지방자치단체는 종합적 목적의 일반지방자치단체와 한정된 특정 목적을 수행하는 특별지방자치단체로 나누어진다.

(1) 일반지방자치단체

일반지방자치단체는 주민의 복리증진이라는 일반적 목적을 추구하는 포괄적 성격의 지방정부로 주민의 복리와 관련된 행정서비스 기능을 자율적으로 수행하고 지역주민의 대표들로 구성된다. 따라서 일반지방자치단체는 각각 독립성과 자주성을 가지고 주민의 의사에 따라 운용되는 것을 이상으로 한다. 우리나라의 일반지방자치단체는 광역지방자치단체와 기초지방자치단체로 나누어진다.

광역지방자치단체는 특별시, 광역시, 도 자치단체 등이 있으며, 이들은 2개 이상의 시·군 구역에 걸치는 광역적 사무를 계획하고 집행하는 광역행정기능과 시·군의 능력으로는 적절히 처리할 수 없거나 처리하기 곤란한 사무를 보완·대행하는 기능과 중앙정부와 시·군 간 의사소통을 원활히 하고, 시·군 간 정책 상충을 해소하며, 행·재정의 불균형을 시정하는 연락·조정기능 등을 담당한다. 이 외에 기초자치단체의 사무에 관하여 지휘·감독기능을 부여하고 있는데, 이는 원칙적으로 광역지방자치단체나 기초지방자치단체나 공히 독립적인 공법인으로 대등한 관계를 가지므로 상하관계가 존재할 수 없지만, 우리나라 지방자치법은 광역지방자치단체와 기초자치단체를 넓은 의미의 국가행정조직의 일부분으로서 계층관계를 두고 있다.

기초지방자치단체는 도의 관할구역 안에 있는 시·군과 특별시와 광역시의 관할구역 내의 자치구로 구분되어 있다. 이들 기초자치단체는 주민의 복지증진, 지역개발 및 주민의 생활환경시설의 설치·관리 등 주민의 일상생활에 필요한 공공서비스를 제공하며 자치적 성격이 강한 기초지방정부이다.

(2) 특별지방자치단체

특별지방자치단체는 지방행정상 특정한 목적을 수행하거나 특수한 행정사무를 처리하기 위하여 또는 행정사무를 공동으로 처리하기 위해 설치되는 단체로서 담당하는 구역과 기능이 한정적인 기관을 지칭한다. 외국의 경우, 특정한 지역의 문제 해결이나 특정 사무를 처리하는 특별구, 공동위원회 등을 설립하여 지방정부와 별개의 법인격을 갖게 한다. 이들 특별지방자치단체는 규모가 작은 기초자치단체의 광역적 업무를 처리하거나 교육, 대기오염방지, 수해방지, 소방 등과 같은 특수 기능을 수행하도록 설치된다. 우리나라는 일반지방자치단체 외에 특정한 목적을 수행하기 위해 필요한 경우 별도의 특별지방자치단체를 설치할 수 있다는 규정이 있고(지방자치법 제2조 제3항), 지방자치단체조합을 그 예로 들고 있다.

2) 지방정부의 기관구성

지방정부는 그 기능을 수행하기 위해 내부기관을 구성하는데, 지방정부의 기관 구성형태는 각 국가의 역사적 전통과 지역의 실정에 따라 다양하여 일반화하기 어렵지만 대표적으로 기관통합형과 기관분립형, 그리고 절충형 등 크게 세 가지 형태가 있다.

(1) 기관통합형

기관통합형은 주민에 의해 선출된 지방의회가 의결기능과 집행기능을 함께 수행하는 형태이다. 기관통합형에는 영국의 의회형과 미국의 위원회형을 들 수 있다.

① 영국의 의회형

영국의 지방정부는 의원 전원으로 구성된 본회의(council)를 통하여 활동하고, 본회의는 소수의 의원들로 이루어지는 위원회들(committees)의 지원을 받아 활동한다. 대체로 정책사항과 원칙에 관한 문제는 본회의에서 결정하고, 구체적인 행정사무는 위원회를 구성하여 처리한다. 본회의에서 결정한 정책을 집행하거나 위원회의 결정사항을 처리하기 위하여 지방의회가 채용하여 각국(departments)에 배치한 관리자들로 하여금 행정사무를 집행하게 한다. 예컨대, 정책위원회 소속 하에 인사·정책국, 교육위원회 소속 하에 교육국, 사회위원회에 사회국 등을 편성한다.

② 미국의 위원회형

위원회형은 텍사스 주의 갤버스턴(Galveston)에서 시작되어 한동안 크게 번성하였다. 이 위원회형은 주민에 의해 선출된 3~7명의 위원들이 위원회를 구성하여 의결기능과 집행기능을 함께 수행하는 형태이다. 1900년 9월 갤버스턴 시가 허리케인으로 폐허된 시를 재건하기 위하여 5명의 재건위원회를 구성하고, 이들이 시정부를 대신하여 시의 재건사업을 성공적으로 마침에 따라 이를 모델로 삼은 지방정부가 늘어나게 되었다. 주민들이 직선으로 뽑은 3~7명의 위원들이 합의제적 의결기관이자 공동집행 기관인 위원회(board of commissioners)를 구성하고 각 위원이 한 분야의 행정국을 담당함으로써 위원회가 결정하고 위원회가 그 정책을 집행한다.

기관통합형은 의결기능과 집행기능이 함께 수행되기 때문에 의결기관과 집행기관 간의 마찰과 갈등을 줄이고 정책결정과 집행 간에 긴밀한 관계를 통해 정책효과를 극대화할 수 있으며, 주민들에 의해 선출된 위원들이 직접 행정을 담당하기 때문에 주민들의 의사를 보다 정확히 반영하는 민주정치와 책임정치를 구현하는데 적합하며, 사회경제적 위기에 신속한 결정을 할 수 있는 등의 장점이 있어 인구규모가 작거나 행정기능이 비교적 단순한 지방정부에서 여전히 유력한 대안으로 존재한다. 그러나 정치사회적 환경이 복잡하고 행정문제에 전문성이 크게 요구됨에 따라 시정관리관형으로 전환되거나, 수석행정관 제도를 도입하는 변화가 생기고 있다.

(2) 기관분립형

기관분립형 지방정부는 의결기능과 집행기능을 두 기관에 분담시켜 견제와 균형을 이루게 하는 형태를 말한다. 의결기관과 집행기관은 대체로 주민의 직접선거에 의해 선출된다. 미국의 시장－의회형(mayor－council plan), 우리나라의 자치단체장－의회형, 일본의 수장－의회형, 프랑스의 의회－시장형 등이 있다.

① 미국의 시장－의회형

선출직 시장에게 집행기능을, 의원으로 구성된 의회에 의결기능을 분담시키고 양자가 주민에게 동시에 책임을 지게 하는 전형적인 지방정부 형태이다. 시장－의회형은 시장이 행사할 수 있는 권한의 정도에 따라 강시장－의회형과 약시장－의회형이 있으며, 의회－강시장－수석행정관형(strong mayor－council plan with chief administrative officer)이라는 변형도 있다. 강시장－의회형에서는 집행기관장이 행정에 대한 최종적인 통제권을 갖고 행정부서장의 임면, 예산안 편성, 의회에 대한 거부권 등 비교적 강한 권력을 행사한다. 이에 비해 약시장-의회형에서는 시장의 행정적 통제권이 없어 행정부서나 기관의 활동을 조정할 능력이 없고 행정부서의 장을 선임할 권한도 없다. 의회-강시장-수석행정관형에서는 시장이 정치와 행정이라는 이중의 힘든 역할을 경감하고 시장은 정치적 역할에 충실하게 하면서 행정은 전문행정가에 맡겨 행정 실적을 제고하려는 형이다. 시장이 임명하고 시장에 대하여 책임을 지는 수석행정관을 두어 행정을 전문적으로 수행하도록 하기 위하여 수석행정관에게 특정 부서나 행정기관의 장을 임면할 수 있게 하고 이들을 감독할 수 있게 한다.

(3) 절충형

위의 두 가지 기본 유형의 장·단점을 절충하고 각 나라의 여건에 따라 다양한 지방정부 형태가 등장한다. 그러나 이들의 특징을 일반화하기가 쉽지 않기 때문에 여기서는 미국의 의회-관리관형을 소개하는 것으로 한한다.

① 미국의 의회-관리관형(council-manager plan)

지방정부의 기능을 정치와 행정전문직으로 분리하여, 의회가 모든 의결기능과 정책결정 기능, 예산 승인 및 조례제정 등 통합기능을 수행하고, 행정은 전문적으로 훈련받고 풍부한 경험을 가진 전문경영인 또는 행정가인 시정관리관(city manager)에게 시의 사무에 대한 일체의 지휘·감독책임을 맡게 하는 지방정부 형태를 말한다. 매니저는 의회에 의하여 임명되고 시의회에 대해 책임을 지며 시의회의 재량에 따라 그 직을 유지한다. 일반 기업에서 이사회나 주주총회가 전문경영인을 영입하여 경영을 맡게 하는 것과 유사하다. 매니저는 행정전문가로서 모든 행정부서를 통괄하며 관련 공무원들을 임명한다. 이 유형에서 시장은 행정사무처리에 관여하지 않고 지방정부의 수장으로서 의례적인 기능만을 수행한다.

의회-관리관형은 과학적 관리론의 영향을 받아 20세기 초에 있었던 도시개혁 운동의 일환으로 도입되었으며, 국제시정관리연합(International City/County Management Association, ICMA)에 의해 적극적인 지지를 받은 지방정부 형태이다. 이러한 시정관리관형은 의회 중심 체제를 유지하면서 행정의 전문성을 살리며, 행정에 대한 책임소재를 분명히 함으로써 책임행정을 구현할 수 있고, 실적과 성과에 따라 임면이 이루어짐으로써 부당한 정치적 압력을 배제하고 부정행위를 감소시켜 지방자치행정의 수준을 크게 향상시킬 수 있는 이점이 있다고 평가된다. 그러나 정치와 행정의 분리가 실제에서는 지방의원들 간의 세력다툼이나 정치적 갈등에 영향을 받아 전문행정가로서의 기능을 제대로 하지 못하거나 실적과 성과를 강조함으로써 단기적이고 가시적인 성과에 집착할 수 있고, 정치적 의례적인 시장과 마찰을 빚는 경우도 있다.

(4) 우리나라 자치단체장-의회형

우리나라 지방정부 형태는 위 기관분립형에 속하며 단체의사를 결정하는 의결기관으로서 지방의회와 단체의사를 집행하는 집행기관을 서로 떨어져 기능하게 하여 상호견제와 균형이 이루어지도록 하는 지방정부 구조를 갖고 있다. 지방자치법은 헌법에 의거하여 지방의회의 조직과 권한, 의장 · 위원회, 자치단체장의 선거, 보조기관 · 소속행정기관 · 하부행정기관 등 지방정부의 조직의 대강을 규정하고 있으며, 그 밖의 구체적인 조직사항에 관해서는 그 지방의 실정에 맞게 조직을 편성할 수 있는 권능을 자치입법 등의 형식으로 부여하고 있다. 그러나 실제에서는 기관구성에 있어 지역사회나 지방정부의 의사가 반영되지 않고 지방자치법과 대통령령 등을 통해 규율하고 있어 기관구성의 문제는 지방정부 자치권 밖에 있다. 즉, 지방정부의 부단체장, 행정기구 · 공무원 · 소속행정기관 등에 관한 사항을 대통령령으로 정하게 되어 있어(법 제101조~제107조) 자치조직권의 폭이 매우 좁고, 자치구 · 시 · 군의 행정기구는 시 · 도지사의 승인을 얻어 조례로 정하고 있어(법 제102조 제1항) 지방의회의 자주조직권이 제약되고 있다.

또한 우리나라 지방정부 기관구성은 지역의 특성에 따라 다양하게 구성되지 않고 획일적이다. 외국과 같이 지역실정에 맞게 다양한 실험적 적응이나 그에 관한 장 · 단점이 활발히 논의되지 않고 중앙정부의 일률적 규율에 의해 기관구성의 형태가 거의 똑같다. 이보다는 지방자치의 취지에 걸맞게 자치조직권이 보장되어 지역의 특성에 맞는 다양한 방안들이 강구될 필요가 있으며 이는 결국 지방의회와 집행기관 간의 관계에서 모색되어야 할 과제이다.

제 3 절 지방정부관리

1 지방정부관리 의의

지방정부관리는 지방자치단체가 관할하고 있는 지역을 대상으로 지역의 잠재력을 총체적으로 개발하고 지역주민들의 복리를 극대화하기 위한 제반 활동을 포괄한다. 지방정부 관리자들의 주요 책무는 조직 내부의 실무에 관한 좋은 기준과 방법을 개발하는 과업은 물론 조직 바깥의 중앙정부와의 관계 및 시민들의 변화하는 욕구와 요구에 대응하여 시민 만족을 극대화하는 일 등의 외부관리에 진력해야 한다. 지방정부의 주요 역할은 규제를 통해 대중의 행동을 지시하거나, 일련의 규칙이나 유인책을 통해 사람들을 적절한 방향으로 안내하는 것만도 아니다. 지방정부는 지역사회를 이 방향 또는 저 방향으로 향하게 하는 과정에서 중요한 경기자이지만 또 다른 참여자일 뿐이다. 지방정부는 개인들과 민간 또는 비영리집단이나 조직과 함께 공동체가 직면한 문제들에 대한 해결책을 찾아야 한다. 지방정부관리의 특질은 지방을 단위로 지역성의 요청에 따라 다원적으로 실시되는 지역행정이고, 주민들의 일상생활에 직결되는 사무를 처리하는 생활행정이기에 주민들과 일상적으로 접촉하고 대화를 통하여 주민들의 의견을 청취하고, 이를 바탕으로 시책을 결정하며 지역 내 사무를 주민의 의사에 따라 자치적으로 처리할 수 있어야 한다.

이러한 과정에서 지방정부 역할은 통제 역할에서 의제설정 역할로, 적절한 경기자들을 테이블로 데려와 공공문제에 대한 해결책을 촉진하는 역할로 변하고 있다. 민주정치체제와 적극적 시민성이라는 관리공간에서 공무원들의 역할은 서비스 공급 이상의 역할을 하게 된다. 이들은 더 이상 통제 중심의 관리기술에 의존하지 않고 조장하고, 중재하며 협상하거나 갈등을 해소하는 관리기술에 의존해야 한다 (Denhardt & Denhardt, 2003: 83-84).

2 지방정부관리 범위

지방정부관리 대상과 범위는 크게 대외적 측면과 대내적 측면으로 나누어 볼 수 있다. 지방정부가 속해 있는 광의의 정치, 경제, 사회·문화적 환경변화에 대한 대응관리와 중앙정부 및 타 지방정부와의 권한관계에서 오는 관리, 그리고 지역발전과 지역문제 해결 및 주민들의 요구와 기대에 부응해야 하는 지역사회관리 등 지방정부 대외적 측면과 관련한 외부관리와 이들 외부영향에 대해 지방정부가 주요 공공가치를 창조하고 지역사회가 지방정부를 지속적으로 지지하고 정당화시킬 수 있게 하는 전반적인 사명·목표설정과 정책관리, 그리고 설정된 목표와 정책을 달성하기 위한 집행부의 조직, 인사, 재정 등의 종합적이고 체계적인 관리 등 세 가지 영역으로 나누어 볼 수 있다. 여기에 지방의회는 지방정부 내 조직이지만 집행부와의 관계에서 견제와 균형을 하는 조직이며 시민과의 관계에서 민주적 역할을 대리하고 있기 때문에 외부관리로 다루고자 한다.

1) 외부와의 유기적 관리

(1) 지방정부 외부환경 관리

지방정부는 전체 국가사회의 한 부분이며 전체 공공부문의 한 구성원으로서 광의의 정치, 경제, 사회·문화적 환경이 지향하는 규범과 가치에 영향을 받으며 지방정부를 위요한 외부환경 변화에 대한 적절한 대응관리가 필요하다.

(2) 중앙정부 및 타 지방정부와의 관계 관리

지방정부는 중앙정부와 타 지방정부로부터 행·재정상의 권한을 분담하기에 중앙정부와 타 지방정부와의 권한 및 책무관계를 어떻게 조정하고 이를 관리하는가 하는 문제를 다뤄야 한다. 지방정부조직 경계를 넘어 정책이 구현되거나 공공서비스가 공급되는 경우 지방정부 관리자들은 이들 외부와 어떤 관계에 놓여 있는지를 파악하고 자신의 역할을 결정해야 한다. 자신의 직접적인 권한 범주 밖에 있는 경우 이들의 문화를 이해하고 이들의 협조와 적극적인 지지를 만들어가는 것이 중요하다. 상급기관과의 조정과 협조, 공공서비스를 공급하는 외부조직과의 생산적인 네트워크를 만들어내야 하며 정책목표나 정책문제의 중요성에 관한 인식을 같이하기 위해 정보교류를 하거나, 상호 간 책임을 명백히 하며, 보조금 지원이나 인력 및 기술지원 등의 각종 유인 제도를 적극 활용해야 한다.

(3) 지역공동체 형성과 지역사회 관리

지방정부는 공공행정의 효율적 수행을 위한 수직적 분권의 필요성에 의한 산물이지만 향토애와 공동체 의식에서 지역사회 구성원들이 서로 공존하며 함께 살아온 역사공동체를 토대로 한다. 따라서 지방정부는 지역공동체를 회복하고 자생적 지역발전을 위한 공동협력체를 지향하고 관리해야 할 과제를 안고 있다. 또한 민주정치체제에서 지방정부는 다양한 이해관계를 권위적으로 배분하는 현실 정치의 장이다. 지방정부 운영은 주민들로부터의 지지와 정당성을 획득해야 함은 물론 지역사회 및 주민으로부터의 요구와 기대를 어떻게 설정하고 이를 어떻게 관리하느냐의 과제를 해결해야 한다. 의사결정과정에 이해관련자들의 적극적인 참여와 주민들의 동의 및 지지 등 민주주의 가치와 대응성을 중시해야 한다. 이런 점에서 지방정부 관리자들은 일종의 정치적 역학의 장에서 공공관리를 수행하는 정치적 관리자(political manager)이다(이달곤, 2004: 433).

오늘날 공공관리는 전통 행정관리에서처럼 지시와 통제를 근간으로 하기보다는 분담과 참여, 그리고 조정과 협상을 핵심적 요소로 하는 네트워크체제가 강조된다. 지방정부의 경계가 확장되고 개방되어 있기 때문에 외부관리도 과거의 권위주의적 조종보다는 다양한 주체들(principals)과의 민주적 협력관계를 보다 효과적으로 강화하기 위한 지방정부의 책임과 선도적 노력이 요구된다. 시민사회와 시장의 역할과 기능이 강화되어 지방정부기능을 부분적으로 대신한다 해도 지방정부기능을 대체하여 이들이 주도하고 지배하는 수준까지 도달할 것이라고 예상할 수는 어렵다. 정부, 시장 및 시민사회가 상호 협조적인 관계를 형성하기를 기대할 수 있지만 낮은 수준의 시장기능과 취약한 시민사회의 여건 속에서는 전통적인 정부 중심의 통치 및 관리체제를 대체할 새로운 통치방식과 체제 대안이 쉽지 않기 때문일 것이다. 그래서 지방거버넌스도 전통적 통치행위를 대체하기 위한 개념으로서보다는 민주적이고 효율적인 정부 운영을 위한 정부－시민－시장과 기업 간의 공존, 협력, 경쟁체제를 의미하며 그 중심에 위치한 지방정부의 적극적 역할[2]을 기대하고

2) 정정길은 정부 중심의 시각에서 사회나 시장을 관리하고 통치하는 새로운 방식, 즉 신국정관리

기존의 정부기능과 역할을 개편・조정하여 효율적이고 민주적인 관리체제를 확립해야 할 것이다.

한편, 지방정부 조직에 지방의회도 포함되기 때문에 지방의회의 효율적 구성이나 운용도 내부관리의 대상에 포함된다. 그러나 집행부의 관점에서 보면 지방의회는 견제와 균형을 사명으로 하는 조직이므로 전적으로 내부조직으로 취급하는 데는 한계가 있다. 따라서 지방의회는 시민사회와 함께 민주적 관계에서의 외부관리로 다루며 여기에 지방언론, 지역시민단체 관리 등도 포함시켜야 할 것이다.

(4) 지방정부의 사명・목표설정과 정책관리

지방정부의 사명과 목표설정 및 정책관리는 외부로부터의 영향이나 기대 및 요구에 대한 대응의 결과물이다. 이러한 결과를 산출하기 위해 지방정부는 내부 결정과정을 거치기 때문에 사명표명이나 목표 및 정책설정 등은 내부관리의 속성도 있지만 여기서는 외부관리에 포함시키기로 한다. 사명・목표설정과 정책관리는 지방정부 외부에서 제기되는 환경 영향과 다양한 기대・요구 및 법규들에 대해 수동적으로 순응하는 반응적 대응뿐 아니라 단체장이나 지방정부 관리자들이 스스로의 판단기준을 세우고 적극적으로 참여하여 조율하는 적극적 반응(proactive response)으로서 관리전략의 요소를 담아야 하기 때문이다(Romzek & Melvin, 1987: 228). 지방정부를 둘러싼 외부의 시대적 상황이나 정치경제, 사회・문화적 여건을 고려하고 이들 외부의 기대와 요구에 대한 전략적 관점에서의 대응으로 지방정부의 사명과 임무 및 목표와 정책이 설정되어야 한다.

이러한 사명에 따라 지방정부 전체의 목표가 설정되고 단위 조직의 목표도 이와 연계되어 구체적으로 세워진다. 목표는 단체장이 상황에 부합되게 리더십을 발휘하여 설정하기도 하지만 조직의 효과성을 높이기 위해서는 조직구성원과 최고관리자가 원활한 의사소통과정을 통하여 목표를 개발하는 것이 바람직하다(이달곤,

---

로 보고 인사나 예산 및 내부관리에 내부통제 완화, 분권화, 일선관리자 재량권 확대, 성과향상과 고객만족의 행정관리, 민간기법의 도입을 통한 행정 내부의 관리혁신으로 정리하고 있다(정정길, 2000: 435-547). 대체로 이러한 거버넌스 개념은 오랜 역사를 통해 시장과 시민사회를 주도해 온 정부의 역할을 다른 어떠한 새로운 체제나 메커니즘으로 대체하기 쉽지 않다는 것과 시장이나 시민사회의 역할이 전통적인 공공부문을 충분히 대체하기 어렵다는 시각에서 정부 중심에서 새롭게 변화하는 시장과 시민사회와의 관계를 수용하고 상호보완적인 관계로 정립시키려는 입장이다.

2004: 384). 목표를 개발 설정하는 것은 물론이고 설정된 목표를 실현하기 위한 전략을 개발하는 것도 중요하기 때문에 목표설정과 관리는 전략기획이나 전략관리의 관점에서 접근할 필요가 있다. 전략기획과 목표관리(MBO)에 대해서는 별도의 장에서 논의하기로 한다.

정책관리(policy management)는 목표 및 우선순위 설정, 자원 동원과 할당 및 정책개발과 집행을 위한 지침 제공 등의 전략적 기능을 포괄한다. 시민들의 요구를 평가하고, 목표와 우선순위를 설정하며, 이들을 실행할 자원동원과 배분 및 기획, 정책, 전략 및 프로그램의 개발과 집행을 위한 지침 등을 통합적 기준에서 제공하는 전략적 기능이다. 정책관리는 선출직 공무원과 고위관리자들의 영역으로서 리더십과 전략적 기능과 관련되어 지역사회 가치를 명료화하고 이를 표명하는 것을 포함한다.

2) 내부 효율적 관리

지방정부의 내부관리는 전통 행정학의 연구대상과 일치한다. 지방정부의 조직 및 인적자원관리, 재원동원과 재정관리 및 정보관리와 서비스의 질적 관리 등이 포함된다. 내부관리는 계층제상의 상관으로부터의 명령이나 통제를 중시한다. 전통행정에서의 내부관리는 관리자들의 전문성과 중립적 능력, 과학적·가치중립적 원리에 근거한다. 따라서 관리의 주요 가치로 효율성과 경제성이 강조된다. 1970년대 말부터 1980년대 초를 전후하여 외국의 경우 정부의 효율적 운용에 대한 관심이 풍미하면서 신공공관리론이 주장되고 다양한 내부관리 접근방법들이 제안·적용되어 성과를 얻기도 하였다.

(1) 성과관리

성과관리는 지방정부가 제공하는 공공서비스에 측정 가능한 성과지표를 설정하고, 우수사례를 벤치마킹하여 서비스의 통일과 질적 향상을 도모하는 관리이다. 영국 지방정부는 서비스 개선과 내부 효율적 관리를 위해 성과관리와 경쟁입찰제를 도입한 바 있다. 학교급식, 차량관리, 시설관리 등과 같은 서비스를 제공하는 직접서비스조직에 경쟁적 입찰을 제도화하여 민간부문과 경쟁하거나 민간기업으로부터의 계약에 의한 업무, 민영화로 공공조직도 민간기업과 같은 조건에 놓이게 하였다. 미국 클린턴(Bill Clinton) 정부도 행정을 보다 성과위주로, 그리고 주민 중심으로 바꾸려는 정부재창조 작업을 시도한다. 보다 적은 비용으로 일을 더 잘하는 정부로 만들고, 행정서비스 공급자인 정부의 기구, 절차를 재설계하여 고객이면서 주인인 시민의 입장에서 필요한 서비스를 그들의 선호에 맞게 전달할 수 있도록 시도하였다. 이는 결과와 성과 중심의 관리를 지향하자는 것으로 번잡한 행정절차와 문서를 줄이고 고객을 중시하며 일선담당자에게 권한을 부여하여 일의 결과물인 성과에 치중하는 행정을 하자는 것이다. 이러한 신공공관리적 접근이 지방정부 내부관리의 효율화에 적지 않은 영향을 미친 것이 사실이다.

조직의 성과평가나 측정이 요구되고 있는데 성과평가는 기관에 위임된 책무를 실현한 정도나 고객들의 요구를 충족시킨 정도에 강조를 둔다. 그래서 고객들과 접촉하는 일선관리자들에게 처리과정에서의 정책(procedural policies)을 창출하도록 권한이 위임된다. 성과평가는 목표달성을 모니터링하는 정교한 기술과 컴퓨터 및 정보기술의 발전에 의해 커다란 진전을 이루고 있다. 성과관리에 관한 세부적 논의는 장을 달리하여 다루기로 한다.

(2) 자원관리

자원관리는 조직 활동과 이의 지원기능 및 관리를 수행할 능력을 가진 인사, 재무 및 정보 등에서의 기술적 전문가들에 의존한다(Burgess, 1975: 705－716).

재정관리는 성과감사뿐 아니라 전통적인 회계감사를 위한 기술에 의해 이루어지며 정부의 효과적인 재정평가를 제공해주고 있다. 사업예산제(program budgets)나 성과감사(performance audits) 등과 같은 기법에 의해 조장되고 있다.

인적자원관리는 관리자들을 충원하고 이들을 보상하려는 노력을 관심사로 하고 있다. 관리로서 행정은 행정학 자체는 물론 심리학, 사회학 및 경영학 등과 같은 다른 학문분야에서 연구 성과들을 조직 내 인적자원관리나 조직 내 인간관계 개선에 원용되고 있다.

(3) 사업 및 프로그램관리

프로그램관리는 프로그램, 활동 및 서비스를 집행하고 감독하는 데 요구되는 행정기능을 말한다. 사업 및 프로그램관리는 행정기능을 수행할(사업을 수행하고 서비스를 제공하는) 능력을 가진 기능전문가와 정책을 실행할 전술적 요구조건들이 포함된다.

이상의 지방정부관리 차원들은 분석적으로 개별적이지만 실제로는 상호작용하여 한 요소의 개선이나 쇠퇴는 다른 요소에 영향을 미치며, 조직 내부의 효율적 관리에 한정되는 것이라기보다는 지방정부의 포괄적 능력에 영향을 미친다.

지방정부관리를 관리적 측면만을 강조할 경우 적어도 다음과 같은 부정적인 결과를 낳을 수 있다.

첫째로, 측정문제이다. 능력을 측정할 경우 실제적인 지표를 찾으려 하며 유·무 접근방법(presence-absence approach)에 의존하게 된다. 그리고 측정은 종속변수를 탐색하는 일이 포함되는데 이러한 종속변수는 종종 상대적으로 간단하고 측정이 용이한 변수들에 의존하는 경우가 있다. 이러한 개념정의는 지방정부 능력의 본질에 대한 제한된 통찰력을 제공할 우려가 있다. 예컨대, 자원관리는 특정 회계관리 방법의 유무, 예산관리 공무원의 규모 등에 의해 측정되며 이러한 지표들의 유무에 의해 지방정부의 능력이 결정된다. 그러나 특정 절차나 실무가 있고 없고의

그림 2-1 지방정부관리 대상과 영역

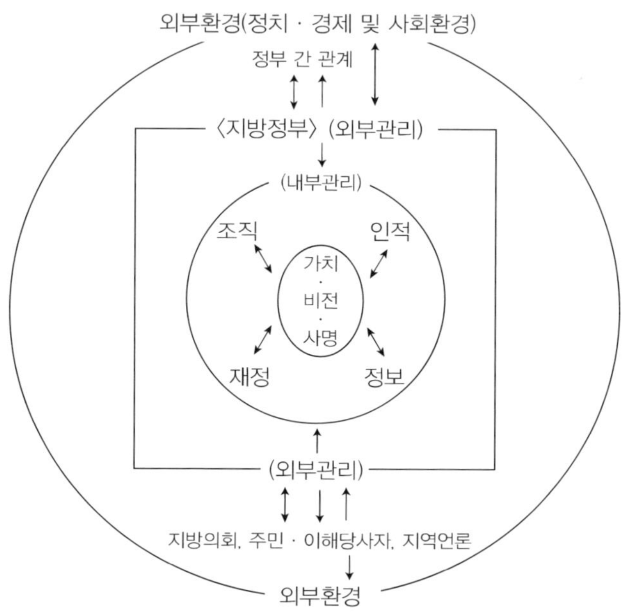

평가는 실제적인 능력보다는 잠재적인 능력의 지표에 불과하다.

둘째로, 정책문제이다. 법이나 규제에 의해 특정 관리기법이 지방정부에 강요되고 이러한 법적 요구사항을 충족시키기 위해 모든 지방정부는 이들 기법을 적용함으로써 때로는 불필요한 결과가 일어날 수 있다는 것이다.

제 3 장 지방정부 관리능력과 관리전략

오늘날 정치・행정 환경에서 가장 특기할 만한 것 중 하나는 사회를 인도하는 정책이나 규제 및 프로그램의 전개방법들이 극적으로 변화하고 있다는 점이다. 이제는 더 이상 공공정책 형성 게임이 지방정부 내에 있는 사람들, 예컨대 선출직 공무원, 정책 조언자, 그리고 공공관리자들에 의해서만 이루어지지 않는다는 것이다. 지방정부 내・외의 많은 집단이나 이해당사자들이 공공정책의 개발과 집행에 관여하면서 지방정부관리가 통제된 계층적 구조 이외의 채널을 통해서 진행되고 있다는 것이다. 이러한 지방정부 관리환경의 변화에서 지방정부는 '무엇을', '어떻게 해야 할 것인가'에 대한 과제에 직면하면서, 지방정부의 관리변화 주요 정향을 효율성 지향(돈의 가치나 성과측정을 강조), 시장지향(계약, 외부화, 내부거래 등을 강조), 이용자 및 지역공동체 지향(고객관심, 시민헌장, 고객과 지역사회의 참여와 네트워크 조성 등을 강조)으로 제시하고 있다(Lowndes, 1997: 52-53). 이 장에서는 지방정부 관리환경 변화의 특성과 이들 변화에 대응하는 지방정부와 관리자들의 관리능력 및 관리전략들을 살펴보기로 한다.

제1절 지방정부 관리환경 변화

1 관리환경 변화의 특성

1) 세계화와 경쟁력 강화

세계화(globalization)는 전 세계의 국가 간, 지방 간 또는 사회 간 경계가 없어지고 경제적, 사회・문화적, 정치적 교류가 공동의 준거에 의해 상호작용이 활발해지는 것을 의미한다. 20세기 말에 시작된 세계화의 흐름과 이에 따른 신자유주의 확산은 자유경쟁의 세계시장에서 경제사회 주체들 간에 국경의 의미가 없어지고 국경을 넘나드는 상호의존이 가속화되어 자본과 인력 및 기술과 정보의 이동이 한층 자유로워졌다. 특히, 세계화의 흐름은 지방단위의 경제영역과 지방정부의 역할을 크게 신장시키면서 세계경쟁 환경에서 생존이라는 과제에 직면해 있다. 1970년대 중반 이후 자본주의적 생산양식이 포드식(Fordism) 대량생산과 대량소비에서 벗어나 소비자의 다양한 수요에 대응하기 위한 포스트포드식(Post-Fordism) 생산양식인 다품종 소량생산체제로 전환되기 시작하면서 종래의 대량생산체제를 지원하고 조절하는 데 적합하였던 중앙집중식 정부형태는 한계를 드러내고 있기 때문이다(이은구 외, 2001: 10).

이에 지방정부는 외국자본과 기업의 유치, 외국기술 유치와 외국시장 진출과 국내 상품의 수출 등을 위해 각종 유인 및 지원정책을 추진하지 않을 수 없게 되고, 무한경쟁 사회에 적응하기 위해서는 지방정부 스스로 보다 높은 경쟁력을 갖추기 위한 관리능력이 요구되고 있다.

2) 지방화와 시민사회

지방화의 의미는 중앙정부와의 관계와 지방정부 내 권력관계의 측면에서 정의될 수 있다. 먼저, 국민의 생활수준이나 의식수준의 향상은 개인의 책임과 자율이 강조되는 사회로 전환되고, 국민 개개인의 자유와 권리에 대한 인식이 제고되어 개인의 욕구충족에 대한 목소리가 커짐에 따라 종래의 중앙집권적 의사결정이나 일괄처리방식은 적절하지 못하게 되었다. 이제는 수요자 가까이에서 이들의 기대와 필요에 맞는 행정으로의 변화와 참여를 통한 민주적 의사결정이 요구되고 있다. 이에 중앙정부와 지방정부 간의 관계를 재설정하고 지방정부의 역할과 기능을 재구조화하는 변화가 진행되고 있다. 과거 국가의 경제성장정책에 부응한 개발수요 위주의 행정에서 소득분배와 삶의 질 개선이 우선시되고, 그로 인해 복지, 문화, 환경 등 새로운 분야에서 지방행정 수요가 많아지고 있다.

따라서 과거 중앙에 집중된 정치행정권이 지방으로 분권·이양되고 지역 의사결정에 지방정부 및 지역주민의 실질적인 영향력을 행사할 수 있도록 하는 지방화 시대가 열리게 된 것이다. 이제 지방정부는 중앙정부의 권한을 상당부문 위임받고 사회복지기능의 효율적 수행과 필요한 재원을 자체적으로 조달해야 하는 상황에 놓이게 됨은 물론 지방정부의 자율적 운용에 대한 책임성 증가로 지방정부관리 및 경영개념이 강조되고 있다.

또한 지방화는 지방차원의 정치적 장을 마련해주고 있다. 지역주민들이 직접 참여하고 결정하는 참여민주주의 기회가 증대될 뿐 아니라 다양한 이해관계의 연계로 인한 지방권력구조가 형성되기도[1] 하고 시민사회의 역할이 중요시되는 계기가 되고 있다. 이러한 지방정부 내 의사결정과정에서의 이해관계자들의 상호관계를 규명하는 일도 지방정부관리에서 주요한 과제이다. 지방정부와 기업 간 관계, 지방정부와 시민사회 간 관계를 어떻게 조정하느냐의 문제와 공동체적 협력을 통해 긍정적인 공공정책 형성과 집행을 이끌어내는 일이 중요하게 부각되고 있다. 이를 위해서 시민들 스스로 일방적인 행정서비스 수혜보다는 정책결정과정에 참여의 기회를 확대하고, 권리와 함께 책임도 고양하는 시민사회의 시민성 성숙을 위한 과제도 해결해야 할 상황이다.

---

1) 지방정부의 정치·경제 환경 변화에 따른 지방권력구조 형성에 관심을 가지고 있는 것이 도시 레짐이론이다. 도시 레짐이론은 도시의 경제적·사회적 환경 변화에 대응하여 지방정부와 비정부 간에 어떠한 과정을 통해 합의와 협력을 이루어내는가에 대한 설명을 도출해 내려는 이론이다. 도시 레짐이론에서의 레짐은 단순한 정권적 차원의 레짐과 구별된다. 지역사회 내 통치연합의 구성과 성격 및 구성원이 보유하고 있는 자원에 의해 창출되는 일종의 긴밀한 연대체제이다. 도시의 체제 내 권력자원의 배분상태에 따라 다양한 레짐이 형성되고, 이것이 결국 지방정부의 통치 및 관리에 영향을 미친다는 것이다. 레짐이론은 특정 도시환경에서 이루어지는 정책결정과 선택을 설명하고자 하는 모형이며, 이러한 정책선택을 레짐에 참여하는 집단 간의 역학관계나 동반자적 관계로 설명하려는 이론이다.

3) 정보화와 민·관 파트너십

21세기 정보화 사회 또는 지식기반사회에서는 정보의 횡적 확산과 공유가 심화되면서 민간부문의 정보능력이 공공부문을 능가하는 경우가 적지 않다. 여기에 지적 자산, 인간의 창의성을 중심으로 국가발전과 사회변화가 이루어질 것으로 전망되고 있어 지방자치단체를 포함한 공공부문의 일방적 결정행위가 불가능한 상황이 되어 지방정부의 역할과 관리방식의 재조정이 요구되고 있다. 지역경제발전과 도시 기반시설의 확충과 같은 정책목표 달성에 기업 및 민간부문의 능력을 동원하고 협력을 유도하는 민·관 파트너십이 요구됨에 따라 종래의 관리기법이나 배분정책에 의해 해결될 수 없는 미증유(未曾有)의 도덕적 문제들까지도 지방정부의 영역으로 넘쳐흘러 들어오게 되었다. 이와 같은 지방정부의 본질적 특성이 다양한 외부세력에 의해 재정의되어야 할 상황에서 지방정부를 경영하고 쇄신하는 일은 결코 쉬운 일이 아니다(Garber, 1997: 13-27). 전통적으로 정부가 독점적이고 배타적으로 수행해온 공동체의 공익활동이나 공공재의 생산을 정부 이외의 시장 및 시민사회와의 역할분담과 협력을 통해 수행해야 한다는 인식에서 기존의 통치(governing)나 정부(government)를 협치(governance)로 대체되어야 한다는 관점이 등장하고 있다(김석준 외, 2000: 37-38).

4) 지방거버넌스 관리

오늘날의 공공서비스는 지방정부가 직접 공급하던 형태에서 벗어나 민영화, 위탁, 위임, 파트너십 등을 통해 간접 공급되는 추세이다. 계선 관료제로부터 다양한 서비스 공급체제로의 분화가 지방정부로부터 지방거버넌스(governance)로의 변화로 요약될 수 있다.

거버넌스는 대체로 정부 중심의 공공부문과 시민사회 및 시장 간의 파트너십을 통한 새로운 상호 협력적 조정양식을 의미한다. 이는 정부 운영에 있어 기존의 정부 우위적 관계를 청산하고 정부와 시장, 그리고 시민사회가 자발적으로 협조하여 효과적이고 민주적으로 국가를 운영하고자 하는 새로운 접근방법이라고 할 수 있다. 우리가 살고 있는 세계가 점차 복잡하고 역동적이며 다양한 성격으로 구성되어 있는 상황에서는 기능적으로 분화된 단일 기관이나 부서의 개입으로는 적절하지 못하기에 공－사 파트너십인 지방거버넌스가 요구된다(Stocker, 1998: 34－51).

따라서 지방정부의 운영 및 관리기법도 관료적 · 계층제적 메커니즘이나 경쟁입찰제와 같은 준시장기제에 의존하는 접근방법들은 오늘날 복잡 · 다양하고 역동적인 사회문제에 대해 효과적으로 대응할 수 없다는 것이다. 시민들의 다양한 욕구를 평가하고, 정책대응도 특정 욕구나 조건에 맞도록 조정되어야 함은 물론 문제간 상호의존성이 장소에 따라 복잡하고 다양하게 형성되므로 거버넌스 이론에 의해서 이해되어야 한다는 것이다.

이러한 지방정부 관리환경의 변화에서 지방정부의 역할은 네트워크 업무스타일이 주도하게 되는데, 네트워크 업무스타일의 특징들은 다음과 같다(Stocker, 1999: xviii).

(1) 상호의존과 자원교환

정부 간 관계가 계층제적 관계보다는 복잡한 자원의 상호의존성에 의해 이루어지고 있다. 지방정부들과 중앙 부처들이 법적 권한, 자금, 전문성과 같은 자원을 놓고 자신들의 정책목표 달성을 위해 서로 의존하고 있으며, 중앙정부와 지방정부 간 관계가 일종의 게임과 같은 상황에서 서로가 각자의 이익을 위해 움직인다는 것이다. 각자는 서로에게 종속되는 것을 피하면서 결과에 대한 영향력을 극대화하기 위해 각자의 자원을 배치 · 활용한다.

(2) 신뢰

네트워크도 일종의 분명한 조정기제이며 시장이나 계층제와는 다른 신뢰에 의한 관리구조이다. 네트워크에 참여하는 사람들은 어떤 목적이나 가치를 공유하고, 서로에게 두루 베푸는 의무감을 가지고, 협소하게 비용을 계산하거나 단기적인 대등한 상호성을 기대하지 않고 서로에게 혜택과 지원을 해주며 솔직하고 자유롭게 의사소통을 한다(Stocker, 1999: xx). 이러한 공유된 가치와 규범들이 네트워크의 복잡한 관계들을 묶어주는 접착제이며, 협동적 행동의 토대가 된다.

(3) 외교

외교는 자신이 지지하는 정책을 상대방이 수용하고 이들 정책에 협조하도록 설득하는 주요 기법이다. 외교는 조직, 집단 및 개인 간 협상과 설득의 예술이며 네트워크를 조정하는 데 있어 핵심적 요소이다.

(4) 상호성

무엇보다도 모든 네트워크 문화는 상호성에 의해 특징지어진다. 경제학자들에게 상호성은 비교적 대등한 가치교환을 의미하는데 반하여, 사회학자나 인류학자들에게 교환은 은의(恩義), 의무, 그리고 장기적인 관점을 지속시켜주는 규범이다. 상호성은 지속적인 교환 의식에서 깊은 의무감이 형성되고, 네트워크 조정 기제로 자리잡게 된다(Thompson, 1993: 58).

그러나 네트워크 업무 스타일이나 지방거버넌스 관리는 관리적 효율성이라는 장점을 가져다주지만 체제의 응집력이나 광의의 민주적 책임성을 약화시키는 단점도 있다. 지방거버넌스 체제의 위임된 단위들에게 스스로 결정하거나 선택하게 함으로써 지방정부 전반적인 서비스체제를 침해할 수 있다는 것이다. 즉, 네트워크의 비형식성은 각자의 활동을 규제할 수 있는 객관적 규칙의 부재로 인하여 책임성, 형평성 및 정당성 문제를 야기할 수 있기 때문이다.

5) 시민들의 다양한 요구와 행태변화

시민들과 지역사회는 지방정부로부터 제공될 서비스들에 대한 다양한 기대를 갖고 있다. 이는 지역 인구변화와 인구구성상의 변화, 그리고 가족구조의 변화 등이 지방정부에 다양한 행정수요를 제기하고 있기 때문이다. 산업발전과 함께 경제활동이 활발하고 현저한 성장이 이루어지는 지역에서는 인구구성과 고용 패턴이 변화하고 있으며 그에 따른 행정수요도 변하고 있어, 지방정부도 새로운 행정수요에 맞는 다양한 직위와 직급을 신설하고 직원을 충원해야 할 상황이다. 또한 공공서비스 이용자들의 사회적 삶과 사회적 행태들은 이전세대와는 판연히 다른 특성을 보이고 있다.

최근 지방정부 서비스 제공 패턴은 보다 개인적이고 고객지향의 형태로 변하게 되어 지방정부의 관리가 더욱 어렵게 되고 있다. 이제까지는 대체로 보편적인 사회간접자본이나 복잡한 현대 사회가 필요로 하는 서비스 제공에 최적의 조직은 대규모 공공조직, 특히 관료조직이라고 동의해왔지만 개인적이고 고객지향의 서비스 제공 능력에는 회의적이다. 1970년대 이전의 지방정부 정책은 한 사회의 요구는 동질적이며 이는 전문가 혹은 정책결정자들에 의해 규정될 수 있다는 견해를 기초로 수립·집행되었다. 이로 인해 정책에 의해 영향을 받는 사람들의 개별적 이해를 고려하지 않는 경향이 있었다. 그러나 앞으로는 개별 소비자 이해를 고려하는 공공정책 및 공공서비스 공급이 이루어져야 한다는 것이다(하성규 외, 2000: 81-87).

그러나 이제 지방정부 서비스를 이용하거나 혜택을 받는 사람들은 더 이상 지방정부만이 서비스의 유일한 제공자라고 생각하지 않으며, 대중은 지방정부가 제공하는 서비스에 경의를 표하거나 수용적인 고객은 아니며 적절한 수준의 서비스를 단호하게 요구하기도 한다. 시민들은 지방정부 활동에 대해 도전하고 대안에 대한 토론을 기꺼이 하기 때문에 서비스를 제공하는 지방정부 자체의 조직구성과 운용방법에도 영향을 미치고 있다(Stocker, 1991: 1-3).

6) 지방재정 압박과 지방경영의 요구

지방정부 관리환경의 변화 중 가장 중요한 요인은 자원에 대한 압력이며 이로 인하여 현실적으로 지방정부의 자족적 관리가 어렵게 되고 있는데 이는 지방재정의 취약성 때문이다. 과거의 지방정부관리는 서민들을 지원하고, 개발을 유치하고, 이견을 조정하고, 분쟁집단들을 견제하도록 요구되었지만, 최근에는 이러한 기본적인 문제를 새롭게 해결해야 할 뿐 아니라 재정 압박의 해결을 위해 자체 재원 조달과 새로운 자본을 유치해야 한다는 것이다. 도시정부의 경비와 부채가 지속적으로 상승하는 추세에 있기 때문이다(Savitch & Tharp, 1997: 387-401).

우리나라 지방정부도 만성적인 재정 부족으로 지방정부로서는 민간부문의 자본과 기술을 공공서비스의 산출에 투입하여 재정위기를 극복하는 방안들이 적극 검토되어야 할 상황이며 지방정부를 지방경영의 관점에서 관리하도록 요구하고 있다. 지방경영이란 지방정부부문에 기업가 정신과 경영원리 등을 도입하여 지방자치단체의 관리방식을 혁신하고 지역의 잠재력을 총체적으로 개발함으로써 지역주민들의 만족을 극대화함과 동시에 지방경쟁력을 제고하는 것이다. 따라서 지방정부는 적은 비용으로 양질의 서비스를 생산·공급할 수 있는 방안을 모색하고 생산성과 효율성을 높이는 새로운 관리접근방법이 모색되어야 한다.

이러한 요구에 지방정부를 기업가적 정부, 고객 중심, 서비스 중심, 시장원리에 따른 조직으로 개편과 '분권화된 관리체제'로의 전환을 요구하고 있다.

7) 집중화에서 분권화로의 관리구조

1980년대 많은 경제협력개발기구(OECD) 국가 등에서 등장한 정부혁신과정은 집권화된 국가의 기능을 지방정부로의 이양과 분산이라는 분권화와 조직단위에서 실행단위 중심의 기능과 역할 강조, 그리고 민영화라는 민간부문 관리방식의 접목에 초점을 두었다.

지방정부 내에서도 주민들의 요구충족을 위해 이들 대상집단과 밀접한 관계에 있는 일선관리인들에게 권한을 분권화해야 하는 주장이 등장하고, 지방정부 의사결정과정에 일선관료들의 참여가 조장된다. 일선관료들의 참여는 조직구성원으로서 사기와 능률성을 향상시킨다는 조직심리학의 주장에 부합되는 측면 외에도 현장에서 정책대상집단들과 끊임없이 접촉하기 때문에 보다 정확한 정보에 근거한 적실성있는 정책결정과 효율적인 집행을 보장할 수 있다는 전제에서 일선관료들에게 실질적인 결정권을 부여하려는 분권화가 필요하다는 것이다.

경쟁적인 서비스 제공과 고객 중심의 관리를 위해 공공부문과 사회전반에 민간부문의 관리스타일을 적용하려는 관심이 높아지면서 “보다 더 기업과 같이(more business)”라는 수사(修辭)에 맞는 특정 관리방법과 기술을 강조되었다. 기관을 능률화하려는 시도, 사업을 민영화하거나 서비스 절차를 유연하게 하고 조달 규칙을 완화하려는 시도들이 그렇다.

그러나 이러한 변화나 개혁지향은 상당부분이 민간부문에서 차용한 것으로 공공부문에 적용된 시장모델의 적합성과 효과성에 대한 문제, 구조개혁에 관한 관료제의 저항, 그리고 잘못된 정책에서조차 관리개선으로 모든 문제를 해결할 수 있다는 가정 등의 문제가 있다. 민간부문의 전략과 기술을 채택・찬양하는 것은 공공행정의 근본적이고 헌법적인 근거와 법적 원리나 주의를 위협하는 제단에 대한 숭배일 수도 있다는 지적이다(Moe, 1995: 135－146).

8) 제한된 시장신호와 공공재로서의 특성

최근 외국의 지방정부들은 판매, 가격, 이익과 같은 개념의 시장신호와 관련된 관리기법들을 개발 적용하려고 하고 있다. 그러나 이러한 다양한 실험에도 지방정부가 제공하는 공공재는 시장경제 원리나 시장신호에 의해서만 제공될 수 없다는 것이다. 지방정부가 제공하는 공공서비스는 지역공동체의 편익을 위해 제공되며 주민들의 생존적 수요 및 경제・사회적 기회를 충족시켜주고 불공평한 소득격차를 완화하는 소득재분배의 기능을 갖는 가치재이기 때문이다(박응격, 2003: 635). 지방정부는 다양한 이해당사자들의 요구 속에서 활동해야 한다. 다양한 이해는 불가피하게 의사결정의 중심에 있는 사람과 집행에 책임을 지는 사람들의 업무 성과목표와 평가기준이 달라질 수 있다. 의사결정이 제한된 시장신호나 정치적 이해관계 속에서 이루어질 수 있지만, 집행은 일관성을 담보하기 위해 만들어진 명백한 절차와 규정된 틀에서 이루어지기 때문이다.

따라서 지방정부관리는 공공재라고 분류되는 서비스를 제공해야 할 의무가 있으며 모든 시민들을 공평하게 대우해야 한다는 형평성 기준과 관리의 경제성, 효율성, 효과성을 위한 노력 간의 갈등에 노출되는 경우가 있다. 성공적인 지방정부관리는 타당한 정책을 토대로 해야 한다. 공공관리과정에서 관리자들은 "일을 잘하는 것(doing it right)"보다 "옳은 일을 하는 것(doing the right thing)"에 관심을 가져야 한다.

9) 공동체 회복을 위한 관리

지방분권은 제도적으로 어느 정도 이루어 진 상태이지만 지방자치가 활성화되지 않는 이유는 지역공동체가 무너지고 지역사회에서 주민위주의 자발적이고 자생적인 활동이 저조한 상태에 있기 때문이다. 다양한 이해집단의 갈등으로 인한 공동체성의 쇠퇴가 오늘날 도시들의 가장 분명한 특징이며 이러한 갈등에 의해 수반된 정치 유형은 진정한 공공정책의 가능성을 상실하게 한다. 이러한 사회계층 간, 근린 간의 갈등과 분열을 해결하는 것이 요구된다. 지방정부는 이들 경쟁적인 요구들을 인정하고 이들을 조화시키기 위해 협상과 중개과정을 다루어야 하고, 더 나아가 이들 다양한 이해의 대응은 물론 보다 광의의 공동체 가치나 목적을 선택 추구해야 한다. 지방정부는 지역공동체 전체의 이익지향과 개인이나 이해집단들의 요구에 대응하는 고객만족지향과의 조화라는 과제에 도전받고 있다.

10) 다양한 행・재정적 책임과 윤리

지방정부에 근무하는 사람들에게는 공적으로 이루어지는 감시나 조사가 민간

분야보다 더 많고 광범위하다. 공공관리의 전통은 실무에서의 일관성과 함께 공무원 개개인 행태에서 성실성과 청렴을 강조한다. 공무원들은 성과기준뿐 아니라 공평하고 투명한 절차에 따라 활동해야 하며, 정직·성실과 같은 높은 수준의 공적 윤리 기준을 가지고 행동해야 한다. 이러한 실무에서의 일관성은 종종 변화에 저항하고 경직화 경향을 초래한다. 쇄신은 위험을 의미하며 행정문화에는 오랫동안 위험을 무릅쓰는 것을 방해하는 것들이 많다. 직원들은 일을 옳게 하는 것보다는 잘못된 일을 하지 않는 것에 보상을 받아왔기 때문이다. 대부분의 지방정부에서 쇄신적 사고를 드러내지 않으려는 이유는 조직이나 개인수준에서 일관성의 압력, 관례나 서열을 깨지 않으려는 조심성에서 연유한다. 이러한 요인들이 조직 내 동기화와 유연성을 고양하는 장애가 되고 있다. 계층구조, 업무 일관성을 요구하는 절차와 메커니즘, 권한 위임의 제한 등이 조직 내 관리 및 전문가들의 재능과 성과를 제약하고 있다.

지방정부는 또한 조세를 통해서 재정을 충당하므로 다른 조직보다 재정책임에 대한 기준들이 많고 예산과 지출 결정에 대한 과도한 공식화와 통제를 수반한다. 지방정부의 전형적인 재정 메커니즘은 재정관리보다는 재정회계에 맞춰진다. 실무관리자들의 의사결정과 지출에 도움을 주는 관리정보시스템의 구축보다는 회계연도 말 재정집행의 완료가 더 중요하다. 재정적 실효성을 우선적으로 고려하고 융통성 있는 절차를 기꺼이 채택하려는 시장지향 또는 결과지향의 조직으로 거듭나야 한다. 지방정부에서 성실과 일관성을 지속적으로 요구하면서 또 다른 한편으로 융통성을 요구하는 추세에 따라 효과적인 권한 위임을 통해 조직성장과 변화를 촉진할 필요가 있다.

2 지방정부 관리변화의 분석차원

지방정부 관리환경 변화에 따른 지방정부 관리변화의 특성에 대한 일반적인 기술을 위해서는 첫째로, 관리적 사고(idea)의 변화에 따른 새로운 제도 형성과 접근방법 활용을 개별조직 또는 조직네트워크 등의 범위에서 분석하는 일이다. 둘째로, 이러한 관리변화가 지방의 시민성이나 민주주의에 어떠한 결과를 가져왔는지에 대한 정치적 함의를 분석하는 일이다.

먼저, 제도형성이나 변화를 분석하는 것은 제도가 "사람들의 행동을 안내하고 제한하는 일련의 공식 또는 비공식적 규율들이기 때문이다." 이러한 규율들은 구조변화, 직무기술, 운용규정 등 명백하게 구체화된 것도 있고, 전문성 강조, 고객지향 등과 같은 불문의 관습이나 전례의 형태를 취하기도 한다. 이러한 제도는 특정 조직 또는 조직의 한 부서에 한정될 수 있거나, 특정 지역사회나 사회 전체에 공유되는 것도 있을 수 있다(Lowndes, 1999: 22-36). 제도변화는 기존 질서에서 이익을 보는 자들이나, 새로운 규칙들이 자신들의 이해에 적대적이라고 생각하는 자들에 의해 저항받기 쉽다(Knight, 1992: 9). 또한 제도들은 문화나 관습에 뿌리를 두고 있기 때문에 비공식적 규율들은 공식적인 규율들의 변화에도 불구하고 지속되는 경향이 있기 때문에 신·구제도가 공존하며 때로는 갈등을 빚는 경우가 생긴다. 지방정부 차원에서 제도적 변화는 단순히 구조와 규정집을 만듦으로써 달성될 수는 없다. 그것이 적절한 것이라고 여겨지는 재생산과정, 즉 사회적 생산(social production)과정이 요구된다(Stone, 1989).

신제도주의(new institutionalism)가 지방정부의 제도나 제도적 변화를 이해하는 이론적 접근방법을 제공하고 있는데 신제도주의는 일련의 공식적 또는 비공식적 새로운 규칙들의 흐름이라는 입장에서 관리변화를 분석하는데, 이들 규율들은 각각 특별한 권력관계를 담고 있으면서 관리적·정치적 행태에 영향을 미친다. 제도변화는 새로운 규칙과 인센티브를 창조해내는 전략적 행동과 이들 새로운 규칙들을 오랫동안 지속시킬 규범관리가 포함되어야 한다. 신제도주의는 관리변화를 수많은 제도화나 탈제도화 과정의 입장에서 분석하도록 해주며 그러한 과정에 내재된 정치적 본질에 초점을 두게 해준다(Lowndes, 1996: 181-197).

다음으로, 관리변화는 정치적 의미를 가지며 지방정부와 시민 간의 관계에 영향을 미친다. 관리변화는 지방정부의 시민성과 민주주의에 넓게 영향을 미친다. 새로운 관리변화는 전통적 관료제와 전문가주의가 지방정치를 구조화했던 것과 같이, 지방정부의 민주주의와 시민성에 새로운 기회와 제약을 제공한다. 지방정부에서의 관리변화는 서비스 이용자들에 대한 대응성 개선 예컨대, 각기 다른 일선 서비스를 결합하여 원스톱 서비스 같은 새로운 접근방법과 시설 및 고객 우선이라는 정서에 기여한다. 반면에, 관리변화는 개별 고객들에 대한 대응성 강조로 인하여 보다 넓은 지역사회에 대한 책임, 특히 접근성에 유리한 위치를 차지하지 못한 집단들에 대해 어떻게 충족시키느냐의 문제가 제기된다. 또한 관료제를 지나치게 유연화하여 책임이 어디에 있는지 혼란을 야기할 수 있으며 시민들에 대한 직접적인 책임의 강조는 보수적이고, 간섭받기 싫어하고 자기본위의 일선공무원과 관리자 간의 긴장을 야기할 수 있다.

지방정부 관리변화 논의의 핵심은 첫째로, 하나의 새로운 관리가 있는 것이 아니고, 서로 다르거나 잠재적 모순이 있는 생각과 실제들의 혼재 속에 하나의 흐름과 경향이라는 것이다. 관리변화란 신·구 관리 특성의 조합을 통해 구관리의 특성에서 신관리의 특성으로의 이동을 의미하기보다는 시간의 흐름에 따라 논의의 초점이 달라지고 서비스 영역에 따라 다양하다는 것이다(Clarke & Newman, 1997: 48). 어떤 신관리 사고(예컨대, 경영과정 혁신)는 유행처럼 빠르게 사라지기도 하고, 어떤 사고(예컨대, 비용 중심관리나 고객관심 등)는 쉽게 수용되고 상식처럼 받아들여지기도 한다. 또한 신관리의 어떤 측면들은 쉽게 실행되기도 하지만 어떤 측면은 실행과정 중에 조정되기도 한다. 따라서 신관리는 정지되어 있는 것이 아니고 진화하면서 새로운 차원을 획득하기도 한다는 것이다(Pollitt, 1993).

그러나 실제 지방정부에서는 광범위한 신관리적 제안들이 내부관리나 기관 간 협업환경에서 혼란스럽게 결합되는 경우가 적지 않다. 따라서 수많은 혼성어를 소개하여 혼란스럽게 하는 용어를 사용하기보다는 서로 다른 상황에서 특별한 관리법(management recipes)들을 채택하는 개별 지방정부를 관찰하는 것이 더 도움이 될 수 있다는 것이다. 관리법은 해당 지방이라는 독특한 상황과 관련하여 서로 다른 사회적 관계 패턴이 담겨져 있기 때문에 다양하며 이러한 관리법은 정체적이지 않고 끊임없이 변하게 되기 때문이다.

둘째로, 지방정부의 관리변화는 단 하나의 관리변화과정이 있는 것이 아니고 개별 조직이나 서비스 부문들이 체제적 변화에 각기 다르게 대응한다는 것이다. 지방정부 내부적 특성(내부 권력관계나 리더십)과 서비스의 특성, 그리고 지역사회 특성 등이 관리변화에 대한 반응에 영향을 미치기 때문이다.

셋째로, 지방정부 관리변화는 단선적이지 않다. 옛 접근방법과 새로운 접근방법 간의 연속성도 있고 앞뒤로 진행되기도 하며, 서로 다른 정도로 변화하기도 한다. 구관리 방법이 완강한 이유는 이를 유지하려는 관련 당사자들의 기득권과 관련되어 있기 때문이다. 또한 변화과정은 조직에 따라 다르게 관리되는데 이는 리더십 스타일과 저항의 패턴과 강도에 따라 좌우될 수 있기 때문이다.

여하튼 제도변화는 단순히 새로운 언어나 구조를 소개함으로써 이루어지는 것이 아니고 조직 내에서 적절하다고 생각되는 재구성 작업이 이루어져야 한다. 새로운 규칙을 소개하기 위해서는 '정보를 주고', '훈련을 시키고', '지원을 해주며' '불응할 경우 제재'도 분명히 해야 한다. 새로운 규칙들의 제도화와 옛 방법들의 탈제도화는 오랜 기간이 소요되는 과정이며 전후로 이동할 수도 있고 각기 다르게 수용되기 때문이다.

제 2 절 지방정부 관리능력

1 지방정부 관리능력의 의의

지방정부 차원에서의 관리능력(management capacity)에 대한 관심이 점증하고 이들 개념에 대한 정의와 측정 및 개선하려는 노력이 다양해지고 있다. 지방정부 관리능력은 "요구되고 기대되는 것을 할 수 있는 정치체제의 능력"으로 이들 능력은 체제가 직면하는 요구와 문제의 복잡성 및 이들 문제를 다루고, 기대를 충족시킬 수 있는 자원과 관련되어서 평가되어야 한다(Gargan, 1997: 518). 호나들(B. W. Honadle)은 지방정부 관리능력을 변화를 예상하고 이에 영향을 미칠 수 있는 능력으로, 자세한 정보에 근거한 현명한 정책결정과 이들 정책을 실행할 프로그램을 개발하고, 자원을 끌어들여 관리하는 현재의 활동을 평가하고 미래의 행동을 안내하는 능력으로 정의하고 있다(Honadle, 1986: 9-23). 이들 정의를 토대로 지방정부 관리능력은 지방정부를 행정단위로 볼 경우 조직 내부 운용의 효율성과 목표달성 정도인 효과성과 같은 관리적 능력을 말하며, 지방정부를 지방시민사회의 정치체제로 볼 경우 지방정부에 요구되고 기대되는 것을 충족시키거나 서로 상충되는 요구들을 수정·조정하는 가치의 권위적 배분 역할에서의 능력이라고 할 수 있다.

그러나 이러한 지방정부 관리능력은 다음과 같은 이슈들에 의해 제기된 도전들로 취약해질 수 있다. 첫째, 중앙정부에 대한 의존 증가이다. 지방정부의 한정된 재원과 예기치 않은 사업들로 중앙정부에의 의존이 불가피 하고 보조금이 급증하고 있는 상황에서 지방정부의 자율적 관리나 스스로 효과적인 구조와 개선된 행정절차 등의 관리 실제를 운용하기가 쉽지 않다. 둘째, 공공서비스 적절성에 관한 시민들의 기대변화이다. 적절한 공공서비스에 대한 정의가 수시로 변하고 기대나 요구 수준이 점차 높아지기 때문이다. 다음으로, 정책과정에서의 역할 및 준칙의 재정의가 요구된다. 정책과정에서의 새로운 참여자의 관여와 정책과정을 지배하는 기본적 규칙에서의 변화이다. 서비스 적절성에 관한 상승된 기대와 서비스 공급에서 형평성의 문제가 예민해짐에 따라 이전에는 정책과정에 참여하지 않았던 시민집단들이 활발하게 참여하게 되고, 이들에 의해 제기된 과제들에 대한 해결능력으로 정의된 지방정부 관리능력이 상황이나 사용자에 따라 다양하게 변화할 수 있다는 것을 고려해야 한다(Gargan, 1997: 653－656).

따라서 지방정부 관리능력은 지방정부 영역 내에서의 정부 중심의 관리능력에 한정하기보다는 지방정부와 시장, 시민사회와의 변화된 관계 하에서 정부 중심, 시장 중심 및 시민사회 중심 등의 시각과 논리들이 통합적으로 검토되어야 할 주제이다. 이러한 여러 차원의 지방정부의 능력을 어떻게 고양하고 관리하느냐가 지방정부 운영의 핵심이라고 할 수 있다. 지방정부 관리능력 제고를 위한 접근방법으로는 이상적인 지방정부가 가져야 할 일련의 특성들을 목록화하고 이러한 목록을 탐색하는 접근방법과 다른 대안적 접근방법으로는 전문가의 판단에 따라 능력이 있다고 평가된 일련의 지방정부를 확인하고 이들 간의 공통적인 요인을 분리해내는 접근방법이 있다. 이러한 접근방법들은 지방정부관리를 기업 같은 관리 실제로 만들어 보려는 관심에서, 그리고 최근에는 지방정부 문제에 대해 한정된 자원을 효과적으로 활용하기 위해, 보다 세련된 관리기술을 적용해야 한다는 문제인식에서 유래한다. 그러나 지방정부 관리능력은 관리실제나 기법상의 문제보다는 개념적인 문제이다. 지방정부 관리실제와 지방정부에 부여된 요구 간의 차이가 존재할 때 관리개선만을 고집하는 것은 적절하지 않을 뿐 아니라 보다 근본적인 문제로부터 벗어나게 된다는 것이다. 보다 중요한 것은 지역사회 요구를 다룰 새로운 접근방법이나 전략 및 수단을 발견하는 일일 것이다. 지방정부 관리능력의 제고는 관리개선 노력과 무관할 수 없지만 지방정부의 여건이나 문화적 맥락 등에 대한 고려 또한 중요하다는 것이다.

지방정부 관리능력 제고는 지역사회에 가장 중요한 서비스를 정의하고 계획하는 데 모든 시민들을 관여시키고, 시정부 서비스가 공평하게 배분되고 필요한 서비스를 감당할 수 있도록 보장하는 것이다. 또한 지방정부 관리능력은 급격한 사회적·기술적 변화에 유연하게 대응할 수 있는 역동적인 조직의 창출을 의미한다. 그것은 환경을 보호하고, 근린(neighborhoods)을 양성하고 지역사회를 안전하게 살 수 있는 곳으로 조성하는 것을 의미한다. 재정적 한계 내에서 조직을 관리하며 시민들에게 그들이 원하는 것을 제공할 수 있어야 한다.

제 3 절 지방정부 관리자와 역할

지방정부 관리능력은 지방정부 관리자들의 능력에 따라 좌우된다. 지방정부 관리자들은 누구이고, 시민들의 기대와 지방정부를 둘러싸고 있는 사회, 경제 및 기술적 변화에 대응하기 위해 관리자들은 어떠한 역할을 해야 할 것인가를 중심으로 살펴보기로 한다.

1 관리자란 누구인가?

관리자의 범주와 유형은 때와 곳에 따라 다르다. 영국의 경우, 관리업무는 상급자 역할이나 응용과학으로서보다는 보다 낮은 수준의 활동으로 실제 서비스기능에서의 전문능력을 발휘하는 실무기술로 간주하고 이들 실무를 담당하는 사람들에게 부여되는 직함으로 사용되었다(Handy, 1988: 7). 그러다가 1980년대와 1990년대 초 지방정부의 재정 압박이 점증함에 따라 지방정부 상급관리자(senior manager)들에게 전략적 관리인으로서의 지위가 요구되었고, 이들에게 지방정부 전반적인 활동과 관련 전략적 방향을 설정하고 적절한 관리 분위기와 조직문화를 창출하며 자원관리와 자신들에게 정의된 목표달성에 더 많은 책임과 관심을 가져야 한다는 기대가 높아지게 되었다. 이와 함께 주요 자원관리의 책임을 일선 서비스 공급 부서에 위임하는 것은 물론 서비스 공급 지점에 가능한 한 관리책임을 이양하려는 변화가 일어남으로써 실무관리자(operational managers) 또는 중간관리자(middle managers)의 역할이 강조되었다. 많은 지방정부에서 책임과 권한이 조직 하부로 이양됨에 따라 특정 기능을 책임지는 직원에게 그 기능을 관리하도록 기대하고 이들을 '관리자'로 임명하는 추세이다.

미국의 경우, 지방정부 관리자들은 광범위한 직명을 가지고 시, 타운, 군 등에서 봉사하는 사람들, 선거에 의해 선출된 단체장 및 의회 등의 관리집단(governing boards)의 지시에 봉사하는 사람들을 포괄적으로 지칭하고 있다.

고트너(Harold F. Gortner) 등은 단체장이나 기관장을 포함한 상급관리자(executives), 중간관리자(managers), 감독자(supervisors) 등 3개의 계층으로 구분한다. 상급관리자들은 계층제 조직의 상층부에 있는 자들로 단체장을 포함한 임원들이다. 이들은 조직 전반의 운영에 책임을 지며 조직 목표와 효과성에 대한 보다 일반적인 관점을 가지고, 목표설정, 작업환경의 창출, 조직 외부 세계와의 주요한 접촉에 책임을 진다. 중간관리자들은 관리과정과 절차에서의 효율성에 초점을 두고 이들을 조율하고, 감독자들의 업무를 조정한다. 감독자들(supervisors)은 서비스 생산의 세부적인 것과 과업성취 등에 관심을 가져야 하며, 구체적인 조직 목표 성취에 책임을 갖고 구성원들의 동기화, 생산성 및 개인적 관계에 초점을 둔다(Gortner, 1987: 291-294).

조직 실제에서 관리자들의 명칭이나 이들의 역할을 구체적으로 명확히 구분하기는 쉽지 않다. 해당 조직의 직제나 직무편람 등에 따라 다양하기 때문이다. 따라서 논의의 편의를 위해 일반적 구분으로 설명하기로 한다.

2 지방정부 관리자의 역할

지방정부 관리자들의 역할을 지역사회와의 관계, 선출직 통치단과의 관계 및 의사결정 수준, 그리고 조직 내 관리자의 위치 등에 따라 설명하면 다음과 같다.

1) 지역사회와의 관계

(1) 이해의 조정 및 정책합의

지방정부 관리자들은 정당 정치에 관여하거나 의회의원들 및 선거주민들에게 어필하기보다는 지역사회에 현안 해결에 적극적이어야 한다(Stone et al., 1940: 247). 관리자들은 지방정부가 하고자 하는 것을 설명하거나 새로운 정책들을 제안하는 것은 물론 지역사회 문제에 관련된 경쟁적인 이해집단들 간의 갈등을 조정하고, 지역사회 현안을 해결하는 데 지역사회 지지를 이끌어내야 한다. 관리자들은 전문가의 지식과 경험을 토대로 선출된 관리자들이 생각할 수 없는 문제를 제기하거나 대안을 제시할 수 있어야 하며, 더 나아가 선출직 관리자들에게 조언만하기보다는 지역사회 이해 간 조정자나 중개자로서 역할 및 정책합의의 형성자로서의 역할이 요구된다(Nalbandian, 1990: 654－662). 스틸만(Richard J. Stillman Ⅱ)도 지역사회의 다양한 가치들을 효과적으로 다루는 일이 지방정부관리를 공학적 전문직에서 외교 전문직으로 이전시켰다고 지적한 바 있다(Stillman, 1974).

따라서 지역사회 관계에서 관리자의 역할은 지방정부와 지역사회 간 모든 상호작용을 모니터링하고 전 지역사회의 필요에 대응해야 하는 공익과 경쟁적인 요구들을 조화시켜야 한다.

(2) 지역공동체 형성(community building)

지방정부 관리자들에게 지역공동체 형성 전문가로서의 역할과 책임이 요구되고 있다. 지방정부에 대한 요구와 기대가 급증하고, 이해 간 첨예한 갈등과 보다 강력한 정치적 행동주의가 특징인 상황에서, 보다 광의의 공공의제에 대한 일반적인 지지가 쇠퇴해지고 이러한 분할된 힘과 세력에 대항할 공동체 의식이 시들해지고 있다. 많은 사람들이 그들이 살고 있는 지역사회보다 직장에서 일하고, 시내와 교외에서 쇼핑하고 다양한 여가활동을 더 선호하고 있다. 때문에 공동체 형성, 시민사회, 시민토대(civic infrastructure)와 같은 주제들이 시민과 지방정부 간 멀어지는 거리를 축소하는 해결책으로 자주 등장한다. 퍼트넘(Robert D. Putnam)도 지역단체들의 활발한 연계망, 지역사회 이슈에 대한 적극적인 관여, 평등적 정치 패턴, 그리고 신뢰와 같은 사회자본(social capital)의 유무가 지역경제발전과 통치제도의 성과에 긍정적으로 영향을 미친다고 주장하고 있다(Putnam, 1993; Rice & Sumberg,

1997: 99－114). 지방정부에서 '공동체 패러다임'이 주요 이슈가 된다면 지방정부 관리자들은 시민사회를 고양하고 사회적 자본 형성에 책임을 져야 할 위치에 있다. 관리자의 시각에서 '공동체 형성'은 본질적으로 다양하고 갈등적인 이해 속에서 집단적 의사결정을 할 수 있는 역량, 즉 정치적 역량을 형성하는 것을 내포한다. 지방정부 관리자들은 개별 시민들이 개인적 권리 및 사회적 형평의 가치를 존중하면서 시민들로 하여금 집단적 의사결정에 참여하게 하고 문제를 집단적으로 해결함으로써 집단적 선(collective good)에 대한 책임감을 갖도록 조장하는 역할을 해야 한다.

(3) 폭넓은 참여 조장

지방정부 관리자들은 지방정부 현안에 관해 폭넓은 참여와 다양한 의견들이 표출되도록 조장하여 민주주의가 가능하도록 해야 할 책임이 있다. 지방정부 관리자들은 대립적 협상보다는 이해에 근거한 정책형성을 지향해야 한다. 이를 위해 관리자들은 시민참여를 조장해야 할 책임이 있으며 이를 조장하기 위해 다음의 기준들을 고려해야 한다. 첫째, 참여할 대상집단의 많은 구성원들에게 실질적인 참여 기회를 제공하려는 노력, 둘째, 모든 시민들에게 공평한 접근기회를 제공하거나 시민위원회나 태스크포스(task force)가 전체 지역사회의 대표성이 있도록 하는 노력, 셋째, 시민의 요구투입이 최종 정책결정에 의미있는 영향을 미치도록 해야 하는 노력, 넷째, 참여과정은 구체적인 정부 정책이나 사업결정과 관련되어야 한다는 기준들이다(Berry et al., 1989: 217－218).

그러나 시민참여와 관련 관리자가 직면하는 가장 어려운 문제 중의 하나가 일상적으로 접하는 수많은 중요한 정책문제들에 대해 시민관여가 어느 정도 되는 것이 필요하고 적절한지에 대해서이다. 지역사회 성격에 따라 다를 수밖에 없지만 결정으로 인해 영향을 받는 많은 사람들이 자신의 견해를 표출할 수 있는 정도는 충족되어야 한다는 것이다.

(4) 지역사회와의 파트너십 조장

지방정부 관리자들은 시민집단과 지역사회 근린연합 등 지방정부 자원배분에 영향력을 행사하고 있는 주요 정치세력과 협동하여 프로그램을 개발하거나 지역사회 욕구를 충족시킬 서비스 공급체계를 설계해야 한다. 관리자의 전문성은 서비스 공급에서의 질 향상 외에 문제해결과 다양한 이해 간 합의를 조장하는데서 재정의 되어야 한다.

2) 선출직 통치단의 효과성 제고

지방정부 관리자는 선출직과 임명직으로 구성된다. 선출직은 자치단체장과 의회의원 등 주민들의 투표에 의해 선출되며 이들은 대체로 지방정부를 대표하며 통치의 핵심을 이루고 있다. 선출직 관리자들은 선거과정에서 제시한 자신들의 공약 달성과 그 결과를 심판받아야 하기 때문에 목표달성 정도인 효과성에 관심을 두지 않을 수 없다.

(1) 선출직 통치단과 파트너십

선출직 통치단과 임명직 관리자 간의 파트너십은 시민들을 위한 지방정부 운영이라는 공동책임에서 이루어진다. 임명직 관리자들은 선출직 통치단의 구성원들로 하여금 보다 광의의 지역사회 사안에 대해 효과적인 정책형성자가 되도록 도와주는 방법을 모색해야 하며, 통치단은 이들 관리자들의 전문능력에 신뢰를 갖고 협력해 가야 한다. 관리자들은 대부분 아마추어인 선출직 공무원들의 능력을 개발시켜야 할 책임과 그들로 하여금 자신들의 역할과 권한을 알게 해야 한다. 이는 지방정부가 중앙정부의 주도나 지원 없이 정책을 개발해야 하고 “보다 적은 것을 가지고 더 많은 것을 해야 하는” 상황에서 통치단은 자신들의 책임과 지역사회의 필요와 요구를 평가할 수 있는 능력을 가져야 하기 때문이다. 특히, 정책결정과 행정이 분리되어야 한다는 인식보다 효과적인 관리는 공공정책 결정에 내포된 가치문제와 민주사회의 공공자원 배분 과정을 다루는 정치과정을 내포해야 한다는 인식이 지배적이기 때문이다. 정치적 가치가 행정실제의 정당성을 제공해주고 행정의 전문성이 공공정책 결정에 중요한 정보를 제공해 주어야 한다.

따라서 관리자와 통치단 간의 파트너십을 형성하여 공동체 형성과 공동체에서 표출된 가치를 지향해야 하는 책임을 공유해야 한다.

(2) 조직의 효율성 제고

통치단의 효과성을 제고하는 또 다른 과제는 조직 내부관리의 수월성을 제고하는 일이다.

① **내부관리의 수월성**

지역사회 요구에 대응적이고 수월성이 있는 조직(achieving organization)의 특성으로는 명백한 사명의식과 비전 정립, 명백히 기술된 성과기대와 개인별 책임의식, 사람들에 대한 긍정적인 배려, 성과 기반 보상체계, 내·외부 고객지원에 대한 공정하고 정직한 처리, 명백한 의사소통, 높은 수준의 성과와 측정 가능한 결과, 지역사회 요구에 대한 대응성, "할 수 있다(can do)"는 태도, 창조성을 조장하고 위기감수를 보상하는 환경 등이 조성되어야 한다(Paul & Deborah, 1990: 207-243).

② **기업가 정신(entrepreneurialism)과 쇄신**

지방정부 관리자들은 쇄신적이며 기업가적 정신을 갖도록 요구되고 있다. 오스본과 개블러(Osborne & Gaebler)는 시민들은 '더 큰 정부'나 '더 작은 정부'를 필요로 하지 않고 '더 좋은 정부'를 필요로 한다고 지적하고, 기업가적 정부의 특성으로, 서비스 공급자 간 경쟁 촉진, 시민들에게 권한 위임, 투입보다 결과에 초점을 둔 조직성과 측정, 규칙이나 규제에 의해서가 아니라 목표와 사명의식에 의한 운용, 서비스 대상을 고객(customers)으로 재정의하고 그들에게 선택권 부여하며, 문제가 발생한 후 서비스 공급보다는 사전 예방, 돈을 쓰기보다는 수익을 내기 위한 열정, 참여관리를 포함한 권한위임, 관료기제보다는 사장기제 선호, 단순한 공공서비스 제공에 초점을 두기보다는 지역사회 문제해결에 공·사적, 자발적 조직 등 모든 분야의 협동 촉진 등을 제시하고 있다(Osborne & Gaebler, 1992: 46-50).

한편, 지방정부 쇄신적 관리접근방법의 특징으로는, 전통적으로 내부에서 수행했던 서비스를 계약제로, 지역경제발전을 촉진하기 위해 다른 정부와 민간부문과의 파트너십 조성, 시민집단에 권한을 위임하여 지역사회 기획에 보다 적극적으로 참여하고 책임을 지도록 해야 한다는 것이다. 또한 현존 서비스를 보완하기 위해 자조적인 프로그램을 개발하고 서비스 공급 확대와 효율성 제고를 위한 기술을 적용하며, 공무원들을 작업설계와 사업집행에 관여시키기 위해 인사실무를 개선해야 한다고 제시하고 있다(Stewart, 1986).

③ **구성원의 참여와 업무능력 개선**

최선의 조직관리는 정보를 잘 갖추어, 참여하고 동기화된 구성원들의 노력에 달려 있다. 어떠한 전략적 기획이나 운용분석도 추락한 사기와 실망한 직원들을 보상할 수 없다. 따라서 관리자들은 직원들이 관리에서 소외되고 있다고 느끼지 않고 그들이 업무에 영향을 끼치고 있다고 느끼게 해야 한다. 관리자는 직원들과 심리적으로 함께 연대하고 있다고 느끼도록 주의를 기울여야 한다. 지방정부 관리자들은 그들 직원들이 생산적으로 꾸준히 기여하도록 하고 조직에 긍정적으로 기여하도록 동기화해야 한다.

직원들이 그들의 업무에 보람을 갖고 도전적이 되도록 하기 위한 동기화나 참여가 직무의 질 향상(job enrichment)에 지름길이다. 직무의 질 향상과 업무 개선은 다음과 같은 접근방법에 좌우된다. 먼저, 작업집단은 관련 과업에 일하는 직원들을 묶어 그들이 하나의 팀으로서 기능할 수 있도록 팀을 구성하고, 직원들에게 정책이나 절차의 전개과정에 요구투입이나 결정권한의 기회를 확대해주는 권한위임이 이루어져야 하며, 인사규칙을 개편하여 직원들의 생애발전이나 직무만족을 위해 한 부서 내 업무를 순환하여 맡거나 또는 조직 전역에 걸쳐 순환케 하는 직무순환이 이루어져야 하며, 직원들에게 보다 다양한 과업을 자율적 의사결정에 의해 수행하고 최종서비스 공급에 책임을 지게 하는 직무재설계가 이루어져야 한다. 이러한 직무재설계는 전통적인 직위분류를 수정하여 직원들에게 더 많은 다양한 역할을 맡을 수 있게 해야 한다(Greiner, 1984: 109－111).

이상의 관점에서 내부관리전략과 접근방법 등은 제3부에서 다시 다루기로 한다.

3) 의사결정 수준에 따른 관리자의 역할

지방정부 의사결정을 비전・사명, 정책, 행정, 관리 수준으로 구분할 경우 지방정부 관리자들이 수행해야 할 역할들도 달라진다.

사명결정(mission decision) 수준은 지역사회가 지향해야 할 비전과 사명을 제시하고 이를 위한 지방정부의 기본적인 목적과 역할을 결정하는 일이다. 이러한 비전・사명설정은 지방정부 사업과 서비스의 범위를 정의해주며, 지방정부가 나아갈 방향을 결정해준다. 예를 들면, 지방정부가 추구해야 하는 목표는 무엇인가를 결정하고(예, 다운타운 활성화 계획), 서비스 공급을 누가 책임질 것인지 여부(쓰레기 수거의 민영화 등) 등의 정치적 이슈들은 상급관리자들이 해결해야 할 역할들이라 할 수 있다.

정책결정(policy decision) 수준은 넓고 추상적인 개념을 다루기보다는 구체적인 정책대안들을 다루는 것으로, 자원을 어떻게 배분하고, 사업을 설계하며, 계획의 세부사항을 발전시켜가는 것들을 포함한다. 참여자의 범위도 의사결정이 구체화되어감에 따라 확대된다. 상급관리자들의 정책방향에 하위관리자들이 사업을 설계하도록 하고, 서비스 공급의 세부사항을 개발하며, 정책결정으로 인해 영향을 받는 집단과 상의하고 그들의 요구나 기대를 고려해야 한다.

행정결정(administrative decision) 수준은 대체로 정책실행, 서비스 전달, 사업착수 등 구체적인 활동에 적합한 기준들을 관리자들에 의해 결정한다. 예를 들면, 서비스를 실제로 어떻게 공급할 것인지, 커뮤니티 센터나 쓰레기 매립지와 같은 시설을 어디에 입지할 것인지에 관한 것으로 행정결정은 서비스를 받거나 정책 및 사업에 영향을 받을 시민들에게 직접 영향을 미친다. 주민들과 협의하고 공정한 기준을 설정하여 갈등을 줄이는 일이다.

관리결정(management decision) 수준은 조직의 자원들에 대한 통제와 조정을 포함한다. 관리는 서비스를 제공하기 위한 인적·물적·정보 자원의 활용과 통제로 인사실무나 구매절차 및 기술적 측면들로 이루어진다. 이러한 관리결정은 중간 및 일선관리자들에 의해 이루어지며 내부적으로 처리된다.

지방정부 관리자들에 의해 수행되어야 할 이러한 역할과 기능들은 일련의 연속선상에 있어 역할을 엄격히 구분하기 어렵지만 관리자들의 위상에 따라 강조되는 역할이 달라질 수 있다. 사명·정책결정 수준은 주로 상급관리자의 역할로 강조되고, 행정결정 및 관리결정 수준은 중간관리자의 역할로 강조된다.

4) 조직 내 관리자의 위치에 따른 역할

(1) 상급관리자의 역할

바너드(Chester I. Barnard)는 상급관리자(senior managers)의 역할로 조직문화 형성과 구성원에 대한 조직가치 주입 등 보다 높은 측면의 기능과 목표형성, 효과적인 의사소통, 과업성취 등과 같은 기술적 기능으로 구성된다고 주장한다(Barnard, 1962: 217－234).

① 비전과 전략적 기획

비전과 사명을 설정하고 전략적 기획과정을 주도한다. 지방정부 지도자를 포함하여 상급관리자들은 지방정부 전체의 비전과 사명을 공동으로 개발하도록 지도력을 발휘해야 한다. 비전은 바람직한 미래에 관한 총괄방향이며, 사명은 비전보다 구체적인 진술로 거기에는 지역사회의 목적이 간결하게 진술되고, 지역사회의 정체성과 그러한 목적을 어떻게 달성할 것인가가 진술된다. 전략적 기획은 측정 가능한 목표, SWOT 분석, 목적 달성을 위한 전략 및 각 전략을 위한 구체적인 행동 단계 등으로 구성되는데 전략적 기획에 관한 상세한 설명은 후술하기로 한다.

② 합의형성

중요한 문제에 대해서는 합의를 형성하는 방향으로 업무를 수행한다. 합의형성은 지역사회 내 집단들이 공동의 토대를 찾도록 도와주는 강력한 의사결정 방법이다. 합의형성과정은 모든 관점과 견해들을 듣게 하고, 다양한 선택들이 나오게 하고, 그리고 모든 당사자들이 수용할 수 있는 합의에 도달하는 방법이다.

③ 변화의 촉매자

변화는 삶의 법칙이다. 지도자와 상급관리자들은 변화에 대한 요구와 재정적 현실이라는 제약 하에서 변화를 예상하고 변화를 위한 계획을 세우고 변화를 관리해야 한다. 지역사회나 공무원들이 변화가 왜 필요한지 이해하도록 하고, 변화에 대한 저항보다 변화를 포용하도록 도와주어야 한다. 이를 위해 다른 지방정부나 기관들이 실천하고 성공한 예를 제시하고 변화가 가져올 기회를 제시하며 변화에 의해 영향을 받을 사람들을 기획이나 실행과정에 관여시켜 주인의식을 갖게 한다.

④ 최선의 팀 형성

선출직 공무원으로서 자치단체장은 최선의 팀을 형성하는 일이다. 섭외자로서 관리자는 공식적인 명령체계 외부의 사람들과 활동한다. 조직과 관련있는 사람이나 조직에 영향을 미치는 사람 또는 조직에 기대를 갖고 있는 사람들과의 네트워크를 형성하여 지역주민들에게 봉사할 최선의 팀을 구성하여 운영할 책임이 있다.

⑤ 정보관리와 의사소통

지방정부 상급관리자들은 정보 모니터, 정보 확산자로서 조직의 신경 중추가 되어야 한다. 정보 모니터는 외부환경이 조직에 어떠한 영향을 미칠 것인가를 점검하며 새로운 정보를 조직 내부로 가져오는 역할이며, 정보 확산은 조직 내에 정보를 공유하여 외부환경과 내부체계 간 연계를 한다. 지방정부 관리자는 지방정부의 사업과 활동을 적극적으로 알리고 그들의 관심과 생각을 들어 응답하고 그들의 지지를 확보할 수 있어야 한다.

⑥ 조직의 효율적 운용

상급관리자들은 비전과 기획, 목표설정, 정책결정 및 입법화 등의 과정을 통해 하위관리자들의 업무에 방향을 제시하고, 일반 시민들을 만족시키는 서비스를 효과적으로 제공할 책임이 있다. 기관들의 일상적 활동에 관여하지는 않지만 단체장은 지방정부 관리자를 임면하거나 그들의 업무를 지시·평가하고 감독하며 필요한 경우 파면하기도 한다. 이러한 관리과정을 통하여 지방정부가 보다 효과적이고, 효율적이며, 시민들의 요구와 기대에 대응할 수 있게 하여야 한다.

⑦ 재원 창출

선출직 공무원은 지방정부에 들어오는 모든 세입의 원천과 지출 내역에 익숙해야 한다. 그리고 부족한 재원 마련과 외부 자원 활용 등에 관한 방안들을 모색해야 한다. 또한 민영화와 아웃소싱(outsourcing)을 적용하여 시민들에 대한 서비스의 질과 수준을 높이거나 경비를 절약한 사례들을 적극 벤치마킹(benchmarking)할 수 있어야 한다.

(2) 중간관리자의 역할

중간관리자들의 역할을 구체적으로 제시하기는 쉽지 않다. 중간관리자의 범위를 어떻게 특정하느냐 또는 연구자의 연구 범위를 어떻게 설정하느냐에 따라 구체적인 역할이 달라질 수 있기 때문이다. 대체로 중간관리자는 조직의 핵심적 구성원으로 계층제 구조의 중간에 위치하여 조직 상·하층 모두에 접하고 정보흐름을 원활히하여 조직관리와 조직변화의 중추적 역할을 하는 매개자들이다. 중간관리자들은 조직의 문제에 깊게 생각하고, 협상하며, 상황의 해석을 통해 조직의 전략과 운용을 연결하는 핵심적인 역할을 수행하는 사람들로, 전략을 집행하고 조직의 적응력을 향상시키는 역할을 하면서 변화의 수용자 및 전달자로서 역할을 해야 한다(Floyd & Wooldridge, 1997: 465－485). 그리하여 하위직에 있는 사람들은 이들의 안내와 리더십을 기대하고, 상층에 있는 사람들은 이들의 안내, 조언 및 순응을 기대한다.

중간관리자들은 기존 규범에 도전하기도 하고, 그들 자신의 경험이나 업무전문성에 근거하여 어떤 변화 노력에 회의적이거나 저항할 수도 있다. 조직변화 노력이 제대로 이루어지지 않는 이유와 해답을 중간관리자들의 역할에 대한 보다 깊은 이해에서 찾아야 한다는 지적처럼, 중간관리자들로부터의 변화 노력을 이끌어내야 한다(Matthew, 2001: 17－22).

① 중간관리자는 업무와 직원을 관리하는 역할을 한다

과 또는 계단위에 부여된 업무를 책임지고 실행하는 관리활동과 소속 직원들에 대한 집단적 관리와 직원 개개인의 인간적 관리역할을 수행한다.

② 상급관리자 보좌 역할

중간관리자는 상급관리자의 명령·지시를 정확히 수행하고 업무를 추진함과 동시에 상급관리자에게 의견과 정확한 정보를 제공하여 상급관리자로 하여금 적절한 판단을 할 수 있도록 보좌하는 역할을 한다.

③ 소속 직원 지도 역할

중간관리자는 부하 직원들과의 활발한 의사소통과 업무 위임 등을 통해 소속 직원들이 스스로 조직목표 달성에 공헌하도록 유도하고 지도해야 한다.

④ 수평적 관계자와의 협력

중간관리자는 수평적 관계에 있는 부서단위 간 또는 동료들과의 유기적 협조와 좋은 인간관계를 형성하여 행정 조직 전체의 시스템이 잘 작동하도록 해야 한다.

이러한 역할을 위해 중간관리자들은 변화의 역군으로서 부서단위 지도와 감독, 부서단위 모니터링 등의 관리기능과 구성원과의 의사소통, 인간관계 능력이 요구되고 있다(Loretta & Dennis, 1985: 403－410).

제 4 절 관리자의 윤리와 책임 및 능력

관리자의 윤리는 관리자의 판단과 행동에 토대가 되는 기준이다. 특히, 기존 업무영역을 초월한 문제의 등장과 상호의존성이 높아진 업무환경에서 지방정부 관리자들의 판단의 범위도 넓어져 책임성 기준을 정립하기가 쉽지 않은 상황이다. 이와 같은 관리자들에게 복잡하고 끊임없이 변화하는 조직환경에서 도덕적 지렛대가 되고 의사결정이나 행동 및 관리적 전략을 정당화시켜줄 수 있는 윤리적 행위 기준이나 책임 준거가 필요하고 이들 책임에 따른 전문기술과 능력이 요구되고 있다.

1 관리자의 윤리와 책임

공공관리자들의 윤리 및 책임 원천은 민주적 과정에서 지향해야 할 가치와 헌법적 원리 및 법적 기준에 의해 규정된 행동지침들이다.

1) 민주적 가치 존중

공공관리자들의 윤리적 원천은 민주적 가치와 인간의 존엄성 및 개인의 권리를 존중하는데서 연유한다. 민주주의는 국민주권에 토대를 둔 참여와 자치역량을 통한 의사결정 기제이다. 다양한 시민들을 정치행정과정에 포함시켜 지방정부의 의사결정이 이루어지게 해야 함은 물론 민주적 시민성을 함양시켜 인간의 존엄성과 개인의 권리를 인정하는 문화를 조성해야 할 책임이 있다.

2) 법령에 의한 책임

행정의 기준이 법령에 명백히 규정되어 있을 때에는 그 규정을 행위의 기준으로 삼아야 한다. 다만, 법령의 구체적인 절차규정을 준수하는 것만으로 만족해서는 안 됨을 유의해야 한다. 법령의 취지와 목적에 적합하도록 법령의 규정들을 해석 · 적용해야 한다(정세욱, 2000: 336).

3) 공 익

지방정부 관리자의 역할은 공익이 우선되도록 보장해야 한다. 공익은 무엇인가? 공익을 정의하려는 시도는 '사랑'을 정의하려는 노력과 흡사하다. 사랑은 서로 다른 상황에서 각기 다른 사람들에게 서로 다른 것을 의미한다는 것은 분명하다. 사랑은 세월에 따라 그 형식과 내용이 변하고 우리들이 어떻게 생각하고 행동할 것인지도 변하게 한다. 공익도 사랑과 마찬가지로 서로 다른 사람에게 서로 다른 것을 의미하며 시간이 흐름에 따라 변한다. 공익에 대한 어떠한 관점을 받아들이느냐에 따라 우리의 행동은 다르게 지향된다. 덴하트(Robert B. Denhardt)와 덴하트(Janet V. Denhardt)는 공익개념의 정의를 네 가지로 접근한다(Denhardt & Denhardt, 2003: 68).

(1) 규범적 모델

규범적 모델에서는 공익을 구체적인 정책이나 공공질서가 추구하는 목적이나 의사결정을 위한 도덕적·윤리적 기준으로 본다(Cochran, 1974: 330). 일부 사람들에게만 좋은 것보다 대중에게 좋은 것으로, 보다 높은 수준의 좋은 것을 말하며, 공동체 전반에 이익을 공정하게 배분해야 한다는 것이다. 이는 모든 사람에게 동등한 혜택이 주어져야 한다는 것이 아니고 모든 사람을 공정하게 다루어야 한다는 것을 의미한다. 그래서 관리자들은 개인적 편의나 사적 목적보다는 공익을 따라야 하며 재량적 권위는 공공의 이익을 증진하도록 행사되어야 한다는 것이다.

(2) 공익 무의미론

공익은 측정할 수 없으며 직접 관찰할 수도 없기 때문에 무의미하며 중요하지 않다. 공공정책과정을 이해하고 정책을 설정하는 최선의 방법은 개인적 선택이기 때문에 공익이나 집단적 의지는 필요하지 않다는 것이다. 정치학분야에서 공익이 정부 의사결정에서 어떻게 정의되어야 할 것인가에 대한 통일되고 일관된 이론을 개발한 적이 없고, 실제행동의 지침으로 활용될 정확하고 구체적인 모델을 구성하지 못했다는 것이다(Schubert, 1960: 220).

(3) 정치과정 모델

공익은 이해가 총합되고, 균형화되고, 조화되는 특별한 과정을 거쳐 실현된다는 것으로, 공익이 무엇이냐보다는 공익에 어떻게 도달하는가에 초점을 두는 접근 방법이다. 민주주의 정치과정에서 시민들의 이익을 대표하고 대변하는 최선의 수단이 정당이나 이익집단들로서 이들이 시민들의 이해를 대표하는 기제라는 것이다. 시민들의 직접참여는 비실제적이며 작동이 제대로 되지 않기 때문에 같은 마음을 가진 개인들이 집단을 구성하는 것이 정책형성에 더 큰 목소리를 낼 수 있으며, 이익집단이나 정당에 의해 적절히 대표된다면 그것이 공익에 근접한다는 것이다. 다수결의 정당정치가 공익에 봉사하는 최선의 길이며 공익은 특별 이익의 단순한 총계가 아니라는 것이다(Schattschneider, 1952: 23).

(4) 정치공동체, 집단적 모델

공익을 지역사회의 보다 넓고 공유된 가치로 보는 견해들이다. 스톤(Deborah Stone)은 공익을 정치적 공동체에서 적극적이고 의식적으로 추구하는 집단적 가치들로 본다. 공익을 이기심을 추구하는 모든 개인들의 순수 결과로서 개별 선택의 부산물이라고 보는 시장모델과 달리 정치공동체나 집단적 모델에서는 집단적 가치나 이해 안에서 사회를 형성하려는 것이 목적이지 부산물이 아니라는 것이다. 개인에서 시작되고 개인에 의해 주장되는 것 외에는 어떤 목적이나 선호 및 의도가 없다고 가정하는 시장모델과는 달리 공동체모델은 집단적인 의지와 집단적인 노력을 가정한다(Stone, 1997: 18). 공익이 무엇인가에 대해 충분한 합의가 쉽지 않지만 시민들의 공공 정신에서 희망하는 것들로 이해될 수 있다고 본다. 공익은 또한 합의가 있는 목적들이거나 질서유지, 통치과정의 유지, 외적에 대한 방어 등과 같은 공동체에 좋은 것으로 표현될 수도 있다. 공유된 가치에 근거한 공익은 특별한 이익간의 상호작용을 넘어 민주적이고 헌법적인 가치를 포함시키려는 과정이기도 하다. 그리고 공익은 정부가 공익과 공동체의 공유된 가치에 따라 행동할 것이라는 신뢰와 믿음에서 이루어진다.

4) 재량적 판단

21세기 지방정부 관리자는 프로그램과 정책을 집행하는 전통적인 역할만으로는 충분하지 않다. 관리자는 과거의 경험에 의존하여 새로운 상황에 직관적으로 대응하기보다는 가능한 미래 결과를 토대로 관리하는 것을 스스로 배워야 한다. 다시 말해 변화를 확인하고 해석하는 능력이 지방정부 전문 관리자의 가장 기본적인 책임이 되고 있다(Paul, 1991: 3). 이러한 상황에서 관리자 윤리의 또 다른 원천은 재량행위이다. 재량적 판단은 상황을 정리하고 의미를 확인하는 인지적 차원의 틀로서 훈련이나 경험을 통해서 형성되며 전문가로서의 규범에 따른 행동을 말한다. 그러나 이러한 재량행위는 공무원들의 책임성 문제와 자유민주주의 가치 간 긴장이라는 문제를 야기할 수 있다.

공공관리자들의 책임은 여론이나 선출직 관리자들에게 자신의 행동을 설명하거나 정당화시켜야 하는 의무감을 갖는 사회적 관계이다. 대의제 민주주의에서 근원적 주인인 시민들은 그들의 주권을 정치적 대표에게 위임하고, 이들은 또한 수많은 공직자들에게 권한을 위임한다. 이러한 일련의 위임고리에서 위임된 권한의 행사에 대한 공적설명은 민주적 과정에 필요한 조건이며 정부의 공정성, 효과성 및 효율성을 판단하는 데 근거가 된다. 권한을 가진 사람들의 행동이나 의사결정, 정책 및 경비 지출에서 공적으로 책임을 지지 않는다면 민주주의는 한낱 서류상의 절차에 불과하기 때문이다.

공공책임은 행정의 투명성, 시민 요구에 대한 대응성 및 행정과정과 결과에 대한 답변가능성의 의미를 내포하며 공공기관의 활동에 대한 정당성을 유지시켜 주고 시민과 대표자들 간 또는 지배자와 피지배자 간 갭을 매워줌으로써 지방정부에 대한 신뢰를 제고해준다. 그러나 공공책임성이 지나치게 강조되면 역기능을 가져올 수 있다. 활발한 민주적 통제는 절차주의에 빠지고 공공관리자들의 기업가 정신을 제한하여 규정에 얽매인 관료제로 빠져들게 만듦으로써 공공조직의 효율성과 효과성을 심각히 훼손할 수 있다.

이러한 일반적인 윤리 및 책임 준거를 미국의 시정부관리자협회 ICMA(International City Management Association)는 시·군 관리자 및 행정가들의 효율성을 증진하고 전문적 관리를 통한 도시정부의 질 강화를 목적으로 ICMA 모든 구성원을 규율할 윤리 기준을 윤리규약(ICMA Code of Ethics)[2)]에 제시하고 있다.

---

2) ICMA 윤리규약(Code of Ethics)을 요약하면 다음과 같다. 모든 구성원들은:
  1. 선출된 공무원들의 효과적이고 민주적 지방정부 운영에 헌신하고, 전문 관리인은 이러한 목적을 달성하는 데 필수적이라고 믿는다.
  2. 정부에 의해 제공되는 서비스의 위엄과 가치를 지지하고, 도시 업무에 대한 건설적이고 창조적이며 실제적인 태도와 신뢰받는 공공서비스로서 깊은 사회적 책임감을 유지한다.

2 지방정부 관리자의 능력

1) 지방정부 관리자의 능력과 기술

지방정부 관리자들의 관리수준에 따라 상대적으로 강조해야 할 책임과 기능이 서로 다르기 때문에 이들에게 요구되는 기술과 능력을 일반적으로 제시하기 어렵다. 카이어(Joseph N. Cayer)는 위에 설명한 관리자들의 윤리 및 책임기준에 따른 필수적 능력과 기술들로, ① 실무 기술: 한 조직이나 기관의 업무를 조직화하고 달성하는 데 필요한 구체적인 실천을 완성하는 능력, ② 인간적 능력: 부하 직원들과의 효과적인 의사소통이나 신뢰형성을 통해 주어진 과업을 기꺼이 수행케 할 수 있는 능력, ③ 정치적 기술: 내·외의 정치적 세력들을 다루는 능력, ④ 리더십: 조직의 업무를 달성하기 위한 명백한 지침을 제시하는 과업역할과 종업원의 능력양성과 긍정적인 인간관계 조성과 같은 유지역할에 필요한 능력 등을 제시하고 있다(Cayer, 1989: 121－141).

ICMA도 미래전망 컨소시엄에서 지방정부관리에 요구되는 기술을 조사하여 다

---

3. 모든 공적 및 사적관계에서 가장 이상적인 명예와 성실로 헌신함으로써 선출직 공무원이나 다른 공직자나 고용인 및 대중으로부터 존경과 신뢰를 받도록 한다.
4. 지방정부의 주요 기능은 언제나 모든 사람들의 최상의 이익에 봉사하는 것이라는 것을 인정한다.
5. 선출직 공무원들에게 정책제안을 하며, 정책문제에 관한 사실과 조언을 하여 의사결정과 지역사회 목표설정의 토대가 되게 한다. 그리고 선출직 공무원에 의해 채택된 시정책을 지지하고 실행한다.
6. 주민에 의해 선출된 대표자에게 정책결정의 권한이 있고 정책집행의 책임은 구성원에 있음을 인정한다.
7. 입법부 구성원 선출에 참여하는 것을 삼가며, 전문행정인으로서 업무를 수행하는 데 해가 되는 당파적 정치 참여는 삼가한다.
8. 구성원의 전문적 능력을 지속적으로 개선하고 관리기술 활용에서 협회의 능력을 개발하는 것을 의무로 한다.
9. 지역공동체에게 시 업무를 알리고, 시민과 시공무원 간 의사소통을 독려하며, 대중에게 친절하고 예의 바른 서비스를 제공함으로써 공공서비스의 질과 범위를 개선하려고 노력한다.
10. 전문가의 책임성에 대한 어떠한 침해도 저항하며, 구성원들은 간섭없이 공적 정책을 수행하는 데 자유롭다는 것을 믿으며, 모든 문제는 원칙과 정의에 근거하여 차별없이 처리한다.
11. 특혜를 추구하지 않는다. 비밀정보나 공무시간을 유용하여 획득한 개인적 강화나 이익은 부정직한 것으로 믿는다(ICMA, 1991: 3－4).

음과 같이 제시하고 있다. ① 합의 형성자: 관리자는 정책집행의 전략과 절차에 관한 직원들의 동의를 얻어내야 하고, 어떤 정책문제에 관해서는 선출직 관리자들이 합의에 이르도록 도와주는 역할에 관한 기술, ② 지역사회 문제에 대한 교육자: 관리자들이 정보를 현명하게 활용하고 확산하는 역할로서, 지역사회 내 모든 사람들이 지역의 경제적 · 사회적 건강에 이바지하도록 훈련과 교육을 받게 하는 능력, ③ 지역사회 가치 안내자: 관리자는 지역사회 가치를 구별해내야(예, 성장보다는 환경보호와 같은 선호) 할 뿐 아니라 전체 지역사회에 이로운 가치로 시민들을 안내, ④ 문제해결자: 지역사회가 당면한 문제를 처리해야 한다. 종래에는 관리자들이 도로나 다리를 건설하는 등의 기술적 문제들이었지만, 오늘날에는 매우 다양한 문제들에 대한 쇄신적 해결을 요구하고 있다. ⑤ 과정 지도자: 관리자들은 업무처리과정에서의 리더 역할, 즉 인간관계, 의사소통 및 의사결정과정에서의 능력, 직원들을 동기화시키고, 시민들의 의미있는 참여의 길을 제시하고, 고객으로서 시민들을 만족시키는 능력, ⑥ 다양한 지역사회 집단들의 회의 주최자: 관리자들은 쟁점이 되는 문제들에 관한 다양한 견해들을 표출할 수 있는 회의를 개최한다. ⑦ 팀 형성 및 조언자: 당면 문제해결을 위한 팀 형성 및 조언자로서의 역할, ⑧ 권한위임의 원천: 조직 내 직원들의 참여관리를 통한 직원들 만족과 생산성 제고와 결근율을 줄이고, 변화의 수용을 고무하는 역할, ⑨ 변화역군: 관리자는 지역사회 가치와 요구의 변화를 이해해야 하고, 내부 문제를 인지하여 필요한 변화를 이끌어내는 역할, ⑩ 신기술의 왕자: 조직이 보다 생산적이고 효율적이 되도록 최신의 기술을 적용하고 이를 위한 직원 훈련을 선도한다. ⑪ 갈등해결의 조장자: 지역사회의 갈등을 적극적으로 해결한다. ⑫ 윤리적 기준의 소유자: 관리자는 전문가로서의 윤리적 코드를 갖추어야 한다. ⑬ 지역사회 내 리더십 개발의 왕자: 시민들로 하여금 지방정부에 보다 적극적으로 참여하도록 유인하는 전문적 관리와 선출직 관리자들의 리더십 개선에 조력하는 역할 능력과 기술을 제시하고 있다(ICMA, 1993: 8-10).

이러한 지방정부 관리자들의 능력과 기술은 "인간행태를 동기화하는 가치들에 대한 이해, 개인 간 관계 조정, 지역사회 정치적 상황 판단, 그리고 지역사회 욕구를 판단하는 것과 관련된 기술들"로 요약될 수 있다.

2) 관리능력 및 기술 개발

조직의 효과성과 능률성을 가져오는 것은 조직구성원들의 관리능력과 기술이다. 여기서 능력은 다양한 기능(skills), 기술(technologies)과 지식(knowledge streams)의 통합을 나타내며, 역량기반 훈련을 통해 강화될 수 있다. 역량기반 프로그램은 일상 업무활동과 괴리된 전통적인 훈련과는 달리 학습활동 혹은 창의력을 일상 업무과정에 보다 쉽게 동화시킬 수 있는 프로그램이다. 즉, 직원들에게 구체적인 과업을 수행할 수 있는 능력이 있는지를 확인한다. 만약 직원이 과업수행에 성공하거나 능력을 보여준다면 추가적인 훈련은 필요가 없다. 성공하지 못할 경우 훈련은 해당 영역을 타깃(target)으로 한다.

역량기반 훈련 개발과정의 첫 번째 단계는 직무분석(job analysis)이다. 직무분석은 필요한 구체적인 과업들을 확인하는 것이다. 두 번째 단계는 확인된 과업을 수행하는 데 필요한 기능(skills)을 확인하는 것이고 그 다음이 측정이다. 측정은 개인과 조직이 요구하는 기능 간의 갭을 확인하는 데 활용된다. 구체적인 훈련의 내용은 이러한 기능의 차를 목표로 개발된다. 직원들은 바람직한 능력의 수준에 도달할 때까지 훈련과 테스트 과정을 받게 된다(Lado et al., 1992: 779-791).

관리역량 개발과정은,

단계 1: 역량모형 개발로, 해당 조직에 필요한 관리역량모델을 개발하는 것이다. 관리자·감독자들에 의해 효과적으로 수행되어야 할 개인 및 조직적 능력들에 기초한 조사도구(Managerial/Supervisory Survey)를 만든다. 관리자나 감독자에게 요구되는 각 능력과 관련된 과제를 확인하고 이들 과제를 수행하는 데 요구되는 지식, 기능 및 능력을 추출한다.

단계 2: 훈련수요 평가로 초기 역량모형은 수요평가에서 현장 검증된다.

단계 3: 커리큘럼 개발로 커리큘럼 개발에서 고려해야 할 점으로는 첫째, 달성하고자 하는 목표, 둘째, 목표달성을 가져올 학습경험의 유형, 셋째, 학습자가 학습내용과 경험을 통합할 수 있게 하는 학습경험의 연계(순서)와 조직화, 넷째, 학습경험의 평가 등을 고려해야 한다.

단계 4: 과정 설계와 실행으로 행태변화와 기능 훈련은 전통적인 교실에서 잘 이루어지지 않기 때문에 구두발표, 역할놀이, 기능실무, 시뮬레이션 등을 교과과정에 통합시키는 교수설계가 필요하다. 교수설계에는 업무경험의 실제에 대한 평가, 기본적인 성인학습 원리의 이해, 행동적인 연습들의 통합, 사례연구, 집단토의 및 실제업무의 사례를 담아야 한다. 실험적 적용(pilot testing)을 통한 교과과정의 타당성 검증이 중요하다.

단계 5: 현장적용은 마지막으로 훈련과정에서 습득한 새로운 기능들을 현장에서 활용하는지를 평가한다(Lado et al., 779－791).

제 5 절 지방정부 관리자의 리더십

1 리더십에 관한 관점변화

오늘날 사회변화는 갑작스럽고 매우 혼란스러우며, 다양한 부문들이 상호의존적이며 협동을 요구하고 있고, 우리가 직면한 문제에 대해 창의적이고 상상력 풍부한 해결안이 요구되는 특성을 가지고 있다(Denhardt & Denhardt, 2003: 140). 이러한 여건 하에서 모든 조직들은 과거보다 더 적응적이며 융통적이어야 한다. 과거 전통적인 명령이나 통제형인 하향적 리더십 모델은 쇄신보다는 획일성과 전례를 독려할 뿐이다. 따라서 리더십에 대한 새로운 접근방법이 요구되고 있다.

1) 전통행정에서의 리더십

전통행정에서의 리더십에 관한 지배적인 관점은 집행부가 조직의 하위에 있는 사람들의 행태를 통제할 수 있는 계층을 만드는 관리모델에 토대를 두고 있다. 이는 최고 관리자(chief executive)에게 권한과 책임을 부여하고 단일의 통합된 행정기제를 만드는 것이다. 집행부 리더십의 주요 원리로는 명령통일, 계층제를 통한 하향식 권위, 분업의 원리들이다. 각 개인은 오직 한 사람의 보스만을 갖기 때문에 누구의 명령에 복종해야 할지 의문이 없다. 이러한 전통행정의 하향적 특성이 정부와 시민과의 관계에서도 유사한 방법으로 적용된다. 시민들의 역할이란 정기적으로 정치적 관리자들을 선출하는 일로 제한된다.

2) 기업가적 리더십

신공공관리에서는 과거 정부 독점이었던 영역에 경쟁을 주입시켜 비용절감의 서비스 공급자를 선정하거나, 경쟁을 통해 소비자나 시민들로 하여금 보다 높은 서비스 질을 선택하게 한다. 신공공관리에서는 시장 인센티브를 통해 공적 리더십을 대체하고자 한다. 리더십이 어느 한 개인에 속한 것이 아니고 오히려 개인들의 선택 총합이 리더십기능을 대체하기 때문이다. 시민들은 자신들의 선호에 의한 선택에 의해 지도받게 된다.

오스본과 개블러 등은 정부의 서비스 공급 역할을 축소하는 것이 사회를 리드해가는 보다 좋은 방법이라는 하고, 정부는 서비스 공급 역할(노 젓기)에서 점차 벗어나 정책개발(방향잡기)에 주의를 기울여야 한다고 제안하면서 이를 위해 인센티브 구조를 설정하고 기관들이 서로 경쟁하게 하거나 소비자들이 선택할 수 있게 해야 한다고 주장한다(Osborne & Gaebler, 1992: 35). 신공공관리에서 공공관리자들은 이익과 효율성에 초점을 둔 기업가 리더십을 강조한다.

그러나 이러한 기업가적 모델은 윤리적 측면에서 많은 저항에 직면한다. 즉, 공공기업가들이 지향해야 할 경쟁지향, 규제파괴, 위기감수 및 급진적 변화 등이 민주적 이론과 충돌할 수 있다는 것이다. 공공관리자들은 공공의 봉사자이다. 이들 행동의 정당성은 헌법이나 법률로 표현된 피지배자들의 동의에서 나와야 하지 어떤 개인의 가치체계에서 나와서는 안 된다는 것이다. 공공의 권위를 기업가로서 조작하는 것은 이러한 원리에 어긋난다는 것이다(Colin, 1982: 402－406).

3) 신공공서비스와 리더십

신공공서비스에서의 리더십은 개인들을 교묘히 조정하거나 인센티브의 조작으로 보지 않는다. 리더십은 더 이상 고위직에 있는 자들의 특권이 아니라 집단이나 조직 및 사회를 아우르는 기능이며, 인간성에 이로운 일들에 에너지를 집중하는 일로 간주한다. 이러한 리더십은 첫째, 가치를 토대로 하는 리더십이다. 리더십이란 어떤 동기나 목적을 가진 사람들이 다른 사람들과의 경쟁이나 갈등상황에서 추종자들의 동기를 불러일으켜 관여시키고, 만족시키기 위해 제도적, 정치적, 심리적 자원들을 동원할 때 행사된다. 둘째, 상호 공유하는 리더십이다. 리더십은 리더와 추종자 양자의 가치들, 동기들, 필요와 기대들이 공유되어 리더의 이해와 추종자들의 이해 양자에 공헌해야 한다는 것이다(Burns, 1978: 18). 리더십은 더 이상 비전을 세우고 사람들을 이 방향 저 방향으로 움직이게 하는 것이 아니고, 그것이 공식적 권위의 지위에서 나오든 아니면 공식적 권위가 없는 사람으로부터 나오든 하나의 집단이나 조직 및 공동체가 지향하는 비전을 인지하도록 도와주고 새로운 방향으로 나아가는 방법을 배우게 하는 것이다(Heifetz, 1994: 14). 오늘날 지역문제들은 서로 다른 스타일이나 서로 다른 관심과 의제들을 가진 많은 조직들 간의 네트워크적 관여를 요구한다. 이러한 유동적이고 혼돈스러운 상황에서 합리적 모델의 리더십은 더 이상 작동하지 않는다. 셋째, 소유자로서보다는 봉사자로서의 리더십이다. 신공공서비스에서 공무원들은 기관이나 사업의 소유자가 아니고, 공공자원의 청지기로서, 공공조직의 관리자로서, 시민성과 민주적 대화의 조장자로서, 공동체 관여의 촉매자로서 시민에 봉사할 책임을 가지고 있다. 신공공서비스에서 공무원들은 권력을 공유하고, 사람들을 통해 일하고, 해결안을 중재할 뿐 아니라 기업가가 아닌 책임 있는 참여자로서 자신들의 역할을 재정의해야 한다. 넷째, 일선공무원들의 리더십을 강조한다. 신공공서비스에서는 공유하고 가치에 토대를 둔 리더십을 조직의 집행부나 일선에 이르는 모든 수준에서의 책임으로 간주한다. 일선공무원들도 재량권을 행사하고, 다른 사람들을 관여시키고, 다양한 변수와 가치들을 고려하도록 요구하고 있다(Vinzant & Crothers, 1998: 112).

이상에서 살펴본 바와 같이 과거 전통적인 하향식 리더십에서는 리더가 집단의 비전을 설정하고, 비전을 달성할 방법들을 설계하여, 구성원들을 고무하거나 강제하여 이들 비전을 실현하고자 하였다. 그러나 오늘날은 보다 많은 사람들이 자신에게 영향을 미치는 의사결정에 참여하고자 한다. 조직 내 구성원들은 물론 고객이나 시민들도 참여하기를 원하고 있다. 그래서 리더십은 복잡하고 다양한 중개과정이 되어가고 있고, 보다 많은 사람들로 하여금 공적 의사결정에 참여하게 하는 과정으로 '공유된 리더십(shared leadership)'이 필요하다(Bennis, 1992: 311). 따라서 관리자들은 이제 감정이입, 고려, 조장, 협상 및 중재와 같은 중요한 요소들이 포함된 새로운 리더십을 개발할 필요가 있다.

또한 리더십은 단지 일을 올바르게 하는 것이 아니고 올바른 일을 하는 것으로 이해되어야 한다. 리더십은 자유나 평등, 정의와 같은 가장 기본적인 공적 가치와 피할 수 없이 연관되어 있다고 간주한다. 이러한 과정에서 리더십은 변형적 역할(transformational role), 즉 사람들로 하여금 중요한 가치에 직면하게 하고, 개인적으로나 집단적으로 성장하게 하는 역할을 해야 한다.

2 지방정부 관리자의 리더십 유형

리더십 유형은 관리자의 개인적 성향, 관리자가 직면하는 상황 및 지역사회의 특성과 요구에 따라 분류할 수 있다.

1) 관리자의 개인적 성향 및 자질

관리자의 개인적 자질을 내향적 · 외향적 성향, 쇄신성, 기술지향 및 융통성 등 네 가지 주요 인성 차원을 중심으로 리더십 스타일을 분류할 수 있다.

(1) 내향적 · 외향적 리더십

관리자가 지역사회 사안에 넓게 관여하는 것을 즐겨하고 잘하는지 여부에 따라 결정된다. 다른 사람들과의 면대면 관계에 의해 에너지가 충만하고, 대화를 즐겨하는 사람들은 보다 광범위한 시민과 단체들과의 거래를 즐긴다. 반면에, 자신이 얻은 정보를 반추해보기를 선호하거나 대화를 통해서 발견보다 문서화된 보고서를 선호하거나 지역사회 관여보다는 자신을 재충전하려는 사람들이다. 이러한 대립적 유형에서 전자를 외향적인 리더라 하고 후자를 내향적인 리더라 한다.

(2) 현실적 리더와 비전적 리더

쇄신성은 관리자가 얼마나 창조적이고, 변화지향적이며, 비전을 가지고 있느냐의 정도에 따라 구별할 수 있다. 어떤 관리자들은 구체적이고, 눈앞의 것, 그리고 상황의 사실에 초점을 두고자 한다. 반면에, 어떤 사람들은 같은 정보를 보더라도 미래의 새로운 패턴이나 가능성을 보는 사람들이 있다. 전자를 현실적 또는 감각적 리더라 하고 후자를 비전적 또는 직관적 리더라 한다.

(3) 관리기술지향과 예술형 리더

관리자가 행정적 · 관리적 전문성을 얼마만큼 강조하느냐에 따라 구분할 수 있다. 강한 기술지향을 가진 관리자는 조직 내 관리 시스템을 결합하거나 정보수집과 의사결정 분석을 강조한다. 반면에, 낮은 기술지향을 가진 관리자는 관리의 '예술(art)'적 측면을 강조하거나 상황에 대한 그들의 감각을 더 강조한다. 전자는 지역사회 여건, 시민들의 태도에 대한 자료를 통해 논리적 분석과 문제해결에 추론된 최상의 해결책을 찾고자 한다. 후자는 사람들이 결정에 의해 어떻게 영향을 받고 어떻게 느끼는지를 알고자 한다. 이들은 합의나 상호 수용할 만한 해결을 위해 협상과 타협을 더 선호한다.

(4) 폐쇄형 리더와 개방형 리더

융통성 차원에서는 어떤 사람들은 질서와 예측가능성을 선호하고 문제에 결말을 내고자한다. 반면에, 어떤 사람들은 무의식적이고 자연적인, 그리고 놀라운 것을 좋아한다. 이들은 선택을 개방하고 의사결정을 미루어 놓는다. 전자는 폐쇄형 마무리 리더이고 후자는 개방형 과정 리더라 한다.

2) 관리자가 직면하는 상황의 특성

지방정부 관리자들의 리더십은 그가 직면하는 상황에 대한 대응의 특성에 따라 거래적 리더십과 변형적 리더십으로 구분하기도 한다(Burns, 1978: 4).

(1) 거래적 리더십(transactional leadership)

거래적 리더십은 "일을 성사시키는 것"에 초점을 두고 업무처리에서 안정적인 절차와 기법, 그리고 예측 가능한 것을 강조한다. 이러한 리더들은 부하 직원들에게 역할과 과업요건을 명확히 하여 목적이 달성되도록 안내하고 동기화한다. 이들 리더들은 규칙이나 절차에서 벗어날 경우에만 교정행동을 취한다. 이러한 리더십은 과업이 안정적이고 예상할 수 있는 경우에 효율적이고 성과가 있다. 의사결정은 기존의 셈법(algorithm)과 문제해결 지침에 의해 이루어지며 수동적이고 반응적이다. 이러한 조직에서는 기회와 위기를 확인하려 하거나 이용하려고 하지 않는다. 공공조직이 직면하는 문제들이 상례적인 경우 업무수행에 가장 효율적인 방식이 될 수 있다.

(2) 변형적 리더십(transformational leadership)

변형적 리더십은 "무엇이 이루어져야 하는가를 결정하는 것"으로 가치·정치적 판단이나 지역사회 도덕 기준을 다루는 일에 초점을 둔다. 변형적 리더십은 위기와 끊임없이 변화하는 환경에서 공공조직의 최우선적 과제와 수단을 적응에 두고, 적응에 수월한 능력을 갖는 조직문화 형성을 강조한다. 이러한 리더십은 리더와 구성원 및 상황과의 상호작용에 초점을 두고, 리더들이 이해당사자들의 점증하는 압력과 같은 보다 확장된 사명이나 임무를 어떻게 달성할 것인지에 관심을 둔다. 적응적 문화는 쇄신과 창의적인 해결을 조장한다. 적응을 중히 여기는 조직문화는 보다 많은 구성원들의 보다 넓은 범위의 기술들을 활용한다. 복잡한 환경에서의 정보 수집과 평가와 같은 과업을 성취하기 위해 조직 내 다양한 요소로부터 정보와 지지를 찾아야 한다. 조직구성원들은 정보와 자원 및 사명을 공유한다. 업무범위와 결과에 부수적인 책임도 넓어진다. 조직단위들은 유기적이며 상호작용해야 하며 조직구성원들의 활동은 '팀제'로 인식한다.

적응적 조직문화를 형성하기 위해서는 먼저 리더가 상징적 접근방법(예, 상징, 이야기, 의식이나 의전 등)을 활용하여 기존의 문화규범과 가치에 영향을 미치도록 하며, 조직변화 개입과정(컨설팅, 팀제 개발)에 의해서, 새로운 규범과 가치를 확인하고 수용하도록 구성원을 이끌어야 한다. 새로운 조직 현실에 적응하지 못하는 성원들은 전보, 재배치 혹은 마지막 수단으로 파면까지도 필요하다. 그리고 새로운 행태 강화를 위한 보상체제를 마련한다. 리더는 적절한 적응적 문화를 창출하는 것 외에도 조직의 쇄신을 달성하기 위한 수단으로 위기상황을 창출할 수도 있다.

(3) 통합적·상황적응적 리더십

오늘날 지방정부 관리자의 리더십이 강조하는 것은 관리의 효과성이다. 관리의 효율성·경제성과 함께 옳은 일을 효과적으로 잘 수행하는 것을 의미한다. 효과적인 관리자들은 옳은 일을 해낼 뿐 아니라 재정적이거나 정치적 제약에도 그러한 일을 성취하기 위해 창조적인 관리 기술을 활용해야 한다. 전문적 관리 지식 및 기술과 함께 정치적이고 인간 간 관계 기술에서 수월성을 보여야 한다. 페리(James L. Perry)도 서로 다른 리더십 특성을 언급하면서 공공행정가의 효과성에 영향을 미치는 주요 요인을 제시하고 있다. 즉, 방법과 절차에서의 숙달을 나타내는 능력으로서 기능적 기술과 다른 사람들을 협동하여 함께 일하도록 고무할 수 있는 능력으로서 개념적 기술(conceptual skills), 즉 의사결정, 사건 및 사람들 간 관계 등 보다 큰 그림을 보게 하는 능력을 강조하고 있다(Perry, 1989: 619-627).

상호의존적이고, 상호연계적 정치·행정의 장에서 효과적인 리더십은 다음과 같은 구체적인 과업을 수행해야 한다. 첫째, 특정 문제를 공공 의제로 전환시키는 노력, 둘째, 문제를 다루기 위해 필요한 다양한 사람, 기관 및 이해들을 소집, 관여하게 하는 과업, 셋째, 실천을 위한 다양한 전략과 선택을 탐색하고, 넷째, 적절한 제도화와 신속한 정보공유 및 피드백을 통해 상호연계성을 유지하고 동기화를 촉발시켜야 한다.

따라서 지방정부 관리자들은 형평성과 공정성의 관점에서 정책의 주요 변화를 지지하고, 정책형성에서의 리더십을 발휘해야 한다. 특히, 지역사회의 갈등해결과 다양한 구성원과의 친밀한 관계형성이 요구된다. 갈등해결은 당사자들을 테이블에 데려와서 대화하도록 설득하고, 그들로 하여금 어떤 합의의 근거를 찾도록 도와주는 일이다. 그리고 사회경제적 다양성으로 특징되는 지역사회에서 효과적인 리더가 되기 위해서는 각기 특성에 적절한 상황적응적 대응방식으로 시민들과 관계를 맺어야 한다. 이들 집단들과의 관계에서 관리자들은 다양한 집단을 분리하거나 극단화시키기보다는 공동체 의식을 창출하는 포섭(inclusion)을 활용해야 한다. 여기에 부가하여 강조되는 관리 교훈으로 쇄신을 다룰 마음가짐이다. 쇄신은 위험한 것이고 실패를 예기하지 않을 수 없다. 쇄신은 성공을 보장하지 않는다. 따라서 성공에 몰두하면 실패를 허용하지 않기 쉽고, 핵심적인 개혁 목표보다는 소소한 진전을 목적화하는 "개선의 죄수(prisoners of improvement)"에 빠질 우려가 있다.

제 6 절 지방정부 관리전략

지방정부가 지향하는 궁극적 목표는 지방정부 구성원들이 효율적이고 효과적인 관리를 통해 지역주민에 헌신하고 고도의 질적 행정서비스를 제공하여 주민들이 만족하고 행복한 삶을 누릴 수 있도록 하는데 있기 때문에 이러한 목표를 달성하기 위한 계획이나 행동으로서 관리전략[3]이 필요하다. 오늘날 지방정부 관리자들은 공공서비스나 공공재의 생산과 제공에 관한 다양한 접근방법으로 전에 없는 업무수행방법의 변화와 관리상의 문제에 직면해 있다. 서비스 제공의 새로운 이데올로기와 접근방법들은 물론, 보다 적고 효율적인 공공관료제를 전제로 하는 구조적·절차적 개혁을 포괄하는 관리전략이나 기법 등에 관심을 두지 않을 수 없다.

1 대외적 관리전략

1) 외부통제 및 외부의존도 감소

지방정부의 전략적 관리는 외부환경의 제약요소들을 정확히 파악하고 이들에 대한 자원 및 권한의 의존정도를 평가해야 한다. 중앙정부 및 타 지방정부의 법적·제도적 권한관계, 유권자와 주민, NGO와 이익집단, 언론, 정당, 전문가집단, 노조 등의 영향정도를 파악해야 한다. 이들의 영향력이나 통제력은 이들이 가지고 있는 강제력, 상징, 지식 및 정보력 등에서 나온다. 외부의존 관리는 이러한 외부통제의 부담을 피하고 보다 많은 재량권과 자율을 확보하는 전략이 필요하다. 코터(John Kotter)는 이러한 외부의존성과 통제를 다루는 두 가지 방법을 제시하고 있다. 첫째는 외부요소들에 의해 제기되는 요구를 줄이는 방법이다. 여기에는 ① 외부요소들에 대한 의존을 줄이고, ② 외부요소에 대항할 힘을 획득하거나, ③ 이 두 가지를 병행·시도해보는 방법이 있다. 둘째는 외부요소들에 의해 제기된 요구들에 대한 대응 비용을 최소화하는 것이다(Kotter, 1979: 87－92).

지방정부의 적극적인 홍보나 PR을 통한 시민들의 요구와 서비스 관련 이슈를

3) 전략에 관한 개념정의는 다양하다. 반실(Richard F. Vancil)은 전략을 "어떤 조직에서의 우선적 응집의 원천"으로(Vancil, 1976: 1－2), 챈들러(Alfred Chandler)는 전략을 "조직의 기본적이고 장기적인 목적 결정, 사업의 목적, 행동방향의 설정과 이들 목적들의 실행에 필요한 자원의 할당"으로(Chandler, 1962: 13) 봄으로써 전략을 "조직의 전반적인 목적과 특정 사업에서 달성해야 할 목표를 기술하는 청사진"으로 정의한다. 그러나 전략을 보다 협의로 설명하면 일정사업에서의 구체적인 변화 목표나 목적을 달성하려는 실행계획으로 기술하기도 한다(Eadie & Shaker, 1983: 447－452). 즉, 어떤 목표를 달성하기 위한 계획이나 행동을 뜻하는 일반 용어로 사용되며 이미 수립된 목표를 달성하는 과정에서 최선의 수단을 찾아가는 일련의 행동계획으로 본다(박종화 외, 2000: 119).

조정하며, 선출직 공무원의 지지연대와 외부 이해집단의 영향력 있는 인사, 미디어, 시민집단, 노조 및 전문가집단과의 연대, 의사결정과정에서 주요 영향력 있는 인사들의 참여 및 흡수, 이해당사자와의 협상, 민간부문은 물론 타 지방정부와의 협력 및 공동투자사업 등의 활용은 지방정부의 외부요소 의존을 줄일 수 있는 방법들이다. 이를 위해 지방정부에 주요 영향을 미치는 환경요소를 전담할 경계부서(boundary units)를 설치하고 외부환경을 이해하고 관리할 인재를 확보하는 조직설계를 통해 외부 대응비용을 최소화해야 한다.

2) 고객지향 관리

고객지향 관리는 행정서비스의 소비자인 주민을 고객으로 인식하고 고객만족의 서비스 제공에 초점을 두는 관리전략이며 이를 지방정부 구성원들의 직무 책임에 포함시키려는 조직문화의 변화가 요구된다. 지방정부 관리환경은 공급자로서의 지방정부에서 서비스 수혜자로서의 개인들에 관심을 집중하고, 이들 고객이 선호하는 공공서비스 제공과 제공된 행정서비스의 만족도를 제고하는 것을 강조해야 한다. 지방정부가 공공서비스를 제공할 때, 관리자들은 지방정부 서비스 수요의 특성이나 소비자(consumer)의 특성을 이해하는 것이 중요하다.

지방정부는 또한 지역사회 내 개인들에 대해 보다 광의적이고 정치적 이해를 가진 시민으로서 접근해야 한다. 지방정부는 개인과 지역사회, 고객과 시민 간의 미묘한 균형을 인식하고 지방정부 내 다양한 관계자들로부터 나오는 요구와 압력을 보다 광의의 지역사회적 관점에서 균형화시키려는 방법을 고안해야 한다. 이를 위해 지방정부는 누가 서비스나 시설로부터 수혜를 받는지 정확히 분석하고, 수혜받은 서비스에 대하여 실제로 어떻게 생각하는지를 소비자 및 주민조사 등을 통해 점검해야 한다.

고객지향 관리를 위한 기본적 요소들은 고객서비스 욕구를 목록화하거나 문서화하여 고객들의 서비스 욕구를 확인한 후에 관리자들은 이들 요구에 대응할 서비스 공급체계를 수정 개발해야 한다(Wagenheim & Reurink, 1991: 263－270). 고객지향 관리전략의 주요 기법으로는 다음과 같다.

(1) 주민설문조사

지방정부가 공급하는 각종 서비스의 내용과 질적 수준을 주민들이 직접 평가하도록 하기 위해 실시하는 설문조사(citizen survey)를 말한다. 조사내용은 지방정부의 거의 모든 분야의 행정서비스가 포함되며 양적 측정 기준보다는 질적 수준이나 성과를 측정한다. 조사는 지방정부가 직접 실시하지 않고 공신력 있는 제3의 기관에 의뢰하여 2~3년에 한 번씩 정기적으로 실시한다. 주민설문조사는 미국 애리조나의 피닉스 시가 처음 도입한 이후 다른 도시들이 앞 다투어 도입하고 있는 최신 도시관리기법 중의 하나이다(하성규 외, 2000: 96-99). 이러한 주민조사는 지방정부의 경영성과의 질적인 평가와 정책우선순위를 설정함으로써 고객위주 및 고객만족의 관리를 수행하는 데 필수적인 정보를 획득하는 수단이 되고 있다.

(2) 시민헌장제도

1991년 영국에서 채택된 시민헌장제도(citizen's charter)는 정부 내 시장원리나 내부시장의 원리가 적용되지 않는 영역에도 고객지향적 행정서비스를 공급하기 위한 방안의 하나로 마련된 것이다. 시민헌장제도는 지방정부를 포함한 공공기관에 대하여 의무조항을 명시하고 시민들이 당연히 누려야 할 권리를 명시하고 있다. 제공될 서비스의 기준을 설정하여 불이행할 때에는 시민들이 시정조치나 그에 상응하는 보상을 요구할 수 있게 한 문서이다. 시민헌장제도는 모든 시민이 공공서비스의 소비자란 인식을 기초로 다음과 같은 기본 원칙을 설정하고 모든 시민들은 공공서비스가 이러한 원칙에 따라 이루어질 것을 기대할 권리가 있다는 것을 전제로 하고 있다(총무처 직무분석단, 1997: 315-316).

① 표준(stanards): 제공될 공공서비스에 대한 분명한 표준을 설정하고, 서비스가 전달되는 경로에 전시되어 이용자가 합리적으로 이용할 수 있어야 한다.

② 정보와 공개(information and openness): 시민들은 어떠한 공공서비스가 제공되는지에 대해 완전하고 정확한 정보를 접할 수 있어야 하며, 어떻게 서비스가 공급되고 비용은 얼마인지, 담당직원은 누구인지 등을 가능하면 알 수 있어야 한다.

③ 선택과 상담(choice and consultation): 공공서비스에 대한 시민의 선택을 최대한 보장하고 서비스를 받은 경험이 있는 시민들의 의견을 충분히 수렴하

여 서비스 개선이나 표준에 우선적으로 반영해야 한다.

④ 정중함과 도움(courtesy and helpfulness): 차별없이 공평하게 공공서비스가 공급되어야 하며 시민들은 언제나 정중하고 친절한 도움을 받을 수 있어야 한다.

⑤ 시정(putting things right): 서비스가 잘못된 경우 적절한 설명과 사과 및 즉각적인 구제조치가 이루어져야 한다.

⑥ 비용에 대한 인식(value for money): 가용 가능한 자원의 범위 내에서 가장 경제적이고 효율적인 방법으로 공공지출을 집행해야 한다. 이를 위해 공공서비스의 우선순위가 점검되어야 하고 서비스 기준에 대한 평가가 이루어져야 한다.

(3) 고객서비스 기준

1993년 미국의 클린턴(Bill Clinton) 대통령은 행정서비스 개선을 위한 고객서비스 기준(customer service standards)을 마련하도록 대통령령을 공포하였는데, 이에 의하면 각 기관은 자신의 고객이 누구인지를 확인한 다음 제공되는 서비스를 자체 평가하여 유사한 서비스를 제공하는 민간기업 최고수준과 대등한 수준의 서비스를 제공하도록 하였다. 고객서비스 기준은 고객의 요구사항 처리에 소요되는 시간 및 서비스 수준, 서비스를 요구하는 절차 또는 방법, 서비스에 대한 불만이 있을 경우 이의를 제기하는 절차 등에 관한 내용을 담고 있으며, 지방정부를 비롯한 각각의 행정기관이 제공할 고객서비스 기준의 내용을 시민들이 알 수 있도록 하였다.

그러나 고객서비스 기준제도는 자칫 일반 주민의 이해관계를 도외시하고 특정인의 이익에 치우칠 우려가 있다. 지방정부는 특정 고객에게 직접적으로 책임을 지는 것이 아니고 공익이나 일반 주민에게 책임을 져야 하기 때문이다.

2 경쟁 및 대안적 관리전략

역사적으로 공공부문의 성장은 시장기능의 불완전성을 교정하거나 보완하기 위해 정부개입이 확대되면서 이루어졌으나, 그 결과는 오히려 공공부문의 비대화와 비효율성을 초래하면서 개인의 자율성과 민간부문의 효율적 작동을 방해하는 이른바 정부실패로 귀결되었다. 정부의 각종 법과 제도의 비탄력적 운용과 계층적 관료구조에 의한 독점적 지위는 관리체제의 비효율성을 만성화시켜 이제 정부실패를 경쟁원리와 시장기제로 교정해야 한다는 주장이 제기되고, 정부의 역할 축소와 자원의 효율적 배분과 효과적인 공공서비스 공급을 위한 대안적인 관리체제를 요구하고 있다.

1) 경쟁적 관리전략

공공서비스 제공에서 경쟁은 서비스 질을 개선하는 중요한 방법이다. 경쟁이 제한된 공공부문에서도 민간부문의 시장기제를 적용하여 경쟁을 높일 필요가 있다는 것이다. 이제까지 지방정부 정책결정과 관리 실제를 지배하는 가정은 본질적으로 지방정부가 직접 책임을 진다는 것이었다. 그러나 이제 지방정부 활동 어디에서고 대안적인 경쟁적 제공자의 출현을 생각하지 않을 수 없고 적어도 이러한 경쟁적 제공자들은 서비스의 경쟁적 질을 검증하는 장치로서 활용되고 있다.

지방정부행정에 시장기제의 적용은 티부(C. M. Tiebout)의 공공선택모델에서 시작된다. 공공재나 공공서비스의 공급에서 효율성은 시장에서의 기업처럼 다양한 지방정부가 서로 경쟁을 할 때 단일의 독점적인 서비스 공급자의 경우보다 비용을 더 낮게 할 수 있다는 것이다. 대도시권 지역의 다양한 지방정부들에 의해 제공되는 서비스를 잠재적 주민들이 자신들의 선호를 가장 잘 충족시키는 정부를 선택하며, 서비스가 자신들의 선호를 충족시키지 못할 경우 다른 지방정부로 옮긴다는 것이다(Tiebout, 1956: 416－424). 이러한 경쟁은 지방정부 조직관리나 서비스 제공에 매우 다른 접근방법을 낳고 있다.

경쟁적 관리전략의 등장은 1979년 영국의 보수당 정부에 의해 분수령이 마련되었다. 이전 정권과는 달리 경비감축, 공공부문의 효율성 개선 및 공공영역에서의 노동조합 영향력 제한 등의 공공부문정책을 추진하면서 주요 제도적 변화를 위한 프로그램들을 시도하였다. 지방정부에서 이러한 시도는 공적활동의 상당부분을 민간부문의 잠재적 대체 공급자와 경쟁하도록 하는 것이었다. 지방정부로 하여금 경쟁적 입찰(competitive tendering)을 통해 서비스를 점검하도록 요구하는 정부 법률 시행은 1980년대 이후 일어난 어떤 변화보다도 지방정부에 크게 영향을 미치고 있다. 이 법이 시행되기 전에는 시정부가 서비스 제공이나 제반 활동에서 핵심적인 전문가집단으로 직접 책임을 졌고, 시당국 이외의 다른 대안적 공급자는 고려하지 못했다. 이러한 법률로 인해 그동안 점검을 피해왔던 활동들을 재검토하게 되고 대안을 모색하게 되었다. 경쟁적 입찰 요구는 지방당국의 조직구조와 업무실제에서 커다란 변화를 유도했다. 조직 내 직원들의 생산성에 대한 관심이 점증하고 많은 지방당국이 생산성 개선, 특히 서비스 제공에서의 개선을 강조하게 되었다. 그리고 이러한 개선은 서비스 공급의 직원을 증원시키거나 재원을 증액하기보다는 서비스가 제공되는 방법을 개선(또는 재구조화)함으로써 달성될 수 있다는 것이다. 이러한 현상은 지방정부나 공공서비스에 국한한 것이 아니다. 서비스를 제공하는 많은 대규모 조직들이 사무직이나 관리계층에서도 생산성 제고를 위한 노력들이 활발히 진행되고 있고 서비스 수행 측면을 개선하려고 하고 있다. 이제 지방정부 내에서 활동하는 구성원들이나, 관리자들도 자신들의 지위가 외부 대체 공급자는 물론 내부 조직의 동료와의 경쟁대상에 있다는 것을 인식하게 되었다.

우리나라도 공공서비스 제공을 놓고 정부와 민간업체 간의 공개경쟁을 하는 경쟁입찰제도가 도입되었다. 기획예산처는 정부와 민간업체 간의 경쟁촉진을 통해 정부혁신을 도모하고 서비스 품질을 높이기 위해 관계기관 협의, 전문가 의견수렴 등을 거쳐 경쟁입찰제도를 도입하는 방안을 마련한다는 것이다. 이러한 경쟁적 관리기법으로는 다음과 같다.

(1) 공공서비스에 대한 경쟁입찰제도

지방행정서비스 공급에 공정한 경쟁입찰을 거쳐 민관경쟁이나 민간기업 간 경쟁을 통해 보다 적은 비용으로 양질의 서비스를 제공케 한다.

(2) 공공서비스구매권제(voucher system)

지방행정서비스 공급자를 다양화하여 주민들로 하여금 공급자를 자유롭게 선택할 수 있도록 하여 공급자들 간의 경쟁을 촉진시킴으로써 비용을 인하하거나 서비스의 질을 향상시키려는 관리기법이다. 이를 위해서 행정서비스 시장에의 진입장벽을 제거하여 시장을 경쟁적으로 만들고 주민들이 선택권을 행사하는 데 필요한 정보를 충분히 가져야 한다(정세욱, 2000: 425).

그러나 경쟁적 관리전략의 한계도 고려해야 한다. 개인의 선택에 근거한 시장기제는 효율성을 제고할지 모르지만 공익이나 사회적 형평과 같은 가치와 관련한 문제를 소홀히 할 수 있다.

2) 대안적 관리전략

지방정부 주민들의 다양한 욕구변화와 이의 충족을 위해 지방정부 혼자의 역량으로 공공서비스를 공급하기는 불가능해지고, 민간부문의 생산성과 경쟁력이 공공부문을 능가함에 따라 지방정부의 공공서비스 공급에 민간부문도 참여하여 담당하게 하는 것이 보다 효과적이고 효율적일 수 있다.

미국의 경우, 주정부로부터 지방정부로의 책임이양, 다양한 지역사회 프로그램의 등장, 프로그램의 민영화, 영리 또는 비영리 공급자와의 분담 등은 정부의 직접적인 서비스 제공을 대체하고 있다(Castellani, 1977: 47－70). 이는 주정부 제도적 프로그램의 대대적인 해체와 지역사회 내 독자적이고 다양한 서비스 프로그램의 증가를 가져왔다. 이러한 서비스 제공의 변화는 보다 비공식적이고 유연한 소비자 중심의 모델에 맞는 조직정비를 요구하고 있다.

이러한 공공서비스의 대안적 관리에서 한 가지 중요한 사실을 방기하고 있는 것은 상호 배타적 대안 중에 하나를 선택하는 일이라기보다는, 흔히 관할권이 중복되는 제공자들 간의 매우 다양한 대안들을 어떻게 관리하는 문제, 즉 혼합된 지역사회 서비스 체계를 어떻게 관리하느냐가 보다 중요한 과제로 등장하였다는 것이다. 주정부의 일관된 서비스 제공 제도에서 다양하게 분산된 지방 서비스 전달체제로의 전환은 연방, 주정부, 지방기관 간의 정부 간 관계뿐 아니라 민간조직과의 연계를 포함한 지역사회 서비스의 혼합체계로의 발전을 가져왔다. 공식적인 정부 간 및 공－사 간 관계 메커니즘보다 일시적인 연대, 태스크포스(task force) 및 특별조직을 성공적으로 다루는 것이 공공개발 서비스분야에서 성공하는 지름길이다. 따라서 문제해결, 협상, 갈등해소와 같은 과제들이 상례적인 절차 및 활동이나 전문기술적 능력보다 더 중요하게 되었다. 이제 지방정부 관리자들은 다양한 조직들 간의 틈새와 상례화된 관료과정과 기능이 아닌 틈새를 메우는 역할이 중요하게 되었다. 이들 능력에는 중요한 정보를 소통하는 능력뿐 아니라 새롭게 제기되는 문제들에 귀기울이는 능력 또한 필요하게 되었다. 전문성보다 관리능력, 정치능력 및 조직 간 능력이 성공의 토대로서 요구되고 있다. 지역주민의 다양한 욕구 충족과 복지향상을 위해 지방정부와 민간부문이 일정한 역할과 분담으로 공공서비스를 공급하는 대안적 서비스 공급체계로는 다음과 같다.

(1) 민관협력

민간부문과의 파트너십은 새로운 환경에서 요구되는 수요에는 새로운 자원증가가 필요한데 재원확보의 한 방법이 민간 파트너에 의존하는 것이다. 예컨대, 공공부문은 한정된 비용을 투자하고 민간부문은 보다 많은 투자를 하게 하는 대신 그에 대한 대가로 특정 권한을 부여하는 "차입자본에 의한 투자기법(leveraging)"을 지역경제개발에서 활용할 수 있다. 공공편의시설을 민간부문에서 제공하는 대가로 토지이용권리를 민간개발업자에게 허용하는 방법이다. 뉴욕 시에서 건물 토지를 공공공간에 기부한 대가로 개발업자들은 건물 높이(고도제한)를 추가하도록 허가받는다(bonus zoning). 레버리징(leveraging)은 또한 공공시설(스포츠시설, 레크레이션 시설, 문화센터 등)을 비영리기관에 임대하고 비영리기관은 이들 시설을 유지하면서 수익자 부담료를 징수할 때도 적용된다.

(2) 민관위탁 및 계약관리

공공서비스 제공을 위해 비영리조직 및 민간조직에 보조금 지급을 통해 공공기능을 위임하는 부하분산(load shedding)방식이나 외부위탁(outsourcing) 및 계약관리 등이 있다. 외부위탁은 지방정부 관리서비스의 일부를 민간기업에 의뢰하는 것으로 지방정부의 경쟁력을 높이기 위해 비핵심기능을 전략적으로 외부에서 조달하는 관리기법이다. 외부위탁은 처음에는 단순업무, 정형화된 업무에서 시작되었으나 그 후 회계, 법무, 세무, 시스템 개발 등 전문분야로 확대되고, 최근에는 총무, 인사, 복리후생, 연수, 기획, 생산분야로까지 확산되고 있으며, 선진제국에서는 핵심적인 업무 외에는 모두 외부에서 조달하려는 추세를 보이고 있다(정세욱, 2000: 415).

계약관리는 지방정부가 직접 제공하던 공공서비스를 민간부문과의 계약에 의해 공급하는 것으로 지방정부 공공서비스 전달과정에 경쟁을 도입하여 하나의 시장을 형성함으로써 비용절감과 시민들의 수요에 따른 서비스를 제공하려는 것이다. 프랜차이즈(franchise)는 경쟁적인 또는 협상에 의한 입찰을 통해서 배타적인 공급권을 부여하고 정부는 총수입이나 순수입의 일정비율을 특권비용으로 부가한다.

그러나 이러한 지방정부 서비스의 민간이양이라는 계약관리의 효과는 제대로 규명되지 않고 있다. 민간이 이러한 재화와 용역을 생산하게 되면 정부의 규제가 필연적으로 부수되기 때문에 상당한 규제비용이 들게 되고 이로 인하여 비효율을 초래하는 것으로 파악되고 있다. 계약주역인 지방정부와 계약을 맺은 민간부문인 대리인 관계는 단순한 지시와 명령에 의해서 이루어지지 않고, 관련자와의 협조를 바탕으로 복잡한 계약조건을 수행하는 것이므로 지방정부로서는 복합조직관계를 운용해야 하는 부담을 안게 되기 때문이다. 또한 경쟁에서 이긴 후 서비스 전달기관의 독점적 지위로 인해 오히려 서비스 질이 떨어지는 경우도 있다는 것이다. 이러한 문제가 발생하는 이유는 계약조건이 잘못되었거나 지방정부의 모니터링과 감독이 소홀한 점에서 야기된다는 것이다. 계약관리에서 계약이 제대로 지켜지지 않는 경우에는 상대에 벌금을 규정한다든지, 아니면 계약을 종료하는 등의 조치를 취할 수 있어야 한다. 반면에, 민간기업의 입장에서는 정부부문의 일이 가시성(visibility)이 높아서 약간의 잘못이 있다 해도 여론이나 매스컴의 비난에 직면하고, 지방정부 업무를 계속적으로 수주할 수 있는 우선적 위치를 확보하기 어렵다는 것이다. 이러한 상황에서 지방정부는 서비스 생산과 전달 및 서비스 만족 등의 과정에서 계약조건을 효과적으로 관리하는 것이 중요해지고 있다. 공공서비스 계약제도는 일반적으로 정부 내 생산이 민간부문보다 비효율적일 경우 민간부문에 외주를 주게 된다. 이러한 외부계약(contracting out)관리에서는 관리자가 직접 통제할 수 없는 외부조직을 통해서 업무가 독립적 혹은 자율적으로 처리되어 통제와 책임(책무)과의 균형문제를 야기한다. 따라서 계약에 참여하는 민간기업이나 비영리조직에게 완전한 시장기제가 적용되어야 한다. 독점적 계약이 될 경우 오히려 경쟁을 통한 효율성을 얻을 수 없기 때문이다. 따라서 이러한 상황에서 관리자는 성과에 대한 평가를 통해서 계약의 효율성을 제고해야 함은 물론 모니터링과 과정평가를 통해서 기대하지 않은 사태가 발생하지 않도록 해야 하고, 사태가 발생하면 이를 신속히 교정해야 한다. 그리고 실제 결과와 기대 간의 불일치에 대해 참여자 모두가 관심을 가지고 분석하여 수정하는 상호적응과 학습과정(이달곤, 2004: 419)이 필요하다.

(3) 공기업 전략

변화를 선도하는 추진체로 공기업을 활용한다. 관리는 쇄신적이어야 하고 시장

지향적이어야 하며 공공서비스를 이익산출 사업으로 변화시켜야 한다. 기업가 정신이 강조되고 정부도 기업같이 운영될 수 없는 이유가 없다는 것이다. 공항, 다리, 공원 등을 건설하고 이용자들에게 사용료를 부과하거나 컨벤션 센터, 카지노 운영 또는 스포츠 시설 운영 등이 포함된다. 또한 시 재정관리인들이 공공자금을 보다 전략적인 재정 운용으로 성장펀드나 증권투자 등을 통해 수익을 높이기도 한다. 그러나 공기업 전략은 업무를 잘 수행할 수 있고 수익도 낼 수 있지만 항상 공공의 수요에 봉사하는 것은 아니다. 더군다나 기업가 정신은 위기를 내포한다. 잠재적인 손실의 위기없이 잠재적 이익을 얻기가 어렵고 공공관리자들은 시민과의 공적자금을 보호해야 할 신탁관계를 가지고 있다(Savitch & Tharp, 1997: 394-401).

(4) 민영화(privatization)

지방정부의 기능을 정책결정기능에 한정하고 정책집행기능, 즉 서비스 제공기능을 민간부문에 맡기는 관리기법을 말한다. 공공 소유시설을 민간에 매각하거나 공공부문(전력, 급수, 공항, 항만시설, 버스노선, 다리나 터널 등)을 민영화함으로써 재정 적자를 해소하고 서비스 질을 향상시키려는 기법이다.

지방정부 서비스 제공에서 기획과 공급실행 주체의 분리는 임금책정과 산업관계에 새로운 규범과 틀을 형성한다. 즉, 민간부문으로의 전환에 따라 임금책정은 지위보다는 계약에 의해 이루어지는데, 계약제 고용(contract-bound employment)은 공공서비스 문화의 전환과 작업조직의 민간부문으로의 전환, 그리고 전환과정의 결과로서 노동시장에서 전임제에서 단순 계약제로 개인별 지위가 변화될 수 있다.

민영화는 또한 대규모의 공공관료제에서 보다 적은 규모의 민간부문 조직으로 전환되는 제도적 분권화를 위한 자극제라고 하지만, 어느 분야에서는 시간이 흐름에 따라 규모의 경제라는 사적 자본의 특성에 따라 합병 등으로 재그룹화되기도 하고 다시 중앙집권화되기도 한다는 우려도 있다.

(5) 자조활동

재정 압박에 직면한 지방정부들은 민간조직의 자원 또는 자조활동(self-help)을 공공서비스 공급의 대안으로 활용하게 된다. 이러한 형태의 자조활동으로는 근린공안프로그램, 근린청소활동 및 장애자나 노인지원활동 등이 있다.

3 대내적 관리전략

대내적 관리전략은 지방정부 내부의 관리능력 제고를 위한 구조와 절차 개선 및 관리기법 활용을 통해 지방정부행정의 효율성, 효과성을 증진시키려는 접근방법이다. 지방정부는 한정된 자원 속에서 주민들의 분출된 요구를 충족시키기 위해 현존의 인적·물적 자원을 효율적으로 관리하고 합리적인 구조의 재배치를 모색해야 한다. 이러한 대내적 관리전략과 관리기법은 지방정부의 비전과 사명 및 목표를 설정하는 일에서부터 정책개발, 조직·인사·재정관리 등의 집행과정 및 평가에 이르는 전 과정에서 요구된다.

비전과 사명 및 목표 설정을 달성하는 일은 집행과정으로 다음과 같은 효율적 관리활동이 요구된다. 첫째, 책임을 배당하고 권한을 위임하며 자원을 할당한다. 책임할당은 전통적 계층제 모델에서 나온 전문화와 기능별 조직화가 근간이나 새로운 책임이 전통적 계층제 패턴에 적합하지 않을 경우 기능을 재배당하거나 계층구조를 대체하는 복합조직(matrix forms)이나 사업구조(project structure) 등을 구성한다. 자원배당은 재정, 인사, 설비 및 정보 등의 확보와 배분 및 운용에 관한 관리활동이다.

둘째, 기능적인 관리시스템을 활용하여 조직의 자원과 업무수행을 조정한다. 기능적 관리시스템은 조직 전체의 유지와 발전을 위해 서로 다른 단위들의 활동을 조정하고 통합하는 것이다. 관리자는 전체 결과를 고려하면서 중간진행을 모니터하고 문제를 사전에 확인할 수 있어야 한다. 운용관리(operations management)는 조직관리에서 많은 결과지향의 접근방법들에 적용되는 용어이다. 운용관리는 산출과 결과의 구체화를 요구할 뿐 아니라 이를 수행하는 과정에 대한 기획(흐름도-flow chart, PERT 등)도 포함된다.

셋째, 공동의 업무성취 대상과 작업과정, 그리고 적극적인 업무 관련 행태를 위한 훈련과 강화를 통해 인력을 생산적 활동에 연관시킨다. 생산성 개선은 인적자원, 자연자원 및 자본재 결합에서의 기술적 효율성에서 나온다.

마지막으로, 중간 생산지표를 통한 최종결과로 진전시키는 모니터와 평가활동이다. 모니터링을 통해 진행상황을 점검하고 평가를 통해 지방정부 활동의 효율성,

경제성, 효과성에 관한 자료나 정보를 규칙적으로 수집 · 분석한다. 평가의 목적은 관리자나 선출직으로 하여금 정책이나 프로그램의 집행을 개선하도록 도와주는 것이고, 한정된 자원의 배분이나 제한적 사용 및 정책, 사업 및 여러 활동의 수준을 결정하는 것이다. 평가활동에는 집행과정에서의 자원활용과 운용방법에 초점을 둔 내부관리평가와 정부가 해야 할 일을 적절한 비용으로 질적인 산출을 제공하고 있는지를 결정하는 성과평가(performance measurement), 그리고 정책내용, 집행 및 정책의 효과를 평가하는 정책 및 프로그램 평가가 있다.

이상의 지방정부 내부관리과정에서 제기되어 온 전략이나 기법 등은 제3부에서 상세히 논의하기로 한다.

제 2 부

지방정부 외부관리

지방정부는 지방정부를 둘러싼 정치·경제적 환경, 법적·제도적 측면에서 중앙정부와 상급 및 타 지방정부와의 관계, 그리고 지역사회 권력구조와 지방정치 과정에서의 시민, 언론 등 주요 관여자들의 특성에 따라 대응관리가 달라져야 한다. 여기서는 이들 외부환경과 외부관리 대상의 특성을 이해하고, 이들 특성에 대한 대응 관리의 시사점을 살펴보고 지방정부 외부와의 관계에서 지방정부가 미래에 무엇을 할 것인가를 미리 결정하는 전략기획과 이들 전략계획의 목표를 내부관리를 통해 어떻게 달성하는가를 다루는 전략적 관리를 살펴보기로 한다.

제 4 장 정부 간 관계와 관리

지방정부는 우리사회 구성의 틀로서 중요하고 의미있는 제도이다. 오늘날 행정기능이 양적으로 확대되고 질적으로 고도화되면서 이를 효율적으로 수행하기 위해서는 행정기능을 지역적으로 분담할 필요성이 증대되고 있다. 이 장에서는 중앙정부와 지방정부 및 지방정부 간 관계의 특성을 이해하고 이들의 관계 관리를 중심으로 다룬다.

제 1 절 정부 간 관계 관리

1 정부 간 관계 관리의 의의

중앙정부를 축으로 하는 통합행정이 이루어지는 시스템에서는 행정서비스 공급이나 지역개발이 중앙정부의 관여나 조정을 통해서 이루어지기 때문에 정부 간 관리의 문제가 제기되지 않는다. 지방정부가 독립적인 법인격을 부여받지 않음으로써 관할구역이 커다란 의미를 갖지 않기 때문이다.

또한 지방정부제도가 형성되어 지방자치단체가 독립적인 법인격을 부여받아 중앙정부와 지방정부가 상호독립적이며 대등한 관계일 경우에도 정부 간 관리는 별로 중요하지 않다. 중앙정부와 지방정부 간 기능영역이 명확히 구분되어 있기 때문에 갈등의 소지가 적다. 그러나 지방자치단체가 독립적인 법인격을 부여받아 특정 공간을 중심으로 해당 지방자치단체가 관할권을 행사하는 경우에도 실제 행정수행에서 상호의존적이고 공공기능이 중복될 경우 정부 간 관계와 이로 인한 정부 간 관리가 중요한 과제로 등장한다. 특히, 지방자치 실시로 지방정부의 자율성이 신장됨에 따라 중앙정부와 지방정부 간, 광역자치단체와 기초자치단체 간, 그리고 지방자치단체들 간 관계 양상이 복잡하고 다양해짐에 따라 지휘·감독, 협상과 교환, 상호협조와 갈등 등 다양한 메커니즘이 작동된다.

최근에 정부 간 관계는 정부 간의 정책관리, 정부 간 프로그램 관리라는 문제해결 차원을 강조하는 정부 간 관리의 개념으로 발전하였다. 정부 간 관리는 정부 간 관계단위를 기본으로 하지만 정부 간의 문제해결, 네트워크, 거래와 협상 등을 강조하는 측면에서 계층제 하의 정책조정과 권한배분에 초점을 두었던 기존의 정부 간 관계와 구별하기도 한다(Wright, 1988: 156).

따라서 지방정부 관리자의 역할은 단일 지방정부나 단일조직 내로 한정할 수가 없다. 어떠한 지방정부도 진공상태에 존재하는 것이 아니기 때문이다. 중앙정부나 인근 다른 지방정부활동 나아가 외국정부의 영향을 받기 때문에 관리자들은 정부 간 관계에서의 역할이 중요해지고 있음을 인식해야 한다. 정부 간 협동은 지방정부에 많은 이익을 가져다주는데, 특히 소규모 지방정부 단위에게는 부족한 재정지원과 행정능력 제고 방법은 물론 서비스 개선과 총비용의 감축을 가져다 줄 수 있다. 그래서 미국의 경우, 주정부나 적지 않은 지방정부들이 정부 간 관리를 전담하는 직원이나 특별 에이전트(agent)를 별도로 두고 있기도 한다.

2 정부 간 관계 관리 유형

1) 중앙정부와의 관계 관리

중앙정부와 지방정부 간 관계는 양자 간의 권력관계가 어떠하냐에 따라 달라진다. 지방정부 관리자들은 이러한 정부 간 관계에서 어떠한 역할로 접근해야 할지는 중앙정부와 지방정부 간 관계가 어떠한가에 따라 좌우된다. 그리고 이들 관계에서 효과적인 관리자가 되기 위해서는 무엇보다 해당 지방정부가 무엇이 필요하고, 다른 정부로부터 현실적으로 무엇을 얻을 수 있는가를 확인하고, 어떤 정부 간 관계를 설정해야 할지, 이들 정부 간 관계를 성사시키기 위해 어떤 방법과 기술을 가져야 할지를 정해야 한다.

라이트(Dale S. Wright)는 중앙정부와 지방정부 간 관계를 분리형, 내포형, 중첩형의 세 가지 유형으로 구분하고 있다(Wright, 1988: 16－28). 분리적 권위형은 지방정부가 원칙적으로 중앙정부로부터 분리되어 중앙정부와 독립된 대등한 관계에 있고 중앙정부로부터 권력적인 통제와 감독을 받지 않으면서 자율성을 갖기 때문에 정부 간 관계가 주요 관심이 되지 않는다. 내포적 권위형은 과거 중앙집권적, 권위주의적 시스템 하에서 지방정부가 중앙정부에 일방적으로 의존하는 위계적 관계에 있는 것을 말하며 전통적인 수직적 통제관계가 그 특징이다. 중첩적 권위형은 공공기능의 상당부분이 중앙정부와 지방정부 간에 중첩되어 중앙정부와 지방정부의 상호의존적이어서 이들 간의 관계의 특징이 경쟁과 협력, 교환과 협상 등의 메커니즘이 내재되어 있고 정부 간 관계의 핵심이 되고 있다.

중앙정부와 지방정부 간 관계는 또한 서로 간의 권력관계를 기준으로 대리인 모형, 동반자 모형으로 나눌 수 있다. 대리인 모형(agent model)은 지방정부가 중앙정부의 대리인 역할을 함으로써 지방정부에 대한 중앙정부의 통제를 강조하는 형태이다. 지방정부는 중앙정부의 법률적 창조물로 간주되어 중앙정부의 통제 아래 국가정책을 집행하며, 자원과 능력의 면에서 자생력이 미흡하고 재정적으로도 충분한 기반을 갖추지 못하여 중앙정부에 의존하게 된다. 대리인 모형에서는 주요 정책이 중앙정부 관료에 의해 결정되고, 지방정부는 상급정부의 명령이나 지시·위임에 순종해야 하기 때문에 지방정부의 자율권이 행사될 수 없다는 점에서 정부 간 관계라는 말 자체가 성립하기 힘든 형태이다.

동반자 모형(partnership model)은 중앙정부와 지방정부가 상호 대등한 입장에 놓인 형태로 중앙정부와 지방정부가 때로는 갈등관계에 놓이기도 하지만, 일반적으로 중앙정부와 지방정부가 상호 협력하고 국정의 파트너로서 동등한 권한과 의무를 지는 관계를 맺고 있다. 지방정부는 고유의 자치권과 사무를 가지며 이러한 자치권 행사와 사무 수행에 대해 중앙정부의 간섭은 최소화된다. 동반자 모형은 중앙정부의 통제나 강제가 존재하더라도 이를 수용할 것인지의 여부는 지방정부의 의지에 따라 결정된다고 보는 것이다. 그러나 중앙정부와 지방정부가 파트너십을 형성한다고 하더라도 현실적으로는 양자 간의 권력이나 자원의 측면에서 불평등한 파트너십이 발생할 가능성을 배제할 수 없다. 따라서 동반자 모형은 현실의 정부 간 영향력 관계를 제대로 설명할 수 없는 결함을 가지고 있다(이달곤, 2004: 338). 현실적으로 중앙정부가 행사하는 통제 유형은 부처 간 또는 사안에 따라 현저히 다르고 중앙정부의 통제를 수용하는 지방정부의 행태도 다양하다는 것이다.

위에서 설명한 모형 중에서 보다 현실적인 정부 간 관계를 설명할 수 있는 모형은 상호의존 모형이나 중첩형이다. 중앙정부와 지방정부가 기능적으로 상호의존 관계에 있는 형태이며 중앙정부와 지방정부 상호 간에 영향력을 주고받는 동태적 과정에 주목하여 이를 교환 모형이라고 부르기도 한다. 상호의존 모형은 법적 권한, 재정자원, 정보와 전문성 등의 측면에서 서로 영향을 주고받는 일종의 교환관계를 맺게 된다. 지방정부가 독자적인 자치권과 사무를 지니지만 중앙정부는 상대적으로 우월한 전문성과 재정력 및 정보력을 바탕으로 지방정부를 지원하고 지방정부는 중앙정부의 정책적 의지를 존중하며 중앙정부 사업의 집행에 협력하게 된다. 독자성을 지니고 있는 만큼 양자 간의 관계는 항상 긴장과 협력, 대화와 타협 등이 존재하게 된다. 중앙정부와 지방정부 간 관계 양상을 구체적으로 설명하면 다음과 같다.

(1) 통제와 감독

중앙정부와 지방정부 간 관계의 실제는 국가라는 전체와의 조화 및 국민이나 주민에게 공공서비스의 효율적인 제공을 위해서 양자가 협조하거나 유기적인 관계를 맺는 것이 바람직하다. 특히, 복지국가의 구현을 위한 국가적 최저수준(national minimum standards) 유지 및 법률의 공통적 적용이나 지방정부와 중앙정부의 업무 중에는 통일된 방향으로 조정이 이루어져야 할 업무가 적지 않기 때문에 중앙정부의 지방정부에 대한 통제와 감독은 불가피하다.

20세기 자본주의가 고도로 발달하고 사회가 복잡화 · 이질화함에 따라 중앙정부는 경제 · 사회부문에 걸친 대부분의 사무를 국가의 기획과 조정에 의해 전국적 · 종합적 견지에서 통일적 · 능률적으로 처리하지 않을 수 없게 되었다. 또한 지방정부는 규모가 작고 재정이나 정보 및 기술 등의 역량면에서 취약하여 중앙정부에 대한 의존이 심화되고 이는 자연히 중앙정부의 개입을 초래하는 상황으로 연결된다. 이와 더불어 과학 · 기술 및 교통 · 통신의 발달로 생활권이 확대되어 지방정부의 업무가 국지적인 성격을 넘어 전국적인 더 나아가 국제적인 성격을 띠게 되어 이러한 업무를 수행하기 위해서 중앙정부의 집권화와 개입이 진행되고 있고 이를 신중앙집권화 현상이라 하고 있다. 중앙통제는 입법통제, 사법통제 및 행정통제 등이 있다.

입법통제는 지방정부가 헌법이나 입법기관이 정한 법률에 의해 부여된 권한만 행사할 수 있도록 하는 통제방법이다. 입법이 자치권을 침해하는 경우 최소한에 그쳐야 하고 입법이 달성하고자 하는 공익과 자치권의 제약으로부터 오는 손실 사이에 적절한 비례관계가 있어야 한다. 따라서 중앙정부 감독은 곧바로 시정명령이나 취소 · 정지권 등을 행사할 것이 아니라 위법한 작용을 지방정부가 스스로 시정하도록 비구속적 조언을 통하여 권고하고, 그래도 시정이 되지 않을 경우 시정명령이나 취소 · 정지하도록 해야 한다.

사법통제는 사법기관이 구체적인 법률상의 쟁송이 있을 경우 무엇이 법인가를 판단 · 선언함으로써 구현된다(김도창, 1978: 47－48). 우리나라는 "명령 · 규칙 또는 처분이 헌법이나 법률에 위반되는 여부가 재판의 전제가 될 경우에는 대법원이 이를 최종적으로 심사할 권한을 가진다"(헌법 제107조 제2항)라고 규정함으로써 사법통제의 근거를 명확히 하고 있다. 중앙정부와 지방정부 간에 분쟁에 발생하여 당사자로부터 쟁송제기가 있을 경우 사법기관이 적극적으로 판결을 내려야 한다. 지방자치단체의 결정이나 처분이 법에 위반된다고 인정될 때는 중앙정부의 주무부장관이 취소 · 정지시키기보다는 자치단체의 명령 처분이 위법한가의 여부가 법률상의 쟁송으로 법원의 판결에 따라 조치를 취해야 한다. 이는 지방정부가 독립적이고 자율적인 공법인으로서 지위를 부여받고 있기 때문에 중앙정부의 위법한 개입이나 감독 및 통제에 대해 지방정부가 방어할 수 있는 권리나 수단이 보장되어 자치권의 보유와 행사가 가능해야 한다는 것을 강조한 것이다. 따라서 현행 주무부장관과 시 · 도지사에게 부여된 취소 · 정지권과 직무이행권, 대집행권에 관한 규정은 주무부장관이나 시 · 도지사가 관할법원에 자치단체장의 결정 · 명령 · 처분의 취소명령을 구하거나 자치단체장에 대한 직무이행명령을 구하는 소송을 제기하는 데 그치도록 개정되어야 할 것이다.

중앙정부의 대표적인 통제와 감독은 행정통제이다. 신중앙집권 하에서의 중앙통제는 지방정부에 대한 중앙정부의 일방적 지배 내지는 억압에 그 목적이 있는 것이 아니라 자치단체를 보호 육성한다는 의미를 함축하고 있어야 한다. 그러므로 행정통제의 방식은 비권력적이고 협동적인 것이어야 한다(정세욱, 2000: 254). 중앙정부의 지방에 대한 통제와 감독은 지방정부의 자치권과 상충되기 때문에 국민이나 주민복지 증진을 위한 협력체제 구축이나 공동 노력이라는 관점에서 신중하게 행사되어야 한다. 따라서 지방정부 관리자들은 중앙정부의 통제와 감독이 민주적 통제와 지방정부 운영의 능률성 보장이라는 틀에서 이루어지도록 해야 하며, 중앙정부는 행정계획의 수립 및 사후통제 기능을 주로 담당하고 지방정부는 구체적인 실행을 담당함으로써 기능적 협력관계가 유지되도록 해야 한다.

(2) 지원과 원조

지방정부는 중앙정부에 비해 상대적으로 전문화수준이 낮고, 업무수행에 필요한 재정이 부족한 경우가 많다. 중앙정부는 지방자치단체가 행정을 수행하는 데 필요한 지식과 기술을 제공하거나 전문가를 파견하여 조언해줌으로써 자치단체의 행정능력을 제고하고 행정서비스 공급수준을 향상시키는 방향으로 이루어져야 할 것이다. 또한 중앙정부는 재정력이 부족한 지방정부에게 국민적 최저수준의 서비스 제공과 균형있는 지역개발의 실현을 위해 재정적 원조를 해야 할 것이다. 중앙통제는 지방정부를 국가에 예속시키려는 수직적 관계가 아니라, 양자가 국가기능을 분담하여 국민에게 최선의 행정서비스를 공급해주는 체제가 되도록 방향을 설정해야 한다.

(3) 교섭과 협상

우리나라의 경우, 1995년 민선체제 출범 이전에는 중앙정부와 지방정부 간 관계가 상하관계로 지방정부의 독자성 인정과 정부 간 역동적인 상호작용이 성립될 수 없는 상황이었다. 그러나 민선체제 출범 이후 지방정부는 더 이상 중앙정부의 일선기관으로만 존재하지 않고 때로는 대립적 구도를 형성하면서 중앙정부와 지방정부와의 관계가 역동적으로 변하고 있다. 지방정부가 중앙정부의 행·재정적 지원을 얻어내기 위해 지방자치단체장이나 지역사회가 지닌 정치적 네트워크를 총동원하여 지역사회가 당면한 현안을 해결하려고 노력하고 있다. 따라서 지방정부 관리자들은 이러한 과정에서의 리더십을 발휘하고 협상·중재 및 합의형성의 기술들을 가지고 중앙정부나 다른 정부와의 협력적 장치를 개발하고 실행해야 한다. 중앙정부의 지역개발정책, 환경정책, 복지정책 등의 제분야에서 지방정부 관리자들은 활발한 대 중앙정부 투입활동을 전개해야 하며, 이들의 활동이 중앙정부의 정책결정과 재정 운용과정에 반영되도록 해야 한다. 지방정부는 이러한 협상과 교섭 전문가들을 양성할 필요가 있다.

3 지방정부 간 관계 관리

대부분의 나라에서 지방정부는 몇 개의 계층으로 나누어져 분업의 원리를 구현하고 있지만 지방정부 분업은 서비스의 중복, 조세나 서비스 불평등, 공적책임의 혼란, 그리고 광역문제를 효과적으로 다룰 수 없는 문제에 노출되어 있다. 그럼에도 이러한 분화는 시민들로 하여금 자기가 원하는 삶의 스타일과 서비스 수준을 선택할 수 있고, 정부에 보다 쉽게 접근하여 의사결정에 참여하거나 시민들에게 책임을 지게 할 수 있으며, 정부 간 경쟁을 통해 조세를 내리고 효율성을 고무할 수 있는 긍정적 측면도 있다. 이론적으로 각각의 지방정부는 독립된 법인으로서 대등한 관계를 갖지만 현실적으로 업무의 성격이나 기능에 따라 지방정부 간에도 상하관계 또는 경쟁이나 협동관계가 이루어진다.

1) 상하관계

지방정부 간 수직적 관계는 대체로 광역지방정부와 기초지방정부 간에 발생한다. 기초지방정부 구역을 넘는 광역적 사무 처리와 재정력이나 기술이 취약한 지방정부 운영과정에서 상급 광역정부에 의존하지 않을 수 없으며, 기초자치단체장이 국가나 시·도의 위임사무를 처리하는 경우에는 기초자치단체는 국가의 일선기관으로서의 지위에 있기 때문에 상하관계가 형성된다. 기초자치단체장의 명령이나 처분이 법령에 위반되거나 현저히 부당하여 공익을 해한다고 인정할 경우 광역자치단체장은 기간을 정하여 서면으로 시정을 명하고 그 기간 내에 이행하지 아니할 때는 이를 취소하거나 정지할 수 있으며, 기초자치단체장이 법령의 규정에 의하여 기초자치단체장의 의무에 속하는 국가위임사무 또는 시도위임사무의 관리 및 집행을 해태(懈怠)하는 경우 광역자치단체장은 기초자치단체장에게 그 이행을 명령할 수 있고, 기간 내에 이행하지 않은 때에는 대집행하거나 행·재정상의 필요한 조치를 취할 수 있다.

2) 경쟁 및 갈등관계

지방자치 실시로 개별 정부의 자율성이 강화됨에 따라 정부 간 관계는 상하관계에서 수평적 관계로 전환되고, 지방정부 간 경쟁을 통해 국가의 총체적 성장을 촉진시키는 장점도 있다. 그러나 이해관계에 따라 지역이기주의와 갈등 및 대립이 유발될 수 있고, 개별 지방정부의 행정력을 소진시키거나 주민들의 불편을 초래함은 물론 국가의 경쟁력을 약화시키는 결과를 가져올 수도 있다. 경쟁 및 갈등관계는 선호시설 유치나 혐오시설 기피 등과 같은 영합적(win-lose) 상황에서 발생한다.

정부 간 발생되는 갈등의 최소화를 위해서는 먼저 관련 정부관리자들이 정부 간 관계가 서로 대등하다는 인식이 선행되어야 하고, 사안에 따라 비용대비 편익을 산출 교량(較量)하여 공유하고, 강제보다는 협상이나 협의를 우선하는 행정문화가 형성되어야 할 것이다. 협상력은 자신의 이해와 관련 의도하는 방향으로 상대방의 판단을 유도하는 능력으로 해당 지방정부가 가지고 있는 행·재정적 역량이나 정보 및 전문성 등에 의해 좌우된다.

3) 상호협력 관계

지방정부 상호 간에 발생할 수 있는 갈등을 최소화하고 상호 간에 필요한 협력을 최대화하기 위한 지방정부 간 타협과 협력문화가 정착되어야 한다. 정부 간 상호협력은 자원, 정보, 인력, 사업 등 다양한 분야에서 이루어질 수 있는 데, 정보공유, 자원과 인력 측면에서의 비용절감, 문제해결 능력 제고와 행정서비스 제고 등의 동기로 이루어진다. 미국의 경우, 1980년대 말과 1990년대 초부터 지역권 문제해결에 협동적인 노력들이 증가하고 있다. 정부 간 계약은 비용문제를 고려하여 추진되고, 공동벤처는 연방정부 보조금 감축과 경제적 어려움으로 야기된 재정 제약을 극복하기 위한 방법으로 채택되고 있다. 공동활동은 비싼 기술적 혁신의 비용을 분담하기 위해 활용되기도 한다. 지방정부 간 지역문제를 협동적으로 하지 않을 경우에는 주정부가 강제하기도 하는데, 이러한 접근방법을 지방정부 단위 간 자발적 노력인 상향식 지역주의에 반해 하향식 지역주의(top down regionalism)라고 한다. 상급정부의 강제방식 외에 인센티브 부여 방안도 있다. 정부 간 협력을 촉진하기 위해 상급정부가 교부세와 지방채 승인 등과 같은 수단 등의 인센티브를 활용하여 정부 간 협력을 유인하기도 한다. 지방정부 간 상호협력 방식으로는 지방정부 간 공동조직체를 구성하는 방식과 조직체를 구성하지 않는 협력방식이 있다.

조직체를 구성하는 방식으로는 행정협의회, 공동관할기관, 지방자치단체조합, 연합제 등이 있다.

행정협의회는 대도시권 내에서 관할권을 달리하는 기초자치단체의 대표자들이 모여 공동문제를 논의하고 협력적으로 광역문제를 해결하는 방법을 말한다. 이러한 정부 간 행정협의회는 지방정부의 독자성을 제한하지 않는 느슨한 형태의 협력방식이다.

공동관할기관(interjurisdiction agencies)은 2개 이상의 지방정부가 협의에 의하여 규약을 정하고 공동으로 위원회 또는 광역행정기관을 설치하는 방식이다. 공동관할기관은 일반적 목적을 다루는 기구이거나 특별 이슈 예컨대, 공해방지, 대중교통 문제를 다루는 경우도 있다.

지방자치단체조합은 자치단체의 사무 중에서 1개 또는 여러 개의 사무를 공동처리하기 위하여 2개 이상의 자치단체가 합의에 의하여 규약을 정하고 설치하는 법인격을 가진 자치단체를 말하며, 법인격을 가진 독자적인 자치단체라는 점에서 공동관할기관과 차이가 있다.

연합제는 기존의 지방자치단체가 각각 독립적인 법인격을 유지하면서 그 위에 광역행정을 전담하는 새로운 지방정부(federated government)를 신설하는 방법이다. 시와 군정부의 완전한 통합보다 변화의 크기를 줄일 수 있고 현직 보유자의 저항도 줄일 수 있기 때문에 채택하기가 용이하다. 미국의 경우, 광역기능은 군정부(county)에, 지방문제는 시정부(municipalities)에 부여하는 2층제 정부 유형이 1957년 이후 플로리다 데이드(Dade) 군에서 실험되고 있다. 이런 성격의 실험은 1953년 캐나다 토론토에서 시작한 대도시권 지역의 연합정부(federated government)에 의해 자극받은 것이라 할 수 있다.

조직체를 구성하지 않는 협력방식으로는 정보공유, 계약과 협정, 기능이전, 사무위탁, 협력사업 추진 등의 방식이 있다.

정보공유는 개별 정부들이 축적해 온 정보나 지식을 교환 및 공유하거나 정부 간 협력사업 프로젝트팀을 구성하여 협력사업을 추진하는 방안이다. 특히, 협력사업에 대한 정보나 지식의 교환 및 공유는 일차적으로 협력사업의 필요성을 제시해줄 뿐 아니라 사업추진에 수반되는 정보획득 비용을 절감해주는 효과도 있다. 지방정부 간 협력사업 추진은 개별 자치단체의 역량한계 특히, 재원부족과 기술적·기능적 전문성 취약을 극복하고 공동생산적 접근을 통해 비용절감과 중복투자를 방지함으로써 현안사업의 추진과 행정서비스 제공에 효율성을 제고할 수 있다.

계약은 대도시권 내 군과 시정부가 다른 지방정부의 서비스를 구입하는 것이 이익이 되는 경우를 이루어지며, 협정은 둘 이상의 실체가 공동으로 계획하거나 재정을 대고 서비스를 공급한다. 정부 간 서비스 협정에는 구치소 시설, 경찰훈련, 거리조명, 쓰레기수거 및 처리, 도서관, 용수 서비스 등의 제공에 활용된다. 협정은 규모의 경제를 통해서 비용을 낮추고, 지방정부 스스로 할 수 없는 것을 할 수 있게 한다.

기능이전은 서비스 책임을 다른 정부로 이관시키는 것을 말한다. 대체로 중첩과 분화를 피하기 위해 시에서 군정부로 이관한다. 대체로 교도소, 도서관, 거리보수 등의 서비스이다. 지방정부 간 협력관계를 촉진하기 위해서는 중앙정부의 유인이나 지원책이 마련되어야 하고, 지방정부 간 관리차원에서 일상적인 상호작용을 활발히 하고, 개별 지방정부가 축적해 온 지식·정보 및 기술 등의 교류와 공유, 협력사업 프로젝트팀과 같은 공동작업 등 합리적 대안을 찾는 협력문화 형성과 협력소프트웨어가 개발되어야 한다.

제 2 절 지방정부의 자율성

1 지방정부 자율성의 의미와 자율성 영향요인

자치권이 중앙정부와 지방정부 간의 법적인 관계를 반영한다면, 지방정부의 자율성은 지방정부 실제 운용과정에서의 지방정부의 여건이나 지방정부의 능력을 반영한 것이다. 영국의 경우, 제2차 세계대전 이후 복지국가의 성장에 책임이 있는 지방정부조직들이 확산된 사회 프로그램의 요구를 충족시킬 능력이나 재정이 부족하여 맡은 바 과업들을 제대로 수행하지 못함으로써 지방정부 자율적 관리가 제한받게 된 역사적 경험들이 적지 않다. 스토커(Garry Stocker)는 지방정부를 통제하려는 중앙정부의 지속적인 시도는 그 의도에 비해 크게 성공하지 못했다고 지적하고, 보다 장기적인 관점에서 지나온 경험을 보면, 시민 또는 지방정부 서비스의 소비자들은 지방정부가 보다 많은 일과 다양한 일들을 해주기를 기대해 왔다고 주장한다(Stocker, 1991).

지방정부의 자율성 정도는 여러 가지 요인에 의해 좌우된다.

첫째로, 지방자치제도의 역사적 경험을 들 수 있다. 우리나라는 1990년대에 부활되어 지방자치제의 역사가 일천할 뿐 아니라 자치경험도 부족하여 지방정부의 자율성이 매우 제약받고 있다. 봉건제적 유산을 가진 나라에서는 지방자치제도를 도입하여 운영하는 역사적 기반을 갖추고 있지만 우리나라와 같이 중앙집권적 통치경험을 가진 나라에서는 지방자치제도를 운영하는 데 역사적 경험이 풍부하지 않다는 한계가 있다.

둘째로, 지방정치의 주요 행위자들의 태도와 의지가 지방의 자율성을 결정하는 주요 변수이다. 선출직 지역엘리트, 시민단체, 지방언론 및 개별 시민 등 지방정치 주요 행위자들이 중앙정치로부터의 자율성을 확보하거나 아래로부터의 요구를 활발히 할 수 있는 기반을 조성하는 것이 중요하다. 주민의 의식수준이 높아지고 정치적 비판이 강화되거나 지방의 생활정치에 보다 민감해지면 이것이 지방정치에 반영되고 지방정부의 자율성이 확대될 것이다.

셋째로, 지방재정 여건 또한 지방정부의 자율성에 크게 영향을 미치는 변수이다. 재정기반이 취약한 지방정부는 중앙정부나 다른 지방정부로부터 도움을 받아야만 한다. 특히, 과소・낙후지역에 위치한 지방정부는 중앙정부의 정책수혜를 받으려고 할 것이다. 각종 보조금, 양여금, 교부세 등과 같은 재정조정제도상의 혜택을 기대하는데 이러한 외부로부터의 도움은 지방정부 자율성 신장에 장애가 될 수 있다. 최근 각 지방정부들은 지방의 재정 여건을 개선하기 위해 중앙정부의 개발사업 유치경쟁은 물론 전 지구적 차원에서 외국기업의 직접투자(foreign direct investment)나 다양한 형태의 합작사업(joint collaborations)을 포함한 기업유치경쟁도 가열되고 있다. 이러한 지방정부의 활발한 대외활동이 지방정부의 자율성을 제고하는 결과를 가져올 수 있다.

넷째로, 헌법이나 지방자치 관련 법규도 지방정부의 자율성에 영향을 미치는 변수이다. 지방정부도 공공법인으로서 그 존재가 법률에 의해 규정되어지므로 지방정부가 행하는 어떠한 활동도 중앙정부의 각종 법률이나 규제로부터 벗어날 수 없다. 최근 다수의 선진국에서는 지방정부 책임 하에 지역실정에 적합한 행정 및 재정활동이 가능하도록 실험적인 개혁조치들을 취하고 있다. 1982년 프랑스의 「지방분권법」은 지방정부에 대한 후견적 감독권을 상당부분 폐지하고 종래 도지사의 권한을 지방의회의장에게 이양시키는 내용의 법률이다. 1980년대 북구제국의 프리코뮌(free commune)제도는 지방정부의 행・재정 운용상 불필요한 제약의 법규에 대해 지방정부가 중앙정부에 법규적용대상으로부터 면제권을 청구하고, 중앙정부는 청구의 타당성에 따라 해당 지방정부에 법적인 규제를 철회하거나 권한을 지방정부에 이양해 주는 제도이다. 일본의 정령지정도시(政令指定都市)나 중핵시(中核市)제도도 법규에 특례를 두어 지방정부의 자율성을 강화하고 지방문제를 보다 효과적으로 해결할 수 있도록 고안한 것이다(이달곤, 2004: 331-332).

지방정부의 자율성과 자율관리제의 성공여부에 관해서는 실증적 분석이 요구된다. 실증분석의 변수들로서는 자율관리의 정도(재정 여건, 재정 권한의 위임 및 분권화 정도, 구조개혁에서의 자율성 정도, 임금설정에서의 자율성 정도 등)와 자율관리의 결과 변수들(관리적 책임성, 효율성과 질 관리, 효과성, 체제 응집력 등)과의 관계가 실증적으로 분석되어야 한다. 이러한 분석결과를 토대로 지방정부의 자율성 및 자율적 관리 전략이 탐색되어야 한다.

제 5 장

지방정치와 지방정부관리

지방자치가 제도화되기 전에는 지방정부의 주요 결정이 중앙정치권이나 중앙정부에서 임명된 관료들에 의해 결정되었기 때문에 자율적인 지방정치과정이 이루어질 수 없었고 중앙정치나 지방행정에 의해 주도되었다. 그러나 지방자치가 제도화되고 이를 실시하고 있는 가운데 지역사회의 권력형성과 지방정치에 대한 관심이 높아지고 있다. 정치란 희소자원의 권위적 배분을 의미한다. 지방정치 또한 지역이라는 한정된 영역에서의 희소자원을 권위적으로 배분하는 결정과정으로 결정권한과 그 실행에 관한 지역공동체 내부의 상호작용을 말한다. 따라서 지방정치는 지역사회 내 권력의 형성과 분배, 지역사회 공동체에 미치는 영향, 참여자들 사이의 관계와 이해구조 등을 다루는 것으로(이종수, 2002: 337) 정의할 수 있으며, 지방분권화를 통해 지방정부와 지역사회에 주어진 권력과 권한이 누구에 의해, 또 누구를 위해 행사되느냐에 대한 이해가 전제되어야 지방정부관리 방향과 전략이 탐색될 수 있다.

제 1 절 지방정치의 특성

1 지방정치는 생활정치

지방정치는 국가의 존립이나 전국적 규모의 중대사를 다루는 중앙정치와 달리 지역사회와 지역주민들의 일상과 관련된 정치적 의제를 주로 다루는 일상생활정치(daily life politics)라는 특성을 가지고 있다(이달곤, 2004: 42). 때문에 지역주민은 일상생활에 관한 이슈들에 참여와 의사표출 및 주민통제가 활발할 수 있다. 지방정치과정과 정책결정과정에 관여하고 영향을 미치는 행위자들은 지방정치체제의 주요 구성요소들이다. 공식조직으로서 지방정부의 장, 고위 관료들과 지방의회 의장과 의원들이 결정적인 권한을 가지고 행사하며, 민주주의 권한의 원천인 시민들과 지역 언론 및 지역경제계·문화계 등의 다양한 집단 및 지역 NGO 등의 요구와 지지라는 투입장치로 작용한다. 지방정부 관리자들은 이러한 지방정치의 역동적 과정에 대한 충분한 이해를 통해서 관리의 효과성과 책임성을 확보할 수 있다.

2 지역사회 특성에 따른 다양성

지방정치는 지역의 특성에 따라 다양하게 전개된다. 지역단위의 정치적 현상이기 때문에 지역에 따라 지방정치문화와 내용이 다를 수 있다. 특히, 넓은 국토를 가지고 있는 나라에서는 지역마다 다양한 문화를 가지고 있어 지역마다 다양한 정치적 현상이 나타날 수 있다. 또한 도시와 농촌과 같은 지역의 사회경제적 특성이나 지역사회 구성원들의 삶의 방식이 다양하기 때문에 지역마다 이해갈등의 양상도 다르고 주민들의 태도도 서로 달라 다양한 지방정치가 전개될 수 있다. 따라서 지방정부 관리자들은 지역사회의 여건과 특성에 대한 이해를 토대로 지방정부의 사명과 비전 및 목표를 설정해야 하며, 지역사회의 기대와 요구를 이해하고 거기에 관리스타일을 적응시켜야 한다. 올리버(P. Williams Oliver)는 시민들의 지방정부에 대한 사회경제적 요구를 근거로 네 가지 지역사회 유형을 제시하고 있다(Oliver,

1961: 150).

성장 지역사회(growth communities)는 시민들이 지역경제성장과 발전에 대한 관심과 요구가 높아 이것이 지역사회 주요 목표이며, 공무원들은 지역사회와 지역의 성장을 위한 촉매제로 봉사해야 한다. 관리자들은 인구확장, 지역산업발전과 상업 활동 진작, 그리고 더 많은 기업유치와 경제발전을 위해 필요한 사회간접자본 확충과 주거지역개발 관련 기획활동에 전념하기를 기대한다. 관리자들은 또한 관리비용 절감과 지역기업발전을 위한 많은 다양한 인센티브를 제공해야 하며, 적절한 공공시설과 서비스 제공에 노력해야 한다.

소비 지역사회(consumption communities)는 소비가 이들 지역사회의 주요 가치이다. 미국의 많은 대도시를 둘러싸고 있는 중상류층의 교외지역에서 봉사하는 관리자들은 시민들의 매우 다양한 요구에 직면한다. 이들 지역에서 관리자들은 주민생활의 쾌적성이나 주거에 매력적인 지역사회를 제공해야 한다. 소비 지역사회에서는 현재의 생활방식을 내일의 보다 나은 생활을 얻을 가능성보다 더 선호한다. 따라서 공공관리자들은 적절한 공원과 휴양시설과 기회 제공과 같은 활동을 강조한다. 공공서비스를 요구하는 시민들에 대한 즉시적이고 예의 바른 대응, 엄격한 지구제(zonning) 실시, 교통의 안전하고 조용한 흐름 및 소음과 오염의 규제 등이 중요하다. 이러한 지역사회에서의 관리자들은 합리적인 비용에 공공재와 서비스를 쇄신적인 방법으로 제공하는 기술적 능력을 가져야 한다.

관리·소규모 지역사회(caretaker·minimal government communities)는 대개 조그마한 타운지역으로 여기에서 관리자 업무는 정부규모를 최소한으로 유지하거나 정부비용을 낮춰나가는 것에 역점을 두어야 한다. 따라서 관리자들은 쓰레기 수거나 위락시설과 같은 공공재나 서비스 공급을 민간부문이나 다른 수준의 정부에 주로 의존한다. 관리자들은 정부기능을 유지하지만 쇄신적인 일을 하지 않는다. 그래도 관리자들은 정부의 대표로서 적극적으로 지역사회와의 관계를 유지해야 한다.

중재·기회추구 지역사회(arbiter·opportunity communities)는 한때 규모가 큰 지역사회에서 이제는 쇠퇴해가고 가난해지는 중심도시들이 포함된다. 이 지역사회에서의 관리자 직무는 점차 곤궁해지는 주민들에게 서비스를 확대 제공해야 하는 부담과 경제적으로 침체한 지역에 성장기회를 확산시켜야 하는 등의 서로 다른 활동에 직면해 있다. 그래서 때로는 희소 공공자원에 대한 다양한 집단 간의 갈등을 협상·중재 및 타협으로 다루어야 한다. 이러한 지역에서 관리자들은 갈등해결에 유능할 뿐 아니라 지방정부에 대한 불신의 감정을 해소하기 위해 밀접한 개인적 관계를 유지해야 한다.

이러한 분류 유형이 실제상황에 적용되어 관리자들을 적절히 안내할 수는 없다. 어느 지역사회는 둘 또는 그 이상의 특성들이 혼재되어 있기 때문이다. 그렇다고 하여 지역사회의 특성을 이해하려는 노력을 소홀히 할 수 없으며 지방정부 관리자들은 그만큼 지역사회 특성에 맞는 다면적 역할과 다양한 관리방법들을 탐색해야 한다.

3 지역사회 구성형태와 지방정부관리

지방정부관리는 지역사회의 정치적 구성형태에 주의를 기울여야 한다. 지역사회의 분화와 안정의 정도가 관리자 활동의 범위를 구성하기 때문이다. 즉, 동질적인 지역사회인지 분화된 지역사회인지, 지배적인 집단이 있는 지역사회인지 아니면 다양하게 변화하는 집단으로 불안정한 지역사회인지에 따라 관리자의 적응 방향이 달라야 하기 때문이다. 따라서 관리자들은 지속적으로 지역사회 집단과 그들 간의 역동성을 모니터하고 거기에 맞는 관리 스타일을 조정해야 한다. 일반적으로 지역사회 분화의 정도가 크면 클수록 관리자는 보다 더 외부지향적이 되어야 할 것이다. 인구가 다양할수록 관리자는 보다 강력한 전문 기술적 정향과 타인에 대한 감정이입이나 집단들이 어떻게 반응하는지에 대해 민감성의 균형을 가져야 한다. 자신의 비전을 널리 이해시키고 공유하도록 하며 지역사회 관계 기술과 능력을 가져야 한다.

이와 같이 지방정치는 일정한 지역을 기초로 지역 내의 사무를 지역주민의 의사에 따라 주민들의 일상생활과 직결되는 사안과 주민복지 증진에 관한 생활 중심의 의제를 중심으로 지역의 특성에 따라 개별적이고 다원적으로 결정되는 과정이며, 지방정부는 이러한 지방정치를 바탕으로 형성된 공식체제로서 역할과 지역공동체 내부의 활발한 상호작용에 의한 비공식적 통치체제가 어떻게 형성되고 작동되는지를 이해해야 한다.

제 2 절 지방정치 권력구조

1 공식적 통치체제 구성

지방 권력의 생성과 획득, 즉 지방 권력작용의 원천은 선거에 의해 이루어진다. 선거는 민주적 정치행정과정으로서 지방정부 구성과 중요한 정책결정 및 지방정부 운영의 근간을 제공해주는 기제이며, 일반 대중의 정치참여와 다수결 원리에 의한 정책결정으로 민주주의를 실현하는 장치이다. 지방정부의 주요 정책결정에 영향을 미치는 권력은 지방정부의 장, 의회의장, 고위 관료들이 속한 공식조직에 의해서 주도된다. 선거는 정기적인 절차를 통해 지방정부의 공식적 통치체제를 구성하고 정책결정과 운영에 영향을 미치는 기제이다.

이러한 지방선거의 기능을 살펴보면, 첫째, 지방선거는 지방정부 대표자를 선출하고 지방정부를 구성하는 기능을 한다. 지방의원과 자치단체장을 선출함으로써 지방정부의 의결기관과 집행기관을 구성하여 지역 의사결정의 중추를 담당한다.

둘째, 주민의 정치참여와 공권력에 대한 시민통제 기능을 수행한다. 선거를 통해 주민의 정치참여가 이루어지고 주민들의 의사가 정책에 투입되며 이러한 과정을 통해 전체 공권력에 대한 시민통제력이 강화된다.

셋째, 시민교육과 정치교육의 기능을 한다. 주민들로 하여금 선거에 참여함으로써 지역공동체의 문제에 관심을 갖게 하고 정보를 공유하며 상호학습과정을 거쳐 지역현안을 공동으로 해결해가려는 시민의식 또는 시민성을 제고시킬 수 있다.

넷째, 지역공동체 형성과 갈등해결 기능을 한다. 선거과정에서 지역사회의 문제들에 대한 활발한 의사소통을 통해 지역사회 내의 이해와 갈등, 주민의사의 분산·대립을 통합하고 지역공동체적 정서를 함양하는 기능을 한다.

다섯째, 선거는 지방정부 정책결정에 참가하는 가장 기본적인 행위이며 지방정부 운영의 정당성을 제공해주는 토대로서 기능한다. 주민들의 다양한 이해가 선거과정에서 표출되며 선거를 통해 주민들의 일반의지가 반영되는 정책결정이 이루어지며 지방정부 운영방향과 실제에서 정당성의 기초가 된다. 주권재민의 민주적 정치과정에서 선거는 평화적이고 합법적인 정책결정과정의 한 방법이다(이종수, 2002: 90-92).

지방선거의 기능과 역할이 현실정치 속에서 제대로 작동되기 위해서는 주민들의 적극적 참여와 합리적 선택이 이루어지는 지방정치문화가 성숙되어야 한다. 지방정부 관리자들은 투표참여의 저조현상을 체계적으로 분석하여 참여를 활성화하는 방안들이 강구되어야 하고 합리적 선택이 이루어지도록 하는 시민성 제고와 시민교육 프로그램을 운용할 필요가 있다.

우리나라 역사상 최초로 실시된 1952년 시·읍·면의회 의원선거와 도의회 의원선거였던 지방선거는 허다한 폐해와 결함·비능률을 드러낸 바 있다. 국민들의 정치역량과 민주적 정치의식수준이 미흡하여 소구역 내에서도 혈연·지연을 중심으로 한 선거전이 이루어져 주민 간의 반목과 적대감정이 심화되었다. 이러한 경향은 1991년 지방선거 이후에도 답습되어 정책이나 인물보다는 정당위주의 투표성향을 보이거나 크고 작은 지역주의 투표성향에 의해 합리적 선택이 이루어지지 않고 있다.

2 지역사회 권력구조

지방정치는 선거를 통한 지방정부의 공식적인 통치체제 구성과 이들의 역할성과에 따라 통치체제가 유지되거나 변화되는 과정뿐 아니라 지방정부의 정책결정 및 집행과정에 영향을 미치는 비공식적 상호작용 과정도 내포하고 있다. 지역사회 내 여러 집단과 개인들의 상호영향력 내지는 힘의 관계를 이해하는 것이 지방정부 관리의 방향과 전략을 설정하는 데 필요조건이다. 지역사회 권력구조를 조망하는 데 도움을 주는 대표적 이론들은 다음과 같다.

1) 엘리트론

엘리트론은 지역사회 주요 정책결정이 지역 내 소수의 엘리트집단에 의해 주도되고 영향력이 행사된다고 보는 관점이다. 주민들의 참여수준이 낮고 집단활동은 주로 중산층과 상공인들에 의해 이루어지며, 정책결정이 지방정부 관리자들의 재량과 통제권에 달려 있다는 것을 강조한다. 1950년대 미국의 애틀랜타(Atlanta, Georgia) 시 정부의 권력구조를 경험적으로 분석한 헌터(Floyd Hunter)의 연구가 대표적이다. 헌터는 지역사회 지도자 40명을 선별하고, 27명에 대한 면접을 통해 누가 가장 영향력있는 사람인지를 분석하였다.[1] 헌터는 어떤 지배계급이 모든 현안을 주도하고 지배한다고 보지 않았지만, 애틀랜타 시는 상업인과 기업인들이 상호유기적인 관계를 기반으로 지방정부의 지역개발사업이나 정책과정을 주도하고 있다는 결론을 내리고 있다(Hunter, 1953). 헌터의 연구 이래 지역사회 권력구조에 관한 후속연구들이 이어지는데 바크라흐(Peter Bachrach)와 바라츠(Morton Baratz)는 지역사회 권력관계의 복합적 측면을 다루면서 결정이 이루어지는 측면뿐 아니라 결정이 의도적으로 이루어지지 않는 무의사결정(non-decision making) 차원도 조명한다(Bachrach & Baratz, 1970). 즉, 지역사회 엘리트들은 특정 문제가 지역사회 현안이나 정책의제가 되지 못하도록 영향을 미친다는 것이다. 정책결정자의 심리적 배후에는 사회 내에 중요한 자원을 보유하고 있는 사람들과 불편한 관계형성을 원하지 않으려는 심리가 깔려 있기 때문이다.

엘리트론은 지역사회와 지방정부를 이해함에 있어서 설명력이 매우 높은 이론으로 평가되고 있다. 정책결정과정의 비공식적인 측면에 주목하여 무의사결정까지를 분석에 포함하여 분석의 범위를 넓혀 주었을 뿐 아니라 자본주의 사회 내의 자원의 편중현상을 지적하고 그에 따른 소수 엘리트의 유리한 입장을 잘 밝혀 주고 있다는 것이다(박종화 외, 2004: 350).

그러나 엘리트론은 민주사회 권력의 원천인 지역주민들의 역할에 대한 가치를 소홀히 하였고, 실제 지방정치과정에 주민들의 참여가 확대되고 있다는 점 또한 낮게 평가한다는 문제가 있다.

2) 다원론

다원론은 지방정부와 지역사회에 대한 영향력이, 상대적으로 다양한 집단이나 시민들에게 분산되어 있다고 보는 연구경향이다. 한 집단 내지 개인이 정책과정을 지배하는 것이 아니라 정치지도자, 기업가, 관료, 대상집단 등이 각기 제한된 힘을

1) 평판분석(reputational method)이라 불리는 연구방법으로 지역사회 구성원들의 인식을 기준으로 특정 행위자의 권력이나 영향력을 조사하는 방법이다.

가지고 상호협상과정을 통하여 정책을 형성해 나간다고 보는 관점이다(박종화 외, 2004: 347). 이러한 관점의 대표적 연구로는 미국 동부 뉴헤이븐(New Haven, Connecticut) 시를 연구한 달(Robert A. Dahl)의 연구를 들 수 있다(Dahl, 1961). 달은 어떤 공공부문에 주도적으로 영향력을 미치는 사람들은 다른 부문에서는 영향력이 없다고 하면서 어느 특정 집단이 지역사회의 모든 영역에서 주도적인 역할을 하기보다는 다양한 집단이 각각의 특정 영역에서 적극적으로 영향을 미치고 있다고 분석하였다. 이러한 다원론은 지방정부 정책과정이 특정 지도자나 집단에 배타적으로 독점되기보다는 모든 집단이나 구성원들에게 열려 있고 지역주민들도 상당한 영향력을 행사할 수 있다는 것이다.

그러나 다원론은 지역사회에서의 기업이나 개발가들이 행사하는 들어나지 않는 영향력을 제대로 파악하지 못하고 있다는 비판을 받고 있다. 정책결정을 둘러싼 이해관계 대립의 정치적 상황에서 각 참여자들이 완전한 경쟁을 하며, 공정한 경기와 정부의 의사결정에 평등하게 접근할 수 있다는 이상적 성격을 면치 못하고 있다. 이러한 비판으로 신다원론이 등장한다.

신다원론은 다원론과 엘리트론을 수렴하여 다원론이 주장하는 정책과정의 공개성과 지역주민의 영향력에 대한 믿음을 견지하면서, 엘리트론이 주장하는 특정 엘리트집단이 지방정부와 지역사회를 주도할 수 있음을 인정한다. 지방정부의 정책과정은 지역사회 모든 구성원들에게 공정하게 개방되어 있다고 보기보다는 영향력이 상대적으로 강한 집단이 정책과정에 있어 특별한 권력적 지위를 누릴 수 있다는 것이다. 이는 엘리트집단의 의도적 노력의 결과로 보기보다는 자본주의 구조 아래에서 지방정부 운영에 필요한 재정 확보, 지역 간 경쟁에서 이기기 위한 지역주민과 지방정부의 합리적 선택의 결과라는 것이다(김병준, 2015: 241–243).

3) 레짐이론(regime theory)

레짐이론은 지방정부가 지역사회 문제를 자체의 능력만으로 해결하기 어려운 상황에서 기업을 비롯한 민간부문의 주요 주체들과 일종의 연합을 형성하여 지역사회를 이끌어 가고 관리한다는 것이다. 스톤(C. Stone)은 레짐을 정부가 공적 결정을 내리고 이를 집행하는 데 필요한 민간협력을 가능하게 하는 비공식적 장치라 정의하고 있다(Stone, 1989: 6). 민간부문은 기업・시민단체나 지식인 집단이 될 수 있으나 많은 경우 인적·물적·지적 자원과 기획능력을 가진 기업 등의 비즈니스 커뮤니티가 주요 주체가 된다. 레짐이론은 어떠한 세력이나 집단이 지역사회와 지방정부를 주도한다고 설명하는 것이 아니라 여러 형태의 지배연합 내지는 레짐이 존재하고 있다는 설명의 틀이라 할 수 있다(김병준, 2015: 246－248). 현실적으로 지방정부의 정책이나 도시개발과정은 지역사회 내생적인 정치·경제적 힘에 의해 결정된다. 지방정부의 역할이 주요 인자가 되지만 기업, 부동산 개발업자, 건설업자 등과의 밀접한 협력관계를 유지하면서 연대를 맺고 지역사회를 이끌어 간다.

3 지역사회 권력구조 이해

1) 지역사회 권력구조 영향요인

지역사회의 권력구조는 수많은 내·외 요인들과 역동적인 관계를 통하여 형성된다. 이들 요인들을 법과 제도, 산업구조, 정치·사회문화, 정치·경제적 환경 및 기타의 범주로 묶어 소개하기도 한다(김병준, 2015: 230－233). 법과 제도는 지역사회 권력구조에 많은 영향을 미친다. 예컨대, 중앙정부로부터 부여받은 자치권의 정도와 내용, 지방정부에 대한 중앙정부의 각종 통제, 주민들의 권리 및 참여와 통제에 관한 제도 등은 지방정치의 작동에 커다란 영향을 미치고 있다.

지역사회의 산업구조 역시 권력구조에 큰 영향을 미친다. 농업 중심, 제조업 중심 및 정보산업 중심 등 지역의 산업구조의 특성과 이들 산업에 종사하는 노동자 수 및 이들 산업이 지역경제에 영향을 미치는 정도에 따라 지방정부 운영에 대한 영향력을 행사할 것이기 때문이다.

지역의 정치·사회문화 또한 지역사회 권력구조에 영향을 미친다. 지역사회 구성원들의 정치관여에 영향을 미치는 정치·사회문화는 사회구성원들 사이에서 당연히 받아들이는 관행이나 행동방식 또는 신념체계를 말한다. 이러한 정치·사회문화가 합리적 선택을 결정지우기도 하지만 독특한 지역정서와 문화로 인한 지방정치가 이루어지기도 한다. 혈연·학연 등이 여전히 영향력을 미치는 지역사회에서는 지방정치가 폐쇄적으로 운영되거나 지역주민들의 적극적인 참여를 제한할 수도 있다.

그 외 정보화와 세계화와 같은 정치・경제적 환경들도 지역사회 권력구조에 많은 영향을 미치고 있다고 보아야 할 것이다.

2) 지역사회 권력구조 이해의 접근방법

(1) 제도론적 접근

제도는 지역사회 구성원들이 당연하게 받아들이고 자신들의 행동을 통제할 수 있는 규범과 문화뿐 아니라 법제, 기구, 조직의 운영방식 등을 포함한다. 지방정치의 이해와 연구는 이들 제도가 규칙과 규범으로서 가지는 임무(mission), 기능(function), 활동(activities) 등을 분석하는 것이라고 한다(이달곤, 2004: 47). 이러한 제도는 지역사회 구성원들의 상호작용을 통제하기도 하지만 구성원들의 상호작용에 의해 새로운 제도가 끊임없이 형성되기도 한다.

(2) 체제론적 접근

체제론적 접근방법은 지방정치가 일어나는 구조와 과정을 하나의 체제로 파악하고 체제의 요소들이 어떻게 기능하는가를 분석하는 접근방법이다. 체제는 일정한 경계를 지니고 다른 체제와 구별되며 체제 외부의 다른 체제들은 체제의 환경이 된다. 체제 내부에는 서로 긴밀하게 연계되는 요소들이 기능하여 외부환경과의 관계에서 투입과 처리, 산출, 환류작용을 하는 집합체이다. 지방정치를 체제론적 접근방법으로 분석할 경우 지방정부는 하나의 독립적 개방체제(open system)로 지방정부 경계 밖의 요인, 즉 국제적 차원이나 중앙정치 요인들과 지역경제와 지역 내 문화나 규범이라는 제도를 지방정치과정의 외부환경으로 보고 이들의 영향 하의 지역언론, 지역주민 및 지역시민단체 등의 상호작용에서 나온 요구와 지지를 투입으로, 이들 투입을 지방정부의 전환과정을 거쳐 지방정부가 정책결정으로 산출하고 이러한 정책이 사회적 결과를 낳고 환류되어 다시 지방정부체제에 투입되는 과정을 지방정치과정으로 볼 수 있다.

(3) 통합적 접근

지방정부 운영에 관한 이해와 연구의 접근방법은 연구자의 연구관심에 따라 서로 다른 접근방법을 활용하겠지만, 지방정부 선출직 통치체 구성은 물론 수시로 다양한 정책결정과 정부 운영과정은 지역공동체 내부의 활발한 상호작용과 다양한 변수들에 의해 작동되며 영향을 받는다. 이와 같이 지방정치는 결국 지역사회 권력구조에 영향을 미치는 법과 제도, 지방정부체제 밖 외부환경의 영향과 지방정부체제 내 정치행위자 간 권력과정과 정책결정과정에서의 역동적인 상호작용과정에 관한 종합적 관점에서 조망할 때 실체적 특징을 이해할 수 있다고 할 것이다.

제 3 절 지방정치의 주요 행위주체

1 지역사회 활동단계별 행위주체

지역사회 운영에 영향을 미치는 주요 행위자들은 지역사회 활동단계에 따라 다양하다. 첫째는 아이디어(최초의 제안)의 출현단계에서는 경제적 엘리트뿐 아니라 공직자나 이익집단들이 현저하게 활동한다. 선출직 공직자와 지방정부 관리자들이 지역사회의 이슈를 확인하며, 지역사회 내 주요 경제적 이해당사자 등이 대규모 사업(예, 중심가 쇼핑몰 계획 등)의 아이디어를 제안한다. 또한 경제적 · 정치적 영향력을 가진 네트워크나 레짐이 여러 활동, 특히 경제개발 관련 활동의 원천인 경우가 있다(Stone, 1989).

둘째는 이슈형성 단계로 이슈에 대한 합법화, 찬성 또는 반대하는 과정에서의 주요 여론 형성가들이 이슈형성을 주도하며, 이들의 찬반여부에 따라 지방정부 의제로 선택되거나 채택되지 않는다. 이들이 거부하는 의제가 채택되어도 지지를 받지 못한다. 여론 형성가들은 전형적으로 지역사회 매스컴과 지역사회 엘리트들이 관여한다.

셋째는 자원확보 단계이다. 사업에 필요한 자원이 지방정부가 제공할 수 있는 범위를 넘어설 경우(예컨대, 병원이나 예술센터 건립 등), 잠재적 자원의 원천이 사업 성공여부에 큰 영향을 미치는 데 이들 자원을 가진 기업, 부동산 개발업자, 건축업자 등이 영향을 미친다.

마지막으로, 집행단계에서 주요 역할을 하는 사람들은 정부관리자, 시민집단, 이익집단 등이며, 이들은 새로운 사업이나 프로그램의 실제적 성공에 중요한 역할을 한다. 지방정치의 주요 행위주체들에 관해서는 장을 달리하여 설명하기로 한다.

2 지방정부 정책과정 주요 행위주체

칸(Mattew A. Cahn)은 정책과정의 행위자들을 제도적 행위자와 비제도적 행위자로 구분하고 전자는 선출된 행위자와 임명된 행위자 및 정부출연 연구기관 등을, 후자는 대중매체, 이익집단, 정당, 비영리조직 및 민간연구기관 등으로 분류한다(Cahn, 1995: 201－211). 지방정부 정책과정 주요 행위주체들은 지방정부의 선출직 공무원으로서 자치단체장, 의회의원과 임명된 관료 및 시민, 사회집단, 정당, 그리고 대중매체 등 사회행위자들이 포함된다. 이들 참여자들이 모든 정책결정에 참여하여 영향력을 행사하는 것은 아니고 구체적인 정책에 따라 각 참여자들의 이해관계, 관심도, 참여의 강도, 동원할 수 있는 자원 등에 따라 그 영향력은 다르게 나타날 것이다.

1) 제도적 행위주체들

(1) 자치단체장

자치단체장은 지방자치단체의 대표와 집행기관의 장으로서 또는 국가행정의 일선기관장과 지역사회의 정치지도자로서의 지위와 역할을 한다. 정책과정에서 자치단체장의 주요 역할은 먼저 정책문제의 발견·제안자로서의 역할이다. 지방정부의 현안을 해결해야 함은 물론 주민을 위한 새로운 정책문제를 발견하여 이를 성공적으로 제안하는 역할이 요구된다. 정책문제의 제안은 자치단체장의 발의권을 통하여 이루어질 수 있다. 자치단체장은 정보와 자원을 활용하여 정책의제설정에 커다란 통제력을 행사할 수 있다. 그러나 이러한 제안은 지방자치단체 내에 국한하기보다는 중앙정부의 정책의제로 상정하는 노력이 더 필요하다. 왜냐하면, 지방정부의 중앙정부에 대한 재정의존도가 높고, 중앙정부의 기능이 강해 중앙정부의 협력과 지원 또는 승인·허가 등이 없이는 지역사회를 위한 의미 있는 사업을 제대로 할 수 없는 경우가 더 많기 때문이다. 자치단체장은 또한 지방의회의 결정에 이의가 있을 경우 재의요구권과 같은 권한을 행사하여 의회의 정책제안에 영향을 미칠 수 있다.

다음으로, 중요한 역할은 이해관계 조정자로서의 역할이다. 자치단체장은 정책과정에서 제기되는 각종의 분쟁과 이해관계를 조정하는 조정자로서의 역할을 소홀히 할 수 없다. 자치단체장은 지역사회의 정치지도자로서 지역사회에 일어난 분쟁과 갈등을 적절히 해소해야 한다. 개인이나 집단의 이해관계와 전체 지역사회의 이익 간 조화를 이끌어내지 않으면 지방자치단체의 부담으로 전개되기 때문이다.

그리고 마지막으로, 정책추진자로서의 역할이다. 자치단체장은 관리 · 집행권을 통하여 문제해결을 위한 정책을 독자적으로 채택하거나 처리할 수 있다. 다른 한편 자치단체장은 정책실현에 필요한 조례제정, 재정투자 및 유리한 여론조성 등 지방의회와 중앙정부 또는 민간부문의 지원과 협조가 필요할 경우 자신이 가진 모든 형태의 자원을 동원하여 이들을 설득하여 지원을 얻어내는 정치적 역할을 해야 한다. 아울러 결정된 정책을 효과적 · 효율적으로 추진하기 위하여 관료들의 자문을 구하고, 이들로 하여금 합리적인 정책실현을 위한 새로운 관리기법을 도입하거나 공직과 업무에 대한 관료들의 관념 및 행태를 변화시키는 등의 역할도 수행해야 한다.

(2) 의회

지방의회는 조례의 제 · 개정, 예 · 결산심의, 통제기능 등을 통하여 정책과정에 영향을 미친다. 지방의회는 조례안 제정을 통하여 정책문제의 발견과 제안의 역할을 한다. 그러나 의원들의 입법활동과 관련한 자료나 정보의 분석과정이 부족하여 조례제정 비율이 적으며 대부분 발의 주체가 집행기관에 의해 주도되어 정책문제의 발견과 제안 역할이 아직은 미흡한 편이다. 지방의회는 또한 집행부가 발의한 조례안의 심의 · 의결 권한, 예 · 결산안의 심의 · 의결 및 행정사무감사와 조사권을 통하여 집행부의 정책의제 결정과 집행과정에 영향을 미친다.

(3) 행정관료

정책과정에서 관료의 역할은 지방정부 통치기구로서 관료제가 자신들의 이해관계나 지배권을 유지 · 확장하기 위하여 외부 영향에 대응하는 하나의 시스템으로 역할을 수행하는 측면에서 살펴볼 수도 있지만, 정책과정에서 정치가인 정책결정자와 경력직인 관료와의 구체적인 역학관계에서 관료들의 역할을 파악할 수 있다.

그 대표적인 설명을 나카무라(R. T. Nakamura)와 스몰우드(F. Smallwood)가 제시하고 있다. 이들은 정책결정자와 행정관료 간 역학관계에 따라 정책과정에서의 관료의 역할을 전통적 기술자형, 지시적 위임형, 협상자형, 재량적 실험형, 그리고 관료적 기업가형 등 다섯 가지로 분류하고 있다(Nakamura & Smallwood, 1980: 111-142).

전통적 기술자형은 정책결정자가 구체적인 목표를 형성하고 관료들에게 이 목표를 달성할 기술적 권한을 위임하며, 관료는 정책결정자가 결정한 목표를 지지하고 이들 목표를 달성하기 위한 기술적 수단들을 고안하는 역할을 수행한다.

지시적 위임형은 정책결정자가 목표를 설정하지만 관료에게 목표 달성을 위한 수단을 고안하도록 행정적 권한을 줌으로써 관료들은 행정적 수단을 결정할 수 있는 재량권을 갖고, 이러한 재량권의 범위 내에서 행정관료가 기술적·행정적 협상을 할 수 있다.

협상자형은 정책결정자가 개괄적인 목표를 형성하지만 구체적인 정책목표 및 이를 달성할 수단에 관해서는 관료들과 협상을 하는 경우이다. 정책결정자가 명확하고 구체적인 정책목표를 제시할 수 없기 때문에 행정관료가 정책목표와 수단에 대해서 정책결정자와 협상을 하게 된다.

재량적 실험형은 정책결정자가 추상적인 목표를 지지하지만, 관료에게 정책목표와 수단을 구체화하도록 광범위한 재량권을 위임하는 경우이다. 정책결정자가 정책결정에 필요한 정보를 충분히 소유하지 못하고 있거나 관련 정책이 매우 전문적이어서 정책결정자가가 정책목표를 구체화할 수 있는 능력이 없어 행정관료에게 위임하여 관료들이 재량적으로 정책목표와 수단을 구체화하게 된다.

관료적 기업가형은 관료들이 정책목표를 형성하고 이를 달성할 정책수단을 설정하며 정책결정자는 관료가 형성한 이들 정책목표와 수단을 지지한다. 이 경우, 행정관료가 정책과정을 통제하게 되는데, 이는 관료가 정책과정에 필요한 정보와 기술을 독점하고 관료들이 임기직인 정책결정자보다 임기가 짧지 않아서 정책과정의 지속성과 안정성을 확보할 수 있기 때문이다. 특히, 지방정부의 경우 지방자치 실시로 정책결정자인 정치인보다 평생경력직인 관료의 역할이 정책과정에서 영향력을 증대할 수 있을 것이다. 이는 지방정부의 정책과정에서 관료들이 가지고 있는 전문적 기술과 지식에 대한 의존이 더 높아지기 때문이다.

(4) 정부출연 싱크탱크

정책과정에서 정책아이디어를 창안해 내는 집단으로서 싱크탱크(think tank)들이 등장하고 있다. 지방정부 단체장이 선거에 의해 선출됨에 따라 해당 지역발전에 관한 정책 경쟁이 활발해지고, 이로 인하여 정책아이디어 창안자나 아이디어 브로커들이 우대되면서 등장하게 되었다. 이들은 공공문제에 대한 실무적인 해결방안들을 탐색하거나 지역발전을 위한 창도적인 제안을 하는 전문가집단이다. 현재 대부분의 상급자치단체에서 설립·운영되고 있는 발전연구원, 기초자치단체의 경우 지역혁신위원회나 발전협의회[2)]가 지역발전을 위한 싱크탱크로 활용하고 있다. 이들은 대체로 해당 지방정부 산하기관 또는 자치단체장의 자문기구로 운영됨으로써 독립성과 자율성이 보장되지 않지만, 지방정부의 정책과정에 필요한 전문지식과 정보를 생산하여 정책결정자들을 지원하고, 자문에 응함으로써 지방정부의 정책결정의 질을 높이는 데 기여하고 있다고 하겠다.

2) 비제도적 행위주체들

(1) 이해관계자

정책과정은 다양한 이해관계를 갖는 개인이나 집단의 의견수렴 과정을 거쳐 이해관계자들 간의 의견을 조정하고 타협하여 해결하는 절차적 합리성[3)]을 지녀야 한다. 지방정부에 의해 일방적으로 결정된 정책은 사회구성원들의 수용가능성과 결정된 정책집행에서의 협조가능성을 저하시킴으로써 당초 정책이 추구하려는 목적을 제대로 달성할 수 없도록 하기 때문이다. 이러한 절차적 합리성이나 정치적 합리성이 중요한 이유는 민주화에 대한 주민의 욕구 증대와 지방자치제의 본격적 실시로 인하여 주민들의 의견표출이 그 어느 때보다도 활발하게 전개되고 있으며, 그

2) 지역혁신위원회는 2004년 법률 제7061호 「국가균형발전특별법」에 의거, 시·도 및 시·군·구에 지역 간 불균형을 해소하고 지역혁신 및 특성에 맞는 발전을 통하여 자립형 지방화를 촉진함으로써 전국이 개성있게 골고루 잘사는 사회를 건설하고자 설립·운영되었으며 지방자치단체의 자문·심의 기구 성격을 갖고 있었다. 이후 지역혁신위원회는 설치 및 운영의 법적 강제성이 없는 지역발전협의회로 개칭되고 일부 지방자치단체에서는 조례를 제정하여 운영하고 있다.

3) 절차적 합리성은 이해관계자들 간의 갈등을 조정과 타협을 통하여 해결하려는 정치성을 기본 속성으로 지니고 있어 정치적 합리성과 같은 맥락이다. 여기서 정치적 합리성은 정책결정과정에 존재하는 다양한 가치들 사이에서 야기되는 갈등을 설득·조정하고 협상함으로써 가치 간의 공정하고 타당한 배분을 초래하고 그 결과 정책의 수행과정에서 협동을 유발하기 위한 것이다(김항규, 1995: 683).

결과 사회문제에 대응하는 정책이 과학적·기술적 분석에 의한 기술적 합리성에 의존하기보다는 다양한 이해당사자들의 이해와 기대를 조정하는 능력이 더욱 요구되고 있기 때문이다.

이해관계자들은 선출직 공직자나 의회의원들을 통하여 정책과정에 영향을 미치거나 자신들이 직접 참여하여 영향을 미치기도 한다. 지방정부 계획안에 대한 열람 및 의견제출, 공청회 등의 참여, 스스로 조직을 결성하여 홍보 및 여론조성하거나 시위 등 집단행동을 하기도 한다. 외부 관련 단체들과의 연대활동과 국민고충처리위원회에 청원서를 제출하여 정부의 대응을 유도하거나 행정심판청구와 소송제기 등 법적 대응도 한다. 현실적으로 제도적으로 보장된 주민참여의 실질적인 효과가 미흡하여 주민들로 하여금 일종의 저항운동과 같은 단체행동을 통한 의견표출이 빈번하게 이루어지는 경우가 적지 않다. 이는 지방정부의 대응이 형식적인 절차에 치우쳐 의사소통의 구조가 허구화되거나 진실성과 성실성이 결여됨으로써 주민의 참여행위를 단체행동과 같은 비제도적 형태로 유발하는 악순환을 가져오기 때문이다. 따라서 지방정부는 참여자들 간 의사소통을 위한 합리적 절차와 제도를 마련하고, 참여자들 간의 충분한 토론과정을 통해 상호이해와 합의에 도달하게 하는 상호교호적 담화 상황을 조성하여 정치적 합리성이 확보되도록 노력하는 한편, 이러한 지역사회의 정치행정문화가 조성되도록 해야 할 것이다.

(2) 대중매체

대중매체(mass media)는 지역에서 발생한 사건이나 사회문제를 단순히 보도하는 데 그치지 않고 문제의 원인과 성격을 규명하고, 문제를 구체적으로 진단하여 해결방안을 제시하거나 정책적 대응방안을 위한 특집기사나 방송을 다루어 정책과정에 영향을 미친다. 대중매체에 인지된 문제들은 그렇지 못한 문제들보다 공공정책과정에 더 잘 반영될 수 있다. 지역문제를 대중매체가 관심을 갖고 사회이슈로 다룰 경우 정책이슈나 정책의제로 설정될 가능성이 높다는 것이다. 그러나 언론매체가 다루는 사회문제가 어떤 편견이나 부정확한 사실에 기초를 두는 경우, 현실왜곡이라는 심각한 문제를 야기할 수 있다.

(3) 정당

일반적으로 정당이 수행하는 핵심기능은 시민사회의 다양한 이익을 집약하고 표출하는 데 있다. 사회와 국가를 연결시켜주는 주요한 기제로서 중앙차원에서 정당이 사회의 생각과 국가의 의지를 서로 연결시켜 주는 교량과도 같은 역할을 수행하는 주요 정치제도인 것처럼 지방정당은 지방사회와 지방정부를 연결시켜줄 수 있는 지방정치제도라는 것이다(박종민 외, 2001: 144). 따라서 지방정부 정책과정에서 지방정당의 역할은 지방사회의 갈등을 해소하고 다양한 이익과 선호를 정책으로 전환하는 기제로 기대된다.

그러나 현실적으로 중앙차원에서 정당은 주요한 정책과정 행위자이지만 지방차원에서의 정당은 정책과정을 주도하지도 중심에 서 있지 못하는 현실이다. 중앙정부 재정지원이 전제된 지역발전 사업에 지역 국회의원을 중심으로 한 활동이 때로는 중요한 역할을 하지만, 지방사회의 다양한 이해와 선호를 정책으로 전환하는 정책과정에서는 정당(지구당)의 역할은 매우 미흡한 실정이다. 이는 우리나라 지방자치제도의 설계[4]와 정치문화의 특성으로 지방정책과정에서 지방정당의 역할을 아직은 주변적이고 무기력하게 만들고 있기 때문이다.

지방자치제도적 측면에서 살펴볼 때 먼저 지방의원들에 대한 지방정당의 통제가 미미하다는 것을 지적할 수 있다. 기초의회선거에서 출마자의 당적보유와 당직임명은 허용되지만 정당공천이나 정당표방이 금지되어 있어 지방의원의 의정활동이 정당차원에 기속되기보다는 개인적 차원에서 수행할 수 있게 해줌으로써 예산배정이나 조례제정과 관련한 의정활동이 정파적으로 이루어지지 않는다. 지방정당(지구당)은 선거과정에서는 활발히 관여하지만 선거가 끝나면 다음 선거 때까지 거의 손놓고 최소한의 지역구관리활동을 제외하고 지방정치과정에서 방관자적 입장을 취한다. 지방정책과정에 개입할 공식적인 제도적 장치도 없고 또 그러한 기능을 수행할 만한 인적자원도 갖추고 있지 않다. 기초자치단체장의 경우, 정당공천과 정당표방이 허용되어 시정운영에 정파적 요소를 반영할 수 있지만, 시정운영은 직업공무원제도의 확립으로 지방정당의 간섭으로부터 자율성을 유지할 수 있고, 지

4) 지방자치제도 설계는 지방정부의 역할을 어떻게 볼 것인가에 따라 달라지며 이는 결국 지방정치과정에서 지방정당의 역할에 영향을 주는데, 지방정부 역할에 대한 시각을 크게 지방정부 탈정치화를 옹호하는 시각과 지방정부의 정치화를 옹호하는 시각으로 구분한다. 전자는 지방정부의 역할을 공공서비스 전달자로 간주하고 문제해결을 위한 행정적 효율성과 전문적 기술성에 기초하여 운영될 것으로 기대하며 이 경우는 지방정당의 역할이 제한적이며, 후자는 지방정부의 역할을 지방사회의 갈등해소의 무대로 간주하고 다양한 이익과 선호를 정책으로 전환하는 정치화를 강조하여 지방정당의 역할을 중시한다(박종민 외, 2001: 145-146).

방행정기관의 비정치화는 시장을 통한 지방정당의 시정개입을 차단시키며 시와의 당정협의회가 확고히 제도화되지 못한 실정으로 지방정당이 시청에 주는 영향은 주로 원내 위원장을 통해서 이루어지는 사적이고 개별적이며 비공식적인 것에 불과하다.

정치문화적 측면에서도 시민과 지방정당 간의 관계가 매우 미약하다는 것이다. 정당에 대한 일체감이나 정당을 통한 시민사회의 이익대변의 역할에 대한 기대와 효과가 미약하여 다른 사회단체나 매스컴 등을 활용하는 것이 효과적이라 인식하고 있다는 것이다(박종민 외, 2001: 151).

지방정부 정책과정에서 정당의 이러한 미약한 역할을 극복하려는 노력이 요구된다. 다양한 공익성격의 중간집단의 출현과 직접민주주의의 이상에도 불구하고 사회와 국가를 연결시켜줄 정치제도가 정당이기 때문에 지방차원에서의 대의민주주의의 발전을 위해서 건전한 정당정치의 활성화를 위한 제도와 정치문화가 개선되어야 할 것이다.

(4) 이익집단

이익집단이란 공동의 목표를 달성하기 위하여 결성되어 공공정책과정에 영향력을 행사하고자 노력하는 이해관계자들의 집합체를 말한다. 따라서 이익집단의 개념 정의에는 정책과정에서 상대적으로 제한된 범위 내에서 구체적인 정책문제와 관련하여 이익을 표출하고 증진하려는 사익집단뿐 아니라 불특정 다수의 공공이익을 추구하는 공익집단 또는 시민단체도 포함될 수 있다. 여기서는 전・후자를 구분하여 소수의 특수한 이익을 위해 활동하는 개인들이나 집단을 이익집단으로 보고 이에 관해 설명하기로 한다.

지방정부 정책과정에서 이해관계자나 이들이 형성한 이익집단은 중요한 역할을 수행한다. 왜냐하면, 이들은 관련 이슈에 대해 더 잘 알고 있는 경우가 많고 이들이 제공하는 정보가 정책결정에 있어 없어서는 안 될 정보인 경우가 많기 때문이며, 이들 집단들의 정책과정 참여를 통해 사회의 다양한 이익과 가치를 정책에 반영하는 순기능을 수행할 수 있기 때문이다(정정길 외, 2010: 182).

그러나 이들 이해관계자나 이익집단들이 제공하는 정보의 유용성에도 불구하고 이들의 활동은 정책과정에서 왜곡이나 불공평한 경우를 초래할 수도 있어 정책과정에서의 이익집단들의 활동에 대한 우려와 부정적 시각이 없지 않다. 이들은 지방정부 내 다수의 일반적인 이익보다는 자신들의 특수한 이익을 우선하고 정책과정에 자신들의 영향력을 극대화하기 위하여 조직화하여 압력집단이나 이익집단이 되고 지방정치인이나 관료들은 이들 잘 조직화된 이익집단들의 정보나 자원동원에 의존하여 이들의 이익에 부합되는 정책과정을 진행할 수 있기 때문이다.

개방된 사회에서는 누구나 자신들의 이익을 추구할 권리가 있다. 그러나 어떤 영역의 정책을 지배하는 특수한 이익집단을 견제할 수 있는 대항세력이 등장하여 이들 집단 간의 균형이 이루어지지 않을 경우 지방정부 정책과정은 체제편향의 문제나 무의사결정의 문제를[5] 초래할 수도 있다.

지방정책과정에 있어 지방정부와 이익단체 간의 권력관계는 크게 지방정부가 이익집단에 의해 수동적으로 이끌리는 유형, 지방정부와 이익집단이 상호 영향력을 공유하는 유형, 지방정부가 주도권을 가지는 유형으로 나눌 수 있다(Furlong, 1998: 39－65).

지방정부 및 정책문제의 특성에 따라 이들 유형 중 어떤 유형이 더 지배적인가는 경험적 연구과제일 것이나 지방정책과정에서 지방정부와 이익집단 간의 관계는 상호 협력적이어야 할 것이다. 이익집단이 가치배분의 권한을 가진 지방정부에 접근하려는 현실적 요구를 인정하면서 지방정부는 지역사회의 다양한 요구와 수요를 파악하기 위해 이익집단들의 도움과 지지를 적극 활용할 필요가 있다. 이익집단의 지지는 지방정부의 대외관계에서 정치적 힘이 될 수 있고 정책집행을 용이하게 할 수 있기 때문이다(Hugh, 1994: 226).

현재 우리나라 지방정책과정에서 활동하고 있는 이익집단들은 지방정부 현안으로 등장한 이슈와 관련 이해관계를 표출하기 위해 결집·구성된 다양한 사적 집단들 외에도, 관변단체, 직능단체, 시민단체 등으로 구분할 수 있다. 관변단체는 보훈단체, 민주평화통일자문위원회 등 국가 주도로 설립·육성되어 자발적인 성격이 약하며, 지방정치가의 충원통로가 되거나, 행정지도의 수단으로 작동하거나, 자치단체장의 지지 세력으로 동원되기도 한다. 직능단체는 바르게살기협의회, 생활안

5) '체제편향의 문제'는 지방정부 정치체제 전반을 지역사회 내 특정 계층을 중심으로 기울어지게 하는 현상을 말하며, '무의사결정'은 기존의 특권과 이해관계에 대한 도전이나 변동 요구를 억눌러 사장시키는 것을 말한다.

전협의회, 청소년육성회, 주민자치위원회, 통장협의회 등으로 직능 대표적 기능을 통한 이익매개기능을 수행해야 하지만, 현실에 있어서는 주로 지방정치가의 충원통로로 기능하고 있어 역할면에서는 관변단체와 유사하다. 시민단체는 환경운동, 반핵운동, 소비자운동, 여성운동 등을 위해 결성되어 활동하면서 지역사회의 관련 쟁점사안을 중심으로 해당 지방정부를 견제하거나 압박하는 세력이 되고 있다(박종민 외, 1999: 123－139).

향후 지방정책과정에서 이익집단의 영향력과 활동은 정치적 민주화와 지방자치 실시라는 환경 변화에 따라 영향력이 증대될 것으로 전망되기에 이에 관한 실증적 연구가 활발히 전개되어야 할 것이다.

(5) 비정부단체

비정부단체(NGO)는 학자들에 따라 전술한 이익집단의 범주에 포함시키기도 하지만 구성원의 이익증진에 힘쓰는 사익집단과 달리 시민사회의 자발적인 활동을 기초로 불특정 다수의 공익을 추구하는 민간기구이며, 지방정부의 정책결정과 집행과정에 영향을 미치는 조직을 말한다. 비정부단체는 특정 이슈를 중심으로 공식적인 조직을 갖고 정부로부터 독립적인 위치에서 공유된 의사를 정부에 전달하여 정책과정에 반영시키는 정치적 기능을 수행한다. NGO는 일반 시민이 개인적 차원의 참여에 소요되는 비용과 전문성 부족으로 인하여 실제적 정책참여가 제한되는 현실을 공익적 차원에서 시민이익을 대변하는 참여집단을 통하여 정책과정에 용이하게 참여할 수 있고, 개인들의 분산된 의견들을 하나로 묶음으로써 정책과정에 효과적으로 영향을 미칠 수 있다. NGO의 양적성장에 비해 질적성장이 부응하지 못해 부작용과 책임성 논의로 NGO 역할에 대한 비판적 시각이 없지 않지만, 거시적으로 볼 때 NGO가 일반 정부에 대한 시민의 저항권력을 보완하는 매개권력의 역할을 수행함으로써 시민의 일반적 이익증진에 기여하는 주체라는 점을 고려할 때 NGO 전반에 대한 부정적 평가보다는 그 의미에 대한 적극적 이해가 요구된다고 하겠다(김영인 외, 2007: 24).

정책과정에서 NGO의 역할을 감시자, 주창자, 혁신자, 서비스 제공자 등으로 분류하여 설명하기도 한다(Najam, 1999). 감시자는 정책이 목표대로 적절하게 수행되고 있는지를 감시하고, 주창자는 시민들의 이익과 요구를 대변하여 정책으로 반영되도록 활동하며, 혁신자는 새로운 정책을 개발하여 변화를 이끌어내는 역할을 하고, 서비스 제공자는 정부 대신 NGO가 직접 공공서비스를 생산하여 제공한다. NGO의 이러한 역할들은 정책과정별로 차별화되고 다원화하여 수행하는 것이 바람직할 것이다. 정책의제와 결정단계에서는 주창자와 혁신자의 역할을 우선적으로 수행하고, 정책집행단계에서는 감시자와 서비스 제공자의 역할을 정책평가단계에서는 감시자, 혁신자 및 주창자의 복합적 역할을 수행하는 것이 바람직할 것이다.

제 6 장 지방정부와 시민

정부가 국민의 동의에 의존한다는 명제뿐 아니라 모든 계층과 이해를 대변하는 참여에 토대를 두어야 한다는 전제에서 정부기능을 새롭게 정의하려는 시대이며, 정부 운영에 있어 정치가나 행정전문가들의 역할이 점점 적어지고 있는 상황이다. 이러한 맥락에서 지방정부 또한 지역시민들이 지역 내 사무를 스스로의 의사와 책임 하에 자주적으로 처리하는 민주적 과정, 즉 지방자치의 실현을 지향하고 있다. 지방자치를 통해 지역시민들은 지방정부의 의사결정이나 자신들의 욕구를 정책에 반영할 뿐 아니라 지방정부로 하여금 주민들에 다양한 서비스가 효율적으로 제공되도록 하고 있다. 따라서 시민들은 단순한 통치의 대상이 아니고 직접적으로 민주주의를 이끌어 가는 통치주체로서의 역할이 강조된다. 지방자치가 제대로 기능하려면 민주주의 제도만으로 보장되는 것은 아니고 그 토대로서 시민들의 시민성, 시민의식(civicness)이나 자치역량에 달려 있다. 시민의 자치역량에 따라 민주주의의 수준이 결정되기 때문이다. 공공문제에 대한 정확한 정보와 적절한 지식, 제도 운용과정에의 적극적 참여, 공공정신의 충만 등과 같은 시민문화가 형성되어야 한다.

한편, 지방자치가 활성화되기 위해서는 지역사회에서 주민위주의 자발적 · 자생적 활동이 활발해지도록 여건을 조성하는 일인 바 지방정부의 중요한 과제 중의 하나가 되고 있다. 그렇기 때문에 지방정부는 모든 시민들의 장점을 불러일으키고, 공동체를 형성하며 통치과정에서 적절한 역할을 할 수 있도록 해주는 것이 필요하다. 정치나 행정은 사회적 규제를 정의하는 권위적 역할 이외에도 시민들로 하여금 그들이 직면하는 위기와 기회를 평가할 수 있도록 하게 하는 지식을 갖게 하는 공공과정이어야 한다(Harmon, 1995: 196). 공동체 참여를 통해 개인들은 시민으로서 어떻게 생각해야 할 것인가를 가르쳐 주고, 시민 정신은 시민적 활동에게 요구되는 공개성과 정의감을 알려준다. 정치가 스스로 대학이 되고, 시민 정신이 스스로 훈련이 되고, 참여가 스스로 스승이 되기(Benjamin, 1984: 154) 때문이다.

이 장에서는 지방정부에서의 시민의 위상과 역할, 그리고 이러한 시민들의 역할을 조장하기 위한 지방정부의 시민관리를 살펴보기로 한다.

제 1 절 시민모델

주민이라는 용어는 거주지를 중심으로 파악한 일정한 시민을 의미한다. 지방정치의 관점에서 파악할 경우 시민이라는 개념이 보다 적절하며, 이하에서는 시민에 관한 모델을 정리하기로 한다.

1 권리와 의무에 따른 시민모델

일반적으로 시민들은 그가 속하는 지방정부에 대하여 여러 가지 권리와 의무를 가진다. 우리나라 지방자치법도 주민으로 하여금 법령이 정하는 바에 의하여 지방의원 선거권이나 주민투표권, 조례제정 및 개폐청구권, 공공시설을 이용할 권리 및 지방자치단체로부터 균등한 행정서비스를 받을 권리와 자치단체의 비용을 분담하는 의무를 부과하고 있다(지방자치법 제13조~제14조). 따라서 지방정부와 시민 간 관계를 권리와 책임의 관점에서 이해할 수 있다.

샌델(Michael Sandel)은 정부와 시민과의 관계를 두 가지 측면에서 기술하고 있다. 하나는 절차와 권리의 입장에서 보는 관점으로 정부는 특정 개인과 사회의 집단적 이해를 조정하고, 이들의 이기심이 활동할 수 있는 영역을 제공하기 위해서만 존재한다는 것이다. 여기서 정부는 투표나 대표성, 정당한 과정 등과 같은 장치들이 잘 작동하도록 보장하거나 개인들의 권리를 보호하는 절차들을 잘 보장함으로써 시민에 대한 책임을 완수한다고 본다. 이러한 관점에서 시민들의 역할은 자신의 이해에 일치하는 것을 추구할 수 있는 능력이나 다른 사람들의 권리를 존중하는 능력을 개발하는 데 초점을 두고 있다.

반면에, 개인들을 자치정부에 보다 적극적으로 관여하는 주체로 보는 관점이다. 시민들의 역할은 이기심을 넘어 보다 광의의 공익에 대한 시각을 지녀야 한다는 것이다. 공적인 일에 대한 지식을 갖고, 소속감 전체에 대한 배려, 지역사회 운명에 관심을 갖는 도덕적 연대를 요구하고 있다. 이러한 시민들은 시민으로서의 자질과 품행, 즉 시민적 덕성(civic virtues)을 소유해야 한다는 것이다. 참여와 지역사회 의사결정과정에 관여함으로써 시민들은 자신들의 협소한 이기심을 넘어 전체를 볼 수 있는 자질과 의무를 갖게 된다는 것이다(Sandel, 1996: 5-6).

헬렌(Lawson Helen)도 정부와 시민 간의 관계를 두 가지 시각에서 설명하고 있다. 즉, 자유주의적 개인주의(liberal individualism) 시각에서는 시민들의 개인적 권리를 강조한다. 이러한 권리는 개인적 이해를 추구할 수 있는 자유를 의미하며, 정치체제는 개인인 시민으로서의 권리나 정치적 권리를 보호하는 것이 주요 기능이라고 간주한다. 반면에, 공동체적 시각에서는 시민들의 책임과 의무를 강조한다. 이러한 시각은 개인을 공동체의 한 부분으로 이해하고 개인으로서 권리를 인정하지만 공동체 구성원으로서 의무 또한 가져야 한다고 이해한다. 개인은 자기가 속한 공동체의 희망을 염두에 두고 행동하는 방법을 결정해야 한다. 전자는 시민성을 개인의 권리가 우선되어야 한다는 자격이나 지위로서, 후자는 공동체 사회의 이해를 우선하는 시민들의 실행과 실천으로 정의하고 있다(Helen, 2001: 163-178).

2 행정사조별 시민모델

1) 수혜자(client)로서의 시민

전통적 행정조직은 주어진 업무를 수행하기 위해 강력한 명령통일, 계층적 권한관계의 관료제가 가능한 한 폐쇄적 체제를 운영하며 시민관여를 제한한다. 정부의 초점은 직접 서비스 공급에 있고, 계층적 조직을 통해서 관리한다. 효율성과 합리성이 공공조직의 가장 중요한 가치들이다. 이러한 특징을 가진 전통적인 행정관리는 시민들에게 서비스를 직접 공급하거나 이들을 안전하게 보호하고, 개인 및 기업의 행태에 다양한 규제활동을 하며 이를 수용하는 사람들을 수혜자, 피보호자(clients)라 한다. 'Client'라는 말은 전문적인 서비스를 받는 당사자를 의미하며, 라틴어의 *cliens*(의존하는 사람, 또는 추종자)에서 유래한다(Denhardt & Denhardt, 2003: 57).

지방정부와 시민 간 관계가 공급자와 수혜자 관계로 지방정부는 일방적으로 사회를 규율하며 시민의 요구나 참여는 무시된다. 행정의 주된 내용도 인·허가형 업무 중심의 현상유지 법집행이 주가 되며, 시민들은 세금을 내야 하고, 법을 준수하는 정부의 예속자이다. 지방정부 관리자들은 법률과 책임성의 범위 내에서 전문적인 서비스를 제공하려고 노력한다.

2) 고객(customer)으로서의 시민

신공공관리는 정부가 이용할 수 있는 자원의 제약이 현저해지는 상황에서 정부는 자원제약을 극복하고 자원활용의 효율성을 모색하기 위해 시장이론을 원용한다. 정부를 기업같이 운영해야 한다는 시각에서 시장과 고객이라는 개념을 중심으로 행정관리는 고객들의 요구에 대응하는 조직문화를 만들고 유지하는 데 초점을 두었다.

시민을 고객으로 보는 관점은 정치적 행태를 경제적 경쟁의 관점에서 설명하려는 이론에서 유래한다. 기업들이 고객을 두고 경쟁하듯이 지방정부 통치자들도 투표에서 승리하기 위해 경쟁하며 시민들을 고객들로 간주한다. 이러한 고객으로서 시민은 자신들의 이해와 위치를 강화해주는 정당이나 지방정치인을 찾으려 하고, 지방정치인들은 투표에서의 승리와 정권을 유지하기 위해 시민들의 이해를 반영하려고 노력한다. 시민들과 지방정부는 도덕적 관계가 있는 것이 아니고, 소비자가 상품 제조자의 상품을 사거나 구입하지 않음으로써 통제하듯 지방정부나 공무원들을 통제한다. 지방정부는 고객의 요구를 평가하고, 서비스 공급의 기준을 설정하고, 이들 기준을 충족시킬 필요한 조치를 취한다. 시민헌장을 제정하고 고객서비스 기준을 제시한다. 신공공관리에서는 이러한 고객주의를 지방정부와 시민과의 본질적 관계로 보고 있다(Denhardt & Denhardt, 2003: 57－60).

고객서비스 접근방법의 문제점으로는 우선, 고객이라는 경제적 개념에는 선택이라는 관념이 필수적인데, 일반적으로 정부서비스에는 대안들이 적을 뿐 아니라 정부에 의해 제공되는 많은 서비스들은 구체적인 수용자가 원하지 않는 서비스들(교도소 운영 등)도 있기 때문이다. 또한 지방정부가 고객을 확인하는 일도 쉽지 않다. 이해갈등이 심할 경우 많은 기관이나 부서로서는 누가 고객인가를 정의하기 어렵고 또한 이들 고객의 요구를 어떻게 만족시켜야 할 것인지 어렵다. 다음으로, 고객지향에 대한 가장 중요한 문제점은 책임성과 관련된다. 정부는 단순히 개별 고객이나 소비자들의 이기심에 책임을 지는 것이 아니라 보다 넓은 공익에 책임을 져야 하기 때문이다. 민주정부의 핵심은 이익을 내거나 고객을 만족시키는 것이 유일한 책임은 아니기 때문이다.

3) 협치 구성원으로서의 시민

통치의 본질이 계층제적 또는 관료제적 국가에서 네트워크에 의한 협치로 변화하고 있다. 이러한 협치에서는 공적 및 사적 경계가 애매해지고, 실제 업무 수행에서도 점차 국가, 시장 및 공동체의 특성들이 혼합되어 이루어지고 있다(Bevir, 2011: 16). 협치는 정책결정과 정책결과가 정부 내외의 다양한 집단 간 복잡한 상호작용의 산물로 간주하며, 의사결정의 정당성은 사람들의 목소리가 정당하게 표현되고 결정에 도달할 수 있는데 근거한다고 본다. 공익은 단순히 투표 수에서 나오는 것이 아니고, 갈등해결과 결정과정의 공정한 절차와 현안에 대한 이성적 관점들의 상호교환이 이루어질 수 있는 제도적 공간에서 형성된다는 것이다. 이러한 거버넌스 환경에서는 정부와 시민사회 간의 구분을 없애고 강력한 중앙집권적 권위를 풀어 놓을 것을 요구한다. 법적 권리라는 좁은 의미를 넘어 협치 구성원으로서 시민들 사이 또는 시민과 국가 간 관계의 상호성을 인정하고, 국가, 시장 및 공동체 간 책임성의 조합으로 확대될 것을 요구하고 있다.

4) 주인(owners)으로서의 시민

지방정부 행정에 대한 대부분의 비판은 중요한 정치적 가치나 개인적 권리들을 소홀이 한 채, 집권적 집행부에 의한 강력한 관리기술을 행사하는 것으로 모아진다. 이러한 관리로서 행정은 정치철학이나 비전이 비민주적일 경우에도 그 실행을 위해 합리적 방법을 동원할 수 있지만 바람직한 목표와 수단의 도치현상이 발생할 수 있다. 누구를 위한 행정이냐?라는 문제가 제기된다. 주인으로서 시민모델은 시민들을 시(市)라는 회사의 소유자-주주로 비유하고 어떠한 공공사업도 이들 소유자들의 세심한 관여가 필요하다고 주장한다. 앞서의 고객들은 공동의 목적을 공유하지 않고 오히려 자신의 개인적인 이익을 최적화하려고 하는데 반하여, 주인으로서 시민들은 보다 광의의 공동체라는 환경에서 권리와 의무를 가진 자들이다. 시민들이 주인으로서 행정에 관여하는 것은 시 행정 개선에 가장 중요한 일이고 의무라는 것이다.

지방정부 관리자들은 사회가 직면하고 있는 많은 병폐들을 해결하려는 사람들로서 헌신과 봉사가 지방정부의 사명이고 공무원들의 소명이라고 생각해야 한다. 그리고 그들의 동료와 시민들을 존엄과 존경으로 대하면서 정책개발과 집행에 새로운 기술들을 배워야 한다. 공무원들은 일반 시민들에게 말하는 것보다 들음으로써, 방향제시보다는 봉사함으로써 더 많은 것을 얻을 수 있다는 것을 알게 된다(Denhardt & Denhardt, 2003: 3).

쿠퍼(Terry Cooper)는 공공봉사자로서 관리자들은 단순히 전문기술자, 문제해결자 혹은 정부 고용인이기보다는 시민성의 책무를 자신의 업무에 연장하는 사람으로 이해되어야 한다. 행정가들이 자신의 정체성을 민주적 시민성에서 끌어낸다면 행정가들은 대응성과 책무성과 같은 문제들을 포괄하는 의무를 져야 한다. 공공관리자의 윤리적 정체성은 우리 중의 한사람으로 우리를 위해 일하도록 채용된 시민의 그것이어야 한다. 즉, 복잡하고 대규모의 정치공동체에서 우리 스스로 맡을 수 없는 업무를 하도록 정해진 일종의 전문적인 시민이다. 행정의 역할이 시민의 역할에서 유래한다면 관리인들의 책임은 시민들로 하여금 지방정부의 업무에 참여하고 관여하는 시민의 의무를 다하도록 도와주는 데 있는 것이다. 시민들이 정치과정에서 중요한 역할을 해야 한다는 요구는 관리자들을 포함한 지도자들이 일상 시민들의 가치와 신념을 공유하고, 이들의 요구에 민감해야 할 뿐 아니라 소극적인 시민들을 적극적으로 활성하게 해야 한다는 것이다(Cooper, 1991: 139).

지방정부는 공공서비스가 경제적 개념 또는 경제적 구성물이 아니라 정치적 개념이라는 것을 인정해야 한다. 공공서비스 개선의 문제는 고객의 요구에 대한 배려

뿐 아니라 사회 내 권력의 배분에도 배려를 해야 한다는 것이다. 신공공서비스 관점에서 질적인 서비스를 제공하는 것은 시민참여를 확대하고 적극적 시민성을 확장하는 방향에 우선순위를 두고 있다.

이상의 모델을 종합하면, 어떠한 비유도 시민과 지방정부 간의 복잡한 관계를 완벽하게 포착할 수는 없다. 비유의 궁극적 가치는 그 모델의 정확성에 있기보다는 오히려 사회현상을 해석하는 데 각각의 비유가 제공하는 통찰력일 것이다. 예컨대, 주인모델과 고객모델은 지방정부와 시민 간 관계에서 각기 다른 특정 측면을 강조하고 있다. 고객모델은 관리자들이 고객들을 어떻게 만족시키는가에 초점을 두고, 고객조사를 하고 서비스를 편리하게 하고, 권한을 위임하거나 어느 사업은 외부 계약이나 민영화를 할 것인지를 결정하는 등 민간기업의 소유자처럼 여러 방법을 동원한다. 이는 지방정부구조와 절차 및 관계를 변화하는 것이, 보다 대응적인 공공서비스를 낳는다는 가정이며 시민들은 단지 이들 행정행위의 고객에 불과하다는 것이다. 이에 반하여 주인모델은 시민들이나 민간부문의 엘리트들로 하여금 적극적인 의제형성 역할을 하도록 한다. 적극적 · 효율적 시민성을 강조하는 것은 엘리트로부터 보다 넓은 일반 대중으로 확대되는 것을 목표로 하고 있고 시민들이 행동하는 것을 전제로 한다. 이들은 기관을 모니터하고, 자신들의 선호를 알리고, 개혁은 구조변화도 필요하지만 시민들과의 끊임없는 정보교환을 통해 시민들로 하여금 활발한 참여와 권한위임을 행사하도록 하는 관리 방향이 정해지는 것이다.

따라서 이들 모델들이 제시하고 있는 통찰력을 어떻게 현실에 적용하느냐의 문제는 지방정부 관리자의 몫이다.

제 2 절 시민성(citizenship)

1 시민성의 의의

민주사회가 유지되고 발전되기 위해서는 민주시민으로서의 자질을 갖춘 시민과 이들의 참여활동이 필요하며 이를 위해 민주적 시민 양성이 중요하다.

시민성(citizenship)[1]의 본질은 시민이라는 'citizen'과 자질, 조건이라는 'ship'의 뜻이 담겨 있다. 이것은 개인으로서 요구되는 자질이라기보다는 "시민이라는 지위에서 요구되는 자질"로 타인의 권리 및 감정의 존중과 이웃 사람에게 영향을 주는 문제에 관심을 가지는 것을 의미한다(Marshall, 1977). 또한 불법적인 일에 용기 있게 대처하고 개선을 위한 활동에 참여하는 것, 합리적이고 비판적인 사고능력을 지니는 것과, 국가와 국민들이 상호의존관계에 있다는 것을 이해하고 협력하는 것으로 설명할 수 있다. 이렇듯 시민성은 한 사회구성원으로서 개인의 권리나 의무 또는 기능 등의 측면에서의 살펴 본 행태를 말한다.

시민성에 대한 정의는 윤리적 정의와 법률적 정의로 구분하여 설명될 수 있다. 윤리적 정의에서의 시민성은 시민을 정치적 존재로 보고 정치공동체 구성원이라는 특성과 관련한 시민의 권리와 책임과 같은 문제들을 내포한다. 아리스토텔레스(Aristoteles)의 정치학(politics)에서 시민들은 정치(polis)에 관여함으로써, 자신의 완전한 인간성을 획득할 수 있다고 주장하는 것처럼 인간은 삶의 목적과 관련하여 적극적이며, 사회적이며 도덕적인 존재이기 때문에 보다 높은 목적을 달성하고자 하며 이를 위해 스스로 결정에 참여해야 한다는 것이다. 루소(J. J. Rousseau)도 시민은 공동선(共同善)을 마음에 두고 행동하는 사람으로 정의하고 시민성을 공동체와 그 구성원에게 헌신하고, 공적인 일에 의미 있는 수준의 관여와 자신의 이익을 보다 광의의 사회적 이해 아래에 기꺼이 두는 삶의 방식이라고 한다(Pocock, 1995: 31). 현대에 이르러 샌델(Michael Sandel)도 민주적 시민성에 관해 개인들은 통치에 보다 적극적으로 관여하고, 공공의 사건에 관한 지식과 전체에 대한 관심과 소속감 및 지역사회와의 도덕적 연대를 통해 이기심을 초월하여 보다 넓고 장기적인 시각에서 공공의 이익을 볼 수 있어야 한다고 강조한다(Sandel, 1996: 5-6).

이러한 강력한 윤리적 시민성의 전통은 법률적 접근방법과 대조를 이루며 적극적이고 참여하는 시민의 토대를 제공하고 있다. 그래서 공동체나 국가의 일에 적극적으로 관여하여 사회와 자신들에게 이익이 되게 함으로써 보다 완전한 인간이 된다는 민주적 이상은 사물이나 소유에 대한 자신의 이해를 보호하기 위해 형성된

---

1) 영어의 'citizenship'은 정부와 시민과의 관계에서, 한 사회구성원으로서 개인의 권리나 의무 또는 역할 등의 행태를 말한다. 시민의 신분이나 자격, 또는 시민권이라는 용어가 권리와 의무의 의미로 제약되어 여기서는 시민들의 역할과 행태의 의미를 포괄하는 시민성이라 하고자 한다.

법적 권리와 대조된다.

정치적 존재로서의 시민성에 대한 대안적인 관점이 법적 존재로서 시민이다. 로마의 법률학자 가이우스(J. C. Gaius)는 "사람들은 주로 사물(things)에 근거하여 행동하며 이들의 행동은 사물을 얻거나 얻은 사물을 유지하는 데 초점을 둔다"고 보고 있다. 그 결과 사물에 대한 다툼으로 인하여 규제가 필요한 데, 시민으로서 개인들은 먼저 사물의 소유에 관심을 두고 다음으로는 사물과 관련한 법적 행동—권위, 양도, 소송—등과 같은 것에 관심을 둔다는 것이다. 사물의 세계가 현실이며, 사물을 매개로 인간은 삶을 영위하고 자신들의 삶을 정의한다. 이때의 시민성은 법적 지위이며, 시민으로서 권리, 즉 시민권으로 특히 재산권과 연관되며 도덕적이거나 정치적 권리와는 연관이 없다. 이러한 협의의 법적 관점은 본질적으로 개인의 출생지 및 국적과 같은 자격에 의해 제한되어 배타적이다. 이러한 시민성은 오늘날 세계화와 다양한 현대사회의 복잡성을 제대로 다루기 어렵기 때문에 시민사회와 국가 간의 관계를 보다 잘 이해할 수 있는 새로운 의미의 시민성 접근이 필요하다는 것이다(Phillips, 2012: 484-486).

따라서 오늘날의 시민성 개념은 이러한 법적 권리라는 좁은 의미를 넘어 시민들 사이 또는 시민과 국가 간 관계의 상호성을 평가하는 틀로서 뿐만 아니라 국가, 시장 및 공동체 간의 책임성의 조합으로 확대되고 있다. 이러한 시민성은 적극적인 시민참여를 통해서 또는 시민들에 의한 책임감의 실천에서 형성되고 강화된다. 전통적인 투표나 정당가입 등과 같은 대의제 민주제의 메커니즘을 통해서 표출할 뿐 아니라 다양한 시민사회조직에 자발적으로 참여하면서 다른 시민들과의 관계를 통해서 표현한다. 시민들은 다른 시민들과의 관계에서 공적토론, 숙의, 타협 및 책임성, 그리고 서로에 대한 신뢰와 정부에 대한 신뢰라는 시민의식과 시민으로서의 기술을 배우고 실행할 수 있어야 한다.

2 시민성 유형

시민들의 책임에 관심을 두고 시민들이 그들의 책임감을 어떻게 수용하는가를 중심으로 분류한 시민성 유형(Dohency, 2007: 405-420)과 적극적 시민성을 살펴보면 다음과 같다.

1) 자유주의적 시민성

자유주의적 시민성은 책임보다는 권리에 강조를 두고 있지만 자유주의적 시민성도 자유를 보호하기 위해 자유의 남용을 막는 도덕적 책임이 필요하다고 주장한다. 자유주의적 시민성은 시민들이 책임있게 행동하도록 동기화시켜줄 가치들을 설정한다.

2) 공화주의적 시민성

공화주의적 시민성은 시민으로서 의무를 다하도록 공적인 덕성을 조장하는 데 관심을 두고 있다. 이러한 시민성은 시민들이 보다 광의의 공동체 이익을 위해서 개인적 이해를 버리고 우정의 정신으로 공적인 것에 관여하고 행동하는 것을 강조하고 있다. 공화주의적 시민성은 시민들이 공적인 것에 관여하면서 책임있는 시민들의 도덕적 능력을 개발해야 한다고 강조한다.

3) 공동체적 시민성

공동체적 시민성(communitarian citizenship)은 시민들을 사회적 또는 문화적으로 형성된 실체로 보고, 개인의 관심보다는 공동체의 요구가 중요하다고 강조하며 좋은 사회를 만드는 것이 시민들의 의무로 보고 있다. 그리고 사회가 기능하는 데 필요한 규칙들을 인정해야 한다는 것이다.

그러나 이러한 자유주의, 공화주의 및 공동체적 시민성의 관점은 시민들의 책임을 구체적인 개념들, 즉 자유주의 속성, 시민덕성 및 공동체와 같은 개념들에 묶어두어 시민들이 실제로 책임감을 어떻게 수용하고 파악하는지를 충분히 설명해주지 못하고 있다.

4) 심의적 시민성

심의(숙의)적 시민성(deliberative citizenship)은 공적사안에 대해 시민들이 심의하고 공적토론에 참여하며, 모든 관련자의 관점과 그들의 규범이나 상황인식을 수용하여 의사결정에 반영하고 결정된 의사를 수용하는 도덕적 장점을 가진 사람들의 속성으로 지칭한다(Harbermas, 1996). 이러한 시민성은 윤리적 원리에 상응하여 행동하고, 다원적인 이해를 반영하는 방식으로 토론할 것을 기대하고 있다. 다른 사람들에게 귀를 기울이며 자신들의 입장과 이해를 수정하는 데 열려 있는 마음과 도달된 의사결정을 수용하려는 도덕성을 갖도록 기대한다(Stokes, 2002: 42). 심의적 시민성은 외부에서 부여된 전통이나 가치 개념들의 부담으로부터 벗어나 책임의 수용을 개인의 문제로 보고 사람들의 삶의 현실과 그들이 적절하다고 보는 규범이나 행위기대를 연계시키는 과정에 초점을 둔다. 시민들이 숙고와 심의를 통해 다른 시민들과 공동사안에 관여하고 공동의 문제에 대한 해결책을 찾으려 한다.

하버마스(Jurgen Harbermas)는 시민 개인들이 사안에 대해 갖게 되는 도덕적 관점이나 책임의 근거를 이기적, 순응적, 개혁적, 반성적 관점으로 분류하여 설명하면서 반성적 관점에서의 담론윤리(discourse ethics)를 강조한다.

이기적 관점은 책임의 수용기준이 이기심에 있다고 본다. 이기적 인간은 자신의 이익을 얻기 위해 다른 사람들을 통제나 조작할 수 있고 속일 수 있는 대상으로 다룬다. 따라서 이러한 인간은 보상을 받고 처벌을 피하는 편리한 방법으로 책임을 수용하고 권위에 순종하며 다른 사람들을 기만하고 조작하려고 하기 때문에, 여기서 책임은 사회적 의미를 갖지 못한다.

순응적 관점은 개인이 지역사회의 규범에 순응하고자 하거나 또는 자기와 가까운 사람들의 역할기대에 순응하는 선에서 책임을 갖게 된다. 사회적 관습의 입장에서 책임을 진다는 것은 다른 사람들의 정당한 기대를 토대로 자신의 역할을 수행하는 것이다. 따라서 순응하는 사람들은 집단이나 사회의 전통이나 관습을 준수하려고 한다.

개혁적 관점은 책임을 자신의 실존적 소유로 받아들인다. 다시 말하면 이러한 책임감은 개인이 사회적 역할이나 규범에 종속시켰던 자신들의 이해나 의도를 되찾아오려고 할 때 생긴다. 자신의 역할이나 책임의 수용에 대한 이유를 곰곰이 따져보면서 자신의 삶을 개혁하고 자신의 의지를 실현시키려는 맥락에서, 책임을 자신을 위한 것으로 받아들인다.

책임에 대한 반성적 관점은 행동이나 상황에 관한 시각을 가설적 방법으로 생각한다. 즉, 행동을 지배하는 규범들이 어떻게 하면 각자의 관점을 가진 모든 참여자들에게 보다 적합하도록 조직될 수 있는가를 반성적으로 생각한다는 것이다. 반성적 통찰력은 전통에서 나온 규범을 가설화할 수 있는 능력과 이들 규범들을 도덕적이며 윤리적인 의미를 가진 문제로 전환할 수 있는데서 생긴다. 규범을 준수하는 것은 자율성에 근거해야 하며, 책임있게 행동한다는 것은 도덕적 원리에 근거한 행동을 의미함으로써 이러한 원리들은 담론과정에서 합의될 수 있어야 한다는 것이다. 책임있는 행동은 논쟁적인 규범에 의해 영향받는 모든 사람들을 담론과정에 관여시킴으로써 확인될 수 있는 정당한 규범을 포함한다. 이러한 틀은 소통과 담론이 지향하는 가치의 토대가 되고, 사회적 문제를 숙의하여 시민 자신들의 책임감을 정립하는 데 유용한 준거가 된다는 것이다(Harbermas, 1990: 162).

5) 적극적 시민성

적극적 시민성(active citizenship)은 정치적 토론이나 사회적 행동에 적극 관여하고 공헌하려는 자발성을 전제로 한다. 공적영역에서의 적극적 참여로 간주되며 사회에서 특정 개인이나 집단의 우선순위나 이해를 증진하기보다는 공동선(共同善)에 기여하는 것을 강조한다(Helen, 2001: 166). 특히, 국가에 의해서 실행되지 않은 가치있고 필요한 업무들을 일반 시민들로 하여금 적극적으로 떠맡도록 이들을 동기화하는 것을 포함시키기도 한다(Harber, 1992: 17). 이러한 자발적인 행동과 지역공동체의 관여는 시민사회와 민주주의를 위한 필요조건이다. 고객으로서 시민을 강조한 시민헌장의 시민은 정부 공공서비스의 개별적 소비자로 적절한 대우를 받을 절차적 권리를 강조하지만, 자신이 필요로 하는 서비스를 받을 본질적 권리나 서비스 결정과정에서의 역할을 할 수 있는 권리는 아니었다.

따라서 적극적 시민성은 시민들이 개인적 필요를 충족시켜줄 서비스 선택을 탐색할 뿐 아니라, 사람들로 하여금 전체 지역사회 공동선이라는 집단적 목표에 참여하도록 한다. 이들은 시민으로서의 권리를 실현하는 데 관심을 가지고 있을 뿐 아니라 사회적·공적 과정에서 자신들의 역할을 하고, 복지와 안녕의 본질을 결정하는 과정에서의 시민권 실천에 관심을 가지고 있다. 이러한 적극적 시민성은 민주주의 기풍과 시민사회의 장점을 포괄적으로 부활하고, 시민지향의 공공서비스와 지역사회 자체의 활력을 통합할 수 있는 기제로서 시민들로 하여금 지방의사결정에 관여할 수 있는 지식, 기술 및 신념을 갖게 하는 교육, 학습 및 의식제고 활동을 포함한다.

그러나 정치·행정 실제에서는 이러한 민주적 시민성에 관한 이상들이 이른바 정치지도자들, 관리들 및 기타 사회에서 권력을 가진 사람들의 활동에 좌우되는 권력 정치와 전문가주의 및 정치의 복잡성 등에 의해 압도당하고 있다. 정치행정의 제도적 장치는 시민참여에 적대적이며 정치적 무관심과 낮은 정치적 효능감을 조성한다는 것이다.

따라서 민주사회에서의 시민성은 시민들의 민주적 자질을 고양시키는 것과 함께, 정치과정에 보다 직접적으로 관여할 수 있는 제도적 장치들이 구조화되어야 한다. 보다 평등한 정치권력 배분, 공정한 자원배분, 의사결정과정의 분권화, 보다 광범위하고 투명한 지식과 정보교환, 협력적 파트너십 구축, 제도적 대화채널과 책임성 강조 등이 전제되어야 한다.

제 3 절 시민의 역할

1 지역공동체 및 시민사회 형성

지역공동체와 시민사회 형성에 관한 관심은 시민과 통치제도 간 점증하는 간극을 해소하는 방안으로서 제기되었다. 지방정부 운영을 전문엘리트에 의한 정부보다는 시민과 정부와의 연계강화를 지향하는 데서 요구된다. 지방정부의 경제발전과 성과는 지역조직들의 활발한 네트워크, 지역문제에 대한 적극적인 관여, 평등한 정치, 신뢰와 적법성과 같은 개념인 사회자본(social capital)이 형성되는 지역사회에서 긍정적인 효과를 내고 있다고 보고, 지역공동체 형성 과업은 관리자의 책임이 되어야 하며, 지방정부는 시민들의 참여와 대표성을 조장하여 파트너십으로 발전하도록 해야 한다는 것이다(Nalbandian, 1999: 187-197).

공동체의 의미를 사회학에서는 일반적으로 사회구성원들이 서로 협동하고 봉사하며 집단을 위해 헌신하는 사회 유형을 말한다. 이러한 공동체는 재산의 공유, 집단과 사회의 가치와 규범에의 적극적인 몰입, 이타와 봉사의 정신, 강한 집단의식 등을 기본적 특성으로 갖는다(안계춘 외, 1994: 196). 반면에, 공직자들의 시각에서는 공동체 형성을 이해관계가 다양한 갈등상황에서 집단적 의사결정을 이끌어 내는 능력, 즉 정치적 능력으로 간주한다. 이러한 능력의 핵심은 시민들이 집단적 의사결정에 참여하고 그 결정에 책임을 느끼는 의식을 형성해 가는 것으로 이해한다. 이러한 책임의식은 시민들의 개인적 권리 및 사회적 형평성과 같은 가치를 존중하면서 문제를 집단적으로 해결해가는 과정에서 형성된다.

따라서 지방정부의 우선적 관리목표와 지방정부 관리자들의 정당성은 시민들의 이러한 책임의식을 보장하고, 조장하는 조건을 창출하여 지역공동체 형성과 지역사회의 업무를 집단적으로 처리할 수 있게 하는데서 찾아야 한다(Nalbandian, 1999: 187-197).

지역공동체 형성을 가로막는 요인들은 오랫동안 사회를 파편화시킨 사회적, 정치적, 경제적 흐름과 자립이나 이기심과 같은 시장기반의 가치를 강조하면서 공동의 가치를 지향하는 정부역할에 대한 회의가 팽배했기 때문이었다. 지방정부 관리자들은 통치과정과 지역공동체 형성을 연계시켜야 하며 개인과 공동체 가치가 활발히 경쟁하는 곳에서 지역공동체 의식을 형성하기 위한 다양한 파트너십을 개발해야 한다.

한편, 시민사회 형성은 왕권을 중심으로 한 귀족들의 권력적 지배에 대하여, 민중들이 그들의 이익을 대표할 수 있는 국가를 모색하는 과정에서 탄생한 것이다(이달곤, 2004: 61-62). 시민들은 각자의 이익을 위하여 자발적으로 조직을 형성하고 이들 조직이 모여 시민사회가 되었다. 이들 시민사회는 다양한 구성원과 그 집합체로 구성되는데 지역별 조직은 물론 종교, 문화, 시장의 상인모임, 직장인 모임, 취미모임 등의 조직들이 공권력과 적대관계 또는 협력관계를 형성하기도 하였다.

이들 시민들이 해당 조직의 이익을 넘어 지방정부 전체 사업의 장기적인 건강성을 염려하고 개인주의적 차원을 넘어 전체 사회의 보다 큰 선(善)을 건설적으로 생각하는 책임있는 시민으로서 활동할 때 건강한 시민사회가 형성될 수 있다는 것이다(Korten, 1990: 107).

2 시민참여

지방정치과정이나 정부활동에 시민들이 적극적으로 관여하는 것은 민주주의 실천적 구현과 지방행정의 민주화, 효율화 및 행정목표의 효과적 달성에 기여한다. 지방정부사업이나 활동은 공식적이고 직접적인 시민참여 없이 선출직 대표들이 시민의 요구와 욕구를 의회나 전문기획가 및 관료들에 의해 개발된 계획이나 프로그램에 반영되도록 함으로써 이들에게 전적으로 의지하면서 이루어질 수도 있다. 그러나 이들 중간 매개기관들이 언제나 시민들의 견해와 이익을 정확히 대변할 수는 없기 때문에 시민참여가 필요하다. 그럼에도 공동체의 경계가 더욱 모호해지고 원자화된 대중사회에서 진정한 참여가 가능한가?라는 문제가 제기된다.

1) 시민참여의 효과와 비판

시민참여란 의사결정과정에서 불필요한 지체를 가져오며 사회적 불협화를 고양시킬 뿐이며 이상적이거나 정당성을 가장한 주장에 불과하다는 비관적 비판에서부터, 시민참여가 정치의 장에서 이기적 행동을 넘어 공동체의 이익이나 사회적 형평성 및 협동과 같은 가치를 고양시킬 수 있다는 긍정적 시각 등 다양하다.

시민참여의 효과로는 첫째, 간접민주주의 하의 대의제도가 주민의 의사를 충분히 반영하지 못하거나 주민 의사와 괴리가 생길 때 시민들이 직접 참여하여 이를 보완할 수 있다. 둘째, 전통적인 지방정부제도나 과정은 시민들의 삶에 직접 영향을 미치거나 이들이 심각하게 여기는 문제들을 확인하거나 해결하지 못하기 때문에 시민참여가 필요하다. 셋째, 기획과 집행과정에 지방적 상황이나 시민들의 욕구 및 바람과 같은 세부적인 지식을 토대로 가치 있는 투입이 가능하다. 넷째, 의사결정 책임을 시민과 공유하며 나아가 계획이나 사업 집행에서 협조를 얻어 성공적으로 수행할 수 있다. 다섯째, 시민참여는 선출직이나 임명직 공무원들로 하여금 자신의 행동에 책임을 지도록 하는 주민통제 장치이다.

다음으로, 시민참여의 한계와 비판적 시각들로는 첫째, 시민참여는 지역 또는 집단의 크기에 영향을 받는다는 것이다. 플라톤(Platon)과 아리스토텔레스(Aristoteles), 루소(J. J. Rousseau) 등이 시민들은 현안을 보다 쉽게 이해할 수 있는 작은 도시나 국가에서 민주주의가 가장 잘 작동된다고 주장한 것처럼(Curtis, 1985: 434) 지역의 규모가 커지면 사회적 분화와 다원성으로 시민들 서로 간에 이견이나 갈등이 발생할 수 있다.

그럼에도 상호이견을 인정하고 상호이해와 불신을 줄이며, 사회적 갈등을 자율입법과 같은 참여과정과 사적 이해를 공적이해로 변화시킬 수 있는 공동체를 만들어 가면 해결할 수 있고, 시민들이 공적업무에 관한 참여가 활발해질 수 있다는 것이다(Curtis, 1985: 434).

둘째, 시민참여 비판의 또 다른 이유는 오늘날 정치문제가 복잡하고, 일반 시민들의 정치적 지식이 부족함으로써 이들에게 문제해결에 관한 결정적인 역할을 허용한다면 혼란과 갈등을 증폭시킬 것이라는 지적이다. 이에 대해 시민들의 지식과 정치적 판단을 양성하는 것은 민주적 대화, 숙의 및 공적행동에 의해 조장되며 이를 위한 절차와 제도 및 시민성을 형성하는 일에 달려 있다는 것이다. 또한 시민과 의사결정자 간 면대면 협상을 통해 이루어지는 의사결정으로서 공동생산과정이 복잡한 문제에 관한 정보를 공유할 수 있게 하며 이러한 공동생산은 시민들에게 교육적 과정을 제공할 뿐 아니라 이슈를 정치화하여 비조직화된 시민들을 동원할 수 있다는 것이다(Curtis, 1985: 434).

셋째, 시민참여로 시민들은 보다 광범위한 공동의 이익에 책임을 질 수 있는가?의 문제도 제기된다. 정치과정에 배어 있는 이기적 정서나 개인적 이해를 극대화시키고자 하는 실리적 계산법이 정책문제에 대한 숙의과정에 추한 얼굴을 드러내기 때문이다. 이러한 공익에 대한 책임성 문제는 결국 시민성 관념에 의해 해결될 수밖에 없다. 시민성은 곧 시민교육과정을 통한 시민의식 및 시민으로서의 덕성개발에 의한 책임성이며, 이들 책임성은 시민들이 실행을 통해서 공익에 필요한 가치를 배우고 숙의방법을 익힐 때 이루어지기 때문이다.

넷째, 시민참여의 또 다른 문제는 흡수 문제이다. 응집력 있는 시정부와 임시적 시민연대 간의 정치적 자원의 차이는 흡수될 가능성이 높다. 정치체제와의 대결에서 시민들이 원래의 목표를 대체하지 않고 행동할 수 있는 상황은 흔치 않기 때문이다. 이러한 흡수문제는 시민집단들의 자조적인 노력을 통한 긍지와 자존감을 회복하려는 활동에 의해서 해결될 수밖에 없다.

다섯째, 시민참여는 적지 않은 비용과 행정의 지체를 초래할 수 있다. 즉, 시민들에게 지속적으로 정보를 알려야 하거나 때로는 국민투표를 해야 하는 추가 비용으로 정부 경비가 증가할 수 있으며, 시민들의 추가적인 검토 요구로 계획 준비나 집행의 지연을 초래할 수 있다.

여섯째, 일반 시민들은 전문적인 계획이나 사업을 판단할 능력이 없거나 계획이나 집행과정에 참여하는 시민들이 편협적인 견해를 가질 경우, 자신이나 자신들의 이웃에 대한 결과에만 관심을 둠으로써 보다 넓은 범위에서의 최선의 길을 소홀히 할 수 있다. 마지막으로, 개인적 참여가 전체 시민들을 대표할 수 없는 경우가 있다(Zimmerman, 1986: 3-4).

시민참여가 만병통치약은 아니지만 시민참여는 민주적 가능성을 지향하는 열린 과정임에는 틀림없다. 따라서 시민들은 지방정치 및 행정과정에 대한 끊임없는 정보교환을 통해 기관을 모니터하고, 자신들의 선호를 적극 알려야 한다.

2) 시민참여 행태

시민참여가 어떤 형태로 어느 정도로 이루어져야 하는지에 대해서는 합의가 없다. 한쪽에서는 시민들이 직접 법을 만들고 임시적(part-time)으로 공직을 점해야 한다는 의견도 있지만, 다른 한편에서는 시민의 역할이란 본시 정기적인 지방정부 공무원 선출에 한정되어야 한다면서 시민참여는 선출직 공무원들이 어떤 정책을 집행하기 전에 시민들의 피드백으로 정책을 조율하지만 의사결정 책임은 이들 공무원들에게 있다는 점을 고려해야 한다는 것이다(Zimmerman, 1986: 1-2).

(1) 시민개인의 참여

로운데스(Pratchet Lowndes)와 스토커(Gerry Stocker)는 지방정부 참여형태를 다섯 개 범주로 나누고 있다(Lowndes & Stocker, 2001: 205-222).

① 소비자로서의 참여: 참여목적이 소비자로서의 이해와 지향이며 주로 서비스 공급에 관심을 갖는 참여형태를 말한다. 불만표출, 만족도조사나 여론조사 등에 참여한다.

② 전통적 참여: 지방정부의 공청회, 진정, 자문위원회 및 Q&A 회의 참여 등과 같은 전통적인 공적 참여형태를 말한다.

③ 포럼: 서비스 이용자들이나 지역 및 근린주민들이 특정 문제(예, 지역사회

안전 등)에 관심을 갖고 개인들 또는 유사한 배경과 공유된 이해를 가진 사람들이 정규적으로 모여 함께 활동하는 참여형태이다.

④ 자문: 상호작용적인 웹사이트 활용, 시민패널, 주민투표 등과 같은 방법으로 특정 문제에 대해 시민들에게 자문이나 조언을 구하는 참여형태이다.

⑤ 숙의: 시민들 자신이나 해당 공동체에 영향을 미치는 문제들에 대해 시민들로 하여금 숙의과정을 통해 검토해보도록 고무하는 참여형태로 핵심대상의 집단숙의, 지역공동체 계획 논의, 비전탐색, 시민배심원제 등을 들 수 있다.

(2) 시민집단의 참여

시민참여는 개인적으로 참여하기보다는 집단을 형성하여 지방정부 행정과정에 영향을 미치는 경우가 대부분이다. 이들 집단으로는 근린집단, 시민집단(civic groups), 이익집단(interest groups) 등이 있다.

근린집단은 자신들이 거주하는 주변 환경을 보다 매력적으로 만드는 서비스 제공(예, 근린공원, 체육시설, 커뮤니티 센터 등), 위험으로부터 보호와 부작용을 일으킬 변화에 대한 저항(도로 확장으로 인한 교통량 증가) 등에 관심이 높고, 자신들의 거주지에 대한 재산가치를 높이려 한다. 지방선거에서 지역대표제가 점차 증가함에 따라 이들 근린집단의 영향력이 더욱 증가하게 되고 지방정부에 대한 요구투입 기제로 활용하고 있다(Benest, 1990: 6). 특히, 근린집단에 해가 된다고 생각하는 변화에 대해 님비(NIMBY)현상과 같은 저항을 주도하기도 한다.

지역사회에는 또한 다양한 시민집단들이 있다. 여성유권자 연맹, 라이온스 클럽, 로타리 클럽 등은 구성원들에게 지역사회 사안에 관한 정보제공과 공동사업 착수 및 지역사회 활동에 기여하기도 한다. 대체로 이들은 조직으로서 영향력 있는 지역사회 행위자들이 아니지만 가끔 정부활동을 제안하는 데 주도하기도 한다. 또한 관리자들은 이들 조직을 통해 지방정부 필요와 사업들에 관한 정보를 확산시키기도 한다.

이익집단은 자신들의 이해를 위해 지방정부 의제를 확대시키고 공공 논의에 새로운 목소리를 주입해야 한다. 그러나 이익집단이 형성한 이슈는 다른 영역에서의 불균형을 초래할 수도 있다. 따라서 관리자들은 보다 폭넓게 의사결정자들과 의사소통을 하여, 일반적인 요구와 보편적 이해를 담은 정책들도 필요하다는 것을 알게 해야 한다.

시민들 또는 시민조직들이 자발적으로(volunteerism)로 구성한 비정부・비영리 조직체로서 NGO들은 지방정부 정책과정에 참여함으로써 지방정부의 제한된 역량을 보완해주는 역할을 한다. 지방정부가 제공해 주기 어려운 공공서비스나 전문적 정보가 부족한 사회문제에 대해서 이들 NGO와의 협력관계는 시민들로부터의 신뢰를 확보하는 길이기도 하다. 따라서 NGO들도 지방정부나 지방의회의 감시활동에 한정하기보다는 이들의 제한된 역량을 보완해주는 적극적인 협력의 주체가 되어야 할 것이다. NGO의 흥기는 정부에 의한 통제나 서비스 직접제공에서 네트워크와 계약을 통한 관리로의 변화, 국가 중심에서 다양한 관할권과 다양한 이해당사자 중심의 거버넌스로의 변화 등에서 NGO들의 중추적 역할이 요구되고 있기 때문이다. 이들 NGO들의 권위는 민주적 대표성이나 무력에서 연유하기보다는 현대적 개념의 정의, 과학, 합리적 기획 등과 같은 규범적 힘에서 나온다. NGO 활동은 옹호, 서비스 제공 및 규제 등 세 가지 모델로 구분할 수 있다(Christopher et al., 2012: 325－326).

옹호 및 주창자로서 NGO는 다양한 사회문제에 대한 관심과 자원을 동원하거나 국가 및 국제조직에 대한 압력을 조직화한다. 특히, 지역적 문제를 전 세계 청중들에게 연계시킨다. NGO의 이러한 활동은 국가 및 정부활동의 위축이라는 갈등을 가져올 수 있다.

서비스 제공자로서 NGO는 국가 대신 개발과 서비스 제공 및 전달에 주도적인 역할을 한다. 이러한 변화는 국가가 노 젓기에서 방향잡기로 변화하는 신공공관리 교리와 연계된다. NGO들은 시민사회 강화 및 지방공동체에서의 사회자본(social capital) 육성 등을 통하여 보다 참여적인 발전모델을 지향하고 있다.

규제자 또는 준규제자로서의 NGO는 거버넌스로의 변화와 밀접히 관계된다. 규제는 전형적으로 정부가 강제하는 통제이지만 NGO는 보다 다양한 비공식적 사회통제, 이해당사자들의 압력 및 민간기준 등과 같은 규제들을 설계하고 시행한다. NGO는 기업이나 정부활동의 감시자로서의 역할과 민간 규제기관을 설립하여 기준설정, 모니터링 및 인증제도 등을 통해 사회규제 역할을 한다.

지방정부 관리자는 집단참여의 특성을 고려하여, 행정규제를 강제하기보다는 이들의 협력을 유도하기 위해 규제로 영향을 받는 집단들에게 적극적으로 규제내용을 공시하고 이들로부터 의견제시를 적극 독려할 필요가 있으며, 행정기관의 규칙제정자로서의 역할보다는 집단 간 중재자로서의 역할을 중시해야 한다.

제 4 절 지방정부의 시민관리

1 지방정부와 시민 간 관계

지방정부와 시민들과의 관계를 행위주체들의 규범이나 책임에 관한 논의를 떠나, 지방정부 실제에서 지방정부와 시민들 간의 상호작용 측면을 살펴보면 크게 대립·갈등 및 협력관계로 분류할 수 있다.

1) 대립 · 갈등관계

이는 지방정부와 시민들 간의 심리적 소외를 포함한 일련의 의견불일치 상태를 말한다. 의사결정과정에 시민참여의 통로를 제공하지 않고 이들을 소외시키거나 무시하는 절차상의 불만이나 지방정부 각종 공공사업이나 행정서비스의 결과나 성과가 시민들의 기대에 부응하지 못할 경우에 기인한다. 그러나 이러한 갈등을 소극적이고 부정적인 시각에서 보기보다는 갈등관리를 통하여 행정의 효율성과 생산성을 제고시키는 보다 적극적인 개념으로 파악하는 것이 바람직할 것이다. 따라서 지방정부와 시민 사이에 발생하는 갈등을 관리하는 갈등관리전략이 요구된다.

지방정부의 갈등관리는 법적 방법과 행정교섭에 의한 방법으로 구분할 수 있다(이승철, 2000: 33−34). 먼저, 법적 방법은 갈등관리에 대한 법적인 사전장치를 마련함으로써 법원의 판단을 중요시하고 이에 의존하는 방법이다. 그러나 이러한 법적 방법은 결정 결과에 초점을 두거나 일반 시민들의 다원화된 이해와 관심을 수용하지 못한다는 비판이 있다. 다음으로, 행정교섭에 의한 방법은 갈등의 실제적인 측면에서 관련 당사자와의 타협과 협상을 전제로 그 해결책을 모색하는 방법이다. 이러한 방법은 결정에 따른 결과보다는 절차와 과정에 우선순위를 둔다.

2) 협력관계

이는 지역의 문제를 해결하기 위하여 지방정부와 시민이 합의를 형성하고 공동의 목적을 위해 상호협력하며 과업을 수행하는 것을 말한다. 협력관계의 양태는 공동생산형과 자주관리형으로 구별한다. 공동생산형은 지역주민과 지방정부 공무원이 상호 평등한 입장에서 협동하여 지방정부의 역할을 수행해나가는 경우이고, 자주관리형은 주민들이 지방정부영역에서 지방정부에 의존하기보다는 주민들 간의 협력으로 문제를 해결·처리하거나 민간기업의 서비스에 의해서 또는 사회단체의 노력에 의해서 해결해 가는 것을 의미한다(강형기, 1993: 154-159). 이러한 협력관계가 이루어지기 위해서는 시민들의 적극적 시민성 형성과 지방정부의 사회자본 구축 노력이 전제되어야 한다.

쿠퍼(Terry L. Cooper) 등은 시민 중심의 협력적 공공관리에 기여하는 정도에 따라 적대적 접근방법과 숙의적 접근방법(deliberative approach)을 양단으로 분류하여 설명한다(Cooper et al., 2006: 81).

적대적 접근방법은 바람직한 지역사회나 사회적 목적을 달성하기 위해 집단적 또는 개인적·적대적 행동이나 갈등을 토대로 한 참여이다. 이러한 접근방법에서는 권력을 제로섬 게임(zero-sum game)으로 보고 시민들이 더 많은 권력을 가지면 정부는 그만큼 적게 갖게 되는데, 정부가 기꺼이 권력을 양보하지 않기 때문에 공격적이며 적대적인 옹호가 필요하다고 가정한다. 그러나 미국의 1960~1970년대 시민권 운동, 반전운동, 학생운동, 여성운동 및 환경운동 등과 같은 이러한 사회운동들의 결함은 처음에는 열정적으로 출발하였지만 상설조직으로 변환시키려는 과정에서 자원으로 활용될 수 있는 엘리트집단의 양보를 얻어내지 못했다는 점과 이들 접근방법이 시민들의 효능감이나 시민들의 능력은 고양시켰지만, 시민들에 대한 정부의 신뢰나 정부에 대한 시민들의 신뢰, 정부의 대응성 및 정당성 등을 결여하였다는 평가이다.

숙의적 접근방법은 모든 사람들에게 해당되는 '보편적인 우리들(a universal us)'을 창출하고자 하는 시민관여이다. 숙의와 합의에 근거한 이러한 접근방법은 사회 전 분야, 모든 계층의 사람들 및 다양한 개인들을 아우르는 공동행동을 찾고자 하는 노력이다. 다소 길고 때로는 지루한 숙의를 통해 행동의 합의를 찾고자 한다.

이러한 접근방법의 핵심은 서로 다른 사람들 간의 대화이며, 공동의 행동과 그 결과에 대한 책임을 공유하는 것이다. 이러한 숙의적 접근방법은 시민 중심의 협력적 공공관리가 잘 기능하는 데 필요한 시민의 효능감, 시민능력, 시민들의 정부에 대한 신뢰를 제고할 뿐 아니라 정부의 시민에 대한 신뢰, 정부의 대응성 및 정당성을 향상시킬 수 있다는 것이다. 그러나 숙의적 접근방법도 공무원 사회의 전문가 의식이나 계층제적 리더십 또는 시민들의 의무감 결여나 적극적 시민성 부족 등이 장애요인이 될 수 있다는 것이다.

2 시민관리

지방정부는 시민의 요구에 대한 배려뿐 아니라 사회 내 권력의 배분에도 배려를 해야 한다. 시민들이 보다 넓은 공동체를 위한 관심을 갖게 하고 단기적인 이해를 초월한 문제에 몰두하게 하도록 해야 한다. 이를 위해 지방정부는 사회자본 조성과 적극적 시민성의 육성을 시민관리의 과제로 삼아야 한다.

1) 건강한 제도와 시민문화 조성

공공관리는 인간의 조직생활을 구성하는 정치적·사회적 공동체라는 보다 광의의 체제 내에서 이루어진다. 그리고 이러한 환경에서 관리는 인간의 잠재성을 깨우고 인간 발전과 성취를 조장하면서 민주주의를 유지하기 위해 개인이나 집단의 효율성과 경제성 및 효과성을 추구해야 한다. 공공관리의 정당한 역할은 사람들이 필요로 하는 것을 제공해주는 방법을 결정하기보다는 시민들의 통치와 시민성 실행이 가능할 수 있도록 조장해주는 제도의 건강에서 찾아야 한다. 제도는 관습과 법률에 근거하거나 이들에 의해 규제를 받는 행동의 실제를 정의해주는 규범적 패턴으로 개인들의 책임을 할당하고, 행위자들이 의미 있는 행동을 하게 하는 매개체이며, 민주사회의 공동생활을 지지하는 하부구조이다(Sullivan, 1995: 180). 공공관리의 개혁이 경제적 측면에서 개선되었다 해도 민주주의 실제를 지원해주고 시민들의 삶의 기회를 고양해주는 능력을 축소했다면 이는 재고해보아야 할 일이다.

따라서 지방정부 시민관리의 기저는 조직적·관리적 풍조를 벗어나 제도주의와 공동체 정서에서 그 가능성을 발견해야 한다. 공동체적 사고와 민주주의의 활발한 르네상스를 포함하고 있는 제도는 정부를 개혁하기보다는 재구상(re-envisioning)을 통하여 정치행정 실제들을 교정하려는 것이다. 우리 사회가 민주적이고 공화정적인 것을 유지하기 위해서는 시민적 하부구조(civic infrastructure)로서 제도에 투자를 게을리해서는 안 된다(Sullivan, 1995: 175). 민주적 삶을 새롭게 하기 위해서는 제도의 건강에 대한 책임을 가져야 한다. 공적공간에서 활발한 담론을 통해 실제적 지혜의 가치를 인정·수용하고, 모든 시민들의 장점을 불러일으키는 공동체를 형성해야 한다.

알몬드(Gabriel A. Almond)와 베바(Sidney Verba)는 성공적인 민주주의는 시민문화에 달려 있다고 주장하고(Almond & Verba, 1963), 최근 퍼트남(Robert D. Putnam)도 시민문화와 민주주의와의 관계에서, 시민들에게 권한 위임이 될수록 정부의 성과[2)]가 보다 효율적이며 효과적이라고 주장하고 이러한 시민문화 핵심적 특성을 다음과 같이 열거하고 있다. ① 시민관여: 시민문화에서 시민들은 공사에 참여하며 공공이익을 증진시킨다. 이기심이 이러한 참여를 동기화하지만 보다 광의의 공동체 요구를 인식하고 이들 요구에 맞게 행동한다. ② 정치적 평등: 시민들은 서로를 정치적 평등인으로 간주하고 똑같은 권리와 의무를 가지고 있다고 인식한다. 공적영역에서 개인들 간의 관계는 수평적이며 협동적이라고 간주한다. ③ 연대, 신뢰 및 관용: 시민들은 강력한 동료의식을 느끼며, 상대방을 신뢰하고 기꺼이 도우며 다양한 사고나 삶의 방식에 관용한다. ④ 사회적 협동구조: 시민문화는 얽히고설킨 사회조직망의 서식지이다. 시민들은 다양한 집단에 가입하여 시민으로서 혜택을 직접적으로 경험한다(Putnam, 1993).

2) 사회자본의 조성

사회자본(social capital)은 사회 접착제 또는 정보, 신뢰 및 규범의 망으로 사람

---

2) 정부성과(government performance)지표로서는 정책 진보성(policy liberalism), 정책혁신 및 행정효과성으로 범주화할 수 있다. 정책 진보성은 광범위한 복지체제로 공공지원의 보육시설이나 가족건강진료소 설립의 수, 진보적 조세 구조, 소비자 보호기준들과 같은 현대 자유주의와 관련된 정책들을 채택하는 정도를, 정책혁신은 절박한 필요를 해소할 정책을 만들어내는 정부의 창의적 능력을, 행정효과성은 정부가 시민들의 요구에 대응하는 정도를 측정할 수 있는 내용을 중심으로 개발한다(Rice, 1997: 108-109).

들을 묶어주고 보다 효과적으로 협동할 수 있게 해주어 건전한 민주주의 삶의 방식을 작동하게 하거나 이를 지속시키는 사회 효과성의 중요한 요소이다. 퍼트남은 개인적 생산성을 제고하는 수단인 물적자본이나 훈련으로서 인적자본과 비유하여, 사회자본을 조화로운 행동을 조장하여 사회의 효율성을 개선할 수 있는 사회조직의 특성으로 정의하고, 이들 특성을 상호신뢰, 협동 및 네트워크를 들고 있다(Putnam, 1995: 65-78). 이러한 사회자본은 지역사회문제를 집단적으로 보다 쉽게 해결할 수 있게 하고, 지역사회에서의 상호작용과 사람들 간의 상호연대의식을 조장하여, 정보의 흐름을 촉진함으로써 정치 및 지역사회조직에 보다 활발하게 참여하게 할 수 있다는 것이다. 사회자본은 시민들 상호관계에 영향을 미치거나 이를 결정하는 일련의 가치와 태도로 구성되는 주관적 현상으로 대체로 사회공동체에서 자생적으로 형성되지만, 국가나 정부가 제도들을 통해 이러한 가치를 조장하기도 한다.

사회자본의 주요 생성원천은 시민성 교육으로 외국의 경우 이를 강조하는 경향을 보이고 있다. 영국 노동당 정부는 1997년 이후 지방정부 수준에서의 시민성 육성 전략에 관심을 기울이면서, 이를 위한 방안들로 간단한 정보제공에서부터 보다 적극적인 시민이 되기 위해 필요한 기술획득 지원과 다양한 시민교육 프로그램, 그리고 지역사회 네트워크나 집단에 대한 직접적인 지원들이 이루어지고 있다. 시민성 육성을 위한 활동들로는 공공참여를 위한 시민패널, 지역포럼이나 지역위원회 설치, 지역방송에서의 시정에 관한 질의 시간(question time), 웹사이트를 활용한 네트워크 형성 등을 적극 활용하고 있다(Rhys et al., 2008: 489-507).

3) 적극적 시민성 육성

적극적 시민성 육성은 시민들로 하여금 지방의사결정에 관여할 수 있는 지식, 기술을 개발하고 상호신뢰를 돕는 교육, 학습 및 인식제고 활동을 의미한다. 시민성 육성의 본질적인 요소는 공적참여와 관여이다. 참여는 협의를 통한 집단적 공익을 이끌어낼 수 있으며, 개인의 정치적 정체성을 표현하게 해준다는 것이다. 이를 위해 지방정부는 의사결정에 시민들이 보다 쉽게 접근하고 관여할 수 있는 구조와 기회제공 및 필요한 정보를 제공해줌으로써 시민들이 보다 적극적이 되도록 도와주어야 한다(Rhys et al., 2008: 489-492).

1990년대 말 이후 영국의 정치적 논쟁은 시민들로 하여금 사회적·정치적 의무를 완수하는 데 필요한 '적극적 시민성'을 중심으로 전개되고 있다. 적극적 시민성은 단순히 참여의 수준을 높이는 것 이상으로 시민들로 하여금 자신은 물론 주위 사람들과 함께 공동체를 보다 좋은 삶의 장소로 만들게 하려는 것이다(Stocker, 2004: 2). 특히, 이슬람 극단주의자들에 의한 9·11, 7·7 사건으로 지역사회 응집력에 대한 관심이 제고되면서, 적극적 시민성이 강조되고 있다.

미국의 경우, 적극적 시민성은 연방정부, 주정부 및 지방정부의 성과개선을 위한 구조변화 중심의 많은 시도들에 대한 반성과 비판에서 등장한다. 효율적인 정부를 위한 의미 있는 변화는 공공영역에 시민관여를 증진하고, 보다 많은 사람들이 의제형성과 정책집행에 참여하게 해야 한다는 것이다. 공공부문의 효율성은 단순히 수동적인 시민들에 대한 대응만으로는 충분하지 않다는 인식은, 1906~1914년 동안 록펠러재단(Rockefeller Foundation)의 지원을 받은 알렌(Schick Allen)이나 클리블랜드(H. Cleveland) 등이 발표한 문헌이나 활동을 중심으로 행정개선의 수단으로서 적극적 시민성이 중요하다는 주장에서부터이다(Schachter, 1977: 32). 행정개선에 대한 기대를 가지고 있는 주민들은 변화를 위해 활동해야 하며 이것이 지방정부를 보다 효율적으로 만드는 유일한 길이라는 것이다(Cleveland, 1913: 454). 1907년 설립하여 1914년까지 활동한 시정조사단은 18세기 전통적인 마을주민들이 지방정부에 관심을 갖고 합리적 지성으로 정책토론에 참여했던 읍민회의(town meeting)[3]의 역사적 경험을 회복함으로써 적극적 시민성이 가능하다고 믿었다. 시민들은 시정부가 무엇을 하고 있고, 성과를 어떻게 고양시킬 것인가에 대한 정보를 갖고 있어야 주인으로서의 책임을 다할 수 있다는 것을 가정한다. 행정에 대한 시민들의 관심을 점화하기 위한 사업이 1908년 예산전람회였다. 시정부가 예산을 어떻게 사용했는지를 사진, 차트 등으로 전시한 사업이다. 그 외에도 시정조사단은 다양한 간행물(예, 우편엽서, 팸플릿, 전단)을 내어 시민들을 시정부의 주인이라고 생각하고 시민들에게 자신들의 메시지를 전했다. 알렌 등은 또한 학교도 적극적 시민이 되도록 가르쳐야 한다고 주장하면서 시민성을 깨우치는 주요 수단으로서 미국 역사를 추천하기보다는 도시문제를 적극적으로 해결하는 교육을 권장했다. 적

3) 미국의 민주주의 사상과 실제의 뿌리는 뉴잉글랜드(New England)의 town meeting의 선례에서 찾을 수 있으며, 1641년 메이플라워 호에 승선했던 41명의 남성 승객이 서명한 메이플라워 서약(Mayflower Compact)에서 자치정부와 시민관여의 기초를 제공하고 있다(Cooper et al., 2006: 76-77).

극적인 문제해결 기술을 습득하는 것이 평생을 두고 적극적 시민성을 위해 필수적이라는 것이다(Schachter, 1997: 35). 그러나 이러한 적극적 시민성 육성 사업들은 재정지원자들의 이해를 얻지 못함으로써 1914년 시정조사단 활동이 중지되고 적극적 시민성이라는 개념이 묻혀버리게 된다.

1960년대 이후 미국의 공식적인 참여(투표, 배심원서비스, 공청회 등)수준이 감소하고 시민들의 정부에 대한 신뢰가 떨어지면서, 시민관여가 정부개선의 전제조건이며 적극적 시민성 부활을 위한 구체적인 조치들이 필요하다고 주장하게 된다. 적극적 시민성 육성을 위해서는 적절한 교육과 정보가 활용되어야 한다는 것이다. 학교는 학생들로 하여금 의사소통의 기술을 발전시키고 활발한 시민이 되게 만드는 역할을 하는 곳이라는 것이다. 활발한 시민성은 단순히 교재를 읽는다고 배워지는 것이 아니고 선거운동에 관여해보고 지역사회활동에 참여해보는 것이 중요하다고 하여 고교 및 대학시절 동안 공익을 위한 서비스 사업(프로젝트)에 참여를 조장하고 있다. 대학에서 사회봉사 학습과정의 등장은 1985년 400개 이상의 단과대학과 종합대학 총장들이 학생들로 하여금 공공서비스 참여를 통해 시민참여를 개선하도록 하는 취지의 캠퍼스 계약(campus compact)을 체결하기도 하였다. 1993년 연방정부의 국가 및 지역사회신뢰법(National and Community Trust Act) 통과는 이러한 서비스 학습과정을 신설하는 대학에 재정지원을 통하여 서비스 학습기회를 확대시켰다.

4) 참여구조 개선

협치를 위한 제도적 장치나 설계, 그리고 지역현안에 대한 여론조사나 전자투표(e-voting) 실시와 같은 공개적인 의사결정 시스템 등으로 공식적 참여구조를 보완함으로써 참여를 증진시킬 수 있다. 1999년 로스앤젤레스는 지역사회 내 시민들이 자신의 관할영역을 설정하고, 조례를 만들고 자신들 고유의 재정책임 체제를 운용하도록 허용하는 새로운 시헌장을 채택하여 근린의회(neighborhood council) 구성 근거를 마련하였다(Kotler, 2005). 또한 지역사회 포럼을 구성하여 서로에 대해 이해를 교류하고, 근린수준의 서비스 공급을 개선하기 위한 공동의 실천계획을 개발・실현하기도 한다. 서로 다른 거버넌스 주체들을 한자리에 모으는 이러한 포럼은 시민이나 정부가 서로에 대한 지식을 고양함으로써 시민에 대한 정부의 대응성을 개선할 수 있다는 것이다(Cooper et al., 2006: 82). 이러한 면대면 협의과정 외에도 합의를 도출해내는 방법으로 델파이(delphi)과정도 활용하고 있다. 일련의 설문지를 우송하여 특정 문제에 대해 익숙한 많은 사람들이 참여하여 의견을 모아가는 방법4)이다.

5) 협력관리

협력관리는 지역사회 발전방향이나 지역사회 문제해결에 대해 지방정부와 시민들이 합의를 형성하고 설정된 목표와 임무를 달성하기 위해 상호 협력하여 과업을 수행하는 전략이다. 지방정부와 시민들 간의 이러한 협력관계는 지역을 토대로 공동체 의식을 형성하게 해줌으로써 지방정부에 대한 소극적이고 피동적인 시민성을 적극적인 시민성을 갖게 하여 지방자치의 토대 구축과 지방정부가 동원할 수 있는 사회적 자본을 확보하게 해준다.

협력관리 유형은 크게 지방정부 주도의 협력관리 전략과 NGO 주도의 협력관리 전략 및 시민참여형 협력관리 전략으로 대별할 수 있다.

(1) 지방정부 주도의 협력관리 전략

지방정부 경쟁력 강화나 지역문제 해결과정에서 지방정부가 주도적으로 시민의 협력을 유도하고 협력과정에서 제기된 시민들의 의견을 수렴하며 이들 의견을 의사결정과정에 반영하는 유형이다. 지방정부 주도의 협력관리 전략(local governments' cooperation strategy)은 적극적인 시민성이 형성되지 못하고, 시민들이 조직화되지 못한 경우에 지방정부가 지역기업이나 시민들의 협력을 적극적으로 유도할 필요가 있을 때 적절하다. 이러한 협력관리 전략은 먼저 주민들에게 성실한 정보공개가 이루어져야 한다. 지역발전 방향이나 지역주민들의 생활과 밀접한 사업은 물론 일반행정 사항에 이르기까지 제반 사항들에 대한 정보가 공개되어야 하고 주민들로부터 신뢰성을 유지해야 한다. 다음으로, 해당 지역 시민들의 지속적인 협력관계를 확보 유지하기 위해 시민들을 조직화하는 일도 필요하다. 시민들 각자의 이해관계나 관심영역별로 시민들을 조직화하여 이들의 협력관계를 모니터링하고, 환류

4) 1975~1980년 5년 간 요세미티(Yosemite) 국립공원 개발계획 과정은 만여 명을 대상으로 한 2차에 걸친 설문조사와 설문조사의 결과를 토대로 델파이(delphi)과정을 거쳐 의견수렴을 하고, 48회에 걸친 공청회를 통해 총 6만 명 이상이 자신들의 의견을 표출하고 참여하였다.

과정을 거침으로써 보다 발전된 형태의 협력관계를 만들 수 있다. 마지막으로, 제도적인 협력관계의 틀을 형성하는 것이 중요하다. 제도적 협력관계가 이루어지지 못하는 경우에는 시민들의 의견수렴이나 반영이 일회적으로 종결되어 결국은 협력관계가 유명무실해지고 그에 대한 평가가 불가능해지기 때문이다(이은구 외, 2001: 325).

(2) NGO 주도의 협력관리 전략

NGO는 시민들의 다양한 욕구로 지방정부가 제공해 주기 어려운 공공서비스나 지방정부가 해결하지 못하는 지역사회문제를 지방정부와 협력을 통하여 해결하거나, 조직화되지 못한 시민들을 대신하여 지방정부 정책과정에 시민사회의 요구를 반영하는 역할을 한다. 지방정부의 제한된 역량을 보완해주는 역할을 할 경우 지방정부는 이들과의 협력을 유기적으로 유지하기 위해 지원과 조장 방안들을 강구해야 한다. 지방정부가 제공해 주기 어려운 공공서비스나 전문적인 정보가 부족한 사회문제에 대해서 이들 NGO와의 협력관계는 시민들로부터의 신뢰를 확보하는 길이기도 하다.

(3) 시민참여형 협력관리 전략

지방정부 대부분의 정책이나 사업의 정당성은 물론 정책목표 달성이나 현안문제 해결은 결국 시민들과의 관계에 달려 있다. 따라서 지방정부는 시민들의 요구에 대응하는 정책을 수립하고 집행하기 위해서 또한 정책의 성공적인 성과를 위한 시민들의 순응과 협조를 확보하기 위해서는 무엇보다도 시민참여의 필요성이 강조된다. 지방정부 운영에서 이들 시민들의 적극적인 참여와 협력을 이끌어내는 협력관리 전략이 요구되는 이유이다. 그러나 이러한 접근방법도 공무원 사회의 전문가 의식이나 계층적 리더십 또는 시민들의 의무감 결여나 적극적 시민성 부족 등이 장애요인이 될 수 있다는 것이다.

오늘날 지방정부에서의 시민의 의의는 단순한 참여의 대상이라기보다는 지방정부의 주체로서 지방정부와 대등한 관계를 지니는 것으로 파악된다. 지방정부의 생존과 경쟁력 여부는 시민들의 의식과 적극적인 시민성과 밀접한 관계를 가지고 있다. 따라서 지방정부와 시민 간의 협력전략은 시민들의 시민성 함양과 함께 지방정부의 정책입안, 집행 및 평가 등 모든 단계에서 역동적이고 개방적인 과정에서 이루어져야 한다. 이를 위해 다음과 같은 전제가 정착되어야 할 것이다. ① 정보공개와 제공: 지방정부와 시민 간의 협력을 통해 지방정부 현안과제의 수행이나 문제해결을 위해서는 시민들에게 충분한 정보를 공개하고 구체적인 정보를 적극적으로 제공해야 한다. ② 시민들의 자발적인 협력: 지방정부나 시민 어느 한쪽이 주도하는 형태가 아니라 양자가 공동의 책임을 가지고 상호협력하여 문제를 해결하는 방안을 모색하여야 한다. ③ 적극적인 시민 역할 유도: 자치주체로서 시민의 적극적인 역할인식과 공동체 의식을 함양하는 방안이 모색되어야 한다.

제 7 장 의회관리

대의제 민주주의에서 자치단체장과 지방의회 의원들은 선거에 의해 선출된 지역주민들의 대표자들이다. 이들 지방정부 상위관리자들은 주민의 일상생활과 복지, 지역경제에 관련된 주민의 의사를 수렴하고 이를 토대로 지방정부 비전과 사명 및 정책을 결정해야 한다. 따라서 이들은 시민들의 외연으로 시민들을 대표하면서 동시에 지방정부 내 관리자들을 통솔하는 위치에 있다. 이 장에서는 의회와 의원들과의 관계에서의 관리를 살펴보기로 한다.

제 1 절 지방의회와 의원들의 역할

1980년대 아시아와 유럽에서는 독재정부가 몰락하고, 남미에서는 1990년대 초 민주적으로 선출된 정부가 들어서면서 이들 국가들은 그들의 경제체제를 개조하고, 동면에 들어간 지방자치의 뿌리를 회생시키면서 정부의 권한과 책임을 보다 낮은 수준의 지방정부에게 위임하기 시작하였으며 21세기에도 이러한 추세는 지속되었다. 그 결과 지방정부 선출직 자치단체장 및 선출직 의원들로 구성된 통치집단에게 더 많은 정치적 리더십이 요구되고 있다. 여기에 세계경제화 구조 속에서 경쟁을 준비해야 함에 따라 국제적 시각을 개발해야 함은 물론 중앙정부 등의 재정적 지원이 줄어듦에 따라 지방선출직 공무원들은 세입을 창출하고, 서비스의 효율성과 서비스 공급의 형평성 등을 개선하기 위한 보다 쇄신적인 방법을 발견해야 했다. 이러한 사회적, 정치적, 경제적 변화 속에서 선출된 의원들은 시민들의 태도와 의견에 영향을 미치면서 리드해야 할 것인지 아니면 여론을 충실히 대표할 것인지 스스로 자문하게 되었다. 의원들은 개인의 권리와 자유를 존중하고 민주적 원리라는 틀에서 독립적인 활동을 할 책임도 있지만 반면에 선거민들의 대표성 역할도 소홀할 수 없기 때문이다. 지방의회와 의원들에게 안겨진 주요 역할을 살펴보면 다음과 같다.

1 의회의 역할

1) 의회는 정책을 형성하고 그의 실행을 감독하는 역할을 수행한다

이론상 의회는 정책형성의 책임을 갖고 이의 실행을 관리인에게 위임한다. 그러나 실제로 정책결정은 의회와 관리자 공유의 책임이며 의회도 정책집행에 직접 관여하기도 한다. 아래에서 설명하는 것처럼 스바라(J. H. Svara)는 의회와 관리자 관계의 새로운 모델을 제시하고 정책과 행정에서의 공유책임을 인정하고, 의회는 사명설정이나 조직의 일반 정책 설정에 보다 많이 관여하며, 관리자는 조직의 행정과 관리를 주도하는 것으로 가정한다(Svara, 1985: 221－232).

2) 의회는 업무해결이나 실천행동의 근거가 되는 의사결정을 한다

정책은 규제와 자원배분 및 공공서비스 제공의 성격과 범위와 관련하여 누가, 어디서, 어떻게 영향을 미칠 것인지를 결정한다. 경쟁적 이해 간 갈등을 조정하는 리더십을 실행하고, 시민들의 불만에 관한 조정자로서의 봉사와 시민참여 증진과 지역사회에 대한 주인의식 증진을 위한 시민인프라(civic infrastructure) 구축을 지원한다.

3) 의회는 정책을 성공적으로 주도할 충분한 정보를 갖고 있어야 한다

효과적인 정책결정자는 적어도 다음 세 가지 차원의 정보를 확보하고 있어야 한다. 즉, 지방정부와 그 활동에 관한 지식, 지방정부 추세와 지방여건에 영향을 미치는 세계적 사건에 관한 이해, 사회, 경제 및 정치적 변화에 대한 지식을 갖춰야 한다.

2 의원들의 역할

지방의회 의원들의 역할을 두 가지 유형으로 구분할 수 있다. 하나는 특정 집단의 이해를 대표하려는 활동가로서 의원들과 다른 하나는 시 전체의 시각에서 시를 조망하고 시민들을 위해 서비스를 자발적으로 지원해주는(volunteer-type) 의원들이 있다(Nalbandian, 1994: 531). 전자는 자신들의 역할정향을 대리인(delegate)으로 여기고 자신을 선출해준 지역구 주민의 이해와 견해를 존중하여 스스로를 지역구 주민의 충실한 대리인으로 정립한다. 후자는 자신들의 역할정향을 '믿고 맡기는 사람'이란 뜻이 담겨져 있는 수탁인(trustee)으로 여기고 의정활동을 주민들의 의사를 일일이 물어보지 않고, 자신의 판단에 따라 결정을 내린다(김병준, 2000: 331-332).

뉴턴(K. Newton)도 의원들을 다섯 가지 유형으로 분류하여 의원들의 역할을 추정한다. 첫째로, 지역구 대표(parochials)로서 자신이 선출된 지역구(區)의 문제들만 관심을 보이는 의원과, 둘째로, 일반 주민들의 대리인(people's agents)으로 자신의 선거구 경계를 넘어 보다 넓은 지역주민들에게 관심을 보이고, 크고 공격적인 관료제에 대항하여 작은 개인들을 위해 활동하는 의원, 셋째로, 정책옹호자(policy advocates)로서 정책을 광범위하게 검토하고, 특정 정책의 시행과 서비스 전반을 검토하는 의원, 넷째로, 정책중개자(policy brokers)로서 정책옹호자처럼 특정 정책에 강하게 연루되어 있지 않지만 집단 내 이견을 해결하려 하고 의사결정과 관련된 모든 사람들이 수용할 정책 해결을 모색하는 의원, 다섯째로, 정책대변인(policy spokesman)으로 지역구보다 전체 지역주민을 위해 발언하며 계층이나 지역사회 및 특정 이해와 관심을 가진 사람들을 대표하려 한다(Newton, 1976).

실제 지방의회에서 의원들은 이러한 역할들을 다양하게 결합하면서 활동한다.

선거에 의해 신분유지가 좌우되기 때문에 의원들은 우선 지역구 대표자로서 자신이 선출된 지역문제들에 관심을 기울인다. 선거구 주민이나 이해집단들의 관심을 청취하고 이를 관련 책임 공무원들에게 직접 또는 해당 부서장에게 알려 지역주민의 민원을 적극 해결하는 데 우선한다. 또한 의원들은 위원회 구성원으로서 지방정부 정책 및 의사결정에 관여한다. 위원회 시스템을 통해 세부적인 실행결정이나 실무적 관리에 대한 지나친 관여를 줄이고, 보다 광의의 방향설정, 즉 지방정부정책 및 의사결정에 더 많은 관심을 두면서 지방정부 내 관리자들이 이러한 광의의 목표를 지향하여 정책성과를 내도록 하고 그 결과를 모니터링하는 데 집중한다(Audit Commission, 1990). 이를 위해 의원들은 공무원들과 보다 밀접한 실무관계로 맺고 지방정부에 밀려오는 혼란스러울 정도의 변화와 경쟁적인 요구 및 지방정부 안팎의 압력에 새로운 업무방식으로 대응하도록 요구되고 있다. 따라서 지방정부 관리자들도 의원들의 역할변화의 본질과 조직변화에 대한 다양한 압력에 대응할 의회관리 기술에 숙달되어야 한다.

제 2 절 의회와 집행부 간 관계

지방의회와 집행부 간 관계는 지방정부 기관구성 형태와 지방정부 운영의 책임을 어떻게 배분하느냐에 따라 달라진다.

1 기관구성 형태별 관계

1) 기관통합형

지방정부의 결정기능과 집행기능을 단일기관에 귀속시키는 기관통합형에서는 지방의회가 주민의 대표기관으로서 의사결정과 집행을 담당하며 주민에게 책임을 진다. 영국의 의회형(pariamentary system)과 미국의 위원회형(commission plan)이 대표적이다. 이러한 형태에는 집행기관이 별도로 없기 때문에 행정을 총괄·조정할 책임자가 없고 행정의 종합성과 통일성을 유지하기 곤란하며, 비전문가에 의한 행정이 이루어질 수 있어 지방행정의 전문성이 경시될 수 있다. 이러한 단점을 보완하고 1910년대 과학적 관리론의 영향을 받은 지방행정개혁기에 의회－관리관형(council－manaer plan)이 도입된다. 의회－관리관형은 시의회가 풍부한 경험을 가진 전문경영인 또는 행정인을 시정관리인(city manager)으로 임명하여 지방정부 사무에 대한 일체의 지휘·감독을 하고 시의회에 책임을 지게 하는 지방정부 형태이다. 이러한 형태에서는 의회의 우월적 위치에서 전문관리자와의 관계가 이루어진다.

2) 기관분리형

지방정부 정책결정기능과 집행기능을 각기 다른 기관에 분담시켜 기관 간에 견제와 균형이 이루어지게 하는 형태로 시장－의회형(mayor－council form)이 대표적이며, 이러한 형태에서는 의회와 집행부 간 권한과 운영책임을 놓고 다양한 관계가 이루어진다. 시장－의회형에는 시장에게 폭넓은 집행권과 공무원 임면권, 그리고 정책발의를 할 수 있는 권한을 부여한 강시장－의회형과 의회에 우월적 권한을 부여하는 약시장－의회형이 있다. 강시장－의회형에서는 시장의 과중한 부담을 경감시켜 주기 위하여 시장이 총괄관리관 또는 수석행정관을 임면하여 시행정을 지휘·감독하게 하는 강시장－총괄관리관형(strong mayor－general manager plan) 또는 시장－행정관형(mayor－administrator plan)이 있다. 지방정부 기관구성 형태에 따라 선출직 시장과 의회 간 관계가 다양하게 이루어진다.

2 지방정부과정별 관계

의회와 집행부 간의 관계에 대한 정의를 정책과 행정 간의 이분법 모델을 토대로 의회와 집행기관이 각자 별개의 기능을 수행해야 한다고 설명하는 것은 적절하지 않다고 보고 스바라(J. H. Svara)는 지방정부과정을 네 가지 차원으로 구분하여 설명하고 있다(Svara, 1985: 221－232).[1] 즉, 사명은 지방정부의 목적 및 목표결정

1) 스바라는 미국의 의회－관리관형(council－manager plan)을 중심으로 의회와 관리자의 역할을 설명하고 있다. 의회－관리관형은 미국의 중도시(인구 25,000~250,000명의 도시)에서 주로 채택한 유형으로 풍부한 경험의 전문경영인 및 행정인인 시정관리관이 시의회에 의해 임명되고 시의회

을 말하고, 정책은 사명을 달성하기 위해 취해진 중범위 정책들과 사업들을 말하며, 행정은 서비스 공급과 집행을 말하는데 이는 정책의 실천으로의 전환인 바 이 자체로는 정책과 구별하기가 어렵다. 관리는 지방정부 자원의 조정과 통제를 말한다. 이는 지방정부 목적달성을 위한 자원 활용을 말하나 이 또한 본질적으로 정책내용과 무관할 수 없다.

이러한 네 가지 차원에서의 의회 및 선출직 공무원과 집행기관 관리자 간의 책임배분은 한편으로는 책임공유를 인정하면서 또 다른 한편으로는 역할 분리의 요소를 포함해야 한다. 의회는 관리자에 의해 제공된 조언과 상황분석으로 의사결정 또는 무의사결정으로 사명을 결정한다. 정책은 의회가 궁극적으로 책임을 지지만 행정가들에 의한 많은 정책조언과 정책설정으로 관리자들이 전반적인 기여를 한다. 행정은 의회가 서비스 공급이나 서비스에 관한 시민들의 불만 및 집행과 관련한 특정 선택과 감독 및 평가에 관심을 가지고 있지만 공무원들이 주관한다. 관리는 관리자의 영역으로 의회가 관리의 세부적인 것에 관여하지 않게 함으로써 독립화시키려 하지만 의회 구성원들은 관리정책을 만들고 관리성과를 점검하면서 의회는 다양한 관리결정에 영향력을 발휘한다.

이와 같이 의회와 관리자 간 관계는 개념적으로나 경험적으로 사명과 관리에 관해서는 이분할 수 있지만, 정책과 행정은 상호 중복되어 이중성을 갖게 된다. 관리자는 지방정부의 모든 측면에 활동적으로 관여된다. 즉, 관리자들은 문제 및 추세에 관한 정보를 제공하여 사명결정으로 표현될 문제들의 윤곽을 잡도록 도와준다. 아울러 이들은 예산과정이나 의회의 고려사항으로 광범위한 제안을 통해 정책추천에서 광범위한 주도권을 행사한다. 행정과 관리차원에서는 관리자들의 관여수준이 매우 높다. 의회의 관여가 전반적인 차원에서 쇠퇴함에 따라 관리자들에게 정책, 행정, 관리의 상당부분이 맡겨지게 되었다. 이러한 의회와 관리자 간의 관계를 그림으로 표현하면 다음과 같다.

의회의 예시적 과업으로는 사명설정에서 장기 및 중·단기의 목표설정과 이들을 달성하기 위한 의제 설정한다. 제공될 서비스 종류와 범위 및 수준을 정의하고,

---

에 책임을 지면서 시의 사무에 관한 일체의 지휘·감독책임을 맡는 지방정부 형태이다. 이러한 의회와 관리자 간 역할을 모든 지방정부에 보편적으로 적용하기 어렵지만, 지방정부 역할과 과정을 사명, 정책, 행정, 관리로 구분하여 의회와 관리자 간 관계를 설명하고 있어 많은 시사점을 주고 있다.

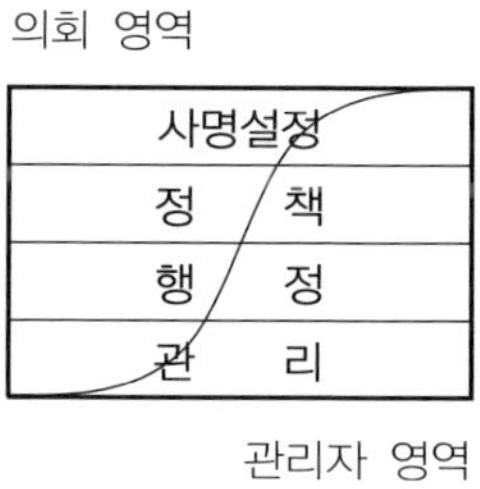

조세수준을 결정하고, 정책결정에서는 조례제정, 새로운 사업과 프로그램 결정, 예산 비준, 행정에서는 집행결정(입지선정), 불만처리 및 행정감독을 하고, 관리에서는 관리자에게 관리의 변화를 제안하거나 조직성과와 서비스의 효과성을 모니터링한다.

집행부 관리자 영역의 예시적 과업으로는 사명설정을 위해 의회에 조언과 상황 및 추세 분석을 제시하고, 정책에서는 모든 의사결정에 대한 추천과 제안, 예산 형성, 서비스 배분 공식을 결정하고, 행정에서는 실제 및 절차 설정, 그리고 실행정책을 위한 결정을 하며, 관리에서는 조직의 인적·물적·정보 자원의 통제 등의 과업을 수행한다(Svara, 1985: 228).

이와 같이 의회와 집행기관 간의 관계를 정치, 정책과 행정의 이분법으로 구분하여 설정하는 것은 지방정부의 실제를 충분히 설명할 수 없다. 의회와 집행기관 간의 관계는 지방정부 기관구성 형태에 따라 또는 지역정치 및 지역상황에 따라 이들 간의 상호작용이 다양하게 전개될 것이기 때문이다.

제 3 절 의회관계에서의 관리자 역할

지방정부 관리자들은 의원들의 의회 내 의사결정과정과 행정관여방식이 다양하다는 것을 인식해야 한다. 의원들의 행동은 서로 다른 이해와 서로 다른 방법으로 의회 내에서 활동하기 때문에 동일한 행동 패턴을 갖지 않는 경우가 많다.

따라서 집행부의 효과적인 관리는 정치-행정 분리의 틀을 넘어 공공정책결정에 내포된 가치문제도 다루어야 한다는 인식을 가져야 한다. 지방정부관리는 순수행정만이 아니라 민주사회의 공공자원 배분과정에서 봉착하는 가치갈등도 다루어야 하는 정치과정을 포괄한다(Waldo, 1955: 47). 지방정부 관리자들은 서비스 제공이나 혜택의 창출에서 여전히 최상의 효율성을 발휘해야 하고, 정책결정과정에서는 정치적 성격의 통치집단과 파트너가 될 것을 기대하고 있다. 관리자들은 행정직위에 있는 다른 사람들에게 다양한 과업지시를 내리거나 권한을 위임하면서 인간

관계 기능, 전문적 기능 및 기능적 기능 등 다양한 기능과 역할수행이 요구되는 한편, 자치단체장과 의회라는 통치집단과 함께 일하며 통치집단의 효과성을 제고하는 책임 또한 관리자의 몫이 되고 있다. 관리자들은 대부분 아마추어인 선출직 공무원들의 능력을 개발시켜야 할 책임과 그들로 하여금 자신들의 역할과 권한을 알게 해야 한다. 이는 지방정부가 중앙정부의 주도나 지원 없이 정책을 개발해야 하고 "보다 적은 것을 가지고 더 많은 것을 해야 하는" 상황에서 통치집단이 자신들의 책임과 지역사회의 필요와 요구를 평가할 수 있는 능력을 가져야 하기 때문이다. 이러한 상황에서 관리자로서 공무원들은 보다 정치적이며 전문가로서의 활동을 요구하고 있다.

1 의회 효과성 증진을 위한 관리자 역할

의회와 관리자 간의 연계는 지방정부가 시민들에게 좋은 일을 위해 활동하려는 공동책임에서 이루어진다. 시민들은 지방정부 관리자들이 이러한 의무를 얼마나 충실히 해나가는지를 지역사회 경제 활력, 삶의 질 및 시민들의 요구에 대한 지방정부 대응성이라는 입장에서 판단한다. 따라서 지방정부 관리자들과 의원들이 효과적인 정부를 창출하고 유지하려는 상호노력에서 성공적인 파트너십을 이루기를 기대한다. 관리자들은 의원들로 하여금 보다 광의의 지역사회 사안에 대한 효과적인 정책형성자가 되도록 도와주는 방법을 모색해야 한다. 의회 의원들과 관리자 간의 상호신뢰가 중요한 이유이다.

2 의회 정책결정능력 조력자로서의 역할

관리자들은 의회의 정책결정능력 강화에 다음과 같은 도움을 주어야 한다.

1) 목표 제안

관리자는 의회가 지역사회와 함께 기획과 목표설정과정을 주도하도록 보장해

줄 책임이 있다. 정책결정의 토대 설정을 위해 관리자는 전략적 의제를 개발하는 데 도움을 줄 스태프나 지역사회 자원을 집결하고, 지역사회 미래를 투영할 근거를 제공하는 정보(즉, 현재의 지역사회는 어떤 모습이고, 지역사회의 안녕과 복지를 위한 장·단점 및 기회와 위협은 무엇이며, 전략적 계획을 어떻게 설정하고 그것이 취해질 경우 지역사회 미래상은 무엇인가? 등에 관한 정보)를 수집하고 이를 토대로 목표를 제안해야 한다.

2) 예산과정의 구조화

목표가 설정되면 관리자는 의회가 이해할 수 있게 예산 준비, 검토 및 채택과정을 구조화해야 한다. 관리자는 일 년의 활동과 예산을 연계시키고, 지역사회 목표 달성과 관련되도록 해야 한다.

3) 지역사회 의견수렴 지원

지역사회 지도자들과의 연계를 통한 선출직 공무원들과의 의사소통 증진과 의회의 중요한 결정에 앞서 이들의 조언과 의견을 들어 의사결정을 함으로써 지역사회 대응성을 높인다. 의회는 또한 광범위한 시민참여 메커니즘을 통해 향후 정책형성의 기회를 확대하고 지방정부의 서비스 평가에 대한 공청회를 개최하게 한다.

4) 의원들의 정책형성 지원

의원들이 정례적 행정사안에 과도한 시간을 할애하는 것으로부터 정책형성을 위한 정보활동과 회의에 전념하도록 지원한다. 관리자는 이를 위해 정확한 정보 및 의사소통체제를 마련하고 의회의 업무 부담이나 시간할애가 균형화되도록 도와주어야 한다. 기획문제만을 다루는 특별회의나 보다 광의의 정책영역에 초점을 두는 회의를 갖도록 지원한다.

제 4 절 의원과 관리자 간 성공적 관계

1 효과적인 관리자－의회관계의 장애요인들

관리자－의회관계가 협동적인 경우 이상적이지만 갈등요인이 항상 잠재되어 있는데 이 장애요인들로는 다음과 같다.

1) 서로 다른 역할인지

선출직 공무원과 임명직 집행부와의 갈등의 원천은 서로가 통치 및 관리에 대한 시각이 다르고, 지역사회 및 선거주민에 대한 서로 다른 관계와 충성도가 각기 다르기 때문이다. 상대가 업무를 어떻게 수행해야 하는가에 대한 시각의 차에 의해서 때로는 서로의 역할을 높이 평가하지 않는 경우도 있다.

2) 시민 요구

선출직 의원들은 선거주민으로부터 많은 요구를 받고 있으며 관리자로부터 즉시적이고 효과적인 대응을 기대하고 있다. 그러나 정부의 규모가 커지고 업무가 복잡해짐에 따라 업무처리가 지연되고 선출직 의원들의 기대가 무력화 된다. 특히, 실적주의 체제가 이루어지고, 임명직이 선출직보다 보다 장기적으로 재임하는 경우 선출직의 요구나 기대가 충족되지 않을 경우가 있다. 선출직들이 스스로 무력하다고 느낄 때 관리자와의 관계는 마비상태에 들어간다.

3) 역할 한계의 유월

관리자는 자신들의 한계를 넘어 지나치게 정책결정이나 정치에 관여되는 경우 갈등이 일어난다. 관리자가 정책결정에 필수적인 정보를 독점하거나 비밀로 할 경우 갈등이 발생할 수 있다. 관리자와 마찬가지로 의회가 한계를 넘어 인사문제나 행정문제에 깊이 관여할 경우에도 갈등이 일어난다. 정보공유와 관리지침을 설정하는 것이 바람직하며, 정보에 대한 공개적인 접근을 확보해주기 위해 관리자나 주요 스태프들이 통치집단의 개별 구성원들과 함께할 수 있는 기회를 마련하는 것도 필요하다.

4) 책임 전가

의원들은 정치적 이유로 관리자를 공격하거나 희생양으로 삼는 경우가 있고, 관리자들은 책임을 선출직 통치집단에게 전가시키는 현명하지 못한 일이 생길 수 있다. 관리자들의 최선의 방어는 엄격한 전문직 윤리를 지키는 일이며 지역사회에 우군을 조성하는 일이다. 갈등은 개성만큼 다양하고 수도 많다. 갈등해결의 열쇠는 자신에 대한 이해, 관계들에 대한 지식, 우군과 지원체제 조성, 그리고 갈등에 직면해서는 기꺼이 공개적이고 솔직해지는 것이다.

2 의회와 관리자 간 성공적 관계

성공적인 관리자-의회관계의 토대는 신뢰이다. 관리자와 의원들 간의 신뢰유지를 위해 다음을 고려해야 한다.

1) 좋은 의제 준비

의제 항목은 명확하고 간결하며 시기적절하게, 그리고 세심한 준비와 완전한 분석을 보여주는 문서화된 평가가 수반되어야 한다. 관리자가 이러한 준비를 제대로 못할 경우 통치단의 기능을 무능케 할 수 있다. 의제의 중요성에 대한 인식은 임명직 공무원과 선출직 공무원과 다를 수 있다. 따라서 관리자는 통치단 구성원(의원)과 자주, 그리고 공개적인 의사소통을 통해 의제를 모니터할 필요가 있다.

2) 대안의 확인 · 탐색

정책추천을 할 경우 관리자는 모든 대안을 확인하고 탐색하고 각 대안에 대한 객관적인 논리가 제시되어야 한다. 관리자가 최선의 해결을 위한 대안을 제시한다고 해도, 모든 대안을 목록화하지 않거나 장 · 단점을 제시하지 않을 경우 당파적 이해로 오해받을 수 있다.

3) 회의 기획

통치단 회의의 길이와 강도는 공공의제의 이슈에 따라 달라진다. 따라서 회의는 구성원들이 무엇을 할 것인가를 알 수 있도록 계획되어야 한다. 짧고 정례적인 회의가 마라톤 회의로 교체될 경우 정책결정자들의 능력을 저하하게 한다.

4) 최종결정에서 철수

관리자는 의사결정 최종단계에서 철수하는 것이 공정하고 적절하다. 통치단 스스로 결정을 하는 것이 그들의 책임이며 권리이기 때문이다.

5) 의회 결정에 대한 존중

통치단의 신뢰를 얻어야 하는 전문 관리자는 민주적 의사결정과정을 위해 개인적 견해는 사적으로 묻어두어야 한다. 관리자들의 정책추천과 다르게 선출직 공무원들은 문제를 다룰 수 있는 권리가 인정되어야 한다.

6) 평판, 인기로부터 자유스러워야 한다

관리자가 의회로부터 신뢰를 잃는 원인은 그가 잘못해서보다는 관리자로서 너무 인정받기 때문인 경우도 있다. 대중의 평판을 열망하는 관리자는 의회를 도장이나 찍는 사람들로 폄하할 위험이 있다. 관리자는 평판으로부터 자유스러울 뿐 아니라 일이 잘못될 경우 비난을 참고 견디어야 한다. 잘못을 빨리 시인함으로써 대중들의 관심을 비난에서 문제를 수정하는 쪽으로 돌릴 수 있다.

3 의회와 관리자 간 관계의 평가

의회는 선거주민을 위해 정부가 잘 운영되도록 관리자와 협력할 의무가 있고, 관리자는 선출직의 능력을 고양시킬 의무가 있다는 것이다. 그러나 관리자와 의회가 어떻게 하는 것이 효과적인지 정확한 정의가 어렵고, 또 때와 장소에 따라 다르기 때문에 여기서는 이를 평가할 준거지표를 제시하기로 한다.

1) 지방정부 서비스

지방정부 기초적인 서비스들 예컨대, 쓰레기 수집과 처리, 공원과 레크레이션 시설, 도서관, 범죄통제, 화재보호, 수송, 용수공급 및 시민들의 불만 및 서비스 요구 처리에 대한 효과성을 측정할 수 있다.

2) 세입, 재정 및 회계 지표들

지방정부활동의 가장 큰 몫은 재정문제를 다루는 것이다. 공공지도자들은 재정관리와 책임에 따라 평가되는데 이는 지방정부 재정 신뢰수준을 결정하기 때문이다. 재정안정을 나타내는 신호지표들은 지출경비를 초과하는 세수, 유동성 채무 이상의 자산, 수년 간 유동성 경비가 유동성 세수를 초과하지 않는 패턴, 회계연도말 운용자금에서 단기부채가 없는 경우, 재산세 체납자의 낮은 비율 등을 들 수 있다.

3) 삶의 질

지역사회 시민들의 소득수준, 쾌적한 주거환경과 위락시설, 교육 및 문화적 여건, 건강보호 등에서 만족하는 정도에 의해 평가될 수 있다.

이러한 평가지표를 정례적으로 평가하여 의원들은 자신들의 행동에 대한 모니터링뿐 아니라 관리자에게 목표설정, 정책결정, 예산과정, 의원과 관리자 간 관계 등에 중요한 정보를 얻을 수 있다.

제 8 장 지방언론과 정보공개

지방언론(local mass media)은 지방정치나 지방자치에서 중요한 역할을 한다. 여론을 형성하고 여론을 정책으로 투입하려는 지방정치과정에서는 물론 지방자치 행정에 대한 외부통제 장치로서 감시·비판기능을 하기 때문이다. 매스컴은 또한 시민들에게 행정에 관한 정보를 확산시켜주거나 책임있는 지방정부의 이미지를 조성하는 데 도움을 주는 우군일 수도 있다. 따라서 지방정부 관리자들은 지방언론의 특성을 이해해야 하고 언론으로부터의 신뢰와 상호협력 관계가 이루어지도록 노력해야 하며, 지방정부 운영에 관한 정보를 언론 및 시민들에게 성실히 공개해야 한다.

제 1 절 지방언론의 기능과 역할

1 지방언론의 순기능과 역기능

지방언론이란 지역적으로 영향을 미치는 언론매체, 즉 지역신문과 방송 및 통신과 인터넷 등을 중심으로 전개되는 의사소통의 망을 지칭하며 이들은 한정된 지역공간에서 정보소스를 제공하여 지역의 의사소통에 기여한다. 지방언론은 주로 지방에서 발생하는 사건과 이슈를 다루므로 전국 일간지에 비해 지역주민들의 관심을 집중시킬 수 있다(이달곤, 2004: 65).

언론의 기능은 보도와 해설, 그리고 논평으로 이루어진다. 언론의 기능에 대한 논의는 학자에 따라 다양하나 대체로 ① 환경감시기능, ② 합의조정기능, ③ 사회화기능, ④ 오락기능, ⑤ 정치체제에 대한 감시기능, ⑥ 새로운 사회구성원에 대한 사회규범 및 역할전수기능 등을 언론의 고유기능으로 보고 있다(Wright, 1960: 612－620). 지방언론의 기능에 대해서는 대체로 교육 및 정보전달, 감시비판, 여론형성, 지역사회통합 등을 들고 있는데(차일석, 2000: 4－6), 특히 지방자치가 실시된 이후 지역주민의 복리증진과 지역발전과 같은 지방자치의 궁극적 목적과 관련된 주제들에 대한 관심과 지방자치 실제 전반에 대한 감시·비판의 역할을 활발하게 수행함으로써 지방자치 정착에 기여할 것을 요구하고 있다. 지방자치시대에서 지방언론은 지역의 정치과정에서 여론을 형성하고 시민사회의 의사를 정책에 투입하거나 지방정부의 결정 결과를 비판하는 역할을 해야 한다. 일반적으로 언론의 이러한 역할은 민주주의사회에 있어서 당연하고 바람직할 뿐 아니라 궁극적으로 언론의 사회적 존립기반을 제공해 준다. 언론의 이러한 역할 수행을 위해서 언론은 권력으로부터의 독립뿐 아니라 특정의 이익으로부터도 독립되어야 한다. 지방언론의 역할을 부연하여 설명하면 다음과 같다.

1) 감시·비판기능

언론의 기능 중에서도 정치권력에 대한 감시와 비판은 민주주의사회에서 가장 중요하면서도 당연한 기본적 소임에 속한다. 언론을 '제4의 권력', 또는 '민주주의의 파수꾼'으로까지 불리는 이유이다. 언론의 이러한 속성은 권력을 감시·견제하면서 주민의 알권리를 충족시켜줌으로써 민주적 기본 질서를 유지하는 사회적 제도로 정착되고 있다. 지방언론의 1차적 기능도 지방정부에 대한 감시역할에 있다. 언론은 시민사회의 핵심이며 사회세력을 대변함으로써 지방의 정치권력과 경제세력을 견제해야 한다. 지방언론은 지방의 관심사를 주로 다루게 됨에 따라 지방정부로서도 지역언론들이 지방정부에 좀 더 유리한 기사를 내보내길 원한다. 이에 편승할 경우 지방언론의 지방정부에 대한 비판적 자세를 유지할 수 없게 된다.

2) 정보제공과 여론형성

지방언론은 해당 지역에서 발생하는 각종 사실에 대한 정확하고 신속한 보도를 통하여 지역사회의 정보를 지역주민에게 알려줌으로써 정확한 정보에 의한 여론을 형성하게 한다. 여론은 시민들의 의견을 지칭한다. 사적인 개인들이 공적인 집합체를 형성하여 공적인 권위를 규제할 합의를 형성해가는 것이 여론형성이다. 이러한 여론형성에 언론이 중심적 역할을 수행한다. 언론은 공공의 문제에 대한 토론의 장을 제공함으로써 공공문제에 관한 합의를 산출하고 그 산출된 합의를 통해 권력을 통제하는 역할을 한다. 여론은 공개적인 토론을 거쳐 달성된 합의로 개인들의 의견보다 합리적이며 보편적인 의견으로 조정되어 여러 사람들이 받아들일 수 있는 구속력을 가지고 있기 때문이다. 이러한 여론형성은 시장에서 자유로운 상품교환과 경쟁원칙에 따라 거래가 이루어지듯 공공문제에 관하여 언론매체를 통해 자유롭고 공개적인 의견교환과 경쟁이 이루어져야 합리적·보편적 합의가 도출될 수 있다는 것이다. 따라서 공공문제에 관한 토론을 매개하고 촉진하는 언론매체는 여론형성에 있어 필수불가결한 요건이다.

그러나 오늘날 공공의 문제에 관해 활발히 토의에 참여하는 사적인 개인들은 그리 많지 않다. 대중정당이나 대형이익집단 등이 출현하여 개인이나 일차집단을 대신하고 많은 공공문제가 복잡하고 어려워 전문적인 지식이 요구되기 때문이다. 이러한 사회구조적인 변화로 공공의 문제는 이익집단이나 정당의 지도자, 전문가, 고급 관료 등에 의해 전담되어 버린다. 뿐만 아니라 오늘날의 언론매체는 기업화되어 상업적 이윤추구를 우선하고 있다. 언론의 수입 대부분이 광고에 의존하기 때문에 광고주인 기업의 입김을 소홀히 할 수 없으며, 언론 자체가 대기업으로서 자사의 이익을 반영하고 보호하기도 한다. 이 경우, 언론은 특정 집단의 이익을 옹호하기 위하여 편파보도를 함으로써 다양한 사회 여론구조를 왜곡시킬 수 있으며 공론형성의 기능을 소홀하게 된다.

3) 계도기능

언론의 기능은 보도와 해설 및 논평으로 이루어진다. 지방언론은 지역사회 공동체의 전통적 가치관과 문화를 전수하고 후세대에 전하는 동시에 새로운 시대사조를 처방하며, 지역현안에 대한 보도와 해설 및 논평을 통하여 현안에 대한 정확한 정보공유와 시민사회의 비판의식을 형성하게 하는 계도적 기능을 한다. 지방언론은 지역사회의 각계각층으로부터 형성되는 집단적 이해를 넘어 사회공동체 이익으로 통합되도록 하는 교육적 기능과 접착제 역할을 해야 한다. 이러한 기능은 언론기관과 언론인 자신들의 사회적 연관성으로부터 얼마나 자유로울 수 있는지에 따라 그 역할 수행과 영향력이 결정된다고 하겠다. 이를 위해 언론인 자신의 개인적 환경과 이해관계 또는 편견에 사로잡히지 않도록 보편성과 객관성의 검증을 게을리해서는 안 될 것이다.

4) 지역이해의 대변

지역사회 이익과 국가적 이익이 일치하지 않은 경우 지방언론은 국가이익과 지방이익 간의 이해관계 대립을 명백히 밝히고 주민의 이익을 위하여 지방정부와 중앙정부에 이들 여론을 반영하여 지역이해를 위한 중앙정부와 지방정부 간 교량역할을 한다.

5) 지방언론의 역기능

지방언론은 위에 설명한 순기능 외에 역기능도 있다. 먼저, 지방언론이 지역의 다양한 의견이나 다원적 가치를 반영하지 못하고 특정 사회세력에 의해 독점화되어 운영될 경우 지방정치발전을 저해할 수 있다. 특히, 지방언론이 지역의 사업가에 의해 소유·운영되면서 자신의 이해를 보호하고 지역의 각종 입찰에 참여하는 등의 사업활동을 위해 지방정부 및 지방의회와 밀접한 관계를 유지하는 경우, 지방정부와 밀착관계나 지역의 이해관계 때문에 정론을 펴지 못할 경우, 지방정부에 대한 감시·비판 기능을 제대로 수행할 수 없는 경우 지방언론의 역할은 역기능적일 수밖에 없다.

또한 지방언론의 경영상황이 악화되어 기자들의 위상이 저하되거나 소유자의 전횡으로 언론의 자율성이 확보되지 못할 경우, 지방언론은 특정 집단이나 개인의 이익을 옹호하는 방식으로 운영되기 쉽다. 이때는 오히려 지방정부 감시기능을 맡아야 할 지방언론이 시민사회로부터 감시받아야 할 상황이 되는 경우가 된다.

제 2 절 지방언론과의 관계

1 지방언론 관계관리

지방정부는 언론을 통해 시민들에게 지방자치단체 운영에 관한 정보와 업적을 알려 지방정부에 대한 지지를 극대화하려 하고, 언론은 지역여론을 형성하고 여론을 지방정부정책이나 지방자치단체 운영에 반영하려고 한다. 그러나 언론은 스스로의 가치관과 목표를 가지고 공공문제에 대한 국민의 알권리를 대행하면서 권력을 감시하고 비판하는 책임을 맡고 있다. 따라서 언론은 지방정부의 홍보내용이나 지방자치단체 업무수행에 대해 반드시 긍정적인 관점을 갖기보다는 때로는 비판적이고 부정적인 시각을 갖기도 한다. 이러한 지방정부에 대한 감시・비판 기능으로 지방언론은 항상 호의적이지만은 않고 때로는 지방정부의 업무수행이나 정책수행에 대해 긴장과 적대관계를 갖는다. 지방언론과의 협조 관계유지와 언론 활용은 민선체제의 지방정부 운영에서 책임행정과 시민들의 지지를 획득하는 중요한 영역이다.

유재천 외는 대통령과 언론관계를 적대, 견제, 공생, 유착, 일체화라는 진자운동으로 보면서 적대관계는 타도의 대상으로, 견제관계는 언론의 제4부로서의 기능으로 견제와 비판 역할을, 공생관계는 상호필요를 인정하고 공조 및 공생하는 역할관계이고, 유착관계는 종속적 위치에서 동조가 주가 되고, 일체화는 통치기구의 한 부분이나 도구로서 역할하는 관계 등으로 분류하고 있는데(유재천 외, 1994: 33), 지방정부 관리자들에게도 시사하는 바가 크다. 이러한 관계모형을 토대로 지방정부와 지방언론과의 관계는 상호협조에서 비판과 견제, 대립관계로 이어지는 일종의 역동적인 진자(dynamic pendulum)운동과 같다.

먼저, 자치단체장이나 지방정부 관리자들은 언론으로부터 적극적인 협조를 끌어내기 위한 다양한 노력과 전략을 강구해야 한다. 그리고 언론과의 긴밀한 협조관계로 발전하기 위해서는 지방정부나 지방언론이 상대방에게 일방적으로 강요할 것이 아니라 상대의 존재이유를 바르게 인식하고 상대방의 필요가 제대로 충족되도록 협조해야 한다. 협조가 지나쳐 지방정부와 지방언론 간 유착관계가 될 경우 부작용은 양 기관의 도덕적 해이를 낳게 된다. 지방정부가 뇌물, 향응, 광고, 구독 등 다양한 이득을 제공해 언론을 우호세력으로 포섭하는 행위 등은 지양해야 할 행태들이다.

정부와 언론과의 적절한 관계수준은 비판 및 견제를 포함한 긴장관계일 수 있다. 따라서 언론은 공익을 위해 지방정부의 정책이나 업무수행이 바람직할 경우 긍정적으로 평가하여 보도하지만, 그렇지 않을 경우 올바르게 알리고 지적하면서 비판자로서 기능을 해야 한다.

대립관계는 지방정부가 지방언론의 건전한 비판까지 용납하지 못하고, 언론을 선전이나 여론 조작의 도구로 간주하거나 지방자치단체 운영의 걸림돌로 여기고 지방정부에 불리한 정보를 억제하고 유리한 정보만을 보도해주기를 원할 경우, 대립관계로 발전할 수 있다.

지방정부와 언론과의 적정관계는 대립관계를 지양하고 건전한 비판과 견제 나아가 긴밀한 협조관계로 발전하도록 노력해야 한다. 이를 위해서는 자치단체장이나 지방정부 관리자들이 언론을 지방자치단체 운영의 파트너로서 간주하고 언론에 대해 긍정적인 태도를 가져야 한다. 지방정부의 정책수행의 성과를 적극적으로 홍보하는 전략을 구사하면서 언론이 이를 긍정적으로 보도하도록 지방언론을 적극적으로 활용할 필요가 있다. 언론과의 접촉에서 정책에 대한 배경설명이나 정책결과를 홍보하기 위해 기자회견이나 기자간담회, 브리핑, 신문기고, 인터뷰 등 다양한 전략들을 활용할 필요가 있다.

따라서 지방정부 단체장이나 관리자들은 지방언론과의 관계나 관리에서 다음을 고려해야 한다. 먼저, 지방언론의 성격을 파악해야 한다. 지방정부 내 각종 지방언론의 이념성향, 소유구조, 경영상황, 기자들의 위상, 독자층의 분포, 평판 등에 관한 정보가 분석되어야 한다.

다음으로, 지방정부 내 미디어 관계가 효과적으로 이루어지도록 해야 한다. 효과적인 미디어 관계에 대한 지침들로는, 대중들은 지방정부에서 무엇이 일어나고 있는가를 알아야 할 권리가 있다는 것을 인정하고 수용하는 것을 전제로 한다. 정보자유법의 정신과 조항을 존중하며 정직해야 한다. 오프 더 레코드(off the record)를 삼가야 하고, 언론관계를 위한 명백한 정책을 설정한다. 공무원들은 어떤 정보가 공개되고 언제 하는 것이 적절한지 확실히 알아야 한다. 정보는 정확해야 하며 배경은 물론 전체 의제 묶음을 제공해야 한다. 기자들과 만나기 전에 그들의 질문을 미리 예상해 보며, 활자매체와 전파매체 간의 경쟁을 인정하고 그들의 마감시간을 고려해주어야 한다(Stribling, 1989: 27).

제 3 절 정보제공과 정보공개

1 정보공개의 필요성

정보공개는 시민의 알권리를 보장하여 대의제 민주정치의 보완과 주민자치의 실현을 위해 필요하다. 시민의 알권리는 민주국가에서 하나의 기본권으로 정부는 시민에게 정보를 알릴 의무가 있으며, 시민들은 다양한 정보에 자유로이 접근하여 시정운영에 관한 많은 정보를 가짐으로써 시정을 결정하는 주권자로서 올바른 판단을 할 수 있고 대의제 민주정치의 결함을 보완하고 주민자치 실현을 가능하게 한다는 것이다.

또한 정보공개는 지방정부의 행정수행에 대한 신뢰와 책임성을 제고시킬 수 있다. 정보공개제도는 정부의 비밀주의적 행태를 완화하고 행정과정을 보다 투명하게 하여 행정을 수행하는 공무원의 책임성을 제고하는 한편, 시민들로부터 이해와 관심을 갖게 하고 행정수행에 대한 신뢰와 협조를 제고할 수 있다. 아울러 정보공개는 시민들이 행정과정에 참여하는 데 있어 가장 큰 제약요인의 하나로 지적된 행정에 대한 충분한 정보를 제공함으로써 시정에 적극적으로 참여할 수 있도록 한다.

또한 정보공개는 지방정부에서 성공적인 시민성 제고 활동에 기여한다. 먼저, 공공문제에 대한 인식 제고를 위한 학습이나 능력형성 활동보다는 정보공개와 제공, 시민패널이나 포럼 참여, 지역사회 컨퍼런스(conference) 개최 등과 같은 구조나 지역방송에서의 질의시간(question time), 웹사이트를 활용한 네트워크 형성 등을 통해 시민들의 정보능력을 제고할 수 있기 때문이다.

시민들은 지방정부 운영에 관한 정보를 개인적 노력에 의해 얻을 수 있지만 대부분은 지방언론의 정보를 통해 인지하는 경우가 많다. 따라서 지방정부는 지방언론에 정확하고 신뢰할 만한 정보를 성실히 제공해야 한다.

2 정보공개제도의 성립과정

정보공개제도는 미국 헌법수정안 제1조의 언론·출판의 자유, 표현의 자유로서 알권리를 보장한데서 연유한다. 이러한 언론의 자유에도 불구하고 두 차례의 세계대전과 냉전으로부터 정부는 비밀주의적 태도를 강화하고 정보공개를 제한함에 따라 미국의 언론계에서 알권리운동[1]을 전개 정보공개법을 요구하게 되고(Moynihan, 1998: 29-33), 언론과 의회의 활동으로 정보자유법(The Freedom of Information Act, 1966)을 제정하여 연방이나 주정부의 모든 공공조직들은 자신들의 활동과 성과에 관한 정보접근을 쉽게 하도록 하였다. 이로 인해 많은 지방정부에서는 근린기반의 시민자문위원회와 같은 공식적인 요구투입 기제를 만들고 공원, 체육시설, 커뮤니티 센터 및 기타 시립시설들의 개선 전략에 포함시키기도 하였다(Benest, 1990: 6). 이후 북유럽 국가들에게도 영향을 미쳐 이들 국가에서도 정보공개법이 제정된다(이자성, 2004: 172-173).

정보공개제도는 알권리를 제도화한 것으로 알권리가 법률로서 구체화된 개념은 아니지만 정보의 획득, 인쇄, 접속, 배부할 권리를 의미하며 이러한 권리를 보장하기 위해 정보공개제도가 성립되었다. 정보공개제도가 정부의 공무처리 및 결정에 대한 시민의 조사, 유리창 행정으로 정부의 신뢰유발, 정보의 용이한 배포, 시민의 토론을 위한 자료제공과 같은 중요한 기능을 한다고 주장하여 이 제도의 필요성이 강조된다. 정보공개제도는 시민들의 알권리를 보장하고, 정치·행정과정에 대한 감시 및 통제를 가능하게 하여 민주주의 실현에 기여할 것이라는 전제에서 정착되고 있다(Rowat, 1979: 29-30).

우리나라에서 정보공개의 필요성은 1980년대 초부터 꾸준히 제기되다 1991년

1) 변호사 해럴드 크로스(Harold Cross)가 정부의 공문서나 회의에 대한 정보공개를 검토한 것으로 시민은 정부의 활동을 알권리가 있다고 주장하고, 언론인들은 시민의 알권리를 위해 취재 보도해야 한다고 주장한 1953년에 저술한 『공중의 알권리』에 의해 영향을 받은 <워싱턴 포스트(*Washington-Post*)>의 위긴스(Russell Wiggins)나 <루이빌 쿠리어-저널(*Louisville Courier-Journal*)>의 제임스 포프(James Pope)와 같은 편집인과 언론인에 의해 알권리운동을 전개하였다(松井茂記, 1996: 6).

청주시의회가 의결한 「청주시행정정보공개조례」가 유효하다는 대법원의 판결이 내려짐에 따라 그 후 많은 지방자치단체가 경쟁적으로 정보공개조례를 제정하였고, 1996년 중앙정부의 「공공기관의 정보공개에 관한 법률」이 제정된 이후 각 지방자치단체는 자신들의 조례가 상위 법률에 저촉될 우려가 있다는 이유로 대부분의 조례를 폐지하였다. 현재 정보공개제도는 중앙정부의 법률에 근거하여 활용되고 있다. 정부 등 공공기관이 보유하고 있는 정보의 공개는 적극적 공개제도와 소극적 공개제도로 나누어 볼 수 있다. 적극적 공개제도는 국민의 정보공개 청구에 관계없이 공공기관이 생산하거나 보유하고 있는 정보를 언론이나 국민에게 공개하는 것을 말하고, 소극적 공개제도는 국민의 청구에 의하여 공개하는 제도이다. 지방정부는 행정기관이 알려야 할 정보를 지방언론에 알리고 있는데 보도자료를 만들어 출입기자들에게 배포하고 기자들은 이를 기사화한다. 이러한 보도자료는 지방정부가 스스로에게 유리한 기사를 내보내고자 하며, 지방언론은 기본적으로 비판적 자세를 유지하려 하기 때문에 갈등이 조성될 수도 있다.

3 정보공개 관리전략

영국의 지방정부들은 시민성 관련 활동 예컨대, 투표와 선거, 지역사회 회의와 의제, 헌장구조와 조직구조 및 서비스 공급에서 어떻게 참여해야 할 것인가에 대한 충고, 그리고 지방정부가 무엇을 하는지에 대한 정보제공 수단으로서 웹사이트를 활용하고 있다. 또한 정부와 시민 간 정보교환 방안들로는 시민패널이나 포럼 참여, 지역사회 컨퍼넌스 개최, 노변흥행(roadshow)과 같은 지방순회 회의 등과 같은 다양한 형태의 정보제공 방법과 지역방송에서의 질의시간, 현안에 대한 전자투표(e-voting) 등과 같은 방법들이 활용되고 있다. 과거에는 적절한 소통채널이 없었기 때문에 참여하는 데 정보가 부족했지만, 오늘날 시민과 정부 간 정보교환에서 새로운 미디어들(PC, 전자메일, 케이블 TV 및 전화망 등)의 등장으로 이용할 자료의 양을 증가시켜줄 뿐 아니라 자료 수용의 시간과 공간 제약을 극복하게 해주고 있다. 컴퓨터와 정보처리기술을 가진 세대의 증가와 함께 전자방식을 이용한 문건의 수도 증가할 전망이다. 이는 보다 많은 사람들에게 다양한 정보원을 접근·활용할 기회를 넓혀주고 많은 사람들이 주요 현안에 대한 의사결정에 참여할 기회를 주고 있다.

시민들이 실제로 정보를 활용하는 방법으로는 첫째, 시민들 스스로 정보를 수집하기 위해 공공기록에 접근할 수 있는 법적 권한을 활용하거나, 둘째, 시정부가 보다 명확하고 완전한 기록들을 적극적으로 공개하도록 촉구하는 방법, 셋째, 지방언론의 보도에 접근하는 방법, 넷째, 시민·공무원 및 의원들 간의 상호작용을 위한 공청회 개최 등이 있다. 이를 위해 시정부는 보다 많은 시민들이 이용할 수 있는 정보제공 자료와 보고서를 준비해야 한다.

공공기관의 기록은 공무원들이 의사결정을 하는데 활용하는 것이고, 다른 하나는 일반인들이 정부기관의 활동방향을 따르도록 하는 것이다. 시정보고서를 우편으로 보내는 전략은 지방정부가 가정에 있는 모든 시민들에게 동등하게 이용할 수 있는 형태로 정보를 공개하고 제공하는 방법이다. 지방정부도 기업들이 주주에게 기업활동과 재정에 관한 보고를 우편으로 보내듯 시정에 관한 정보를 제공할 수 있다. 이러한 전략의 핵심은 각 가정이 받은 정보가 이용될 수 있도록 조정되어야 하며, 이해당사자들이 비판할 수 있는 조건이 포함되어야 하고, 향후 보다 유용한 자료를 구축하는 데 도움이 되어야 한다. 이러한 기록이나 보고서를 내는 일은 정치적 위험이 있을 수 있다. 관리자들은 사업실패에 대해 공표하기를 원하지 않기 때문에 비교자료를 공유하고자 하지 않는다. 또한 이러한 보고체계를 갖는 것은 비용이 들기 때문에 반대하는 자도 있다. 그러나 이러한 비용을 의식하는 태도는 대응성과 책임성이라는 보다 중요한 차원을 무시하게 된다. 시민들에게 정보를 갖게 하는 것은 일상으로 정부의 내부 서류에 쉽게 접근하는 관리자들과 동등한 수준의 지식을 갖게 해줌으로써 시민들 또한 권리와 의무를 깨닫게 할 수 있다.

그러나 대부분 지방정부들의 정보제공이 다양한 논의를 위한 포럼으로서 활용하기보다는 일방적인 정보제공 수단으로 간주하고 있거나, 많은 정부문서가 이용자에 적대적인 방식(사람들을 위축시키고 부끄럽게 하는)으로 되어 있다는 것이다. 이는 정보가 정치적 자원이기 때문에 왜곡되고 조작될 수 있기 때문이다. 정부문서를 작성하는 공무원들은 의식적으로나 무의식적으로 전문용어를 사용하여 시민들이 이해할 수 없는 형태로 작업한다. 그러나 공공부문은 시민의 투입 없이는 대응적일 수 없고, 시민들은 기관 성과를 평가할 충분한 정보가 없다면 투입을 할 수 없으며, 정부성과의 효율성도 정보교환 없이는 불가능하기 때문에 이를 위해 지방정부의 조례로 시정보고서 공개를 의무화할 필요가 있다.

행정정보공개는 규범적 측면에서 필요하고, 민주적 행정에서 장점도 많지만 효율적인 행정관리 측면에서 부정적인 측면도 적지 않다. 즉, 정보공개에 따른 행정부담의 증가와 업무수행의 지장이 초래될 수 있다. 정보공개를 담당할 전담기구설치, 인력배치, 구제절차, 소송, 경비 등 행정부담을 증가시키고, 정보공개 청구로 민원이 쇄도할 경우 정상적인 업무수행에 지장을 초래할 수 있다. 이로 인해 공무원들은 사기가 위축되고 업무추진을 소극적으로 수행함으로써 행정의 비능률을 낳을 수 있다.

실제 행정정보공개 과정에서는 공무원이 지켜야 할 직무상 비밀[2)]이나, 개인의 프라이버시 침해, 범죄자나 그 집단의 악용, 정보접근의 형평성 문제 등을 고려하여 정보공개에 관한 절차 등을 사전에 예시하여 운용되어야 한다.

2) 직무상 비밀이란 반드시 법령에 의하여 비밀로 규정되었거나 비밀로 분류, 명시된 사항에 한하지 않고 정치, 군사, 외교, 경제, 사회적 필요에 따라 비밀로 된 사항은 정부나 공무원 또는 국민의 객관적 일반적 입장에서 외부에 알려지지 않은 것에 상당한 이익이 있는 사항도 포함된다(대법원 판례, 1982.6.22).

제 9 장 전략적 관리

전략적 관리는 외부관리를 대상으로 지방정부가 미래에 무엇을 할 것인가를 미리 결정하는 전략기획과 이들 전략계획의 목표를 내부관리를 통해 어떻게 달성하고 이를 수행하는 데 누가 책임을 져야 할 것인가에 관한 자원관리, 그리고 전략적 계획이 예정대로 진행되는가를 보장하기 위해 현재 진행활동과 작동을 향상시키고 모니터링하는 통제와 평가과정의 통합관리 등을 내포한다.

지방정부를 둘러싼 사회 및 정치영역의 역동적인 변화와 정부 간 관계, 재정여건 및 시민들의 기대에 대응하기 위해서 지방정부는 사명·비전, 목적과 목표 및 전략을 명확히 하고 이를 실현하기 위해 지방정부는 하위 조직단위에서 이들을 구체화시키기 위한 조직의 모든 주요 활동과 기능을 통합하는 관리과정으로서 전략적 관리능력이 요구되고 있다.

이 장에서는 앞의 장들에서 다룬 지방정부 외부관리 대상과 지방정부 내부관리를 잇고 이들을 아우르는 전략관리에 관해 살펴보기로 한다.

제 1 절 전략기획

1 전략기획의 의의

전략기획(strategic planning)은 장기적으로 조직과 환경 간의 순조로운 균형을 유지하려는 데 목적이 있다. 전통적 기획이 현존 프로그램의 세련화나 생산성 개선에 관심을 두고 있다면, 전략기획은 조직 환경에 대한 이해를 토대로 조직이 무엇이고, 무엇을 해야 하고, 왜 하는지를 안내해 주는 근본적인 의사결정과 행동을 산출하려는 노력으로, 조직의 미래에 대한 큰 그림과 관련된 정보를 모으고, 이들 정보를 장기적인 방향과 구체적인 목적, 목표와 행동 방향을 설정하는 데 활용되는 체계적인 과정이다.

전략기획은 1950년대 말과 1960년대 초에 민간부문에서의 급격한 성장과 변화의 시기에 등장하였다. 안정적인 경제성장과 번영의 시대에, 많은 민간기업의 경영진들은 다양하고 매력적인 성장기회를 선택해야 했고, 이러한 흐름은 관리를 기하학적으로 복잡하게 하였다. 이에 상급관리자들의 전략적 의사결정을 도와줄 새로운 방법과 기술들이 요구되었고 보다 종합적이고 장기적인 기획을 필요로 하였다. 공공부문에서의 전략기획 적용은 1960년대 말과 1970년대 초까지 미국 정부에 의해 옹호되었던 종합기획에 대한 비판과 대응책으로 등장한다.

전략기획과 장기종합기획은 흔히 호환적으로 사용되기도 하지만 이들이 적용될 환경을 가정하는 것은 서로 다르다. 장기종합기획은 정해진 일정기간 동안 목적과 목표들을 달성하기 위한 계획을 개발하는 것으로 미래의 여건에 대한 현재의 지식이 충분히 신뢰할 만하여 집행과정에서 계획의 타당성이 보장된다고 가정한다. 이러한 접근방법에서 추진할 사업들은 현재의 여건으로부터 단순히 추정하여 제안하고, 장기적인 목적과 목표설정보다 현안해결을 우선한다. 따라서 비교적 장기 기간에 적용된다하더라도 이들의 누적과정은 단기적 기획이 되기 쉽다. 이러한 단기 계획으로부터 얻은 결과나 편익 등은 장기적으로 보장될 수 없으며, 단편적인 문제해결의 위기로 실종된다. 변화를 논리적으로 예상하고 합리적으로 적응할 근거를 제공해야 하는 계획이 미래에 대한 충분한 통찰없이 이루어진다면 그러한 계획은 무의미해지게 된다.

이에 반하여 전략기획은 조직이 역동적으로 변화하는 환경에 대응할 수 있어야 한다는 것을 주된 전제로 하고 있다. 전략기획은 환경이 어떻게 변화하고 이들 변화에 대응적인 의사결정을 어떻게 해야 하는가에 초점을 두고 있다. 전통적인 기획은 단일의 최적화 계획을 세우려 하고 현실의 변화에 대한 지속적인 효능성에 대한 검증을 하지 않음으로써 불확실한 미래에 대한 보다 합리적인 의사결정을 위한 틀을 제공하지 못하고 있다. 전략적 기획은 전략적 의사결정이 지속적으로 검증되고, 수정 및 세련화되도록 기획의 틀을 제공하고 있다.

브라이슨(John M. Bryson)은 전략기획을 조직이 무엇이고, 무엇을 해야 하고, 왜 하는지를 안내해주는 근본적인 의사결정과 행동을 산출하는 훈련된 노력이라고 정의한다. 따라서 전략기획은 광범위하고 효과적인 정보수집, 전략적 대안의 개발과 탐색 및 현재 의사결정으로 인한 미래에서의 영향과 함의 등이 요구된다(Bryson, 1995: 4-5). 전략기획은 조직의 활동과 노력들이 조직의 목적과 목표달성을 지향하도록 하는데 초점을 두고 있다. 목적설정과정과 목적을 지향하는 보다 직접적인 조직의 목표형성, 그리고 이들 목표를 달성하기 위한 조직의 자원 배당과 관련한 구체적인 행동 선택을 연계하는 체계적인 과정이며, 활동으로 전략기획의 주요 목적은 전략적 의사결정을 지원하여 장기적이고 바람직한 결과를 가져올 행동 대안들을 형성하도록 하는 것이다. 조직의 지속적이고 장기적인 건강과 활력에 기본적이고 중요한 문제들에 대한 의사결정을 체계적으로 접근하도록 하는 방법이다.

전략기획 개발에서 또 다른 중요한 요소는 조직 내 다양한 수준에서의 기획활동을 계층화한 기획계층(planning hierarchy)을 인지하는 것으로 기획계층에는 전략기획, 관리기획, 실행통제(operational control)로 구성되어 있다는 것이다(Anthony & Welsch, 1974: 303). 관리기획은 승인된 목적을 구체적인 프로젝트, 사업 및 활동으로 프로그램화하는 것으로, 이들 프로그램을 실행할 조직단위의 설계, 프로그램을 지원할 조직의 인적자원과 필요한 자원의 확보 등이 포함되어야 한다. 전략기획이 없이는 관리기획이 단편적이며 역기능을 가져올 수 있고, 후속적인 관리기획이 없다면 전략기획이란 실현가능성이 없는 좋은 의도에 불과하다.

이상을 종합하면, 전략기획은 조직의 사명, 비전 및 방향에 초점을 맞추는 하나의 방법 또는 수단으로 가능한 미래의 비전을 제시하고 현재 조직의 능력과 장점에 근거하여 한 단계씩 진행을 유도하려는 것이다. 따라서 지방정부에서의 전략기획은 지방정부를 둘러싼 불확실하고 경쟁적인 상황에서 조직의 기회와 위기, 장·단점 등을 분석하고, 주민들의 복지개선을 위해 장기적인 재원동원 전략과 서비스 개선 전략을 개발하는 등 보다 적극적인 변화의 주체가 되려는 접근방법이라고 볼 수 있다.

지방정부의 전략기획은 단체장의 단순한 비전이 아니고 지방정부 내부는 물론이고 학계, 경영자, 시민사회단체, 그리고 적극적인 시민들의 참여로 불확실한 환경의 도전을 극복하려는 지방정부 전반의 의지와 시각을 확립하는 일이다(이달곤, 2004: 391).

2 전략기획의 기본 요소와 역할

전략기획은 다음과 같은 기본적인 요소들로 구성되어 있다(Steiss, 2003: 58－59).

1) 조직의 기획준비능력 점검

조직의 기본 자료와 기획과정에 적극적인 리더십, 환경에 관한 정보수집과 분석 및 수요를 평가하며, 조직 미래의 안녕에 중요한 이슈, 문제를 확인하고 선택·봉사할 고객집단을 확인하며, 주요 당사자들 관여시키고 기획과정에서 누가 무엇을 해야 하는가의 조직 역할과 책임을 명료화한다.

2) 기획 전 과정을 안내할 사명, 비전, 목적 및 목표를 명확히 기술

조직의 사명을 설정하고 조직의 바람직한 상태인 비전을 정의하며, 비전을 달성할 사업목표를 확인하고 바람직한 목표의 입장에서 조직의 바람직한 상태를 재정의해야 한다. 목적과 목표는 바람직한 일반적인 또는 구체적인 결과로 기술되어 이슈 및 전략개발을 안내해야 한다. 이상적인 것은 먼저 합의된 목적과 목표를 설정하고 다음으로 이들을 달성하는 데 다루어야 할 이슈들을 확인하는 일이 이어져야 한다. 그러나 목적과 목표에 관한 광범위한 합의에 도달하기가 쉽지 않거나 내부혼란과 외부압력이 상당할 경우 조직의 사명과 SWOT 분석 검토로부터 전략적 이슈의 확인으로 바로 움직일 필요가 있다.

3) 상황평가로서 SWOT 분석

조직 내·외부 환경을 분석하고 매크로 수준의 추세와 설비 및 구체적인 욕구평가를 포함한 마이크로 수준의 전문기술적 연구를 수행한다. 대부분의 전략기획은 조직의 사명과 비전을 제시하고 목적과 목표를 설정하는 일을 첫 단계로 생각한다. 그러나 전략기획은 먼저 조직이 당면한 도전들과 외부환경 변화에 대한 가능한 대응들을 평가해야 한다. SWOT 분석은 조직의 전략적 상황에 관한 신속한 개관과 보다 체계적이고 장기적인 계획을 조망하는 데 용이한 기법이다. SWOT 분석은 현 조직의 장·단점에 관한 정보와 향후 전략계획에서 다루어야 할 주요 외부문제들에 의한 기회와 위기에 관한 양적 및 질적 정보를 모으는 과정이다.

SWOT 분석의 핵심은 먼저 조직의 현재 사업이나 과정의 효율성과 효과성에 관한 평가이다. 이러한 평가는 사업운영에 요구되는 자원(투입), 사업운영의 과정(처리), 즉시적 관찰 가능한 사업의 결과(산출), 선거주민이나 고객들에게 미치는 결과(결과), 고객이나 외부 사회에 부여되는 장기적인 편익(영향) 등의 관점에서 평가되어야 한다. 지방정부사업이나 프로그램의 투입과 산출평가에는 비용-편익분석을 활용할 수 있다. 많은 공공프로그램에 비용-편익분석을 활용하기가 용이하지 않지만 희소자원 활용에 관한 어려운 결정을 할 때 도움이 된다. 처리과정에 대한 점검은 과정재설계(process reengineering), 벤치마킹, 질 개선 같은 관리기법들이 활용될 수 있다.

SWOT 분석은 브레인스토밍(brainstorming) 협의, 인터뷰와 설문조사 등을 통해 수집한 조직에 대한 내·외부 이해당사자들의 관점이나 견해를 포함해야 한다. 그리고 정치, 경제, 사회, 기술, 인구 추세와 법적 근거나 정부관계 등 조직에 영향을 미치는 외부 흐름들을 파악해야 하고, 고객 및 시민들의 요구변화 등도 포함시켜야 한다.

웨이리치(Heinz Weihrich)는 조직의 장·단점을 기록하고 조직이 직면하는 기회와 위협요소들이 담긴 <표 9-1>과 같은 단순 매트릭스 사용을 제안하고 있다. 매트릭스 각 셀은 SWOT 분석에 대응하여 채택될 최초의 전략들을 확인하는 수단

표 9-1 Weihrich의 SWOT 매트릭스

	장 점 (장점명세화)	단 점 (단점명세화)
기회 (기회명세화)	기회에 편승하기 위한 장점들의 활용	기회에 편승하기 위한 단점들 극복
위협 (위협명세화)	위기를 피하고 장점을 활용	단점을 최소화하고 위기를 피함

자료: Weihrich(1982: 61).

이 된다.

4) 전략형성과 프로그램 대안 분석

전략은 전형적으로 예상치 않은 상황전개나 외부압력에 대한 의도적이고 목적지향적 대응이다. 전략은 목표달성을 위한 수단으로 3개 수준의 전략이 이어져야 한다. 조직전략은 새로운 프로그램 창안이나 협력, 통합 및 확장 등과 같은 조직발전을 위한 전략적 목표나 계획된 노선의 윤곽을 제시하며, 프로그램 전략은 관리목표를 시행하기 위한 설계 및 현재 프로그램을 어떻게 관리하고 새로운 프로그램을 어떻게 개발·관리하는가를 설계하는 것이며, 기능적 전략은 행정 및 지원 수요 및 이들의 조직 효율성과 효과성에 대한 영향에 초점을 둔다.

전략형성은 합리적·과학적 분석과 최상의 직관적 추측의 결합이 요구된다. 효과적인 전략창출 방법은 당면한 주요 이슈들과 조직의 장점, 기회와 위기 및 약점들에 관한 목록을 작성하고 이들을 현안 이슈에 어떻게 적용할 수 있는가에 대해 브레인스토밍하는 것이다. 전략형성은 또한 상황변화나 고객들의 수요변화, 새로운 기회와 도전 등으로 기존의 전략에 대한 주기적인 재평가나 세련화 및 파기와 같은 역동적인 과정이 요구되며 위기상황에서는 획기적인 전략변화가 필요하다.

프로그램 대안들을 확인하는 일이 전략기획과정에서 가장 중요한 부분이다. 프로그램 대안들은 공동의 목표에 기여할 서로 밀접한 관계가 있고 상호의존적인 활동들과 서비스들의 조합이다. 예컨대, 청소년범죄를 다루는 몇 개의 기관이나 부서들의 경계를 넘어 이루어지는 일련의 활동들은 하나의 프로그램이라고 할 수 있다. 일부 프로그램 대안들이 조직 전반과 관련된 이슈에 초점을 두는 경우도 있지만 대부분은 예산이나 프로그램 진행과 같은 관리적 관심이나 운용 및 전술적 활동과 관련된 문제를 다룬다. 프로그램 대안들은 정해진 기간 내에 달성되어야 할 주요 결과에 대해 양적 측정이 가능해야 한다. 프로그램 대안들은 현실적이고 실현가능해야 하지만 현 조직의 정책, 실제 및 절차들을 개선하려는 도전도 제시할 수 있어야 한다.

프로그램 대안들은 목표달성에 필요한 인적자원, 설비와 재료 및 자본적 비용 등 구체적인 자원들이 어디에, 어떻게 사용할 것인가를 기술해야 한다. 프로그램 대안들은 활용할 수 있는 자원의 범위 내에 있어야 하고, 책임도 할당되어야 한다. 다음으로, 프로그램 대안들은 성과 및 효과성 평가가 프로그램 시행으로 결과된 산출물, 서비스단위, 고객이나 선거주민과 연계되어 평가되어야 한다. 프로그램 대안들에 대한 강조는 전통적으로 조직의 책임선상에 근거한 활동들의 묶음(집단화)으로부터, 명백히 확인된 공공목표 달성을 지향하는 프로그램이나 하위 사업들로 초점이 모아지고 있는 변화를 나타내고 있다. 이는 자원할당에서도 투입에 초점을 둔 전통적인 품목별 예산으로부터 여러 부서나 기관들이 함께하는 특정 노력의 산출 및 결과를 강조하는 사업별 예산제로의 변화를 반영한다.

5) 정책세트 및 효과성 측정기준 설정

전략기획의 맥락에서 정책에 관한 진술은 목적설정과 이들 목적이 달성되는 지점까지 요구되는 일체의 행위들을 포괄한다. 그러므로 정책형성은 연속선상에 있는 다양한 수단들, 즉 장기적이고 일반적인 목표에서부터 보다 즉시적이고 구체적이며 행동지향적인 프로그램에 이르는 수단들을 포함한다. 정책은 규범이나 가치라는 한쪽 극단의 범역에 있는 일반정책(general policies)에서 또 다른 극단에 있는 구체적이고 절차적인 지침(control policies)과 중간에 전략적 정책(strategic polices), 프로그램 정책(program polices), 그리고 집행정책(implementation polices)의 배열로 이를 정책세트라 말한다. 여기서 정책세트는 전략을 실행하거나 목표를 달성하기 위한 노력들을 지원하기 위해 설정된 지침, 규정, 절차 및 행정실제를 포함한다 (Steiss, 2003: 85). 이러한 정책세트는 의사결정을 안내하고 반복적인 문제를 해결하도록 조장하며, 특히 전략적 집행에서 조직구성원들과 관리자들의 기대 윤곽을 제시해주기 때문에 매우 중요하다. 정책세트는 목표추구과정에서 무엇이 이루어질 수 있고 이루어질 수 없는지를 명확히 하고, 일련의 행정행위에 대한 경계와 한계 및 제한을 설정하여 행위에 대한 보상이나 제재를 할 수 있게 한다. 정책세트는 조직단위를 넘어 관리통제, 일관성 및 협동 증진을 위한 근거를 제공하며, 관리자의 의사결정 시간과 노력을 감소시켜 준다. 정책세트는 여러 가지 문제가 발생하는 관리자 수준에 따라 적절한 의사결정을 위임해준다.

그리고 정책의 효과성 측정 표준을 형성하여 목적과 목표달성을 모니터해야 한다. 효과성 측정은 일정시점에서의 조직의 위상을 결정하는 득점기법을 포함한다. 현재의 성과수준을 기준으로 목적과 목표를 추구하는 과정에서 구체적인 자원할당의 직·간접적인 영향이나 결과를 측정하는 지표들이다. 이러한 지속적인 평가는 현재의 조직구조에서 목적지향적 기획과 의사결정체제를 시도하는 데 가장 유용한 수단이다.

6) 전략계획 실행과 성과측정

실행은 조직이 전략계획의 형성에서 설정된 구체적인 목표나 전략달성에 필요한 활동으로 나아가는 과정이다.

실행가능성 평가는 먼저 전략 또는 프로그램 실행을 둘러싼 정치, 경제, 사회 환경과 조직풍토를 검토해야 한다. 제안된 전략이나 프로그램으로 주요 공무원들의 권한과 위신이 어느 정도 위협을 받는지? 성공적 집행에 현재의 법적 근거가 제약요인인지와 제약의 경우 법 개정이 가능한지? 제안된 전략이나 프로그램의 실행으로 현재의 경제여건이 어느 정도 영향을 받는지? 충분한 경제적 자원이 지원되고 있고 향후 정치 환경의 변화가 자원활용 가능성에 어느 정도 영향을 미치는지? 전략이나 프로그램에 관여하는 개인이나 집단 간 찬반응집의 정도나 프로그램으로 영향을 받는 개인이나 집단의 이해관계 등을 검토해야 한다. 성공적 집행을 평가할 때 또 다른 중요한 변수들이 조직풍토나 조직의 행태 유형으로 이들은 정치적 지지, 조직의 활력, 리더십, 과업의 특성 및 구성원들의 기술과 전문성 등에 따라 달라진다. 조직의 이전 성과도 집행실현성을 결정해주는 요인이 되지만, 새로운 전략이나 프로그램이 구성원들의 가치와 갈등관계가 있는지? 공무원들의 행태와 태도의 변화를 어느 정도 요구하고 있는지? 자신들의 일자리에 위협을 가져오는지? 등에 따라 달라지기 때문에 이에 대한 검토가 이루어져야 한다.

모든 프로그램은 자금, 인원 및 시간과 같은 양적 자원을 필요로 한다. 성공적인 집행을 위해서는 이러한 양적 자원의 원활한 활용과 고도의 전문 인적자원, 컴퓨터 정보와 같은 기술활용 및 부서 간 조정 등 무형의 비용 등 질적 자원도 고려해야 한다. 집행 전에 이러한 모든 문제들을 검토하고 여러 이해집단들에게 잠재적으로 미칠 부정적 영향을 평가할 수 있는 유능한 관리자가 있어야 한다.

7) 성과측정

프로그램 평가는 전략이나 프로그램의 집행이 계획된 활동과 일치하거나, 실제 결과가 예상된 결과와 일치하는지를 평가하는 것을 말한다. 따라서 프로그램 결과(산출)에 대한 체계적인 분석이 효과적인 관리의 초석으로 이러한 분석은 성과측정과 효과성 측정에 의해 이루어진다. 프로그램 분석의 기본적 접근방법은 정해진 비용대비 편익을 극대화하는 비용-편익분석(cost-benefit analysis)과 설정된 편익을 달성하는 데 필요한 비용을 최소화하는 비용-효과분석(cost-effectiveness)이 있다. 비용-편익분석에 의해 대안은 한계 편익/비용의 비에 의거 선택된다. 즉, 편익의 증가가 선택된 대안의 비용 증가보다 커야 하며 비용 및 편익이 화폐단위로 표현될 수 있어야 한다. 반면에, 비용-효과분석은 최소의 비용에 최대의 효과를 내는 대안을 선택하도록 도와준다. 그러나 지방정부의 많은 활동들은 이러한 분석기법을 성공적으로 적용할 만큼 양적으로 표현할 수가 없기에 비용-편익을 어림잡는 대용방법이 개발되어야 한다.

이러한 기본 요소를 내포하는 전략기획은 목적과 목표설정 및 의사결정에 이르는 과정, 의사결정의 토대가 될 시간적 범위를 확대하고, 보다 포괄적인 프로그램과 지속적인 평가, 그리고 양적분석의 활용을 통한 지속적 순환과정이어야 한다. 순환적 과정은 전략이나 프로그램 형성에 일련의 정교화 과정을 통해 다양한 요소들을 검토할 기회를 제공하고 의사결정을 사실적 토대에서 이루어질 수 있도록 한다.

제 2 절 전략적 관리

1 전략적 관리의 의의

공공부문의 장기계획이 격변하는 환경에서 그 유용성이 떨어짐에 따라 융통성 있고 대응적인 기획이 요구되어 등장했던 것이 전략기획이다. 1980년대에 공공부문에 소개되어 학계 및 실무전문가들이 지속적으로 관심을 보이고 공공관리의 중심 논제가 되었으나, 최근에는 전략적 관리(strategic management)라는 보다 광의의 과정으로 관심이 집중되고 있다(Poister & Streib, 2005: 45–56). 이는 전략기획을 협소한 틀이라고 지적하고 "조직의 모험적 사업이나 조직쇄신과 성장, 그리고 조직의 활동을 안내할 전략을 개발하고 활용하는 것을 다루는 과정"으로서 전략적 관리가 필요하다는 이유 때문이다.

전략적 관리는 지방정부 외부와의 관계에서 사명·비전 및 목적과 목표를 설정하고 적절한 정책을 선정하는 전략기획뿐 아니라 계획과 사업을 실행할 단위부서에 자원을 유기적으로 배분하고 결합하는 자원관리(재정, 인적자원, 조직구조와 과정 및 정보 등)와 선정된 전략의 집행을 위한 내부관리로서 통제와 평가관리 등을 연계할 필요가 있다는 인식에서 나온 것이라 할 수 있다.

전략적 관리는 조직이 미래에 무엇을 할 것인가를 미리 결정하고(전략기획), 누가 그것을 할 것인가 및 어떻게 이루어져야 하는가를 결정하며(자원관리), 진행과정을 모니터링(통제와 평가) 등을 포괄하는 관리과정 전반에 관한 총체적이고 통합적인 관리혁신시스템으로 공공조직의 장기적인 활력과 효과성을 강화하는 데 초점을 두고 있다(Poister & Streib, 1999: 308).

전략기획과 전략적 관리와의 상대적 특성을 비교하면, 전략기획은 기획전문가에 의한 상의하달식 계획 및 관리로 일선관리자의 참여를 배제하고, 구체적인 행동보다는 일반적인 방향 확인에 중점을 두는데 반하여, 전략적 관리는 모든 실무자의 자원과 노력을 총동원하고, 기획문서보다는 과정 중심의 실천을 통하여 변화를 창조하는 구체적인 행동에 중점을 두고 그 결과를 지속적으로 피드백하는 일련의 과정이다.[1)] 전략기획이 급속히 변화하는 환경에서 조직의 미래방향을 그리는 데 유용한 도구로 간주되지만 초기 기획 못지않게 전략의 실행과 전략의제의 지속적인 관리 또한 중요하기에 최근에는 전략적 관리라는 보다 전체론적 개념(holistic concept)을 사용하고 있다.

전략적 관리는 조직의 모든 관리과정들을 통합해야 한다. 전 부서나 기능적 단위들이 공동의 목적, 주제 및 이슈들에 관심을 집중하고, 장기적 전략목표에 일상의 전술적 결정을 연계시키며, 내부관리과정과 사업 실행을 외부환경에 대한 바람직한 결과로 이어지도록 통합시켜야 한다(Poister & Streib, 1999: 308). 조직은 계획보다는 의사결정과 실천행동에 의해 미래로 나아간다. 계획이 실행되지 않는다면 전략은 무의미해진다.

따라서 전략적 관리는 전략의 실행을 위한 실행계획(action plan), 예산과정, 성과관리체계, 조직구조의 개선, 사업 및 프로젝트 관리 등과 같은 관리과정의 수단들을 제공해야 한다. 다시 말하면 전략적 관리는 예측할 수 없는 환경과 불확실한 미래의 변덕에 대응할 수 있는 틀을 제공하며 조직의 목적과 목표를 달성하기 위하여 외부환경에 대한 전략과 정책을 형성하고 이를 성취할 내부능력 제고에 초점을 두는 관리과정이다. 전략적 관리의 우선적 목적은 의사결정이 이루어지는 토대와 근거를 넓히는 것이다. 전략적 관리자는 조직의 장기적인 필요를 확인하고, 이러한 필요에 맞는 정책과 사업을 탐색하여, 긍정적인 측면을 극대화하고 부정적인 측면을 최소화하는 전략을 형성하려고 한다(Steiss, 2003: 19).

지방정부에서의 전략적 관리는 지역사회를 위한 기획을 다루거나 지방정부 자체를 위한 기획에 초점을 맞출 수 있다. 전자는 대체로 지역사회에서의 지방정부의 사명, 지방정부가 제공하는 서비스의 범위와 수준에 관한 문제들로 이러한 문제들은 현존 또는 추정된 요구와 필요를 검토하게 한다. 이러한 유형의 전략적 관리는 주민들의 일상생활과 밀접한 이슈나 이익집단 및 지역사회 지도자들의 이해관계를 직접적으로 포함한다. 반면, 후자는 지방정부 조직구조와 실행, 정책형성과 관리능력 및 재정문제를 포괄하는 것으로 지방정부를 전략적 관점에서 관리하는 것을 말한다. 이미 착수한 전략뿐 아니라 새롭게 출현한 문제에 주의를 두며, 전략계획을 정교화하거나 새롭게 하며, 다른 관리체제나 과정을 전략적 의제와 연관시키고, 각

1) 류재현(2005: 148-149) 참조.

부서의 의사결정과 활동을 전반적인 전략적 틀에 일치시키는 것을 말한다. 이와 같은 전략적 관리는 사업이나 서비스의 내용과 방향 및 관리과정 자체와 관련된 문제들을 확인하고 관리하는 효과적인 수단이다. 이러한 점에서 전략적 관리는 의식적인 조직발전 수단이라고도 할 수 있다(Eadie & Steinbacher, 1985: 424-430).

따라서 지방정부에서의 전략적 관리는 정책, 서비스 제공(제공대상, 효과성, 질 및 생산성 등에 관심), 공공 이미지, 주민관계, 그리고 자원 확보 등 외부관리 측면에서부터 조직문화, 조직구조와 인적자원관리와 내부관리과정 및 프로그램 운용(사업관리) 등 내부관리 측면에 이르기까지 모든 측면을 포괄하는 통합관리 전략이다.

2 전략적 관리의 구성요소

전략적 관리는 일종의 체제론적 접근방법이다. 체제론적 접근방법은 지방정부 관리구조와 과정을 하나의 체제로 파악하고 체제의 요소들이 어떻게 상호작용하는가를 분석하는 접근방법이다. 지방정부는 일정한 경계를 지니고 체제 밖의 외부환경으로부터의 투입을 체제 내부 요소들의 긴밀한 연계를 통해 처리·산출하고, 그 결과에 대한 정보를 환류하는 집합체이다. 따라서 전략적 관리의 기본 요소들은 이러한 체제론적 관점에서 정리할 수 있다.

즉, (1) 조직과 외부환경 간에 조화를 이루고 적합성을 유지하는지를 지속적으로 모니터링하고 지방정부에 미칠 외부영향력을 추적하며, (2) 내·외부 관계자들에게 지방정부가 지향하는 조직의 명백한 비전을 소통시키며, (3) 조직 내 모든 부서와 다양한 수준에서 전략적 의제를 창출하고 이들 의제들을 중심으로 의사결정이 이루어지도록 하며, (4) 조직 내 모든 관리과정들을 이들 전략적 의제로 통합·지원하고 고양시키도록 안내해야 한다는 것이다(Poister & Streib, 1999: 311-312). 전략적 관리에 포함될 주요 활동들은 다음과 같다.

1) 전략적 외부관리

지방정부를 둘러싼 외부환경 및 지방정부와 중앙 및 타 지방정부 간 관계, 그리고 지방정부와 고객·주민 간 상호작용에서 발생하는 투입요소들에 적절한 대응 전략이 요구된다.

(1) 비전·사명 개발과 목적·목표 설정

지방정부관리는 가치·비전과 사명을 개발하고 명료화하는 데서 출발한다. 가치와 사명 및 비전의 설정과 이에 대한 명료화는 지방정부의 전반적인 목적과 개별 행정부서의 세부적인 목표를 위한 확고한 토대를 제공하기 때문이다. 전략적 관리의 핵심에는 지방정부가 추구하는 가치, 지방정부 체제 내에서 뿐 아니라 지방정부가 봉사해야 할 지역사회에 대한 사명, 그리고 미래 지방정부의 모습이어야 할 비전이 있어야 하고, 이들 가치, 사명 및 비전들은 지방정부 부서 및 기관 내 모든 구성원과 외부 관련 이해당사자들 간에도 공유되어야 한다.

① 비전과 사명

비전은 사전적 의미로 미래에 대한 구상, 즉 앞날을 향해 품는 소망, 꿈을 뜻하며, 사명이란 이러한 비전을 실행하기 위해 집단이나 조직에게 맡겨진 임무, 소명(召命)으로 집단 또는 조직의 존재 이유이다. 비전은 조직의 사명을 뒷받침해주거나 조직의 사명과 결합되어 시민들의 기대에 부응할 수 있는 일련의 가치들이다. 지방정부의 사명이 무엇이고, 무엇을 해야 하며, 어디로 가야 하는지에 대해 전반적으로 표명하는 일은 중요하다. 사명은 전형적으로 조직이 왜 존재하며, 무엇을 달성하고자 하는가의 목적과 이러한 목적을 달성하기 위하여 조직이 수행하는 주요 활동과 방법, 그리고 조직목적을 추구할 때 조직구성원들을 안내하는 원리와 가치를 기술하려는 것이다. 여기서 목적에 대한 정의나 표명은 방법보다는 결과나 산출에 초점을 둔다. 예컨대, 정신건강상담기관의 경우 "고객의 삶의 질을 개선"하는 데 초점을 두지 "단순히 상담서비스를 제공"한다는 것으로 목적을 표명하지는 않는다. 목적 진술은 조직이 다루어야 할 문제들이나 조건들, 그리고 조직의 활동을 통해 달성하려는 변화를 확인하고 제시하려는 것이다. 사명 진술의 예로, 어린이개발센터의 사명은 "어린이들에게 친절, 책임 및 타인에 대한 존경과 같은 사회적 가치들을 내면화하고 세련되게 생각할 수 있는 능력을 고양하기 위하여(가치), 사업을 개발, 평가, 확산함으로써(사업), 어린이들의 사회적·윤리적 및 지적발달을 조장한다(목적)"와 같다(Steiss, 2003: 62).

② **목적 · 목표 설정**

목적설정은 조직 내에서 일어날 변화에 대해 구성원들이 인식하도록 하는 것으로 목적은 원래 다소 모호하며 일반적이기 때문에 조직 내 모든 수준의 구성원들을 안내해 주기 위해서는 보다 구체적인 사업목표나 행동으로 전환되어야 하며, 이들 사업목표는 조직 전체의 목적과 구체적인 행동방안 간에 중요한 가교 역할을 한다. 특정 목적을 토대로 계획을 준비할 때 목적을 지향하는 진전정도를 측정하는 수단이 있어야 하며, 그렇지 못할 경우 기획과정은 집행과 통제를 잘못 안내하여 제멋대로 될 수 있다. 동일한 목적도 서로 다른 집단이나 개인들의 시각으로 인하여 서로 다른 목표를 낳을 수 있으며, 마찬가지로 서로 다른 목표들이 동일한 목적으로 이어지지만 각기 다른 비용과 편익을 낳기도 한다. 각각의 목표와 연계된 실행사업은 운용비용와 자본비용이 다르기 때문이다. 이러한 비용과 편익에 대한 어림셈이 집단 간의 논의를 활발히 하게 하고 목적을 보다 명확하게 하는데 도움을 줄 수 있다.

목표에는 전략적 목표, 관리목표 및 운용목표 등 세 가지 수준이 있다(Steiss, 2003: 66－68).

전략적 목표(strategic objectives)는 조직의 사업이나 활동으로 조직 외부의 고객이나 서비스 집단에 미칠 영향과 관련한 여건, 복지수준 및 행태의 예상된 변화를 말한다. 전략적 목표는 조직이 무엇을 기도하고, 왜 그렇게 하는가를 명확히 규정하는 것이다. 예를 들면, 도시기획과의 전략적 목표는 "시 서비스 사업에 전반적인 자본시설계획을 마련하여, 시정활동의 효율성 증대와 사업수행의 일관성을 유지한다"고 표명하는 일이다.

관리목표(management objectives)는 예산 및 구체적인 자원들을 어떻게, 어디에 사용할 것인가의 관점에서 구체적인 사업을 기술한다. 관리목표는 전략적 목표를 구체적인 활동으로 전환하는 데 요구되는 방침을 확인하는 것이다. 관리목표는 대개 단일의 주요 결과를 달성하는 데 요구되는 인적 및 다른 자원과의 관련을 반영한다. 관리목표는 정확해야 하고, 측정 가능해야 하며 일정기간으로 한정되어야 한다. 도시기획과의 관리목표를 예로 들면 "시의 장기적인 목적과 목표를 설정하는 과정에 더 많은 시민들의 참여를 조장하기 위하여 일련의 공청회 및 워크숍을 실행한다." 또는 "시 장기적인 경제발전에 영향을 미칠 공공정책과 절차에 관한 정보를 확산한다." 그리고 이러한 관리목표는 책임부서, 대상고객의 확인과 조직활동의 결과에 대한 성과측정과 효과성 측정과 연관되어야 한다. 전략목표 달성을 위한 사업의 성패를 평가하는 기제가 있어야 하기 때문이다.

운용목표(operational objectives)는 전략목표와 관리목표를 달성하기 위한 특정 자원 배분, 그리고 이들 특정 과업의 실행과 통제와 관련된다. 전략목표의 주요 초점이 효과성에 있다면 운용목표는 주로 효율성 측면을 강조한다. 운용목표는 과업을 수행하는 데 가장 적절한 방법에 관한 설명이며 실행의 토대가 된다. 운용목표는 구체적인 과업 실행에 있어 구체적인 자원배분(인적자원, 설비, 재료 및 자본)과 적절한 절차 등을 포함한다. 운용목표의 예로 "주요 공공시설 설치와 개선을 위한 자본배분과 관련하여 이루어진 의사결정의 현재 기준과 절차를 논의하기 위하여 다음 3개월 간 일련의 공청회를 개최한다." 이러한 운용목표는 과업이 진행되는 동안 수정될 수 있도록 융통성이 있어야 한다.

위에서 설명한 세 가지 수준의 목표설정은 순차적으로 시작되지만 대개 일련의 반복과정을 거쳐 정해진다. 전략적 목표는 적절한 관리목표 설정이나 관련 사업을 통해서 보다 명확하게 설정되며, 이와 같은 명확화 과정을 통해 추진사업에서 어떤 활동들이 결정되어야 할지 도와주기도 한다. 따라서 목표설정과정은 전략적 목표 관점에서는 하향적으로, 목표를 달성하기 위해 설계된 조직활동의 측면에서는 상향적으로 검토되어야 한다.

이와 같은 지방정부의 비전과 사명 및 목표설정에 관한 논의는 지역사회의 여건이나 특성에 따라 다양하기 때문에 무엇을 해야 할 것인가라는 내용보다는 어떻게 해야 할 것인가의 규범적 절차에 한정해서 설명할 수밖에 없다. 비전과 목표는 지역사회의 여건과 시대적 상황을 충분히 고려해야 하며, 지역사회의 다양한 이해집단의 참여와 합의의 바탕에서 전략적으로 설정되어야 한다. 지역현실의 강점과 약점 및 기회요인과 위기요인(SWOT) 등을 분석하고 이 조건 하에서 상·하향적 의사결정과정을 거쳐 수립되어야 한다. 최고관리자나 의회 및 이를 지원하는 전문가들의 선도적 발전전망과 이해당사자 집단의 이해와 요구들이 조화롭게 반영되어야 한다. 이러한 비전과 사명 및 목표지향을 위한 지방정부의 실제적 프로그램이 공공정책이다.

(2) 전략기획

지방정부 관리자들은 지방정부를 둘러싼 외부환경과 정부 간 관계에서 발생하는 기회와 위기를 확인하고, 조직의 장·단점을 평가하여 외부환경에 대응하는 전략을 그려야 한다. 관리자들은 외부 이해당사자들과의 관계에서 조직의 가치, 사명·비전과 이들의 요구들을 토대로 전략기획을 하며, 지방정부기관과 전략의제에 대한 지지를 유지하기 위하여 효과적인 소통이 이루어지도록 해야 한다. 고객·주민들을 포함한 이해당사자, 미디어와 대중, 타 정부기관 및 관련 의회들로부터의 피드백이 이루어지는 기제와 과정을 통해, 정책이나 기관의 사명에 영향을 미칠 외부환경의 변화를 모니터하고 예상할 수 있어야 한다.

전략적 이슈들은 내·외 환경 분석에서 나오며 어떤 것은 환경 분석과 조직의 능력 간 절충으로, 어떤 경우는 승자와 패자가 있을 수 있는 정치적 과정으로 접근한다. 이렇게 확인된 문제들에 대응할 전략적 대안을 만들고 전략적 대안들에 대한 최종적인 실현 가능성을 점검한다. 점검은 정치적, 재정적, 기술적, 법적 측면에서뿐 아니라 고객이나 고용인들의 입장에서 검토되어야 한다.

(3) 정책 및 프로그램 지침설정

지방정부의 의사결정은 관리의 뼈대를 제공한다. 조직이 목적과 목표를 달성하려면 의사결정과 정책이 형성되어야 하고, 이들 의사결정을 토대로 실행프로그램을 계획하고, 실행하며 통제해야 한다. 조직의 의사결정에 관한 일반적인 이해를 토대로 지방정부 관리자들이 해야 할 과제를 설명하기로 한다.

① 의사결정의 유형

의사결정은 상대적으로 단순한 과업으로 일상적인 일일 수 있지만 어느 경우는 판단과 추론 및 상상 활동을 요구하기도 한다. 전자의 의사결정은 미리 정해진 대응 기제에 의해 이루어지며, 후자, 즉 보다 복잡한 경우의 의사결정은 이전에 없었던 영역에서 일반적으로 수용할 만한 대응을 그리는 수단이 된다. 이러한 문제 상황은 낯선 요구로 일반적인 합의가 부족하거나 목표 자체에 합의를 할 수 없는 경우에 발생한다. 이와 같이 조직의 의사결정은 한쪽 극단에 전술적 의사결정이 있고 다른 극단에 전략적 의사결정이 있는 일련의 연속체로 배열되어 있다(Steiss, 2003: 23).

a) 전술적 – 적응적 – 전략적 의사결정

전술적 의사결정(tactical decisions)은 이미 정해진 대응을 활용하여 비교적 일상적으로 이루어지는 대부분의 의사결정으로, 문제의 근원적인 조건이나 해결방안의 필요조건들이 알려진 경우 프로그램화된 접근방법이다. 이 경우, 몇 개의 명백한 대안을 고르면 되고 의사결정 기준은 대체로 경제적 기준(최소 비용)이 된다. 전술적 의사결정은 본질적으로 1차원적이며 보다 즉시적인 관심사항을 다룬다. 이러한 단기적인 의사결정이 중요한 장기적인 함의가 있는 경우 조직이나 고객집단으로부터 심각한 반발이 있을 수 있다.

전략적 의사결정(strategic decisions)은 일반적으로 광범위한 함의를 갖는다. 따라서 효과적인 의사결정을 위해서는 문제상황이 무엇인지 밝혀야 하고, 상황을 변화시키기 위하여 어떠한 대안들이 있는지를 결정하고, 활용할 자원으로 가장 효과적인 해결책을 확인하며 보다 효과적인 해결책을 달성하기 위하여 필요한 추가적인 자원이 무엇인지를 결정해야 한다. 조직의 목적과 목표는 전략적 의사결정을 통해 설정된다.

적응적 의사결정(adaptive decisions)은 전술적 의사결정과 전략적 의사결정 사이에 있는 유형으로서 프로그램화된 대응으로 시작되지만 프로그램 세부에서 상당한 정도의 재구성이 요구되는 의사결정을 말한다. 기존의 대응패턴을 수정하고 다소 안정적인 토대에서 생산적인 활동을 재구성한다. 적응적 의사결정은 문제의 근원을 근절하는 것이 아니기에 일시적인 해결책에 불과하며, 치환의 압력이 지속적으로 높아질 경우 적응적 의사결정은 더 이상 충분하지 못하고 의사결정체제에 전반적인 압박을 가할 수 있어 보다 혁신적인 의사결정이 요구된다.

b) 혁신적 의사결정

의사결정구조는 순응이라는 입장에서 제한적이다. 적응적 의사결정은 이러한 한계 내에서 수정되지만 이러한 수정이 한계를 넘는 변화가 요구될 경우에는 문제상황이 발생하고 이때는 수단과 목적에서의 주요 변화가 요구되는 창조적 또는 혁신적 의사결정을 해야 한다. 혁신적 의사결정은 완곡한 점진적 작용을 통한 것보다는 직접적이고 전면적인 공격으로 문제상황을 다루고자 한다. 혁신적 의사결정이 요구되는 상황은 조직의 근원적인 문제들을 점진적으로 또는 완곡하게 처리할 수 없는 경우이다. 혁신적 의사결정의 필요성이 수용되면 조직의 목적과 목표에 대한 공공연한 평가가 이루어지며, 이러한 평가는 종종 조직구조 내 서로 단절된 역할을 가져온 갈등적 동기들이 표면화된다. 목적과 목표가 보다 선명해짐에 따라 갈등이 더 명백해지지만 조직이 안정을 유지하기 위해서는 이들 갈등이 다루어져야 한다.

c) 합리적・비합리적 의사결정

합리적 의사결정은 어떤 목적달성에서 상호 관련된 일련의 활동이나 선택이 정연하고 체계적인 기획 절차에 따라 나온 결과이다. 의사결정이 합리적인지 또는 비합리적인지는 일반적으로 어떤 행동이 합리적이고 주어진 전제에 일치하는지를 기술해주는 일련의 법칙에 따라 정의된다. 합리적 의사결정은 기회주의적 의사결정(opportunistic decisions)과 구별되는데 기회주의적 의사결정은 일관성이 없고 전반적인 설계나 계획이 없이 이루어지는 의사결정을 말한다. 비합리적 의사결정은 비논리적 의사결정, 맹목적 의사결정, 성급한 의사결정, 그리고 무지한 의사결정 등으로 범주화할 수 있다(Steiss, 2003: 26).

d) 점진적 의사결정

린드블롬(Charles E. Lindblom)은 의사결정자가 합리적 모델에 의해 제시된 명쾌한 문제들만을 접하는 것은 아니라고 제시한다(Lindblom, 1965). 정보가 부족할 뿐 아니라 완벽한 합리적 결정을 위해서 비용이 많이 드는 자료수집을 기꺼이 할 수도 없다. 의사결정자가 고려하는 정책대안들이란 그 결과를 점진적으로 알거나 현상에서 조금 벗어난 대안들에 불과할 수밖에 없다. 정부활동의 결과를 예측하는 인간의 능력이 극히 제한되어 있기 때문에 목표는 작고 관리가능한 단계로 접근해야 한다. 의사결정자가 직면하는 문제들은 지속적으로 재정의되며 문제를 보다 잘 관리할 수 있도록 끊임없는 조정이 이루어져야 한다. 따라서 대부분의 의사결정은 현존 프로그램들에 대한 약간의 조정에 불과하다. 점진적 의사결정은 본질적으로 보다 장기적인 해결책을 모색하기보다는 현재의 불완전을 완화하고 수정하는 것이다. 그러나 의사결정자가 직면한 많은 문제들은 선례가 없고 점진적으로 다룰 수 없는 문제들이 있기 때문에 쇄신적인 해결책을 요구하고 있어 보다 합리적인 접근방법을 통한 전략적 의사결정이 이루어져야 한다.

e) 만족형 의사결정

사이먼(Herbert A. Simon)에 의해 최초로 형성된 만족형 의사결정은 의사결정자가 충분히 좋은 대안을 발견하면 더 이상의 탐색과 검토과정을 삼가서 시간과

에너지와 자원을 절약하는 모형이다. 이러한 접근방법은 굳이 최선의, 그리고 최적의 해결책에 관심을 두지 않고 보다 나은 위치와 만족할 말한 상태로 나아갈 뿐이다. 이 모델은 장기적인 기획에 의존하지 않기 때문에 시행착오과정의 특성을 갖고 있으며 현상을 규범적으로 옹호하게 된다. 의사결정 이전에 설정된 기준들을 충족하면 만족할 만한 대안이라고 하는데, 이러한 기준들은 결국 목적과 목표와 같아야 한다. 의사결정이 궁극적 목적이 아니라면 이들 궁극적 목표와 관련 평가되어야 하고 지속적으로 가까워져야 한다.

f) 혼합주사모형

에치오니(Amitai Etzioni)에 의해 제시된 의사결정 접근방법으로 합리적·종합적 접근방법과 점증주의 접근방법을 절충한 것이다. 즉, 정책결정을 지침을 제공하는 근본적인 정책결정과 그러한 정책방향에 따라 점증적으로 변화해 가는 정책결정으로 구분하고, 근본적인 정책결정은 앞으로 정책들이 지향해야 할 근본적인 방향 설정과 점증주의적 정책결정을 위한 맥락을 제공해준다는 것이다(Etzioni, 1967: 388). 혼합주사모형은 세부적인 대안들을 탐색하지 않고서도 정책결정의 여러 분야를 광범위하게 검토할 수 있게 해줌으로써 보다 더 장기적인 정책대안을 검토할 수 있게 해주고 근본적인 의사결정에 도달할 수 있게 해준다. 그리고 근본적인 정책결정 이후에 점진적으로 구체적인 옵션별로 좀 더 정밀한 분석작업을 수행할 수 있게 된다는 것이다(노화준, 2007: 435).

② 의사결정의 단계

a) 의사결정체제의 투입으로서 요구

조직(지방정부)는 외부환경의 다양한 측면으로부터 영향을 받으며, 투입이라는 형식으로 조직체제에 의사결정 요구를 하게 된다. 이스턴(David A. Easton)은 요구를 특정 문제에 관해 책임 있는 자들에 의해 권위적인 할당이 이루어지게 하거나 그렇게 하지 못하게 하는 표출된 의견으로 정의하고 있다(Easton, 1965: 38). 요구는 또한 주어진 상황에서 역기능적 여건들에 의해 생기며 이들 여건들을 체제 내에서 요구투입으로 해석하기도 한다.

요구는 표출된 요구와 표출되지 않은 요구가 있다. 전자는 조직 내 구체적인 개인이나 집단을 겨냥하기도 하고 전반적으로 지향하기도 하지만 모든 표출된 요구에 조직으로부터 대응을 가져오는 것은 아니다. 표출되지 않은 요구는 매우 다양한 원천으로부터 나오며 다양한 특성들을 가진다. 요구가 의사결정체제에 투입되기 위해서는 이들 요구가 조직의 바람직하지 못하고 불확실한 상황이라고 조직 내 누군가에 의해 인지되어야 한다. 이러한 요구에 대한 인식이 의사결정과정의 시작이다. 개인의 준거틀이 현재 수용된 체제와 일치하지 못한 상황을 인식하게 하며, 이들 불확실한 상황을 다룰 방법들을 결정해 준다. 전략관리자들은 현재 수용된 체제를 끊임없이 평가하고 조직에 잠재적인 혼란을 가져올 외부환경의 요인들을 확인해야 한다.

b) 투입으로 받아들일 요구검토

인지된 요구가 현 체제에서 불확실한 또는 바람직하지 않는 상황으로 확인되면 요구들이 검토된다. 즉, 의사결정자가 대안적 해결을 모색해야 할 문제 상황인가를 검토한다. 관리자는 단지 부분적으로 이해되는 문제들에 대한 불완전한 해결책은 피해야 한다. 문제를 분류하고 문제에 대한 정확한 정의를 내려야 한다. 현재 상태와 바람직한 상태 간의 간극의 요인들을 명백히 규명함으로써 문제를 정의한다. 불확실한 상황은 프로그램화된 적응적 대응으로 해결될 수 있지만 특이하고 처음 일어나는 문제에 대해서는 쇄신적 의사결정과정이 필요하다.

c) 제약요인 확인과 경계적 조건(boundary conditions)

의사결정과정의 다음 주요 단계는 의사결정으로 무엇을 달성하고자 하는가를 명백히 구체화하는 것이다. 달성할 목표가 무엇이고, 효과적인 해결을 제약하는 현재적·잠재적 제약요인들은 무엇이며, 어떤 효율성의 측정이 활용될 수 있을까? 가능한 행동 대안 평가에 어떤 기준들을 적용할 수 있는지, 그리고 주어진 문제에 대한 가능한 해결방안들을 평가할 때 적용할 "가장 효과적인 것"의 의미는 무엇인가에 대한 질문들이 경계적 조건을 설정한다. 경계적 조건은 실현가능한 해결방안을 찾을 수 있는 범역을 정의해주는 요인들의 집합을 말한다(Steiss, 2003: 35). 이러한 경계적 조건들을 맞추지 못한 의사결정은 문제를 정확하게 확인하지 못한 것보다 더 나쁘다. 경계적 조건들을 결정할 때는 조직의 목적과 목표를 명확히 해야 한다. 목표가 애매할 경우 특정 의사결정 상황에 적용할 경계적 조건들을 설정할 수가 없다.

d) 대안의 형성

모든 문제 상황에는 여러 대안들이 안출되어야 한다. 그렇지 않으면 잘못된 양자택일의 오류에 빠질 위험이 있다. 대안은 주어진 문제상황에 관한 기본 전제들을 검토해보고 타당성을 검증해보는 수단이다. 대안 형성과정은 문제에 대한 기술과 가능한 해결방법들이 고안되고 이를 사실에 입각하여 중간검토를 통해 대안을 세련화하고 대안들이 가져올 결과, 부산물, 부작용들에 대한 이해와 검토가 이루어져 최종 대안으로 설정한다. 검토 결과는 폐기, 수용, 수정 등을 거쳐 보다 적절한 대안에 이르게 한다. 가능한 대안들은 문제에 따라 다양할 수 있지만 조직이 처리할 수 있는 자료나 개념들의 함수이므로 이들이 충분할 경우 유용한 대안들이 나오게 된다.

e) 최선의 해결방안 탐색

유일하게 옳은 해결책이 있는 경우는 드물다. 따라서 많은 대안들을 형성하고 이들을 평가한 후에야 최선의 해결방안을 찾을 수 있다. 몇 가지 대안 중에서 최선의 해결방안을 찾는 방법은 의사결정의 일반적인 유형, 즉 적응적 의사결정인지 아니면 전략적 결정인지에 달려 있다. 적응적 의사결정에서 최선의 대안은 조직에서 허용하는 최소한의 기대충족과 요구 압력을 완화하거나 문제해결에 만족할 수준이면 된다. 선택된 행동 대안은 기설정된 기대에 최소한의 동요를 낳는 것이어야 하는데 이러한 조건을 만족시킬 수 있는 단일의 대안이 없기 때문에 몇 가지 대안들에서 나온 주요 요소들을 결합해야 한다. 전략적 의사결정은 기존의 기대수준을 수정하거나 대체해야 하기 때문에 보다 활발한 분석과 검토가 요구된다. 최선의 의사결정을 모색하기 위해서는 대안의 불확실성, 위기와 예상 이익, 노력의 경제성, 소요시간 및 인적 능력과 자원의 한계 같은 문제들이 다루어져야 한다(Steiss, 2003: 39).

f) 수용가능한 의사결정을 위한 수정

최선의 해결방안이 확인된 후에 이들 결정으로 가장 많은 영향을 받는 조직부분들의 기대들을 검토하여 수용가능한 의사결정을 찾아야 한다. 적응적 의사결정과는 달리 전략적 의사결정은 기대가 변경되고 수정되어야 하기 때문에 조직 내·외의 기대들에 대한 신중한 평가가 이루어져야 한다. 이들 기대들은 의사결정에 의해 조정되어야 할 관련 요인들이기 때문이다. 제안된 해결방안은 조직 내 구성원들의 기대에 부응하기도 하지만, 이에 대해 구성원들이 양면적인 입장을 갖거나 적대적일 경우가 있다. 후자의 경우, 적대적인 태도를 수정하거나 지지를 이끌어낼 방안들이 모색되어야 한다.

g) 의사결정의 실행으로 전환

의사결정은 실행방침이 처음부터 세워지지 않으면 아무런 의미가 없다. 의사결정이 구체적인 단계에서 각자의 과업으로 할당되지 않으면 단지 좋은 의도에 불과하다. 많은 정책표명에서의 결점은 행동방침을 포함하지 못하고 있다는 점이다. 의사결정을 실행으로 전환하는 데는 누가 그러한 의사결정을 알아야 하고, 어떤 행동이 취해져야 하며, 누가 이러한 행동을 맡아야 하는지? 및 실행은 어떠해야 하는지?에 대한 답이 정확해야 한다.

h) 피드백

의사결정과정에 영향을 미치는 피드백은 대체로 의사결정이 이루어지고 실행프로그램이 시작된 후에, 그리고 조직 내에서 내부 요구들이 생겨날 때마다 일어나는데 이들 새로운 요구(투입)가 생기면 의사결정과정이 재순환된다. 이러한 피드백은 실제 결과에 대한 기대들을 지속적으로 검증하도록 해주기 때문에 필요하다. 의사결정의 근본은 선정된 행동방향에서 수정이 필요한 조건들의 변화를 확인할 수 있는 조직의 예상능력 개발이기 때문이다. 이상에서 살펴본 의사결정과정은 실제상황에서도 질서정연한 순서로 이루어지는 것은 아니다. 단지 의사결정과정을 적절히 분석하기 위해 의사결정 패턴을 단계별로 접근할 필요가 있어서였다.

이상에서 설명한 것처럼, 조직의 의사결정은 환경으로부터 투입을 받고 산출을 통해 환경에 영향을 미치는 공개체제(open system)에서 확률적 탐색과정으로 정보를 모으고, 평가하고, 재결합하고 확산시키는 다단계 과정이기도 하다. 효과적인 의사결정체제는 기존의 안정 상태를 모색하기보다는 환경 변화에 대응하여 보다 유리한 상황에서 새로운 안정 상태를 찾기 위한 조건들을 창조해 내려 한다. 공개체제로서 조직은 끊임없이 외부환경과의 역동적 상호작용에서 생긴 필요(needs)에 부응하는 의사결정과 역기능을 막을 규제장치들을 개발하고 채택하기 위해 정보와 소통채널을 보다 활발히 작동시켜야 한다.

공공정책 형성과정에서 최고관리자는 지역을 대표하는 의원, 이익집단 및 각계각층의 시민들과 상호작용 속에서 먼저, 목적(goals), 목표(objectives)[2] 및 우선순위를 설정하고, 활용 가능한 자원, 그리고 정해진 기간 내에 성취할 수 있을지를 고려해야 하며, 목적 및 목표를 달성할 실행계획(action plan)을 개발해야 한다. 관리자는 정책형성과 집행의 접점에서 전문중개자로서 관련 사회, 정치, 경제적 세력이나 제도 및 과거와 현재의 정책들에 대해 충분히 알고 이러한 지식들을, 책임 있는 선출직 공무원이나 상급관리자들에게 소통시킬 수 있어야 한다. 정책의제 설정에서 모든 지역사회 분파들을 고려하고 이들이 의제를 확인하도록 도와주어야 하며, 이를 위해 시민의견조사(citizen survey)나 공청회 등을 활용하고 이를 토대로 이슈를 정책의제로 포함하거나 배제시킨다. 또한 관리자는 장기적인 또는 단기적인 전략적 고려에서 우선순위를 설정하고 새로운 아이템을 정책의제로 삼고 그에 대한 대안들을 구체화해야 한다. 의사설정 관리에서 중요한 기법은 설득과 협상이다. 성공적인 협상은 ① 문제와 관련된 사람을 확인하고, ② 지위보다는 이해에 초점을 두며, ③ 무엇을 할 것인가 결정하기 전에 다양한 대안들을 제시하고, ④ 객관적 기준에 의해 대안들의 결과들을 측정・제시해야 한다(Fisher & Ury, 1981: 11).

또한 공공정책 개발에는 집행을 위한 전략 설계가 요구된다. 관리자는 목표를 달성할 실행계획을 개발할 책임이 있는데 여기에는 해야 할 구체적인 활동과 활동을 위한 스케줄이 포함되어야 한다. 실행계획이 세워지면 필수적인 행정절차나 규칙이 정해지고, 공식적인 책임과 권한이 배당되며 자원이 할당된다. 지방정부의 최고관리자로서 단체장은 관리목표와 전략을 조직구성원들의 합의와 참여를 바탕으로 수립해야 한다. 지방정부의 구체적인 목표, 우선순위와 경영방침 등이 구체적으로 지방정부 구성원들에게 인지되게 하고, 이를 근거로 지방정부의 각 기관이나 부서의 실행목표설정과 실행계획 및 사업이 집행되도록 리더십을 발휘해야 한다.

(4) 사업 및 서비스 관리와 피드백 관리

전략기획과 정책을 집행하는 수단들로서 지방정부나 단위부서의 프로그램 및 서비스 제공과 관련한 관리책임을 말한다. 전략적 관리과정은 조직이나 기관의 가치와 사명에 의해 조율된 사업기획과 평가, 서비스 전달, 프로그램 및 프로젝트 관리, 성과측정을 위한 체계가 마련되어야 한다. 집행을 진행시키기 위해서는 일정표, 자원조달 및 책임할당 등이 요구되며 정규적인 모니터링과 평가가 이루어져야

2) 목적은 정책이나 사업의 장기적 결과로 기대되는 것으로 대개 5~25년의 기간을 범위로 하고 목표는 회계연도와 같은 단기 내 기대되는 결과를 말한다.

한다.

그리고 지방정부의 정책 산출과 프로그램 실행 결과에 대해 지방정부를 둘러싼 외부환경의 반응 정보를 지속적으로 환류하는 활동이 필요하다. 전략적 관리가 환경 변화에 대한 조직의 능력을 제고하려는 대응전략이기 때문에 외부환경과의 관계에서 지방정부기관과 전략의제에 대한 지지를 유지하기 위하여 효과적인 소통과 이들로부터의 지속적인 환류과정이 이루어지도록 해야 한다.

2) 전략적 내부관리

전략계획 집행을 촉진하고 전 부서의 활동이 전략에 집중되도록 하기 위해서는 조직 내부관리활동이 유기적으로 연계되도록 설계되어야 한다. 전략관리자는 의도적인 변화를 수긍하고 조직의 가치와 사명 및 비전에 대응적인 조직구조와 조직분위기 및 조직문화가 형성되도록 지속적인 모니터링을 해야 한다. 조직구성원들의 동기화와 능력 제고를 통해 새로운 전략을 집행하는 데 기여할 인적자원개발 프로그램 수립과 성과관리체계를 구축할 필요가 있으며 성공적인 전략적 관리는 쇄신을 개발하고 확산이 필요하기 때문에 관리자와 구성원 간에 유용한 정보 및 피드백이 이루어지도록 소통과 정보관리가 요구된다.

(1) 자원관리

자원관리는 구체적인 목표를 달성하기 위한 희소자원의 배분에 관련되는 활동으로 구체적인 사업, 프로젝트 및 활동으로 계획하고, 승인된 것을 실행하는 조직과정을 설계하고, 이들 과정에 인력을 배치하거나 필요한 자원을 조달하는 과정이다. 효과적인 자원관리를 위해서는 조직운영에 보다 생산적인 방법을 지속적으로 탐색하고, 변화하는 환경여건에 대응하는 조직의 능력을 끊임없이 평가해야 한다. 현재의 운영체계를 점검하고 필요한 경우 현존의 구조와 절차를 재설계하며 적절한 인력자원을 배치하는 변화관리를 해야 한다. 자원관리과정의 핵심은 다양한 전략적 대안들에 대한 비용-편익분석이며 이 중 선택된 대안을 실행하는 데 요구되는 재정계획과 예산이다. 전략적 관리의 구성요소로서 예산과정은 조직의 목적과 목표, 그리고 고객이나 지역사회 요구에 부응하는 사업의 효과성을 반영해야 한다 (Steiss, 2003: 11-12).

(2) 통제와 평가

통제와 평가는 선택된 전략의 집행을 위한 조직 내부 요건들에 초점을 두는 과정이다. 통제는 사전에 설정된 방향에서 일탈된 행동을 수정하려는 것으로 기획목표와 일치되는 실행기준을 설정하거나, 이들 기준과 실제의 성과를 비교하여 어떤 일탈이 있는지를 파악하여 모든 자원들이 가장 효율적이고 효과적으로 활용되도록 조치를 취하는 체계적인 노력이다(Mockler, 1972: 2). 평가는 프로그램이 사전 지침에 따라 집행되고 있는지(과정평가)와 프로그램의 결과가 의도된 방향으로 변화를 가져왔는지(영향평가)에 초점을 둔다. 성과평가에서 나온 정보들을, 자원 배정이나 조직의 구조 및 과정을 수정하는 데 활용함으로써 외부환경의 요구에 적응하고 전략의 성공을 이끌어내려는 활동이 되기 위해서는 정보 환류과정이 필요하다.

(3) 정보관리체계

오늘날의 전략적 관리활동은 정보를 산출하고 정보를 소요하는 활동이다. 이전 프로그램과 관련된 의사결정과 활동으로 인하여 생긴 변화들을 검토하고, 조사 및 평가하여 이를 환류시켜 보다 효과적이고 적절한 향후 의사결정이 되도록 활용되어야 한다. 적시의 정보는 문제를 둘러싼 환경을 이해하고 이들 문제를 해결하기 위한 행동 대안들을 확인하고 평가하는 데 필요하며 불확실성을 줄일 수 있다(Steiss, 2003: 14-15). 정보관리체제는 관리상 제기되는 문제해결과 의사결정을 지원하기 위해 적시에 정보를 조직하고 소통시키는 과정이 포함되어야 한다. 성공적인 전략적 관리는 쇄신을 개발하고 확산이 필요하기 때문에 관리자와 구성원 간에 유용한 정보 및 피드백이 이루어지도록 소통과 정보관리가 요구된다.

이와 같이 지방정부 전략적 내부관리에는 예산 및 재정관리, 조직관리와 조직문화, 인적자원개발과 인간관계 관리, 정보 및 의사소통 등의 행정과정 관리, 그리고 성과관리가 체계적으로 운용되어야 한다. 지방정부에서의 전략적 관리는 관리자나 모든 부서와 수준의 구성원, 기능단위 및 주요 외부 주민대표들을 포함하는 광범위한 참여가 이루어져야 하며, 타 부서나 외부 관계자의 투입에 의해서 이루어질 수도 있다. 전략적 관리과정은 상향식 및 하향식 접근방법, 참여자들의 집단과정[브래인스토밍, 명목집단기법(nominal group technique), 멀티보팅(multivoting), 델파이(delphi)과정 등]을 거치는 것이 바람직하다.

3 전략적 관리과정

전략적 관리과정은 다음과 같은 과업으로 진행한다.

(1) 조직이 나아갈 전략적 비전을 형성하여 조직이 무엇을 달성해야 할 것인가에 관한 사명, 목적을 명료화하고 장기적 방향을 제시하며,

(2) 전략적 비전과 사명을 측정가능한 목표와 성취대상으로 전환하고,

(3) 바람직한 결과를 달성하도록 설계된 전략들을 개발하여 검증하며,

(4) 선택된 전략을 효율적이고 효과적으로 실행한 후,

(5) 성과를 평가하고 새로운 상황전개를 검토하여 장기적인 방향, 목표와 전략 및 실제집행과정의 수정 및 조정과정을 거친다(Thompson & Strickland, 1996: 74).

그리고 이러한 과정을 주도할 전략관리집단(팀)을 구성해야 한다. 전략관리팀은 전략적 목적과 목표, 이들 목표들을 달성할 전략의 개요 및 집행 책임의 할당을 안내하는 조직 전반의 전략계획을 개발하며, 활동 부서들은 이러한 조직 전반의 전략계획에 초점을 맞춰 개별 전략계획을 형성하고 각자의 수준에서 전략적 이슈들을 다룬다. 전략관리팀은 이들 개별 부서들의 실행계획을 검토하고 이들 결과를 모니터하며 새로운 이슈들을 검토할 필요가 있을 경우 새로운 계획을 수립하게 한다. 전략관리팀에는 지방자치단체장, 개별 부서장 등의 상위 계선관리자(top-line managers), 주요 참모들이 포함되며 의회가 관여할 수도 있다. 대체로 전반적인 전략적 관리과정(전략적 기획, 집행 및 평가 등)은 의회나 위원회의 승인과 감독 하에 전략적 관리집단에 의해 시행되어야 하기 때문이다. 이 경우, 의회의원들과 위원들은 집행·평가와 같은 관리적 측면보다는 본질적인 정책내용과 관련된 보다 광범위한 전략적 의제에 더 많은 관심을 가져야 한다.

전략적 관리과정은 기획활동뿐 아니라 집행활동도 매우 중요하기에 특정 조직단위나 개인들에게 집행책임을 배당하고 그 결과에 책임지도록 해야 한다. 전략관리팀은 장기간에 걸쳐 전략목적이 달성되도록 모든 실행부서마다 전략적 의제에 집중할 수 있는 조직 의사결정이 이루어지도록 하며, 전략계획이 실행단위의 의사

결정과 활동을 추진하는 동력이 되도록 자원배정과 인력관리 및 성과측정과정을 개발해야 한다. 특히, 전략계획이 일단 채택되면 이를 실행할 필요한 자원들이 확인 및 배정되어야 한다. 특정 사업이나 프로젝트에 자금을 연계하고 계획된 결과와 직접 관련시키는 결과－지향 예산체제(results－oriented budgeting system)에서의 예산배분은 전략의제 추진에서 가장 중요한 영향력을 미친다.

또한 성과관리체제는 특정 상위급 관리자(전략관리집단의 구성원)의 성과계약에서의 특정 전략과제 추진에 관한 책임을 주도케 하고, 이러한 책임을 하위급 관리자나 하위 직급들에게 연계시켜 이들의 기여에 관한 연도별 성과평가와 보상을 하게 한다. 전략계획을 이러한 성과관리과정에 통합함으로써 전략관리팀은 전략집행에 관한 명백한 책임을 설정하고 모든 수준의 관리자들이 개인적으로 전략의제를 추진하는 데 관여케 할 수 있다.

다음으로, 전략관리과정은 전략목표 달성에서의 조직성과에 대한 타당한 측정 및 평가가 이루어져야 한다. 정례적인 측정은 결과와 예산배정의 적절성이나 전략목표 달성에서의 조직 전반의 과정들을 점검할 수 있게 한다. 성공여부를 확인하고 다음 단계의 조치를 수정하고 새로운 대안적 전략을 개발하는 반복과정이 요구된다.

마지막으로, 지속적 모니터링과 피드백 과정이 이루어져야 한다. 전략적 관리팀은 위에서 설명한 전략적 관리과정이 피드백 과정을 거쳐 지속적으로 이루어지기 위해서 내부조직과 외부환경에 대한 지속적인 모니터링이 포함되도록 해야 한다. 정치 및 중앙정부, 경쟁관계나 협력관계의 조직이나 타 지방정부, 고객·주민, 기타 이해관계자들과의 관계뿐 아니라 내부행정과정, 조직분위기, 내부소통에서의 추세나 이슈 등에 관한 정보를 지속적으로 검토해야 한다.

조직 내부모니터링은 정례적인 정보관리체계, 고용인 설문조사, 자료수집과 보고 및 비공식적 대화나 현장방문 등과 같은 것을 통해 이루어지며, 외부모니터링은 간행물, 전문가협회, 고객피드백, 자문위원회, 외부 이해당사자들과의 상호작용 등 다양한 원천에서의 정보를 종합해야 한다. 이러한 모니터링과정을 거쳐 전략적 의제의 실행은 물론 그 결과의 평가와 전략적 의제를 경신해야 한다.

전략관리과정의 예를 들면 다음과 같다.

어떤 지방정부의 중심지역에 경기침체가 발생하는데 이는 혼잡, 주차장 부족 및 다양한 지역사회 주민들의 접근성이 어렵기 때문이라고 인식될 경우, 이를 해결하기 위해 여러 가지 대안이 검토되어 최종적으로 접근성을 제고하고 혼잡문제를 해소하기 위해 공공운송체계를 개시하기로 결정되었다면 이러한 결정은 전략기획의 성격을 갖고 있다. 즉, 목적과 목표를 확인하고 이들 목표달성을 위해 필요한 변화와 사용될 자원을 결정하는 과정을 포괄하고 있기 때문이다. 지방정부는 여러 방식의 공공운송체계를 비용－편익분석에서 검토하거나 다양한 노선도 분석하고, 이용하는 총 승객 수에 관한 예측과 운송체계가 가져올 비용－효과의 적정비에 관한 윤곽을 그리게 될 것이다. 그리고 계획이나 사업이 이러한 대강의 기준에 미흡할 경우 개선책도 똑같이 광의로 고려될 것이다. 즉, 목적과 목표를 다시 수정하고, 계획과 프로그램을 다시 구성하거나 조직구조를 변화시키고 내외 소통을 개선하려고 할 것이다. 전략기획은 조직의 보다 넓은 환경에서 예상치 못한 변화가 일어날 경우 의사결정자로 하여금 보다 적절한 프로그램을 조정할 수 있도록 도와주는 것이다. 전략계획의 좋은 의도는 자원관리라는 기법을 포괄하는 과정으로 이어지지 않는다면 실현될 수 없다. 자원관리의 근본적 역할은 계획을 실현하는 데 요구되는 적절한 과정을 확인하고, 필요한 기금을 확보하고 예산을 세우며, 활동의 순서와 시기를 정하고, 인적자원의 배치와 훈련프로그램을 수립하고 이들 제자원들의 배정과 평가틀을 제공하는 것이다. 통제는 정책과 목표가 효율적이며 효과적으로 실현되고 있는지를 결정하기 위해 프로그램 활동의 측정과 평가가 포함되어야 한다. 가장 효과적인 집행 수단들(예, 시 자체운영 대 민간운영체제, 선정된 루트, 인원수와 필요한 부대시설들이 제대로 운용되고 있는지 등)에 대한 연구가 필요하다. 통제는 일상의 활동을 조정하는 기본적 구조를 제공하고 설정된 기준 또는 성과기준에서의 일탈을 조정하려고 한다. 아울러 지속적인 모니터링과 활동의 평가는 수정행동이 적시에 이루어지도록 하기 위한 것이다.

제 3 절 전략적 관리 적용의 효용과 과제

1 전략적 관리 적용의 효용

전략적 관리는 지방정부의 전략적 방향을 설정해주거나 새로운 대담한 사업을 발의하게 하는 것 외에, 조직관리에 유용하다(Poister & Streib, 1997: 101－127). 전략적 관리의 활용은 조직의 나아갈 방향 및 목적의식을 재조명하게 하고, 의사소통의 활성화, 주요 분야에서 전략적 의제를 선택・개발하고 이를 중심으로 체계적인 자원집중을 함으로써 의미 있는 사업성과와 관리능력을 제고하며, 변화를 관리하고 대응하는 능력을 진작시켜줄 것이다. 이러한 전략적 관리 적용을 통해 기대되는 효용으로는

(1) 조직 및 기관, 부서의 방향과 목적을 확인시켜준다. 조직 및 기관의 관리방향을 정립해주고 지방정부 전반의 우선순위 및 각 부서의 우선순위를 명료화한다.

(2) 정책과 예산결정에 도움을 준다. 실행할 수 있는 정책의 전략적 개발과 정책결정 및 예산결정을 안내해주고 예산 우선순위 결정에 관한 준거를 확보해준다.

(3) 고객과 외부환경에 대응적 능력을 개선해준다. 외부환경 변화와 주민 및 고객의 요구에 대한 적극적인 대응을 통해 조직의 활력과 서비스 제공 능력을 개선하여 고객만족 및 의회지지를 증가시켜준다.

(4) 내부관리 개선에 기여한다. 주요 조직문제 해결이나 어긋난 조직단위나 사업에 대한 통제, 내부 의사소통의 활성화, 팀워크 개선, 협동적 조직문화 형성 및 스태프들의 사기진작을 통한 전반적인 관리능력을 강화해주며, 지속적인 조직성과 평가를 통한 조직구조 개혁의 길라잡이 역할을 제공한다.

2 전략적 관리 적용 과제

전략적 관리의 기대와 효용에도 불구하고 공공부문에서의 전략적 관리 적용의 성공적 사례에 관한 연구와 보고는 흔치 않다. 이는 민간부문에서 개발·활용된 전략적 관리를 공공부문에 적용함에 있어 공공부문의 특성 및 여러 가지 제약조건들로 인한 것이라 할 수 있다. 지방정부 전략적 관리 도입과 적용을 위해서는 이들에 영향을 미치는 주요 요인들을 먼저 살펴보고 이에 대응할 시사점들을 정리해야 할 것이다.

1) 지방정부 외부의존성 관리

외부의존성 관리 및 통제는 지방정부의 자치권과 재량에 영향을 미치는 요인들을 통제할 수 있는 능력을 말한다.

(1) 지방정부 법적·제도적 환경

지방정부의 법적, 정치적, 제도적 외부의존성과 통제체제는 지방정부의 사명, 정책, 서비스 전달기준 등이 외부권한에 의해 설정되기도 한다는 점이다. 지방정부는 국가에 의해 부여된 제한적 자치권에 종속되어 법적 통제의 영향을 받는다. 또한 지방자치제는 선거과정을 통해 지방정부의 권력구조가 형성되고, 이들에게 지방정부의 정책결정이나 활동에 책임을 지게 하기 때문에 지방정부의 전략적 관리는 정치적 이해와 압력에 의해 제약을 받게 된다. 이러한 법적·제도적 통제 외에도 다양한 시민들과 이해집단들이 비공식적 통제 채널을 통해 이슈와 프로그램에 관여하며, 의회와 집행부 간의 권력분립도 합리적 근거에 의한 요구와 이슈들을 평가하는 전략적 관리과정이 선출된 지방정치가, 정당 및 이익집단과 미디어 등에 의해 고도로 정치화된 과정에 의해 영향을 받을 수 있다는 것이다(Backoff et al., 1993: 130).

특히, 분권화 정도가 낮은 우리나라 지방정부는 지역발전 및 혁신을 위한 권한, 인력 및 재정적 제약을 벗어날 수 없다. 이러한 특성은 지방정부가 자주적으로 전략적 관리를 수행하는 데 어려움을 주고 있기에 지방정부의 자치권이 확대되어야 한다. 이를 위해서 지방정부의 자치권한을 균일하게 일률적으로 부여되기보다는 지방정부의 특성과 자치적 역량 등에 따라 신축적인 권한이 부여되는 발상의 전환이 필요하다. 또한 지방정부 공무원들의 업무활동 기준이 중앙정부의 정책 및 행정지침 등을 우선시함으로써 지방정부 중심의 전략적 관리와 전략적 행태를 제약하고 전략적 관리 수행기준에 의한 통제와 성과평가를 체계적으로 적용할 수 없다는 점도 개선되어야 할 과제이다.

이러한 외부의존성과 통제를 관리하는 방법은 첫째, 외부요인들에 의해 야기된 요구들을 줄여 이들 요인들에 대한 의존성을 줄이고, 이들에 대한 대응능력을 확보하는 일로서 민영화와 같은 활동영역의 선택, 외부환경의 주요 인사 흡수나 외부연계 및 활동영역 내 사람들의 참여를 통한 통제전략 등이 있으며, 둘째, 외부요소들에 의해 요구되는 대응비용을 최소화하는 방법으로 외부요소들을 다루는 별도의 분권화되 하위단위 설치나 인적배치 등의 조직설계 전략이 필요하다(Backoff et al., 1993: 133-136).

(2) 목적과 서비스의 특성

지방정부의 역할과 목적은 주민들에 대한 봉사와 복지향상을 지향한다. 이러한 일반적인 목적은 지방정부로 하여금 매우 다양한 범주의 서비스를 제공할 책임을 지게 하여 전략적 목적을 구체화할 수 없게 하고 보다 광범위하고 애매한 일반복지를 지향하게 한다. 또한 지방정부가 제공하는 서비스는 순수공공재나 준공공재로서 개별 수혜자를 분별하여 서비스를 제공하기 어려운 외부성을 갖기 때문에 시장기제를 통한 교환이나 배분이 어렵고, 금전상의 이익을 성과의 기준으로 삼기가 적절하지 않다(Backoff et al., 1993: 129). 따라서 지방정부의 주민복지향상과 서비스 제공은 대화, 협상과정 등을 통해 상반된 이해관계를 가진 집단 간 균형과 합의를 도출하는 노력과 외부 및 비영리조직과의 협력을 통해 서비스 제공의 책임을 공유하는 전략을 활용할 필요가 있다.

(3) 재정과 자원할당

전략적 관리에 영향을 미치는 중요한 요인은 조세정책을 통한 재정 수입과 이의 배분이다. 지방정부 재원확보는 중앙정부 공공자원의 배분이 고도의 정치적 과정으로 이루어지기 때문에 지방정부 관리자들은 해당 기관의 자원확보를 보장받도록 경쟁하지 않을 수 없으며 공공자원 외에 민간자원을 유치하는 일 또한 매우 중요하다. 전략적 관리를 위한 적극적인 자원확보와 확대 방안으로 지방세확대, 경영수익사업확대, 자산통합운용 및 지역발전기금 운용, 민자유치 등을 활발히 적용할 필요가 있다.

또한 지방정부 재원배분은 민간부문의 재화와 서비스에서처럼 자신들이 받는 구체적인 서비스에 대한 지불과 직접 연관되지 않으며 납세자나 서비스 이용객과는 별개로 이루어진다. 지방정부의 자원배분이 고도의 정치적 관점에서 이루어질 수 있지만, 전략적 관리는 조직의 물적자원을 목표에 통합시키는 자원관리 체계화 작업이다. 전략관리에서 예산은 지출을 통제하기 위한 수단이 아니라 전략수행을 위한 수단이기 때문에 성과지향, 계획지향, 서비스 지향의 관점에서 예산이 운용되어야 한다.

2) 전략적 관리를 위한 내부관리 과제

전략적 관리를 운용하기 위해서는 상술한 전략적 관리의 기본 요소와 전략적 관리과정의 본질에 따른 세부 활동 및 전제조건들이 필요하다.

(1) 관료적 행태 개선

전략적 관리는 변화를 유도해내려는 의도적인 과정이며 파격적 성격을 갖는다. 그러나 조직은 대체로 가능한 점증적 방법으로 유지하려 하고 상례화·프로그램화된 활동기준과 관료들의 성과평가도 표준화된 성과기준을 선호한다. 지방정부기관들은 급격히 변화하는 주민들의 기대와 요구, 정치적 리더의 변화, 법률변화와 타부서 및 타 지방정부와의 경쟁 등 예상치 못한 혼란에 자주 노출되는데, 이때 지방정부 관리자들은 관리 실패에 대한 처벌을 두려워하여 적극적인 위기수용 전략 등은 기피한다. 이와 같은 관료들의 현상유지적 행태나 쇄신적 관리능력 기피는 전략적 관리를 통한 근본적인 의사결정과 실행 노력들을 실패로 이끌 수도 있다. 이러한 관료제의 역기능을 해소하기 위해 전략적 관리과정에 TQM, 프로세스 엔지니어링, 개방형 인사제도 등을 보완할 필요가 있다.

(2) 강력한 후원과 리더십 및 전략관리팀 운용

전략적 관리과정을 수행하기 위해서는 최고 집행부나 상급관리자들의 이해와 강력한 후원 및 이들 과정을 이끌어 갈 전략관리팀의 구성이 전제되어야 한다. 효과적인 전략적 관리는 전략적 관리를 발의하고 유지하는 데 필요한 리더십이 필요하고 이 과정을 지도할 전략관리팀 구성이 요구된다.

(3) 전략적 과정에 대한 이해와 합의 형성

전략적 관리 운용을 위해서는 구성원 간에 전략적 과정에 대한 이해와 합의가 형성되어야 하며 확고한 가치관이 형성되어야 한다. 임명직 공무원의 경우에는 질 높은 서비스, 생산성 제고와 같은 전통적 관심사항에 대한 가치 토대가 정착되어야 하며, 여기에 보다 광범위한 가치, 즉 점증하는 정치적 역할에 맞는 공정성과 개방성, 사회적 형평성 등과 같은 가치관, 수용이 필요하다. 따라서 지방정부의 조직문화가 전략적 관리과정에 적합하도록 해야 한다. 조직 내 분권, 다원주의, 토론과 협의에 의한 갈등관리, 내·외부 이해관계인의 의사와 참여, 정보공개와 여론수렴, 광범위한 협상, 행정책임, 정치적 합리성 등이 정착되는 조직문화와 이를 위한 관리자들의 교육훈련이 필요하다.

제 3 부

지방정부 내부관리

지방정부는 외부환경의 요구에 대응하여 설정된 사명이나 목표를 지향하고, 공공서비스나 공공재를 보다 효율적이고 효과적으로 제공해야 한다. 이를 위해 실제 성과가 계획으로부터 언제, 어느 정도 일탈하는지를 확인하고 이를 수정하는 노력이 피드백되는 순환과정이 내부관리의 핵심이다. 지방정부 내부관리의 핵심적 요소는 PODSCoRB에 반영된 행정실제의 적절성을 고양하는 노력으로 관리기법들을 보다 세련되게 활용하는 정도에 달려 있다. 여기서는 먼저 조직관리, 자원관리, 정보관리 및 성과관리 등과 밀접하게 연관되는 통제체제를 살펴본 이후 조직, 자원, 정보 및 성과관리를 살펴볼 것이다. 통제체제는 지방정부조직이 설정된 목표를 지향하고 있는지 여부를 판단하는 수단을 제공해주며, 의사결정자로 하여금 실제 성과가 계획으로부터 일탈을 확인하고 이를 수정하려는 노력과 관련된다. 조직관리는 지방정부가 공공서비스나 공공재를 보다 효율적이고 효과적으로 제공하기 위해 구조조정과 운용과정의 재설계를 하려는 노력이며, 자원관리는 행정 및 조직의 지원기능과 관리를 수행할 능력을 가진 인사·재무 및 정보의 관리를 포함한다. 프로그램관리는 프로그램, 활동 및 서비스를 집행하고 감독하는 데 요구되는 행정기능을 말하고, 조직의 성과관리는 지방정부에 위임된 책무를 실현한 정도나 고객들의 요구를 충족시킨 정도에 강조를 둔다.

이러한 지방정부 내부관리의 주제들은 각기 별개의 활동이 아니고 상호연계되어 이루어질 때 지방정부 내부관리가 지향하는 곳에 이를 수 있다.

제 10 장 통제체제와 조직관리

제 1 절 통제체제의 의의와 유형

1 통제체제의 의의

조직이 존재하는 한 일정 형태의 통제가 행사된다. 통제장치나 통제활동 등 통제체제(control systems)는 지방정부조직이 설정된 목표를 지향하고 있는지 여부를 판단하는 수단을 제공해주며, 의사결정자로 하여금 실제 성과가 계획으로부터 언제, 어느 정도 일탈하였는지를 확인하도록 해준다. 통제는 일탈의 크기를 측정하는 데 도움을 주며, 적절한 수정활동을 확인하여 원래의 방향대로 나아가게 해준다.

조직 내 통제체제는 사업발의→기준설정→성과측정→비교·평가→수정활동 개시→수정활동 평가→사업수정(발의)과 같은 상호 연관된 활동이 순환한다(Steiss, 2003: 284). 조직이 적용하는 통제는 조직의 사명, 목적, 목표와 일정 형식으로 연계되어야 하기 때문에 조직의 전략적 사고와 관리의 필수 부분이다.

이러한 통제체제의 특성들로는 먼저, 통제체제는 과정과 프로그램 활동의 결과에 초점을 둔다. 이들 결과에 대한 평가는 대부분 조직이 활동하는 보다 넓은 환경,

즉 조직 외부에서 제기되며, 결과의 측정은 조직의 전략, 과정 및 프로그램의 효과성에 초점을 둔다. 그러나 이러한 결과나 효과성을 측정하기가 쉽지 않는 반면에, 조직이 운영되는 효율성을 기록하거나 계량화하기는 비교적 쉬워, 통제체제가 효과성과 같은 중요한 문제를 간과한 채 자칫 내부 효율성 측정에만 관심을 두는 경향이 있다.

따라서 통제는 측정이 어려운 사안들도 다루어야 한다. 측정 가능한 사건들은 대체로 과거에 일어난 일이지만, 측정이 어려운 사건들은 아직 일어나지 않아 단지 가정만 할 수 있는 사안들이다. 이럴 경우에도 이러한 가정들이 사업을 시행하고 그 결과를 수용할 수 있는지를 판단하는 주요 변수로 작동할 수 있다.

드러커(Peater F. Drucker)는 통제활동의 전제조건으로서, ① 통제는 적을수록 효과적이다(경제성의 원리). ② 측정되는 항목은 중요한 의미가 있어야 하며 통제는 주요 목표나 우선순위와 긴밀히 관련되어야 한다. ③ 통제는 측정되는 현상의 특성에 적절해야 한다. 따라서 선택된 측정은 타당성과 통계적 신뢰성을 가져야 한다. ④ 측정은 정확하게 보이는 숫자보다 측정되는 현상이나 사안에 질적으로 적합하고 일치되어야 한다. ⑤ 통제는 시의적절해야 한다. ⑥ 통제는 단순해야 한다. ⑦ 통제는 행동에 초점을 두고 행동을 통제할 수 있는 개인의 책임범위 내에서 이루어져야 한다(Drucker, 1974: 498-504).

2 통제의 유형

1) 전략적 통제

전략적 통제는 대체로 조직의 전반적인 성과에 대한 평가를 위해 활용된다. 조직이 전략적 통제기준들을 충족하지 못할 때는 목적, 목표의 수정, 계획과 프로그램 재구성, 조직구조의 변화, 내·외부 의사소통의 개선 등 보다 광범위한 개선책들이 요구된다. 전략적 통제는 의사결정자로 하여금 예상치 못한 변화가 언제 발생했는지 확인하고, 적절한 수정행동을 결정할 때 도움을 주어야 한다. 전략적 통제는 과거 결정의 결과를 모니터하는 것은 물론 조직의 효율성, 서비스 질, 혁신 및 고객 대응성 등에서 경쟁력을 형성하고 있는지를 측정하는 것을 포함해야 한다. 전략적 통제체제는 목적·목표가 수정될 수 있는 근거를 제공해주어야 하며, 통제 방법들은 생산성 증가와 전반적인 효과성 달성을 고양시키는 것이 되어야 한다 (Steiss, 2003: 285-286).

2) 관리통제

관리통제는 정책과 목표들이 가능한 한 효율적이며 효과적으로 달성되는지를 판단하기 위해 프로그램 활동에 대한 측정과 평가에 초점을 둔다. 관리통제는 조직의 목적과 목표추구에서 사용되는 조직의 모든 자원들이 적절히 활용되도록 보장하려는 활동들을 아우르면서 조직의 일상적 활동을 조정해주는 기본적 구조를 제공해준다. 관리통제는 흔히 문제가 일어나기 전 이를 예상하고 확인하기 위해 설계되며 이러한 통제는 많은 예측 및 투사기법이 동원되어야 한다(Steiss, 2003: 287). 설정된 표준이나 성과기준으로부터의 가능한 일탈을 미리 예상하려는 피드포워드 접근방법(feedforward approach)이 예산통제에 적용될 수 있다. 주요 비용이 예산배정을 초과할 가능성을 사전에 확인해야 하기 때문이다.

전통적으로 회계 및 재정부서가 관리통제기능의 중심 역할을 한다. 회계체제는 조직 통제기능의 주요 구성요소로서 조직 내부 재정 관련 의사결정을 할 때 뿐 아니라 외부에 재정보고를 해야 할 때 활용된다. 관리통제의 기초로서 회계체계는 정부활동의 경제성, 효율성 및 효과성에 대한 요구가 점증함에 따라 회계의 역할이 재정기록 보유나 외부보고 등의 기능 외에 기획, 의사결정 및 통제 도구로 기여해야 한다는 인식이 높아가고 있다.

회계자료는 복잡한 조직에서 행해지는 여러 가지 재정분석을 위한 기초가 된다. 회계자료는 세입과 지출경비의 균형을 맞추려는 데 초점을 두고, 미래계획(예, 예산편성)의 토대로 사용되지만, 서비스의 질, 고객만족이나 고객수요의 대응과 같은 성과측정이 어려운 요인들을 반영하지 않기 때문에 조직의 전반적인 성과에 영향을 미치는 다른 요인들을 추가로 고려해야 한다.

재정회계(financial accounting)는 이전의 재정거래를 정확하고 객관적으로 기록하고 외부에 대한 재정보고를 준비하기 위한 것이다. 이러한 재정회계의 결과가 내부 의사결정을 안내하는 데 사용될 수 있지만, 프로그램 활동에 대한 측정과 평가에 초점을 둔 관리결정에는 또 다른 유형의 정보를 필요로 한다. 최근 비용회계 및 관리회계 기법들이 이러한 필요성을 채워주고 있다.

비용회계(cost accounting)는 목적을 달성하거나 활동 및 프로그램을 실행하기 위해 발생하는 경비들을 결집하고 기록한다. 비용회계의 기본적 목적은 프로그램 목적이나 목표를 달성하는 데 소요되는 비용을 확인하고 측정하는 데 있다. 비용배정은 서비스나 산출물의 전체 비용이 결정되어야 할 때 필요한데, 이들 비용에는 변동비, 고정비, 직접비, 간접비 등의 비용 구성요소들이 고려되어야 한다.

관리회계(managerial accounting)의 기본 목적은 관리기획과 통제기능의 효과성을 개선하는 데 있다. 관리회계는 기획 및 예산과정의 미래성과를 재정적으로 추계하고 이어서 이들 추계와 관련, 실제 성과(성과평가와 통제)를 분석하기 위한 것이다. 관리회계는 주로 관리기획, 비용결정, 비용통제, 그리고 성과평가 등의 기능에 관심을 둔다(Steiss, 2003: 303). 관리회계는 재정자료에 대한 설명을 제공하여, 현재 및 미래 활동의 기획과 통제, 그리고 정책과 의사결정 형성에 도움을 준다. 관리회계보고서는 재정자료를 포함하지만 비화폐적 정보 예컨대, 고용인 수, 작업시간, 사용된 재료의 양 등도 포함하여 프로그램 관리자에게 자원배분과 프로그램 가능성에 관한 의사결정을 도와주는 정보를 제공한다. 관리회계에서는 비교적 정확하고 신뢰할 만한 비용예측을 하는 것이 중요하다. 비용추정은 종속변수(비용)와 독립변수(관련 활동) 간 예측가능한 관계를 발견하려는 노력이다. 회귀분석방법 등이 활용된다.

지방정부조직은 자신들의 관리적 필요에 따르기보다는 외부에서 부과된 법적 조건을 충족시켜야 하는 비용통제 하에서 운용되어야 한다. 관리회계에서 성과평가는 예산배정액 대비 실제비용을 비교함으로써 측정된다. 예산을 넘는 경우는 부정적으로, 예산보다 적은 비용일 경우 긍정적으로 평가된다. 평가자료는 통제용으로 활용될 뿐 아니라 자원요구의 정당성 및 특정 활동이 정상적으로 운용되고 있는지에 관한 업무과정을 평가하는 데 활용된다.

3) 운용통제

운용통제는 구체적인 업무나 활동이 효율적으로 또는 설정된 정책에 순응하면서 실행되는지를 보장하려는 것이다. 프로그램이나 프로젝트가 성공적으로 집행되기 위해서는 운용계획에서 활동(과업, 업무)과 자원 및 제약(예산한계, 완성기한 등 외부요인에 의한 조건)이라는 다양한, 때로는 모순적인 요소들이 최적기에, 최소의 비용으로, 위기나 불확실성을 최소화하여 조정되어야 한다. 운용통제는 전략 및 관리통제 차원에서 확인된 과업을 수행할 구체적인 책임에 초점을 둔다. 운용통제는 즉시적인 수정행동이 요구되는 영역으로 일상적인 성과, 즉 생산성 비율, 업무량 측정, 단위 비용 등을 측정한다.

운용계획은 프로그램이나 프로젝트가 완성되기 위해 수행되어야 할 모든 활동의 순서를 정하고, 지속적으로 통제하는 메커니즘을 제공해야 한다. 이들 통제에는 구체적인 프로그램 목표를 달성하기 위해 필요한 자원결정과 실행일정 등을 포함한다. 실행일정의 주요 목표는 업무활동들을 보다 최적으로 조직하고 명확히 정의함으로써 비용을 통제하는 것이다.

프로젝트계획 형성의 첫 단계는 전체 프로젝트나 프로그램의 주요 과업과 지원활동들을 확인하고 이들을 연계시켜 모든 절차적 단계를 명확히 하는 것이다. 이와 관련한 기법으로 업무분류표(work breakdown schedule)와 네트워크 분석 등이 있다.

업무분류는 전 프로젝트를 주요 과업으로 나누고 이어서 이들 과업들을 하위과업이나 활동으로 세분한다. 가장 낮은 수준에서의 업무단위는 행정부담 없이 가시적이고 통제가 가능할 정도로 작아야 한다. 업무분류는 주요 과업이나 세부과업에 대한 기술적 설명뿐 아니라 조직 내 다양한 기능적 책임을 가진 개인들에게 자신들의 업무달성과 책임에 관한 공통적 정보원천으로서 기여한다. 업무분류를 지나치게 많이 하면 비생산적인 관리구조를 초래할 수 있다.

네트워크 분석은 프로그램이나 프로젝트 실행에 요구되는 다양한 단계들을 지도에 그리는 방법으로, 수행되어야 할 활동의 순서나 우선순위 및 이들 활동들 간의 중요한 연계를 결정하는 토대를 제공한다. 프로그램 관리자는 활동을 수행하는 책임자들에게 구체적인 임무를 전달할 수 있어야 한다. 운용일정과 통제를 위한 최근의 기법들은 과학적 관리의 선구자들[테일러(F. W. Taylor)의 시간동작연구, 간트 차트(Gantt chart)]의 업적까지 거슬러 올라갈 수 있다.

화살계획공정표(arrow diagram)도 일련의 순차적인 관계, 즉 경로로 구성되며, 중요한 경로망을 묘사해준다. 프로젝트의 구성요소, 즉 활동들을 연계망그림에서 화살표로 나타낸다.

여기서 활동은 하나의 과정, 과업, 자원조달 사이클, 대기시간, 그리고 연계망 상의 두 개 사건(events) 간 연계 및 상호의존관계를 나타낸다. 이벤트는 운용계획 상 특정 시점에서 구체적이고 정의할 수 있는 성취 또는 활동의 완결을 나타내며 그림에서 원, 사각형 등으로 표시된다. 하나의 활동이 두 개의 이벤트 간에 직접 연결되었다면, 화살(활동을 상징)은 의존관계의 방향과 두 이벤트 간 시간흐름을 나타낸다. 의존관계는 종속활동이 시작되기 전 다른 관련 활동이 완성되어야 한다는 것을 의미한다. 연계망의 화살(활동)은 활동이 완성되는 데 요구되는 시간의 양(지속시간)과 관련되어 있다. 실제 프로그램이나 프로젝트가 집행되면 중요한 경로를 끊임없이 모니터하여, 가능한 지체가 일어나지 않도록 해야 한다. 이들 지체는 인력, 자원, 기타 자원을 투입하여 피할 수 있다. 이러한 주요 경로 접근방법은 여러 활동들의 연쇄적 순서를 결정해주고, 프로젝트나 프로그램을 완성하는 데 소요되는 시간 및 비용을 정해주며 주요 경로변화를 위한 정보를 제공해준다.

제 2 절 조직관리

1 조직구조와 과정관리

조직은 조직이 추구하는 목적을 달성하기 위하여 조직구성원의 활동을 연계시켜 구조화한다. 조직의 구조나 운용과정이 조직구성원의 활동이나 행동에 영향을 미치지만 반면, 조직 내 인간적 요인과 동기가 조직행태에 영향을 미치기도 한다. 결국 조직과 인간행동 상호 간에 영향을 미치면서 작용하고 있다고 보아야 할 것이다.

지방정부 관리자들은 공공서비스나 공공재를 보다 효율적이고 효과적으로 제공하기 위해 조직 구조조정(restructure)과 운용과정을 재설계(reengineering)하려고 노력한다. 최근에는 공공서비스나 공공재화의 공급을 지방정부 내부에서 제공해야 할지 아니면 민간이나 비영리부문과 같은 외부계약이나 민영화를 통해 제공할지를 선택 · 결정함으로써 공공기관의 조직관리 범위와 경계를 재설정해야 할 상황이다.

시장실패의 보완이나 사회적 형평성과 같은 사회적 목적달성을 위해 공공기관에 의해서만 반드시 서비스를 직접 생산하고 전달해야 하는 것은 아니며, 정부가 재정 지원을 통해 민간이나 다른 비영리조직을 통해 서비스를 제공할 수 있기 때문이다 (Globerman & Vining, 1996: 577-586).

이처럼 오늘날 지방정부는 조직의 능률성과 효과성과 관련한 관리뿐 아니라 조직이 처한 외부환경과의 관계를 여하히 관리할 것인가의 문제가 추가되고 있다. 조직관리를 위해 전개되어 온 관점들을 살펴보기로 한다.

2 조직관리의 관점

1) 경제적 능률중시의 조직관리

산업화와 함께 조직이 대규모화해지고 복잡해짐에 따라 조직이 추구해야 할 유일선을 능률성과 생산성에 두고 이와 관련한 공식적 구조와 과정 변수에 주의를 집중하였다.

(1) 전통적 조직관리

전통적 조직관리는 기본적으로 조직 내 구성원을 조직 목표달성을 위한 수단으로 인식하고, 조직에서의 인간활동이나 행태에 영향을 미치는 중요한 요인으로 구조나 조직에 의한 통제 및 지시를 강조한다. 독일 사회학자 베버(Max Weber)는 조직 내 인간행태를 관리하고 통제하는 구조가 예측가능하고 객관적이며, 합리적이고 공평무사한 과정을 가질 때 효율성을 달성할 수 있는 최선의 방법이며, 인간행태를 통제하는 가장 합리적인 방법이라고 주장한 바 있다. 그리고 이러한 조직구조의 특성으로 계층제적 권위, 규칙화된 규정과 절차, 고정된 의무가 있는 공식적인 지위 등을 들고 업무내용에 대한 명령과 업무기준에 따른 지시와 통제가 관리의 핵심이라고 본다. 그러나 베버 자신은 관료적 권력이 정치권의 권력을 능가할 것이고 민주적 가치와 대립될 수 있으며, 관료화는 철 새장을 만들어 그 안에서는 어떠한 가치지향적 사회적 행위들도 전능한 관료적 구조와 촘촘히 엮인 공식적 법률과 규정에 의해 질식될 수 있을 것이라 우려하기도 했다.

(2) 과학적 관리

테일러(F. W. Taylor)의 과학적 관리방법이 대표적으로, 관료제의 효율성을 달성하는 최선의 방법을 찾으려는 접근방법이다. 과학적 관리학파 역시 능률 또는 생산성을 가장 중요한 가치기준으로 삼고, 기업의 노동자들을 기구와 기계의 외연으로 간주하여 신체적 공포나 화폐적 인센티브가 배정된 과업을 달성하는 데 필요하다고 생각하였다. 이들은 비용을 최소화하고 생산을 극대화하기 위해 업무를 조직하고 구조화하는 일이 중요한 과제로 간주하고 있다.

(3) 행정관리학파

과학적 관리학파가 산업체 작업현장의 능률 제고에 주로 관심을 보였다면, 행정관리학파는 조직의 상층부에 초점을 두고 하향적 방식에 의한 조직관리를 추구하였다고 볼 수 있다(오석홍, 1990: 22). 행정관리학파는 능률을 기본적인 가치로 채택하고 조직활동의 분화와 조정·통합에 관한 원리들을 연구하였다. 분업의 원리, 명령통일의 원리, 통솔범위의 원리, 부성화의 원리, 조정의 원리 등을 발전시키는 데 주력하였다. 이들이 개척한 원리들이 모호하거나 상충되고 또한 보편성이 없다고 비판받고 있지만 이들의 연구는 후대의 이론발전에 토대를 제공하였고, 오늘날에도 조직설계와 운용의 실제에 중요한 기준으로 활용되고 있다. 1990년대에 등장하여 풍미했던 신공공관리의 주요 핵심 아이디어들인 민영화, 수익자부담, 외부계약, 바우처(voucher), 성과측정 및 평가, 관리적 융통성과 서비스 수용자인 고객에 대한 강조 등도 정부조직의 효율성과 효과성 제고를 위한 경제학적 관점에서의 조직기능과 경계에 관한 개혁안들이다(Gruening, 2001: 2).

그러나 인간행태를 경제적 합리성에만 의존하여 설명하는 것은 문제가 있다. 인간의 동기화와 인간경험을 설명하는 방법에는 이기심 외에 사회적·심리적 요인들을 내포한다. 이는 조직과 인간행태 간의 관계에 대해 더 복잡한 관점을 필요로 한다.

2) 사회적 능률중시의 조직관리

명령과 통제 중심의 조직관리는 많은 부정적 결과를 초래한다는 것이 학자나 실무가들에 의해 지적되었다. 조직의 경제적·수단적 능률보다는 사회적 능률을 강조하여, 공식적 구조나 기계적 절차보다는 조직구성원의 인간적 요인에 주의를 기울이고 비공식적 관계에 관심을 집중하여야 한다는 인식이 등장한다.[1)]

(1) 인간관계론

인간관계론은 1930년대 하버드대학교 경영대학원의 엘튼 메이요(Elton Mayo) 교수 주도 하에 실시된 일련의 경험적 연구로부터 출범되었다. 당초의 호손실험은 물리적 · 육체적 작업조건과 고용자들의 피로와 지루함, 그리고 노동생산성에 미치는 영향에 관한 연구였지만, 결국은 인간적 관계가 노동자의 행태에 영향을 미친 것으로 발견되었다. 업무동기 유발이나 작업능률에 경제적 · 기술적 요인과 대조되는 사회적 요인들이 더 많은 영향을 미친다는 것을 발견하여 이러한 요인들의 중요성을 인정해야 한다는 주장에서 출발한다. 인간이란 사회적이기 때문에 조직 내 · 외에 집단을 형성한다. 이러한 집단들은 규범, 역할 및 구성원에 대한 기대를 창출한다. 따라서 작업집단은 공식적이든 비공식적이든지 간에 조직 내 구성원들의 행태와 동기에 영향을 미친다는 것이다(Roethlisberger & Dickson, 1939: 30－35). 호손연구의 뒤를 잇는 연구들에서도 사람들은 개인으로서가 아니라 사회적 집단의 구성원으로서 행동하며 경제적 이해관계뿐 아니라 감정과 기분에 따라 움직인다는 인간과 조직 간의 관계에 대한 보다 정교한 이해를 깊게 하였다. 맥그리거(Douglas McGregor)는 조직 내 인간관을 두 가지로 대별하고 상이한 인간관에서 도출되는 인간관리전략을 제시하고 있다. 즉, X이론은 인간은 게으르고, 관여하지 않으려 하고, 돈에 의해서만 동기화된다는 가정에 근거, 명령이나 통제에 의한 관리전략을 강조하고 있다. 이에 반하여 Y이론은 인간에 대한 보다 낙관적이고 인간적인 관점에 근거하고 조직 내 인간의 본질적 존엄과 가치를 강조한다. 인간은 근본적으로 자기규제를 할 수 있으며 조건만 갖추어지면 창의적으로 일에 임할 수 있다는 것이다(McGregor, 1957: 22－28).

이와 같이 조직 내 인간들의 동기화에 대한 가정들이 변함에 따라 관리의 정의와 범위를 인간관계까지 포함하게 되었다. 그러나 이러한 인식의 변화에도 생산성을 개선하고 유지하려는 전형적인 목표는 여전히 같다. 호손실험과 같은 인간적 접근도 더 많은 생산을 확보하거나 보다 나은 성과를 얻기 위해 사람을 보다 인간적

1) 전통적 관료제론에 반발하는 일련의 이론들을 오석홍은 신고전이론으로 범주화하여 설명하고 있다(오석홍, 1990: 27－41).

으로 대우해야 한다는 아이디어에 불과하다는 것이다.

3) 통합적 조직관리

통합적 조직관리 관점은 조직관리를 위해 전술한 조직 내 개인적 특성이 조직행태에 영향을 미친다는 관점은 물론 집단의 규범이나 행태가 개인들의 행태에 영향을 미친다는 시각의 통합이 필요하다는 것이다.

(1) 인간적 관리

효과적인 관리는 보다 민주적이고 계층제적 구조를 피하고 구성원들로 하여금 일하려는 자연적인 성향을 독려할 필요가 있다는 것이다. 지방정부가 제공하는 공공서비스는 사람을 통한 관리의 중요성을 강조해야 한다. 생산성 개선 체계나 과정혁신 및 성과평가와 같은 관리체제의 중요한 도구들과 같은 인간행태를 통제하려는 합리적 시도들은 조직의 개별 구성원들의 가치와 이해에 충분한 주의와 관심을 주지 못할 경우 결국 실패할 가능성이 크다는 것이다.

특히, 인간관리와 관련된 최근의 신공공서비스에서는 인간의 동기화나 인간을 다루는 것에 대한 가정들이 전통행정이나 신공공관리와는 판연히 다르다. 전통행정은 사람을 맥그리거의 X이론이 기술한 대로 업무성취를 확보하기 위해서는 통제하거나 처벌로서 다루어야 한다고 가정하고, 신공공관리도 인간들은 이기적이고 그들 자신의 목적만을 추구하기 때문에 이들의 행동을 모니터링하거나 달리 행동하도록 충분한 인센티브가 주어져야 한다는 것을 전제로 하고 있다. 테일러의 과학적 관리와 같이 신공공관리는 집단규범이나 가치, 조직문화, 정서적 · 사회적 고려, 심리적이거나 다른 비합리적 욕구에 대한 배려를 제외하고, 사람들은 공유된 가치, 충성심, 시민성 및 공익에 대응하여 행동한다는 생각을 부정하고 있다(Denhardt & Denhardt, 2003: 163). 신공공서비스도 정부 운영의 유일한 가치인 효율성을 무시하지 않지만 공정성, 형평, 대응성, 존경, 권한위임, 헌신과 같은 이상들을 보다 중요하게 여긴다. 행정을 맡고 있는 사람들은 이제 대표적 민주주의나 직접민주주의의 이슈들, 시민참여나 정의 및 개인자유의 원리와 같은 문제들에 점차 친숙해져야 한다는 것이다. 관리자들과 시민들의 관계에서 뿐 아니라 관리자와 다른 공무원들과의 관계에서도 그래야 한다는 것이다. 관리자들의 우선적 의무는 시민자치를 고무하고, 설득에 의해 통치하며, 권력의 부패를 초월하고, 시민의 모범자가 되어야 하며, 상급자나 동료, 부하 직원 혹은 일반 대중과 관련한 그들의 모든 행동에서 의도적으로 이러한 가치를 구현할 책임이 있다는 것이다(Hart, 1997: 967-968).

(2) 분권적 참여관리

인간의 존엄성에 대한 강조와 민주화가 진행되면서, 개인이나 단위조직의 창의성, 그리고 협조적 조직문화가 강조되는 분권화와 권한위임 및 참여에 의한 관리가 보다 효과적인 조직관리라는 관점이다. 이러한 관점은 전술한 인간관계학파와 연결되고, 1970년대 리더십 연구와 참여관리 연구로 이어졌다(이달곤, 2004: 388). 민주적 리더십과 구성원들의 참여가 강조되면서 구성원들의 자율성과 창의성을 존중하는 분권적 조직관리가 보다 효과적이라는 전제이다.

그 이유는 첫째, 조직행위자 간의 상호의존성 때문이다. 조직의 상관도 전문부서 담당자인 부하 직원들의 기술이나 정보에 의존할 필요성이 있으며, 부하 직원도 상관의 권위를 활용하지 않고서는 자신의 창의성이나 의도를 실현하기 어렵기 때문이다. 둘째, 조직구성원 간의 전략적이고 기회주의적인 상호작용이 필요하다. 현실의 문제해결에 관한 접근방법은 다양하다. 조직구성원 간이나 소집단들은 서로 다른 문제인식의 틀을 가지고 있고 해결방법도 서로 다를 수 있다. 이러한 상이한 관점들이 갈등의 원인이 되기도 하지만 경쟁을 통한 발전의 원동력이 될 수 있기 때문에 이들 상호 간의 타협과 조정이 불가피하다. 따라서 일방적인 지시와 통제보다 상호의존을 통한 협의와 조정이 더 효과적인 방법일 수 있다는 것이다. 참여적 접근방법은 모든 구성원들이 조직의 가장 중요한 자산이며, 이들이 의사결정에 참여하도록 권한이 위임되어야 하며, 두려움없이 그렇게 하도록 허용되어야 한다는 것이다. 이러한 접근방법이 고용인들의 만족은 물론 생산성 증가에 효과적인 방법이라는 것이다(Kearney & Steven, 1994: 44-51).

(3) 대응적 조직관리

조직목표를 달성하기 위한 조직관리는 내부의 질서와 생산성 향상에만 한정될 수 없다. 조직을 둘러싸고 있는 외부환경의 요구와 기대에 대한 전략적 대응이 필요하다. 특히, 지방정부 운영과 같이 권한과 자원을 분산적으로 공유하고 있는 경우 이들 외부와의 협력관계 구축이 무엇보다 중요하다. 조직과 환경의 상호작용관계를 중시하는 입장은 파슨스(T. Parsons)나 바너드(C. I. Barnard) 등이 조직을 그 환경과 교호작용하는 사회적 단위로 보고 연구한 지적 선구자들의 관점에 근거한다(오석홍, 1990: 31－35). 이러한 환경유관론적 입장은 대체로 조직을 완전한 자주적인 존재로 보지 않고, 조직과 환경과의 상호의존적인 변수들을 고려하여 조직을 관리해야 한다는 관점이다.

지방정부의 경계를 넘는 정책문제들, 지속적인 재정 압박과 정부사업들에 대한 일반 대중들의 불만 및 글로벌 경제의 환경에서는 중앙정부에서 보다 강력한 정책이나 사업 조정능력을 가져야 한다는 주장이 제기된다(Peters & Savoie, 1996: 281－286). 정부조직을 더 많은 자율조직으로, 그리고 중앙정부로부터 보다 적은 통제를 지향해야 한다는 이념적 또는 이론적 추세에 반하여 조정과 통제의 필요성이 증가하고 있다. 그 첫 번째 이유가 재정문제이다. 정부기관들은 이전에 해왔던 사업들을 지속할 수 없는 상황에 처하게 되었다. 따라서 우선순위에 관한 선택이 불가피하며 이러한 선택은 집중화된 통제를 필요로 한다는 것이다. 다음으로, 경계를 넘나드는 정책문제들(예, 교육문제는 국가의 경쟁력이나 노동시장에 대한 영향력을 고려하지 않고 생각할 수 없다)을 관리할 필요성이 제기되고 있다. 또한 글로벌 경제에 맞는 법이나 정책 조화를 위해 국가 정부의 조정능력이 요구되고 있다. 이러한 외부환경 변화에 대한 지방정부의 대응적 조직관리가 필요하다는 인식이다.

3 조직관리 전략

지난 수십 년 동안 지방정부 조직관리의 지향은 지방정부가 덜 관료적이 되도록 노력해왔다. 보다 사업적인 정부로 만들고, 계층구조를 납작하게 하며, 고용인들에게 권한을 부여하여 고객들의 요구에 보다 대응적인 분권화된 활동을 조장해왔다(Golembiewski & Gabris, 1995: 240－246).

오스본과 개블러도 관료제를 돌파하고 새로운 사업적 정부모델을 제안한다. 이들은 무엇보다도 정부가 비용을 통제하고, 변화하는 환경에 신속히 적응하고, 고객들을 만족시키는 방법으로서 경쟁의 가치를 강조하고 경쟁을 옥죄는 관료적 그물을 해체하는 것이 중요하다고 주장하였으며, 민영화뿐 아니라 내부경쟁도 지지했다(Osborne & Gaebler, 1992: 79－80). 이들은 또한 실적제와 팀 경쟁을 지지하고 아울러 도시서비스의 효율성과 대응성 개선에 시장 접근방법을 찬성했다.

그러나 시장기반과 사업지향 및 고객지향의 행정과 같은 일련의 개혁 제안들은 정치적 책임성의 상실 우려와 이러한 개혁들이 정치를 초월할 수 있다는 가정들에 대한 비판들도 제기되었다. 관료제는 이러한 비판들보다 더 생명력이 있기 때문에 관료제의 근절보다는 관료의 행태를 수정할 수밖에 없다는 것이다. 그러나 관료적 행태를 어떻게 수정해야 할지는 정확히 알 수가 없다. 다만, 지방정부들이 덜 경직화하고 규칙에 덜 얽매이고 대응적이 될 수 있어야 한다는 정서가 점증하고 있다.

지방정부 조직관리 전략은 크게 3R, 즉 기본 방향의 재설정(Reorientation), 조직구조의 개혁(Restructuring), 업무과정의 재설계(Reengineering)를 핵심요소로 한다(한국경제연구원, 1995: 105－106).

1) 기본 방향의 재설정

조직관리의 기본 방향 재설정은 전술한 조직관리의 관점 중에서 어디에 초점을 맞추느냐에 따라 달라질 수 있다. 능률성 중심의 관리, 사회적 능률과 민주성 중심의 관리 또는 통합적 관리 방향에 따라 조직개편과 업무과정의 재설계가 달라질 수 있다. 결론은 지방정부 조직개편에서 중요한 것은 이들 다양한 가치들의 균형에서 모색되어야 한다는 것이다.

정부혁신으로 잘 알려진 클린턴 정부의 국가성과심사단(National Performance Review)은 연방정부 관료제의 운영과 문화를 변화시켜 보다 효율적이고 비용이 적게 드는 정부를 만들고자 하여, 주요 변화요소로 정부통제, 조달, 인사체제, 관리구조, 조직규모 및 관료제 문화에서의 변화 등을 포함하고 있다. 업무성과 개선의 달성이나 변화를 지속시키기 위해 다양한 시도들, 예컨대 구조개혁, 업무과정재설계, 능률화(streamlining), 기관축소, 팀제, 권한위임, 고객지향 등을 강조하고 있다.

영미계 국가가 아닌 중북부 유럽의 지방정부 개혁과정을 보면, 민주성과 효율성은 정치적·재정적 환경에 따라 일시적으로는 상대적 강조점이 다를 수 있지만, 장기적으로는 양대 가치가 균형적으로 반영되고 있다는 것이다(Hendriks & Pieter, 1999: 133－153).

2) 조직구조 개혁

(1) 조직개편 전략

조직개편(reorganization)은 조직개혁의 하나로, 의식적이고 의도적으로 설정된 방향으로 조직변화를 시도하는 것을 말한다. 조직개편 전략은 지방정부의 운영 방향을 변화시킬 새로운 구조를 활용하는 전략이다. 내부관계 변화뿐 아니라 정부와 시민과의 관계 및 타 정부, 그리고 기업들과의 관계를 어떻게 형성해야 하는가의 외부관계도 고려한다(Savitch, 1994: 565-595).

조직개편의 주된 경향은 관리에 대한 분권화 접근방법이다. 정부를 쪼개어 보다 적은 단위로 활동하게 하고, 공동사업에 서로 다른 전문가 팀을 통합하고(매트릭스 조직), 과정보다는 결과에 관심을 둔다. 이러한 조직개편은 통솔범위가 좁은 계층제를 통제범위가 보다 넓고 평탄한 조직으로 개주(改鑄)하는 것이다. 분권화는 세 가지 형태를 갖는다. 정치적, 행정적, 그리고 조직적 분권화 등이다.

첫째, 정치적 분권화는 1960년대 도시위기의 결과로서 또는 연방정부 반빈곤프로그램과 흑인활동가들의 요구에 대한 대응으로 많은 대도시들이 일정권한을 근린조직에 이양한 결과로서 등장한다. 이에 대한 평가는 ① 정보흐름의 증가, ② 지방공무원들의 행태 개선, ③ 고객 태도 개선, ④ 서비스 향상 등 긍정적 효과를 나타냈다고 보는 연구결과도 있다(Yin & Yates, 1975). 그러나 이러한 집단들은 자신들과 직접적인 관계가 있는 이슈보다 전체 시와 관련된 정책에서는 영향력을 별로 행사하지 않았으며, 규모가 큰 경제적 이익이 있는 개발사업에 대해서 반대할 경우 대체로 실패했다는 것이다. 근린조직이 효과적이기 위해서는 시로부터 재정적 지원과 중요한 자원에 대한 통제가 가능해야 하고, 이들 조직들이 지역주민들을 결합하고 도시 민주주의를 확장하는 데 기여해야 한다는 것이다.

둘째, 행정적 분권화는 영역 또는 지리적 분권화라는 형태로 행정책임을 현장사무소나 외곽시설에 위임하는 것을 말한다. 소방서, 파출소, 근린서비스센터, 소시청 등이 예이다. 이러한 외곽센터에 실제적 권한 부여는 시공무원과 주민 간에 정보의 흐름을 증가시켜 서비스 개선을 가져올 수가 있다.

셋째, 조직적 분권화는 보다 납작한 관료제로 지방정부의 대응성에 대한 장애를 없애려는 데 초점을 둔다. 권한과 책임을 조직하부에 위임하고 조직의 통제는 하향적, 명령－복종의 권위구조에서 나오기보다는 공유된 조직의 가치에서 나와야 한다는 것이다(Peters & Waterman, 1982: 310－320).

(2) 기관축소

관료제의 축소 및 기관이나 고용원의 축소(downsizing)는 비용을 줄이고 가시적인 결과를 가져오기 때문에 정부혁신의 핵심이 되고 있다. 기관축소의 주요 대상은 중간수준의 관리자나 인사, 예산 및 재무관리의 상부 통제지위가 된다. 조직변화로서 기관축소의 세 가지 핵심 요소로는 과정변화(process change), 인원감축 전략 및 조직의 재정향을 들 수 있다. 여기서 과정변화는 구조개혁(restructuring), 업무과정재설계(reengineering), 능률화(streamlining) 등이 포함되며 이들은 조직의 업무과정들을 축소하거나 기능적 활동을 재배열하는 등의 변화를 포함한다. 인원감축 전략은 조기퇴직 등을 포함하고, 조직의 재정향은 새로운 임무 창출, 조직문화 변화, 벤치마킹과 최선의 실무 활용 기타 새로운 운용방법 등을 말한다. 바람직한 조직문화는 조직을 정태적인 구조로 보지 않고, 규범과 신념 및 가치들이 조직구성원들에 의해 어떻게 공유되고 이러한 것들이 조직의 경계를 어떻게 정의하는지를 이해하려고 한다. 이러한 공유된 규범과 가치들은 조직구성원들의 언어나 행태, 의식, 상징 및 그들이 산출하는 인공물 등에 나타난다. 문화는 조직을 정의하는 이상과 가치들을 표현하고 구성원들에게 지속적인 영향을 미친다. 샤인(Edgar Schein)은 세 가지 수준의 조직문화를 제시하고 있다. ① 관찰가능한 사회적·물리적 환경(물리적 배치, 기술적 선호, 언어패턴, 일상적인 루틴), ② 조직의 가치와 이상, ③ 조직구성원들의 행태를 안내하면서 조직구성원들이 가지고 있는 신념 또는 드러나지 않지만 의심의 여지가 없는 가정(전제)들을 지시하고, 마지막 차원이 조직문화의 핵심을 이루며 이러한 기본적 전제패턴이 구성원들의 인식과 사고의 토대가 되며 조직의 통제기제로 기능한다는 것이다(Schein, 1987: 9).

기관축소과정에 영향을 미치는 외부환경요인으로는 정치적(정부혁신 분위기 및 정책, 수익자부담 입법화 등), 경제적(예산부족), 사회적(환경 존중의 사회가치 변화나 공익 간 경쟁), 기술적 요인(과학적 검토과정의 복잡화나 발전)들이 있다.

(3) 업무과정 재설계

① 업무과정 재설계(쇄신)의 의의

지방정부는 주민이나 고객들에게 가능한 가장 높은 수준의 질과 가장 낮은 수준의 비용으로 올바른 서비스나 생산품을 효과적으로 제공해야 한다. 조직의 성공은 비용·생산성, 질·서비스, 대응성·융통성 등의 영역에서 경쟁적이라고 인정받아야 하고, 보다 최근에는 급변하는 환경에서의 생존이 추가되고 있다(Steiss, 2003: 138). 이러한 성공기준을 달성하기 위해 조직은 고객이나 소비자에게 중요한 결과물을 산출하는 새로운 과정들(process reengineering)을 끊임없이 개발해야 한다. 비교적 낮은 비용에 질 높은 제품과 서비스를 제공하면서 보다 융통적이고 대응적인 업무과정을 모색하고 재설계해야 한다.

과정은 구체적인 결과물을 산출해내기 위해 설계된 일련의 구조화된 활동들로서, 시간과 장소에 따라 시작과 끝이 있는 구체적인 업무활동들로 구성되고 명확한 투입과 산출이 있다. 과정쇄신은 비용, 질, 서비스 및 속도와 같은 오늘날 중요한 성과측정 지표에서 극적인 개선을 달성하기 위해 업무과정에 대한 근본적인 재설계로 정의된다(Hammer & Champy, 1993). 과정쇄신은 전반적인 조직에 대한 근본적인 분석과 조직구조, 업무흐름, 작업정의, 보상구조 및 통제과정의 재설계를 포괄한다. 근본적인 재설계는 단순히 현행 절차를 개선하고, 부분적 최적화를 달성하려는 것이 아니고, 문제의 근원에 접근하려는 것으로 현재의 구조나 절차를 버리고 중요한 목표를 달성하기 위하여 과정에 초점을 두고 새로운 방법을 발견하려는 것이다.

업무과정개선의 접근방법으로는 조직 전반에 걸쳐 보다 극적이고 획기적인 변화를 선호하는 과정쇄신과 권한이 위임된 팀에 의해 이루어지는 작은 변화를 선호하는 지속적 개선(CI－continuous improvement)프로그램이 있다. 이들 접근방법 모두 과정에 초점을 두고 고객만족을 강조하며, 팀이나 팀워크를 활용하고, 조직 내 가장 적절한 수준에서 의사결정이 이루어지도록 분권화하고, 성과개선 측정과 문제해결기법 등을 적용한다. 그리고 성공을 위해 상급관리자의 관여가 요구되는 등 공통점을 가지고 있다.

그러나 지속적 개선프로그램은 대개 상향적으로 시작되며, 비효율성과 낭비의 근원적 원인을 확인하기 위하여 세부분석을 적용, 현행의 실제에 대한 점진적 개선에 초점을 두는 경향이 있다. 반면에, 과정재설계(쇄신)는 대규모 범기능적 과정이나 전체 체제에 초점을 두고 새로운 과정이면 무엇이나 기꺼이 추진하려는 것으로 조직 상위의 주요 리더들에 의해 주도된다. 과정쇄신과 지속적 개선 접근방법은 서로 다르지만 상호보완적이며 과정 개선을 위해 양자의 접근방법 모두가 필요하다.

업무과정쇄신의 주요 기본 원리들은 Ⓐ 고객지향의 결과에 초점을 두고 의사결정과 업무의 흐름을 막는 장벽을 제거한다. Ⓑ 연쇄적 단계보다는 동시적 단계를 개발하여 시간을 단축한다. 일관성과 효율성을 위한 표준방법을 활용한다. Ⓒ 과정 내 어떤 단계에서 부가가치가 없는 활동이면 이를 제거한다. Ⓓ 과정은 모든 기능적·조직적 경계를 넘어 전체적 관점에서 보아야 한다. Ⓔ 고객과 최종소비자가 무엇을 언제 원하는지를 결정한다. Ⓕ 고용자들에게 권한을 위임하고, 조직 모든 수준에서 '자기일이라는 정서(ownership)'를 고양한다. Ⓖ 모든 절차와 실제에 공격적으로 의문을 제기하고 지속적인 개선을 실행한다. Ⓗ 조직의 상호의존적이고 복잡한 과정을 모든 참여자들에게 이해시키고 소통시켜 긍정적인 변화와 개선을 위한 역량을 키운다. Ⓘ 비용-효과적이며 선도적인 기술을 적용한다(Steiss, 2003: 139).

② 업무과정쇄신의 방법

공공부문이나 비영리조직에서의 과정쇄신을 위한 표준적 접근방법이 여전히 개발되지 못했지만, 과정쇄신에 도움을 주는 공통적 요소들은 다음과 같다.

a) 과정쇄신의 기본 요소

과정쇄신은 조직건강에 가장 중요한 네 가지 기본 요소, 즉 전략적 목표의 정의, 과정개선, 기술적용 및 인적자원 능력 개발 등을 내포해야 한다.

전략적 목표의 확인과 정의는 과정쇄신의 첫 번째 주요 구성요소이다. 과정쇄신은 포괄적 전략계획 형성보다는 전략과 과정 간 연계에 초점이 있기 때문이다. 따라서 전략적 목표정의와 과정개선은 조직의 사명을 달성할 기술적용과 인적활동을 재설계하는 토대가 된다. 전략적 목표는 조직 내·외의 제약들과 관련되어야 하며, 구성원들을 동기화하는 방법으로 정의되어야 한다. 조직 내에서 전략적 기획과정이 이루어지고 있으면 과정쇄신에 큰 도움이 된다. 왜냐하면, 전략적 기획과정이 광범위한 사명진술에서 조직사명과 일치되는 보다 구체적인 목표진술, 더 나아가 명백한 정책이나 의사결정의 실행에 이르기까지 일련의 질서정연한 과정들의 전개

이기 때문이다.

과정쇄신은 변화이며 변화를 조장하기 위해 조직 전반에 걸친 보다 넓은 전략적 비전을 공유해야 한다. 이 단계의 과정쇄신은 과업 성격이 급진적이기 때문에 상급관리자들의 관여가 중요하다. 책임있는 관리자들이 과정쇄신의 전반적인 개념과 목표를 충분히 이해할 수 있는 시간과 노력을 헌신해야 하기 때문이다. 조직의 전략적 목표에는 모든 이해당사자들 — 고객, 주민, 최종이용자, 정책결정자 및 고용인 등 — 의 가치가 반영되어야 하며, 특히 고객이나 최종이용자들의 가치에 대한 공식적인 분석이 이루어져야 한다. 이 단계는 조직의 핵심역량을 확인해야 하며 이는 조직의 장・단점 및 기회・위기 분석(SWOT)으로 시작된다. 핵심역량은 특정 활동을 수행하는 일련의 기술 및 전문성들이다.

기술적용은 단순히 현재의 활동을 개선하기보다는 역동적으로 변화하는 환경에 쇄신적 대응이 되도록 활용되어야 한다. 특히, 정보기술은 기능적・조직적 경계를 넘어 전 과정을 검토할 수 있게 하는 주요 촉진제가 될 수 있는데, 이러한 기술적용은 단순히 현재의 활동을 개선하는 데 그치지 않고 역동적으로 변화하는 환경에 쇄신적 대응을 할 수 있게 한다. 따라서 과정쇄신은 실제의 변화역군인 중간관리자들의 지지를 얻어야 한다. 이들 관리자들은 기술 활용으로부터 조직을 감축하는 등의 위협에 직면하지만 변화의 기회를 확인하고 실행해야 하기 때문이다.

인적자원관리의 핵심가치는 고도의 자질있는 스태프를 충원하고 개발하여 고객 및 최종사용자에게 빼어난 서비스를 제공하는 것이다. 스태프 구성원들의 지식, 기술, 재능과 경험 및 서비스 지향과 창조성 등의 가치를 제고하고 이들을 존경하고 공정하게 대우해야 한다. 인적자원관리의 기본 원리는 창의적이고 성과가 높은 스태프를 지원해줄 정책이나 프로그램을 개발하며, 조직구성원들로 하여금 조직의 능력을 고양시키는 창의적 아이디어나 쇄신적 실무를 발휘하도록 고무한다. 팀워크, 신뢰 및 공개적 의사소통의 중요성을 강조한다. 이러한 기대를 충족하거나 유월(逾越)한 스태프 구성원들에게 승진, 봉급인상 및 기타 보상에 관한 기준을 설정해야 하며, 조직에 필요한 새로운 기술을 개발하는 데 필요한 기능개발 및 교육기회를 제공해야 한다.

이들 네 가지 기본 요소들은 서로 균형적으로 유지되어야 한다. 예컨대, 새로운 기술적용이 인적자원의 능력 개발없이 적용된다면 저항을 불러일으키며 재앙이 될 수 있기 때문이다.

b) 과정쇄신의 과정

㉮ 전략적 목표 간 우선순위 및 성과지표 설정

조직의 전략적 목표들 간 우선순위 설정은 과정쇄신의 보다 구체적인 초점을 제공해준다. 그리고 조직성공이라고 판단할 수 있는 일련의 주요 성공요인을 결정하고, 이를 측정할 수 있는 성과지표를 구체화해야 한다. 이러한 요인들은 관리목표로 표현되며 주요 성공요인들은 관리자들과의 일련의 인터뷰에서 확인할 수 있으며 각 성공요인에 대한 구체적인 성과지표를 설정하고 이를 모니터할 적절한 자료와 보고서를 활용해야 한다. 성과지표는 각각의 주요 성공요인별로 결정되어야 한다. 성과지표는 관리전략을 모니터하고 평가하는 일련의 세분화된 측정목록이다.

㉯ 실행비전 개발

과정쇄신의 다음 주된 단계는 보다 광범위하고 일반적인 전략적 비전을 조직의 구성과정들과 조직단위들에서 구체적으로 전환하기 위한 실행비전(operational vision)을 형성하는 일이다. 조직의 전략적 목표를 달성하기 위하여 적절한 자원을 효율적・효과적으로 조직화하고 배치하는 실행비전 개발과 관련한 기획노력이 없이는 전략계획은 실현될 수 없기 때문이다.

실행비전에는 Ⓐ 승인된 전략목표들을 구체적인 사업 및 활동으로 프로그램화하고, Ⓑ 정해진 기간 동안 이들 프로그램을 실행하는 데 필요한 자원 확보와 예산배정, ⓒ 승인된 프로그램을 수행하기 위한 조직단위 설계와 인력배치 등이 포함된다. 실행비전은 구체적인 자원 활용을 위한 기준설정과 전략계획의 전반적인 목표들을 달성할 실행전술에 초점을 두고, 작업계획(work plan) 개발과 세부적인 프로그램 활동들의 예정표를 만드는 것이다. 효율적이고 효과적인 실행비전은 구체적인 프로그램의 목표달성을 정시에 또는 지연되어 달성하느냐의 차이와 희소자원의 효과적 활용과 낭비라는 차이로 판별된다.

㉰ 차이분석

과정쇄신의 다음 단계는 현 과정과 미래 과정 간 차이에 관한 종합적 분석으로 현 과정의 기록과 미래 과정을 형성하는 일이 초점이다. 이러한 차이분석(gap analysis)은 변화의 장애들에 대한 평가를 제공해주며, 현 과정의 개선을 위한 주요 프로그램 및 프로젝트 안을 위한 기초를 마련해주고, 필요한 변화를 수행하는 데 소요되는 비용과 편익분석의 토대를 제공해준다. 과정을 개선하기 위해서는 먼저 현재 무엇이 행해지고 있는지를 상세히 이해되어야 한다. 어떤 활동이 수행되고 있으며, 활동과 정보흐름 간 어떠한 관계가 있는지, 각 활동의 부가가치는 무엇인지를 상세히 이해해야 한다. 이러한 현 과정의 이해는 문제 확인, 즉 현재의 과정들이 갖고 있는 고비용, 비효율적 업무흐름, 부적절한 활동 순서, 고객이나 최종이용자에 대한 무의미한 부가가치 등 밝혀지지 않은 병리들을 보다 상세히 기술하고 이들 문제를 최고관리자에게 소통할 수 있어야 한다.

현재 업무과정에 대한 기록은 전 과정에 대한 기술, 과정의 구성요소와 활용하고 있는 자원 확인, 현재의 과정분석(일관성 없는 적용, 불필요한 과잉 및 낭비된 노력, 잘못된 연계 등을 파악)이 포함되어야 한다. 과정도 작성(process mapping)은 일종의 기록 기법으로, 하나의 과정을 처음부터 끝까지, 개별 활동들과 주요 특징들을 기술하는 기법이다.

과정도 작성의 첫 과제는 과정의 시작과 끝을 확인하는 일이다. 과정을 시작하는 첫 활동은 해야 할 첫 단계와 무엇을 첫 번째 일로 할 것인가를 설정하는 일이며, 그리고 나서 달성해야 할 마지막 일이 무엇인지를 정의하는 일이다. 시작과 끝 사이의 단계들을 확인하는 가장 쉬운 방법은 정상적으로 일어나야 할 과정들을 머릿속에서 그려보고 과정을 쭉 걸어보는 것이다. 새로운 단계는 새로운 유형의 활동이 필요할 때 시작된다. 모든 과정이 정의되고 모든 단계들이 확인되면 과정도를 그릴 수 있다. 과정흐름은 표준 플로차트기호(flowchart symbol)를 활용하여 만들어지며 CPM, PERT[2] 등을 활용할 수 있다.

과정도는 중복되고 불필요한 단계들을 결합하거나 제거하도록 알려준다. 재화와 서비스 전달과정을 단순화시켜 질과 효율성 및 생산성 개선을 위한 단초를 제공한다. 과정도는 또한 서비스를 적시에 제공하는 데 중요한 활동과 문제가 발생하는 과정에서 통제가 필요한 지점이 어디인지를 확인하는 데 도움을 준다. 과정도는 관리자로 하여금 인적 및 기타 자원을 가장 효과적으로 활용할 수 있게 해준다. 현

2) CPM(Critical Path Method)은 주공정선, 혹은 주작업선을 의미하며 CPM은 이들 주작업선을 찾는 방법이다. PERT(Program Evaluation and Review Techniques)는 프로그램을 평가하고 재심사하는 관리기법으로, 작업진행 상황을 파악해 시간통제를 하기 위한 수단으로서 작업을 단계적으로 분류하고, 이 작업 간 연결점을 추적함으로써 작업의 진행상황을 파악하기 위해 개발된 기법을 말한다(허만형, 2012: 387－388).

재 과정들과 미래 바람직한 과정들 간의 차이와 그 원인들을 결정하는 일이 중요하다. 이러한 분석은 즉시 적용할 수 있는 현재 과정의 개선책을 기술해주며, 장기적 변화에 대한 장애들을 확인시켜주고, 필요한 변화를 수행하는 데 소요되는 비용과 편익분석의 단초를 제공해준다.

차이분석에 활용될 수 있는 도구나 기법으로는 먼저 브레인스토밍(brainstorming)을 들 수 있다. 브레인스토밍은 비교적 짧은 시간 내에 참여자들로 하여금 다양한 아이디어를 이끌어내고, 창조적 능력을 발휘하게 하여 문제와 그 원인들을 확인하게 하는 집단문제 해결방법이다. 생산적 브레인스토밍이 되기 위해서는 참여자 모두가 논의되고 있는 주제와 문제에 대해 이해해야 하며, 각자가 차례로 아이디어를 내고, 모든 아이디어를 기록하며, 엉뚱한 아이디어도 다른 사람의 생각을 촉발할 수 있기 때문에 조장되어야 하고, 비판은 자유로운 아이디어의 흐름을 막을 수 있기 때문에 회의가 끝날 때까지 제지되며, 최초의 회의 후 수 시간 또는 수일(인큐베이션 기간) 후에 또 다른 회의를 갖는다.

인과관계도형(어골도)(cause-and-effect or fishbone diagram)은 특정 문제나 상황의 모든 가능한 원인들을 보여주는 도표이다. 인과관계도형은 문제 자체보다는 문제의 원인에 초점을 두며, 문제를 일으킬 가능성이 있는 원인들을 논리적 순서로 분류·배열하여 각각의 원인들을 분석하고 바람직하지 못한 실행차이를 없애는 데 초점을 두고 있다. 인과관계도형은 구체적인 문제영역에서 분석의 필요성이 있지만 이러한 문제를 야기하는 구체적인 요인이 불확실할 때 가장 널리 사용된다. 이 경우, 브레인스토밍기법을 활용하여 각각의 요인들을 보다 세밀하게 검토할 수 있다.

수지도(tree diagram)는 과정·사건 또는 목적을 세분화하는 과정으로 이들 과정이 이루어지는 모든 경우를 나무에서 가지가 나누어지는 것과 같은 모양의 계통그림이다. 전 과정(A-L)을 세부과정(A-F, G-L)으로 나누고, 세부과정을 몇 개의 활동(ABC, DEF, GHI, JKL)으로, 그리고 활동을 다시 수개의 과업(과업A, B, C 등)으로 나누어 계통그림을 그린다.

파레토 도형(Pareto diagram)은 주어진 과정에서 문제를 야기시키는 요인이나 특성이 무엇인지 발견하는 매우 효과적인 도구다. 파레토는 사회적 부의 배분에서 일정한 20% 소수가 대다수 80%를 통제한다고 하듯 가능한 원인들 중 20%가 모든 결과의 80%를 낳을 수 있다고 한다. 즉, 소수의 근본적인 문제들이 대부분의 결과에 영향을 미친다는 것이다. 예를 들면, 어느 공장의 월간불량률을 각 작업별로(X축) 조사하여 공장에 주는 손해액(Y축)의 순으로 막대그래프와 누적백분율로 표시, 불량에 따른 손해액의 주요인과 어느 작업에 의한 손해가 최대인가? 등을 알아 불량대책을 세울 수 있다.

예측(forecasting)은 현재의 활동(A)을 변화 없이 지속한다면 일정기간(B) 동안 무엇이 일어날 것인가? 변화(C)를 도입하면 어떤 결과가 발생할 것인가? 등에 해답을 찾는 과정이다. 예측에는 전문가들의 추정, 델파이(delphi)기법, 외삽법, 선형상관이나 회귀분석과 같은 통계분석을 이용할 수 있다.

㉣ 업무과정 재설계

새로운 과정 설계는 어떤 활동들을 수행해야 하는지? 그리고 이들 활동들을 어떻게 수행해야 할 것인가에 대해 끊임없이 질문하는 과업이다. 미래 업무과정의 설계는 바람직한 변화를 지원하는 데 필요한 정책, 절차 및 조직구조에 관한 청사진을 제공한다. 미래과정 설계를 시작할 때 고려되어야 할 지침들은 이전의 패턴을 깨고 상식적 해결안을 버리며, 과정들을 전략적 목표와 성과목표와 일치시키고, 기존의 조직구조에 얽매이지 않는 조직경계를 재정의하며, 단편화된 작업을 통합하여 생산성을 개선하고, 병리와 불필요한 활동을 제거한다. 과정을 보다 효과적이고 능률적으로 만들기 위한 역할과 책임들을 재설정하여 인원을 배치하고 새로운 기술들을 활용한다.

미래과정 모형을 만들 경우 개별 활동들을 고객이나 최종소비자들이 요구하는지? 이 활동을 최종서비스나 산물에 영향없이 제거할 수 있는지? 이전 활동을 다르게 수행한다면 이 활동을 제거할 수 있는지? 이 활동을 제거할 수 있는 기술이 있는지? 등에 관한 기본적 질문들을 던져보아야 한다. 그리고 재설계된 과정의 점검을 위해 모형(prototype)을 개발할 필요가 있다. 이러한 모형은 과정쇄신의 잠재력을 모의실험을 통해 평가할 수 있는 기회를 주기 때문이다.

제 3 절 조직구조와 과정관리 접근방법

1 조직발전

1) 조직발전의 의의

조직발전(OD)은 행태과학의 지식과 기술을 활용, 계획적인 개입을 통해 조직 구성원들의 가치체계·태도·행동 등을 변화시켜 조직의 기능과 문화를 개혁하려는 접근방법이다(오석홍, 1990: 748). 조직발전은 조직 내 인간적 가치를 향상시키면서 동시에 조직 전체의 효율성을 제고하려는 조직개혁의 접근방법이다. 이러한 조직발전 전략을 지방정부에 적용해 볼 필요성과 그 성공조건을 살펴보기로 한다.

지방정부는 다른 공공기관과 다른 다음과 같은 특성들을 가지고 있기 때문에 한편으로는 OD 적용의 성공 가능성이 높은 반면에 문제점들도 있다.

첫째로, 지방정부는 대체로 독립적인 서비스 체제이다. 지방정부는 조세 징수 권한을 갖고 공공서비스 제공에 필요한 독자적인 세원을 갖는다. 이러한 독자적인 통합체제로서 작동하기 때문에 전체적인 체제변화에 적합하고, OD 가치나 기술을 적용하기에 적합하다는 것이다. 또한 지방정부체제는 대체로 작고 관리가 쉽기 때문에 OD나 새로운 아이디어를 적용하여 즉각적인 변화를 유도할 수 있으며, 이러한 변화를 이끌어내기 위해 지방정부 내 중요한 포인트에 직접 개입할 수 있다는 것이다. 그리고 지방정부가 독자적인 체제라는 의미는 OD 개입 시도가 빠르고 명백한 결과, 즉 즉각적인 변화를 유도할 수 있다는 것이다.

둘째로, 지방정부는 주민이나 투표자에게 가장 가까운 정부형태이기 때문에 즉시적이고 직접적인 실적이나 결과를 낳아야 할 압력을 받는다. 따라서 지방정부는 주민들의 기대나 요구에 적극 대응해야 하고 이들 지각된 욕구를 충족시키기 위해 변화가 필요하다. 반면에, 이러한 특성으로 지방정부는 잘 설계된 OD를 복잡하게 하거나 왜곡시킬 특성도 가지고 있다.

셋째로, 지방정부 직업공무원들은 선출직 공무원들에 의해 보다 직접적인 정치적 압력을 받을 수 있다. 지방정부 선출직 공무원들은 자신들의 정치적 역할 외에 행정문제에 직접 관여하기 쉬우며, 행정가들을 직접 통제하며, 상호 밀접하게 활동한다. 이러한 밀접하고 직접적인 상호작용은 협동적이고 강력한 팀 관계가 이루어져 문제를 성공적으로 해결할 수 있지만 갈등이 개인화되고 갈등이 승·패 입장에서 다루어지는 위험도 증가시킬 수 있다. 따라서 지방정부에 OD 적용에는 선출직 공무원과 상위 집행집단을 포함시켜야 하며 후술하는 개입 유형도 고려하여야 한다.

이처럼 지방정부는 다른 규모가 큰 공공조직과 달리 전체의 체제변화가 가능하며, 변화는 진단된 요구와 문제에 대해 직접적이고 신속한 목표를 설정할 수 있지만 반면에, 지방정부는 관료제적 조직과 계층적 통제에 의존하여 개인이나 집단행태에 강하게 영향을 미치는 비공식적 조직문화를 갖고 있기 때문에 OD 적용을 지연시킬 수 있다.

2) 지방정부 OD 적용

지방정부에 OD를 적용할 경우 고려해야 할 점들은 다음과 같다(Gabris & Golembiewski, 1997: 71-100).

(1) OD 개입 대상의 검토

지방정부의 OD 개입기법을 적용하기 전에 먼저 개입대상과 개입상황에 대한 검토가 이루어져야 한다. 지방정부는 상호의존적 소규모 기능집단들의 계층으로 구성된다. 이들 기능집단을 수준별로 분류하면, ① 선출된 의회, 위원회, ② 집행부(시장, 시관리인, 주요 지원 스태프), ③ 계선부서장(소방, 경찰, 공공사업 등), ④ 계선조직의 중간관리층, ⑤ 지원 및 계선단위의 일선공무원 등이다. 이러한 집단들에 대한 OD 개입은 지각된 요구나 문제의 유형에 따라 집단 내 디자인이나 집단 간 디자인을 포함할 수 있다. 지각된 요구의 존재 여부를 결정하고 문제의 성격을 진단하는 일이 지방정부에서의 OD 적용의 출발점이다.

(2) 개입상황에 대한 고려

지방정부가 어떤 개입설계를 할 것인가가 중요하다. 개입은 일반적인 진단 추세와 잘 어울려야 한다. 진단은 흔히 개인 간 또는 집단 관계를 다루는 문제제기에서 두 가지 상호작용 유형, 즉 합의의 위기와 불화의 위기인가를 확인해야 한다. 합의의 위기는 사람들이 동의하지 않는다고 생각하지만 실제로 불화가 있는 것이 아닐 때 일어나며, 불화의 위기는 집단이나 사람들이 실제 문제의 본질이나 목표 및 잠재적 해결책 등에서 의견을 달리할 때 생긴다. 양 유형은 문제가 될 수 있으며 서로 다른 개입설계로 다루어져야 한다. 일반적으로 불화의 수준이 높은 지방정부에서는 과업 중심의 팀 형성 또는 전략적 기획 개입이 제대로 활용되지 못하므로 상호작용 중심의 팀 형성 설계가 보다 효과적이며, 불화가 높으면 우선 가치를 명확히 하는 일이 전제되어야 한다. 반면에, 구성원들이 무엇이 문제인가에 대해 대체로 동의할 경우에는 과업 중심의 팀 형성이나 전략적 기획과정이 적절하다.

개입 적용에 관한 적절성 검토없이 지방정부 문제나 필요에 대한 단순한 개입은 위험하다. 지속적인 진단을 강조하는 OD는 이런 점에서 다른 관리변화 전략들(예컨대, 질 관리, 구조조정 등)과 구분된다. OD는 집단의사결정 상황에 사회과학 기술을 적용하는 것으로 인식되며, OD와 조직변화에 대한 다른 접근방법과 구별해 주는 것은 OD가 가치 함축적이라는 사실이다. OD는 조직이 어떻게 기능해야 하는가의 토대가 되는 구체적인 가치에 주의를 기울인다.

(3) OD 실행과정

OD 실행과정은 필요성 검토, 진단 또는 조사(연구), 피드백, 개입, 평가, 그리고 종결 등의 단계를 고려해야 한다. 첫 단계는 필요성 검토이다. 누가 그 필요성을 인지하고 이러한 필요가 정확히 무엇인지? 그리고 관련 개인과 집단들이 어떻게 관련 있는지? 일단 지각된 필요는 주요 집단들에게 그들이 어떻게 생각하는지에 대해 물어봄으로써 구체화되어야 한다. 두 번째 단계는 진단이다. 진단은 주요 참여자와의 개인적 인터뷰에서 서베이(survey) 도구 자료이용, 직무기술 분석 및 조직도표 기타 다양한 방법과 기술을 활용한다. 세 번째 단계는 피드백이다. 개입 필요성을 인지한 집단들에게 피드백을 제공한다. 자문가나 관리자에 의해 행해진 자료 분석이 고객집단의 지각과 문제에 잘 공명하는지 검토하기 위한 단계이다. 네 번째 단계는 개입이다. OD 개입은 단순히 외부전문가가 고객에게 무엇을 하라라는 '전문가 문제해결(환자와 의사간의 관계처럼)'방식을 도입해서는 안 된다. 효과적인 집단 개입은 협동적인 접근을 요구한다. 마지막으로, 평가단계이며 여기서는 그 결과를 토대로 후속적인 또는 강화 조치가 무엇인지 결정하는 단계이다.

(4) 성공적인 OD 조건

지방정부에서 OD를 성공적으로 적용하기 위해서는 최고위 선출직이나 관리직의 관여와 지지를 얻어야 한다. 대부분의 지방정부는 하향식 권위체계와 의사결정 경향이 있기 때문이다. 지방정부에서 성공적인 OD 개입의 일반적 준칙은 ① 대상 문제 지점 상위의 모든 계층을 포함시킬 필요가 있으며, ② 관리직은 그들이 감독할 관료제와 밀접히 연관되어 있기 때문에 지방정부체계에 본질적인 변화를 창출하기 위해서는 선출직 공무원의 찬성과 지지를 얻어야 하며, ③ 가시적인 결과가 나오도록 해야 한다.

2 팀 제

1) 팀제의 의의

공공부문의 조직은 전통적인 관료적·계층적 조직의 형태를 띠어 왔으며 이러한 구조는 오랫동안 조직의 대표적 형태로 자리해 왔다. 특히, 인간의 권력지향 욕구와 맞물려 권력이 집중되어 있는 상부로 상승하고자 하는 인간의 본성에 적합한 조직구조로 관료제가 적합하다고 여겨져 왔으며, 조직의 능률성을 높이는 조직구조로 인식되어 왔다. 그러나 현대의 급격한 변화 속에서 관료제의 폐단이 점점 더 부각됨에 따라 관료제를 비판적 시각으로 보는 견해들이 생기고, 관료제의 폐단을 극복하기 위한 연구가 조직연구의 중요한 한 부분을 차지하게 되었다. 이러한 변화의 한 가운데서 현 정부는 정부조직의 틀을 수정하는 작업을 착수하였고, 기존 관료제에서 지적되어 온 병폐를 해소하고 보다 능률적인 정부를 만들겠다는 목표 하에 혁신수단으로서의 팀제 도입이 추진되었다(김태룡·안희정, 2006).

팀제는 조직의 기본 단위가 팀으로 이루어진 집합체로 상호보완적인 기술 또는 지식을 가진 조직구성원들이 공동의 목적을 달성하기 위해 공동의 접근방법을 가지고 책임을 공유하는 자율권을 가진 조직이다. 팀제는 전통적 관료 조직에 대한 탈관료 조직으로 이해하기도 하고, 현대의 다양한 사회 요구에 탄력적으로 적응할 수 있는 조직으로서 기존의 전통적 조직 방식과 차이를 보인다.

전통적인 피라미드 조직과 비교하여 팀제의 가장 큰 특징은 계층의 감소로 인

표 10-1 피라미드 조직과 팀제 조직의 차이

내용 \ 구분	피라미드 조직	팀제 조직
조직구조	수직적 계층구조(직급 중심)	수평적 조직(기능 중심)
조직원리	기능 중심 조직(경직성)	업무프로세스 조직(탄력성)
직무설계	업무(활동) 중심	임무(미션) 중심
목표설정	상부에서 주어짐	스스로 설정, 조정
지휘통제	규정, 관리, 전결권	리더십, 자율권 부여
보상	연공서열, 소극적, 개인・직위	차별적, 적극적, 팀・능력
조직리더	과장, 부장	팀장
직무수행	분업화, 단일과업	다기능화, 전체 프로세스, 전체 과업
직무조정	최고경영자	팀장
의사결정방법	계층적 결정(line)	팀장, 팀원 간 협의결정
인사관리	연공서열 중심	개인능력 중심
리더십	가시적, 하향적(강한 지도자)	참여적, 지원적(리더십 역할 공유)
정보흐름	통제, 제한, 폐쇄	개방, 공유
경영자・관리자 역할	지시통제	코치, 촉진
권한배분	중앙집중형	권한분산형
기본 원칙	표준화, 규정화, 획일적 원칙	비표준화, 유연한 원칙
지시・전달	상명하복, 지시, 품의	상호충고, 토론, 전달
평 가	상부조직에 대한 기여도	팀의 목표달성도
책 임	개인책임	팀 공동책임
업무통제	관리자: 계획, 통제, 개선	팀 전체: 계획, 통제, 개선

자료: 안길찬(2002: 183).

한 조직구조의 편평화(flat)라 할 수 있다. 또한 자율권, 권한위임으로 인한 탄력적 유연성과 개인의 전문화된 능력이 중요하게 작용하는 조직구조이지만 조직에서 빼놓을 수 없는 공동이라는 개념 또한 강조되는 조직이라 할 수 있다.

팀제의 특징은 ① 상호보완적 기능과 능력을 가진 전문가집단이다. 문제해결에 필요한 다양한 전문적 기술과 기능을 가진 사람들로 구성함으로써, 전문성과 문제해결 및 의사결정능력, 대인관계 기술 등을 제고하여 팀의 효과를 상승시킬 수 있다. ② 공동의 목적과 업무수행 목표를 공유한다. 팀제는 상위조직의 전략과 공동목적을 공유하고 팀 구성원들 간의 협의를 통해서 목표가 설정됨으로써 효율적 업무수행의 지침이 되고, 팀 구성원들이 팀과 자신의 존재에 대해 자부심을 가질 수 있게 한다. ③ 공통의 접근방법을 통한 상호 긴밀한 유대관계를 조성해준다. 팀은 공통의 접근방법으로 업무수행이나 문제해결을 해야 하므로 업무의 배분과 작업방법, 일정계획, 문제해결방법 등과 같은 제반 업무수행 방식에 대해 합의를 이루어 팀 구성원들 간 잠재적인 불만을 방지할 수 있다. ④ 공동책임과 공동보상을 통해 구성원들 간의 긴밀한 상호작용과 협조를 통한 업무수행을 조장한다. ⑤ 팀장과 팀원에 의하여 탄력적이고 자율적으로 운영되는 조직이기에 구성원들이 책임감과 주인의식 및 팀 몰입도를 높여 창의적인 문제해결을 조장할 수 있다. 팀이 의미 있는 기능을 하기 위해서는 업무수행에 대한 산출물을 명확히 파악할 수 있어야 할 뿐 아니라 구성원들이 자신의 업무에 의미를 부여할 수 있어야 한다. 그러므로 팀의 업무영역은 팀 내에서 수행이 모두 이뤄지도록 설정되어야 한다.

팀제의 효과에 대해서는 긍정적인 평가와 부정적인 평가가 있다. 먼저, 긍정적 측면에서는 첫째, 팀제에서는 집단이 직면하고 있는 환경에 대한 자기 규제나 자기 통제를 조직구성원에게 허용함으로써 조직구성원이 업무수행에 필요로 하는 주요 자원들을 스스로 통제할 수 있도록 하는 속성이 있으며, 자율성을 통하여 팀원들이 자기 목표설정과 같은 인지적이고 행동적인 기제로 자기 규제 행동을 촉진한다. 둘째, 팀제의 업무나 조직설계가 팀원들에게 스스로 동기부여를 일으킨다는 것으로 다양한 기술과 업무 자율성, 중요성이 높고 피드백 수준이 높은 업무는 팀원들의 내적동기화를 유발시키고 이는 다시 높은 직무만족과 수행을 가져오게 한다는 것이다(김병섭 · 오시영, 2005).

반면에, 팀제의 효과성을 부정하는 연구는 팀제가 반드시 모든 조직에 효율성을 높여주는 것만은 아니라는 것이다. 미국의 팀제 도입 배경이 개인주의가 만연한 사회의 조직에서 협력을 강조하기 위해 도입된 반면에, 우리나라에서는 협력의 지나친 강조로 인한 조직구조의 경직성에 자율성을 부여하고 탄력적으로 운영하기 위해 도입되었다. 이는 팀제가 모든 조직에 같은 목적을 가지고 도입될 수 없으며 어느 조직에나 도입된다고 해서 효율성을 얻을 수 있다는 보장 또한 막연히 기대할 수 없음을 보여준다. 팀제 도입에 있어서 다양한 팀제의 유형과 조직의 특성, 문화적 배경 등 그 조직이 갖고 있는 특성요인에 대하여 고려해야 한다는 것을 지적하고 있다.

2) 팀제의 유형

팀제의 유형은 일반적으로 조직구성의 형태, 자율성의 정도, 업무성격 및 형태, 조직의 지속성에 따라 다양하며 행정자치부의 팀제 매뉴얼에서는 <표 10-2>와 같이 크게 세 가지로 나누어 구분하고 있다.

표 10-2 팀제의 대표적 유형 및 특징

구분 / 내용	문진(flat)형	대부대과형	복합기능형
정의	기존의 피라미드 조직을 붕괴시켜 소규모 조직 또는 개개인의 팀원을 팀장이 관장	기존 여러 개의 부나 과를 유사기능별로 대부대과로 통·폐합	기능별 분류가 아니라 연구개발, 생산, 기획, 마케팅 등 복합기능을 수행
특징	• 결재단계의 대폭 축소 • 의사결정의 신속성이 장점 • 팀장의 업무부담 가중 • 팀원의 능력 부재 시 업무수행 곤란	• 기존 계층형 조직을 유지하면서 팀제의 장점만을 보완 • 계층이 축소되지 않아서 유사(pesudo) 팀제라는 비판	• 기능별 조직에서 수행하지 못하는 목표과제를 달성하기 위해 관련 부서의 전문가를 묶어놓은 팀조직 유형 • 환경변화에 신속히 대응하여 경쟁력을 확보하는 데 유리 • 일부 부서나 특정 프로젝트에 국한하여 운영
조직도	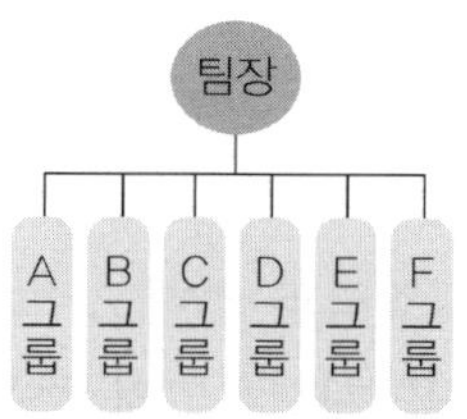	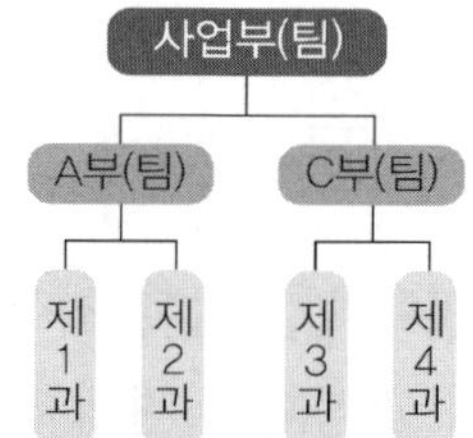	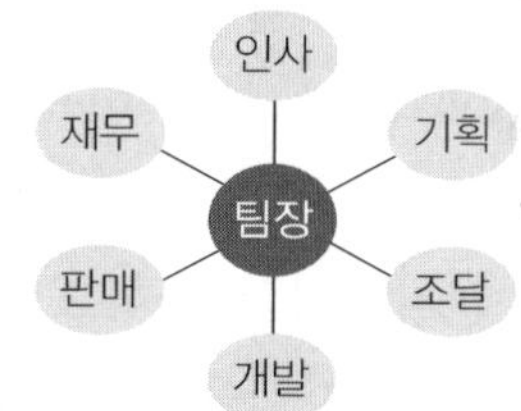

자료: 행정자치부, 고객과 성과중심의 조직혁신을 위한 팀제운영 매뉴얼(2006: 24).

3) 팀제 성공적 운용의 조건

팀제를 성공적으로 운용하기 위해서는 기존의 부·과제 중심의 운용으로는 어렵다. 팀제는 팀 구성원들이 스스로 그 소속팀의 문제를 규정하고 모두가 협의하여 해결책을 마련하여 실제로 이를 시행하고, 달성여부를 평가할 수 있도록 도와주는 일련의 절차와 제도적 장치를 말하는 것으로서 이를 통하여 자발적이고 참여적 업무수행 풍토를 조성하며, 목표달성 및 업적달성을 위한 팀워크가 개발되어야 한다. 따라서 팀제의 운용에 있어 다음과 같은 사항을 고려해야 한다. 첫째, 구성원의 팀제 도입에 대한 명확한 이해와 최고경영층의 적극적인 참여와 리더십 강화가 전제되어야 하며, 팀장의 리더십 강화와 구성원의 자율성 신장, 실질적인 권한위임이 이루어져야 한다. 둘째, 팀 간 또는 팀원 상호 간 정보공유와 의사소통이 원활해야 한다. 셋째, 신속한 의사결정, 공정한 성과평가 및 보상이 이루어져야 한다. 넷째, 어느 정도의 인사적체 해소와 구성원에 대한 능력개발 노력 등이 병행되어야 한다.

3 벤치마킹

조직의 업무과정쇄신에서 벤치마킹(benchmarking)은 특정 분야에서 선도적인 조직을 모델로 하여 성과목표를 설정하고 조직의 성과와 내부과정을 지속적으로 점검하여 개선하려는 접근방법이다. 벤치마킹은 먼저 일련의 주요 성과지표에서 현재 조직이 수행하고 있는 것을 확인하고, 이에 대한 평가를 한 후 개선을 위해 기간별(time-based) 목표를 설정하고 실행계획을 수립한다. 벤치마킹은 단순히 측정을 비교하는 것이 아니고, 업무과정을 수월적으로 실행하고 있는 조직으로부터 아이디어를 빌리는 것이 되어야 한다. 따라서 어떻게? 왜?라는 질문에 대한 소중한 학습과 함께, 향후 이들 아이디어의 적용 및 실행을 위한 성취방법들이 고려되어야 한다.

벤치마킹의 유형으로는 벤치마킹 팀이 최상급의 조직과 접하고 그들의 지식을 공유하여 자신들 조직의 특정 과정과 일련의 활동들을 개선하고자 하는 제휴 벤치마킹(cooperative benchmarking), 유사한 조직집단들의 특정 과정과 일련의 활동들에 관한 지식공유와 상호학습을 통하여 각자의 실제를 개선하려는 공동작업 벤치마킹(collaborative benchmarking), 현재의 기능, 과정 및 산출물을 경쟁자와 비교·측정하여 최상의 상태로 이끌려는 경쟁적 벤치마킹(competitive benchmarking) 등이 있다(Steiss, 2003: 154-155). 이들 벤치마킹은 점진적인 변화나 획기적인 변화에 유용하게 적용될 수 있으며, 현재의 관행과 사고가 고착되어 새로운 해결방법을 찾을 수 없는 문제로 곤경을 겪고 있을 때 적절한 비유를 찾고 적용함으로써 이들 문제를 해결해 줄 수 있다.

벤치마킹은 다음과 같은 일련의 요인들을 체계적으로 검토할 때 성공할 수 있다. 첫째, 무엇을 벤치마킹할 것인가를 결정해야 한다. 벤치마킹해야 할 과정들은 주민이나 고객 및 최종이용자 등 조직 이해당사자들에게 중요하고, 대상이 되는 과정은 조직의 사명과 가치 및 목표들과 일치되어야 하며 조직상 필요한 것이 반영되어야 한다. 둘째, 벤치마킹 과정을 기획해야 한다. 연구 검토할 범위를 명백히 기술하고, 측정될 특성들을 세부적으로 결정하며, 과정에 관한 정보를 수집하고 분석해야 한다. 셋째, 조직의 현재 실행수준을 이해해야 한다. 조직의 현재 실행에 영향을 미치는 요인들을 점검 어떤 특성들이 가장 중요하고 그렇지 않은지를 이해해야 하며, 벤치마크 대상 조직과 비교할 기준선을 설정해야 한다. 넷째, 타 조직을 연구해야 한다. 벤치마킹 후보자들을 확인, 선정하고, 구체적인 질문을 준비하여 이들 질문에서 얻어질 최선의 방법을 탐색·결정한다. 다섯째, 자료로부터 학습을 해야 한다. 수집된 자료를 분석하고 실행과정에서 차이를 확인하며 계량화한다. 실행개선에 유용한 구체적인 정보 항목을 확인한다. 여섯째, 결과물을 활용해야 한다. 벤치마킹한 결과물을 어떻게 활용할 것인지를 결정하며 조직 내 다른 단위들과 공유한다(Steiss, 2003: 155－156).

벤치마킹은 그 자체로 과정개선의 해답은 아니며, 좋은 비유를 제공하는 것으로, 과정개선 팀이 미래의 상태를 결정하고 현재의 상태를 이러한 미래 상태로 이행하려는 도전이라 생각하여 수행해야 한다.

4 목표관리

1) 목표관리의 의의

목표관리(MBO)는 목표를 설정한 다음, 목표라는 기준을 활용하여 조직의 성과를 제고하는 내부관리의 방법이라고 할 수 있다. 조직의 상급관리자와 하급관리자가 조직의 공동목표를 함께 설정하고 기대되는 결과와 관련하여 각자의 주된 책임영역을 규정하며 이러한 정해진 기준에 따라 조직단위와 구성원들의 활동 결과를 평가하는 과정이다(Odiorne, 1965: 55－56). 이러한 목표관리는 조직의 사명에 기여할 명확한 목표설정과 책임한계의 규정, 참여와 상하협조, 환류의 개선을 통한 관리계획의 개선 및 조직참여자의 동기유발, 그리고 업적평가의 개선을 도모하고 궁극적으로는 조직의 효율성을 증진시키려는 접근방법이다. 목표관리가 이와 같이 일종의 내부관리와 생산성 제고의 수단으로 활용되지만, 조직의 목적 및 목표설정과 매우 밀접한 관계를 유지하므로 단순한 내부관리의 수단으로만 다루기보다는 지방정부 관리활동의 주요 영역의 하나인 목표 설정과 전략의 탐색에도 활용될 수 있다고 보아야 할 것이다.

목표관리는 1950년대부터 경영학 문헌에 등장하기 시작한 이래[3] 여러 가지 형태의 조직에 채택되어 왔고, 1970년대에는 미국의 연방정부나 지방정부에서 이를 도입·활용하였다. 1970년대 초 PPB 체제의 쇠락과 함께 목표관리는 새로운 관리 접근방법으로 등장하여 경영지향의 닉슨(Richard Nixon) 행정부에 의해 연방정부에 소개가 된 이후 MBO 시스템은 국방성이나 보건성 및 상무성을 비롯한 많은 중앙부서에서 활용되었고, 주정부와 지방정부로 확산되었다. 공공부문에서 MBO를 채택한 이유는 PPB의 채택이유와 유사하지만 다양한 공공사업에서의 결과달성이 필요하다는 인식이 점증하고, 정부 각 기관의 목표실현에 대한 양적 측정이나 평가가 강조되었기 때문이다. 이에 공공기관들은 목적과 목표를 설정하고, 이의 달성을 위한 실행계획(action plan)을 개발하도록 독려되었다.

MBO에서 구체적인 목표를 설정한다는 것은 활동 영역과 구체적인 성취수준을 밝히려는 것이다. 목표설정은 개인별 업적을 평가·환류시키는 기준이 될 뿐 아니라 개인별 및 조직단위별 활동을 조직 전반의 계획에 통합시킬 때의 기준이 된다. 특히, 목표관리는 조직 내부 구성원들의 관여와 참여를 통하여 조직목적을 달성하려는 시도와 모험이다. MBO는 목표와 관리 양자를 강조한다. 하나는 목적의 입장에서 결과를 명백히 하는 것이고, 다른 하나는 관리의 입장에서 결과를 명백히 하는 것이다(Drucker, 1976: 13－19). 목표는 그러한 목표를 달성하기 위한 업무나 활동을 조직화하기 위한 것이므로 조작적이어야 하며, 구체적인 성과로 전환될 수 있거나 구체적인 과업과 과업배분으로 전환될 수 있어야 한다. 예컨대, 목표가 '법과

3) 드러커(Peater F. Drucker)는 1954년 기업의 기획행태를 개선하는 데 역점을 두고 목표관리를 관리계획의 한 접근 방법으로 소개하였으며(Drucker, 1954), 맥그리거(Douglas McGregor)는 업적평가의 한 기법으로 논의를 전개하였다(McGregor, 1957: 89－94).

질서유지' 혹은 '건강관리'라고 말하는 것은 조작적으로 의미 있는 진술은 아니다. 이러한 진술로부터는 필요한 과업과 관련하여 어떠한 것도 연역해낼 수 없기 때문이다. '법과 질서유지'라는 애매한 용어를 조작할 경우 가능한 목표들로는 범죄예방, 선량한 시민의 보호, 길거리나 주거지의 안전, 경찰 내의 부패근절 등 다양하다.

따라서 이러한 목표들 간의 우선순위 또는 무엇을 기각할 것인가를 고려한 결과가 있어야 하며, 다음으로 구체적인 목표, 구체적인 대상 및 시간표와 구체적인 전략이 있어야 한다. 즉, 목표실행을 위한 자원의 명백한 정의와 배분이 있어야 한다. 그리고 성과를 어떻게 측정하고 판단해야 할 것인가에 대한 사고와 분석의 명백한 결과가 나와야 한다. 측정 결과로부터 목표나 역할 및 우선순위, 자원배분에서의 지속적인 수정이 가능한 체계적 피드백이 행정과정에서 이루어져야 한다.

2) 내부관리 수단으로서의 MBO

MBO는 관리자나 조직단위들로 하여금 보다 강력한 업무성과 수행을 동기화시키려는 의도를 내포하고 있다(Rodgers & Hunter, 1992: 27-39). 달리 말하면 관리자의 노력을 조직 전반의 목적들과 우선순위들에 맞추면서 개인의 노력에 대한 스스로의 통제를 고무하도록 설계되는 기획 및 통제체제이다(Poister & Streib, 1995: 48-56). 조직의 목표달성에 개인의 자발성을 강조하고 이를 바람직한 것으로 본다. 이는 개인이 자율통제를 가짐으로써 개인으로 하여금 올바른 기여를 하도록 알게 하는 것이며, 외부로부터의 칭찬이나 통제보다는 스스로를 평가하도록 하는 것이다.

목표관리의 기본적인 패턴은 목표설정, 자원배분, 의사결정의 자율성, 환류 및 보상 등 다섯 가지의 부분 프로그램으로 구성된다(Ordiorne, 1976: 28). 목표설정은 개개 관리자가 자신의 상관과 함께 예상된 결과에 대해 합의하고 목표 진술을 하는 것이고, 달성할 과업에 예산을 배정하며, 개별 관리자들은 자신의 책임이나 활동영역에 영향을 미치는 의사결정을 자율적하고 그 결과를 환류하여 목표의 재평가나 재기획에 활용한다. 그리고 성과에 따라 보상한다.

따라서 MBO는 관리체제로서보다는 관리기술로서 간주되어야 한다는 것이다(Sherwood & William, 1976: 6).

3) 목표설정과 전략탐색으로서의 MBO

목표관리는 전술한 것처럼 내부관리의 수단으로만 다루기보다는 지방정부 관리활동의 주요 영역의 하나인 목표설정과 전략의 탐색에도 활용될 수 있다. 공공부문의 관리 강화를 위한 기법들을 활용하려는 노력들은 의사결정과정이나 본질을 단순하게 보고 모든 목적은 계량화할 수 있다는 가정이 함축되어 있다. 이러한 노력들의 특징은 공공관리를 예술(art)의 범주에서 과학(science)의 영역으로 옮기려는 시도들과 밀접히 연관된다.

그러나 민주주의 정부과정은 본질적으로 다양하고 복잡하기에, 모든 정부 의사결정과정은 순수한 관리과정이기보다는 정치적 과정이라고 인식할 필요가 있다. 민주사회 대부분의 의사결정은 갈등을 피하기 위해 합의를 통해 이루어진다. 합의에 의한 결정은 모든 사람들에게 포괄적이거나 모호한 내용을 담지 않을 수 없다. 명백한 목표 진술은 현실적으로 예외적인 경우가 많다. 따라서 이러한 과정에서 효율성과 효과성이 중요한 고려사항이지만 유일한 것은 아니다. 문제에 대한 관심을 나타내고 여기에 예산배정을 약속하는 것 자체가 사회 안정 유지에 기여하는 목적으로 간주될 수 있기 때문이다. 이러한 상황에서는 의사결정과정이 아무리 세련된 분석이라도 의사결정자들에게는 환영받지 못한다(Harry, 1976: 40).

따라서 지방정부가 당면한 문제들에 대해 서로 다른 관점들을 합의에 도달하도록 하는 참여방법으로서, 그리고 지방정부 목표달성에 개인의 노력을 지향하게 하기 위한 전략탐색으로서 목표관리 접근방법이 유용할 수 있다.

4) 목표관리의 효용과 한계

목표관리는 직무수행과 활동을 조직의 목표성취에 지향시키고, 조직참여자의 사기와 직무만족을 제고함으로써 조직의 효율성을 높일 수 있다. 목표관리는 또한 분권화와 참여관리를 조장하기 때문에 집권적 구조와 권위적 행태라는 부정적 속성을 지닌 관료제의 폐해를 개선할 수 있다.

그러나 공공부문에서의 MBO 활용에 대해서는 상반된 관점들이 있다. 즉, 한편에서는 지난 20여 년 동안 상당한 영향력을 행사해 온 전통적 관리도구로서 효과적인 공공관리의 토대로서 간주되기도 하지만, 다른 한편 오늘날의 관리사상이나 실제와는 맞지 않는 낡은 것으로 간주되기도 한다. MBO 운용의 문제점으로, 우선 목표와 성과를 측정하는 일이 용이하지 않으며, 계량화된 목표에 치중하다 보면 질보다는 양을 중시하는 경향을 조장하게 된다는 것이다. 또한 MBO를 도입·운용하는 데는 많은 시간과 과중한 서류작업을 수반하여 목표관리 도입의 열정을 식게 한다는 것이다. 특히, 이윤지향의 민간기업보다 봉사지향의 정부부문에 도입하는 경우 어려움은 가중된다는 것이다.

또한 공공부문에서 효과적이지 못한 이유로는 고위 임명직 공무원의 짧은 임기, 공공사업의 분산된 목표구조, 실적을 개인 활동으로 전환하기 어렵다는 점들이 지적되고 있다.

5) MBO의 효과적인 실행을 위한 조건

MBO가 적절히 활용되기 위해서는 행정통제나 효율성 및 생산성에서의 단순한 혜택 이상의 가치변화를 반영해야 한다. MBO가 함축하는 것은 권한과 권력을 지속적으로 계층제상의 하위수준으로 위임하는 것이다. 다시 말하면 계층제라는 사회적 질서에 근본적인 변화가 있어야 한다는 것이다. 전통적 계층제적 가치를 강조하기보다는 자율관리에 대한 강조가 있어야 하고 행태문제나 가치에 더 많은 관심이 주어져야 한다는 것이다. MBO는 전통적 관료제의 질서와 가치를 깨는 효과적인 수단이 될 수 있으며, 전통적 관료제와 점차 복잡해지는 사회적 혼란과 행태적 문제를 다루어야 하는 새로운 조직 모델 사이의 과도적인 것으로 기여할 수 있다는 것이다(Jong, 1976: 3).

MBO의 효과적인 실행을 위해서는 다음과 같은 조직요소 또는 조직역량이 있어야 한다.

(1) 자율관리와 분권화

자율관리는 자기통제와 팀 관리라는 두 가지 기본적인 요소를 내포한다. 전자는 개인에게 더 많은 책임과 책무를 부여함으로써 개인의 자율통제를 조장한다. 엄격한 통제나 감독은 최소화하고 자신의 업무성과에 대한 자기평가가 강조된다. 후자는 목적이란 조직구성원들의 협동적 노력에 의해서만이 달성될 수 있다는 전제다. 그리고 이러한 팀 관리는 조직구조나 기능의 분권화로 분권은 권한이나 권력의 집중을 줄이고 조직구조의 하위수준에 더 많은 책임과 자율을 허용하는 것이다. 이를 위해서 조직은 조직 내 책임과 개인의 목표를 재정의해야 한다.

(2) 총괄관리

목표관리는 모든 수준의 구성원들의 참여를 통한 조직목적들을 통합하기 위해 설계된 총괄관리로 목적을 달성하기 위해 조직의 주요 기능들을 통합하려고 한다. 즉, 통합과정은 예산과정, 인력배치, 기획 및 훈련과 개발, 조사활동이나 사업평가 기타 기능들 간의 체계적인 연계를 요구하고 있다.

(3) 의사소통과 환류과정

목표설정은 물론 목표실행에 개인과 조직하위 단위 간의 지속적인 환류와 의사소통과정이 이루어져야 하고, 목표달성과 관련한 고객이나 이익집단으로부터의 투입인 많은 피드백이 있어야 한다.

(4) 조직발전과 변화

목표관리의 성공을 위해서는 많은 인과적 변수들이 있다. 예컨대, 의미있는 목표설정을 할 수 있는 관리자의 능력, 융통성있는 조직구조, 유동적인 역할, 개인적 동기화, 자기평가, 감독훈련 등의 지속적인 발전을 위한 조직발전의 방법이나 기법들이 개발되어야 한다.

(5) 지속적인 연구

고객이나 환경의 요구와 관련한 의미있는 목표를 개발하기 위해서, 조직은 지속적인 연구와 조사활동을 하여 다양한 요구의 우선순위를 설정해야 한다. 연구활동에서 얻은 정보들은 현존 정책의 수정이나 미래활동을 위한 전략을 개발하는 데 기여한다.

(6) 최고관리자의 지지

목표관리체제를 주도하는 선결조건과 힘은 최고관리자의 지지가 전제된다. 최고관리자의 지지는 새로운 관리에 필요한 훈련 재원의 지원이나 위기관리에 헌신하는 일 등이 포함된다. 그리고 목표설정에 구성원들이 공개적으로 참여하도록 하는 적절한 조직분위기를 창출하는 일 등이다.

요컨대, 목표관리는 조직이 보다 인간적이고 통합된 체제를 지향할 때 성공할 가능성이 높다는 것이다. 전통적 관료적 가치가 만연하거나 적절한 훈련 프로그램이 동반되지 않을 경우 실패할 가능성이 높다는 것이다.

제 11 장 인적자원관리

공공부문이든 민간부문이든 모든 조직에서 가장 중요한 자산은 그 조직을 위해 일하는 사람들이며, 이들에 대한 효과적인 관리가 모든 관리자의 중심적 기능이고 관리의 핵심이다(Fowler, 1988: vi). 지방정부 발달 초기에는 도로, 상·하수도 등 자본재와 사회간접자본에 대한 지출이 중요한 비중을 차지하고 있었지만, 이제는 지방정부 전체 지출 중 큰 비중을 차지하고 있는 것이 직원들에 대한 인건비로서 대부분의 지방정부도 인적관리를 관리진의 중요한 책임이라고 간주하고 있다. 이는 지방정부가 제공하는 공공서비스의 가치와 질이 결국은 지방정부에서 근무하는 사람들에 달려 있기 때문이다.

따라서 효과적이고 효율적인 인적자원관리를 통해 자질있는 구성원들을 충원하고 이들의 역량을 개발하여 프로그램을 운용하기 위해 이들의 업무성취에 대한 체계적인 평가와 보상 메커니즘을 보장하는 지방정부 인적자원관리 체계가 운영되어야 한다.

제 1 절 변화하는 인사관리 환경

1 일선공무원들에게 권한위임

지방정부가 인적관리에 보다 초점을 두어야 하는 이유는 직원 개발과 훈련에 대한 투자나 지원이 결국 조직발전에 상당한 기여를 한다는 입증에도 불구하고, 현실적으로 인적관리를 소홀히 하고 유능한 인력을 보유하거나 훈련시키는 책임을 소홀히 하고 있기 때문이다. 특히, 급격히 변화하고 있는 환경에서 지방정부는 단순히 구조개혁이나 책임범위의 조정, 조직차원에서의 절차와 실행방법의 개선만으로는 충분하지 않다. 지방정부에 부여되는 환경적 요구는 일종의 의사결정 위임이고 조직 전반에 걸쳐 보다 광범위하게 책임을 공유하게 하는 그래서 조직 일선에 있는 직원들에게 서비스 공급이나 의사결정에 더 많은 책임을 맡기는 형태가 요구되고 있다. 이는 사회변화가 개인들에게 더 많은 선택권이 부여되기를 기대하고 있고 실제로 그러한 선택을 확대해 가고 있기 때문에 지방정부도 이러한 변화에 부응하도록 기대되기 때문이다.

따라서 지방정부 공무원들이 개별적 상황에 보다 적극적으로 대응할 수 있는 능력과 의지 및 이를 조장하는 환경이 되어야 한다. 경쟁적인 환경에 잘 대응하고 일반 시민들을 위해 보다 높은 수준의 서비스를 제공하기 위해 조직 내 직원들을 준비시키는 노력이 선행되어야 할 때이다.

2 관리자의 재량권 부여

지방정부에서의 인적자원관리가 중요하다고 강조하면서도 지방정부 관리자들에게 이러한 책임이 부여되지 않는 경우가 많다. 대체로 인적관리는 임명, 해고, 일상적 감독, 능력개발과 동기화, 평가 및 보상 등 다양한 측면으로 구성되는데, 임명은 인사위원회에 의해 이루어진다. 관리자가 인사위원회 구성원일 수도 있고 그렇지 않은 경우도 있으나 대개는 결정권이나 비토권(veto權)이 없다. 해고는 계선관리자의 책임이지만, 피고용인에게 부여된 법적 보호망 이외에도 대부분의 지방정부에는 내・외부 상소절차가 있어 해고 결정이 재고되거나 기각 또는 수정되고 있다. 직원을 동기화하고 고무시키는 일은 관리자 개인의 능력이지만 지방정부 피고용인 집단에 대한 보상패턴을 변화시킬 수 있는 의사결정을 할 수 없고, 조직 상층부에서 이루어지는 의사결정은 일관성 유지에 관심이 있기 때문에 현상을 타파하려는 어떤 조치나 행동은 제약받기 쉽다.

공적으로 책임을 지고 민주적으로 통제된 조직에서는 개인의 자의적이고 일관되지 못한 행태를 막는 제한이 필요하다. 그럼에도 지방정부에서 흔히 발견되는 이러한 제약조건들이 관리자 중심의 효과적인 인적관리를 저해하는 환경을 만들고 있다. 따라서 관리자들에게 인적자원관리에 관한 재량권이 부여될 수 있어야 한다.

3 지방정부에 인사권 분화

영국 지방정부의 경우, 전통적인 인사관리는 채용이나 승급에서 고도로 집중화된 통제와 세부적인 규칙을 통해 시행되고, 지방정부의 사정에 맞는 적절한 형태의 충원은 고려하지 않고 있었다. 뿐만 아니라 임금과 봉급결정 및 서비스 조건 등도 중앙정부에 집중화되었으며 개별 지방당국은 고용책임의 상당부분을 중앙정부에 의존해 왔다. 그러나 1980년대와 1990년대 초 영국의 지방정부 인사관리를 중앙정부로부터 지방정부에 위임하는 변화를 가져왔다. 지방정부가 자체 임금계약을 선호하게 되고, 일부 지방정부에서는 일상적인 인사기능들을 해당 부서에 위임하는 정책을 채택하기도 하였다.

우리나라의 경우, 부단체장의 정수와 직급을 대통령령 사항으로 규정하고 있으며(지방자치법 제101조 제1항, 제2항, 제4항), 시・도의 부시장・부지사와 5급 이상 국가공무원을 행정안전부 장관 또는 소속 장관을 경유하여 대통령이 임명(법 제101조 제3항, 제105조 제5항)하고, 6급 이하의 국가공무원을 소속 장관이 임명하고 있다(법 제103조 제5항). 이와 같이 지방정부의 공무원 직급결정, 정원책정 및 공무원에 대한 인사권이 중앙정부에 집권화되어 있어 지방정부 형편에 맞는 인사관리를 어렵게 하고 있다.

4 민간부문의 관리기법과 경영철학 수용

1980년대 중반 호주, 뉴질랜드, 영국 등이 행정개혁을 시작하면서 민간과 공공부문 간의 경쟁을 촉발시켰고, 공공부문에 민간부문의 관리기법이나 경영철학이 수용되어 1990년대 이후 관리 패러다임이 변화하게 되었다. 즉, 이들 나라에서 행정개혁이 본격화되면서 민간기업에서 요구되는 자격요건이나 역량들을 공공부문에 활용하는 접근방법들이 강조되고 있다(Morphet, 1993: 167).

이하에서는 자질 있는 구성원들의 충원과 이들의 역량 개발 기회 부여와 프로그램 운용, 그리고 이들의 지식과 경험을 통한 훌륭한 업무성취를 유도하고 체계적인 평가와 적절한 보상 메커니즘이 보장될 수 있는 지방정부 인적자원관리 체계 운영을 살펴보기로 한다.

제 2 절 인적자원관리 체계

인적자원관리 체계는 임명, 해고, 능력개발과 동기화, 평가 및 보상 등 일련의 체계적인 활동들로 구성된다.

1 충 원

지방정부 인적자원관리 체계의 조직과 운영에 현저한 영향을 미치고 있는 것은 실적주의이다. 19세기 및 20세기 초 미국 정치는 선출직을 놓고 활발히 경쟁하는 정치적 메커니즘이 특징이었다. 선거에서 이기기 위해 이러한 기제들은 정부 일자리를 정당의 평당원들에게 보상을 해주는 정당임명 체제였다. 이러한 엽관제는 광범위한 부패를 초래하고 부적격의 공무원을 임용하기도 하였다. 이에 정부를 개혁하려는 민중운동은 지방에서 시작하여 상부로 확산되었고, 이들 개혁의 목적은 능력을 토대로 임명되는 비당파적 경력 공무원제의 창출이었으며 이것이 실적주의 인사관리이다(Sylvia, 1997: 191-212).

실적주의 인적자원관리는 전문성에 근거하여 충원하고 전문적인 틀이나 계통을 통해 인재를 개발하고자 한 것이다. 즉, 정치적 고려나 정당관계를 배제한 실적주위 선발 체계는 후보자의 교육, 경력 및 자격 등을 검토하여 해당 지위에 최적의 인재를 발견하려는 것이다.

그러나 이러한 실적주의 체계도 비판을 받고 있다. 채용공고, 응시자집합 시험실시, 후보자 리스트 등 폐쇄적인 임용시스템을 벗어나 개방형 채용체계로의 전환이 요구되고 있다. 즉, 학력 및 필기시험 위주의 폐쇄적인 후보자 리스트 대신에 과업 또는 역량 중심의 유연한 인사 행정체제로 바뀌어야 하고, 계약제 임용 방식, 역량을 수시로 평가하여 인사명부에 새롭게 올리는 공개적이고 지속적인 리스트제도의 활용이나 인턴십제도 활용 등이 요구되고 있다(Pierson, 1992: 16-20).

2 역량평가

1) 역량평가(competency assessment)의 의의

인적자원관리와 관련해서 역량의 개념은 주로 조직 및 산업심리학 분야에서 발전해 온 개인수준의 역량이며, Hay-Mcber사를 창립한 맥클레랜드(D. C. MaClelland)가 구체적인 역량 중심의 평가모델을 제시한 이후 조직효과성을 높이는 방안 중의 하나로 핵심역량과 역량평가기법 등이 지속적으로 개발·발전되어 오고 있다(MaClelland, 1973: 1-14).

우리 정부도 고위공무원단제도의 도입과 함께 고위공무원단의 선발을 위한 평가방법으로 다양한 역량에 의한 평가기법들을 적용하고 있으며, 이는 앞으로 역량중심의 인사체제 구현을 위한 출발점이 될 것으로 보인다. 역량에 대한 정의는 다양하나 대체로 "개인이 수행하는 업무의 주요 부분들에 영향을 주고, 업무성과와 관련성이 높고, 조직에서 널리 받아들여지는 성과기준에 대비하여 측정할 수 있으며, 교육훈련과 개발을 통하여 개선될 수 있는 지식과 기술, 태도의 집합체"(권용수, 2001: 8)로서 직무를 효율적으로 수행케 하거나 직무성과를 향상시키는 개인의 특성들이라고 할 수 있다. 역량평가는 개인이 조직과 관련하여 우수한 성과를 올리기 위해 행동으로 발휘되는 능력을 평가하는 것으로 실제 직무와 유사한 상황을 제시하고 피평가자가 맡은 역할을 수행하는 과정에서 나타나는 행태와 경험적 사실을 바탕으로 평가자와 피평가자의 직무역량을 측정하는 방법이다(하미승 외, 2007: 42-43). 이러한 역량평가는 인적자원의 선발, 교육훈련 및 업무성과 평가와 승진 등에 활용될 수 있다. 인적자원의 적성과 능력을 개발·육성하고 이를 정확하게 파악하기 위해서는 평가센터를 운영할 필요가 있다.

2) 평가센터

평가센터는 기관이나 연구소 같은 개념보다는 평가절차나 체제와 같은 과정 내지는 프로그램에 가까운 개념으로서 성공적인 운영을 위해서는 평가도구와 평가인력 확보 등과 같은 평가센터체제 확립이 우선된다. 평가센터 운영은 ① 인성검사·다면평가·개인발전계획서 등과 같은 구조화된 검사도구, ② 직무상황에서 조직이 필요로 하는 행동특성을 발휘하게 하는 사례분석(STAR 인터뷰기법[1] 등)이 이루어지는 사전 프로그램(pre-program), ③ 비구조화된 검사도구를 활용하여 가상직무상황을 설정하고 피평가자의 대응을 분석하여 리더로서의 잠재성을 평가하는 모의프로그램(simulation program), ④ 피평가자 면담을 통해 개인의 역량을 분석하여 리더로서의 장·단점을 파악하고, 개인발전계획을 수립·지원하는 사후 프로그램(follow-up program) 과정으로 진행된다(하미송 외, 2007: 44). 이러한 평가도구와 이를 원활히 수행할 수 있는 평가인력의 확보가 이루어져야 평가센터 체제가 확립되었다고 볼 수 있다.

3) 지방정부 공무원의 역량

지방정부 공무원들의 역량은 지방정부의 필요에 따라 또는 지방정부가 추구하는 분야에 따라, 그리고 직급기준에 따라 요구되는 자질이 달라질 수 있다. 따라서 여기서는 지방정부 공무원들에게 공통적으로 요구되어지는 일반적인 역량을 제시하여 지방정부 공무원들이 보유해야 할 필요역량들에 관한 기대수준을 설정해 보

1) STAR 인터뷰 기법은 Situation, Task, Action, Result 네 단어의 앞 글자를 딴 것으로, 면접 시 대답할 때 먼저 상황을 설명하고, 그 상황에서 내가 맡았던 임무를 이야기하고, 그 임무를 수행하기 위해 내가 취한 행동을 말하며 그 행동의 결과를 순서대로 말하는 규칙으로, 이런 식으로 면접관의 질문에 대답을 한다면 상당히 논리적이고 체계적인 인상을 줄 수 있다.

기로 한다.

미국 인사관리처가 제시한 관리자의 역할과 능력은 크게 다섯 가지로 들고 있다. 즉, ① 변화를 이끌어가야 한다(Leading Change). 즉, 조직의 비전을 개발하고 수행할 수 있는 능력이 있어야 한다고 하고, 이를 위한 자격요건으로는 비전, 전략적 사고, 외부현상에 대한 인식, 창의 및 혁신성, 탄력과 유연성, 지속적 학습, 봉사동기 등을 들고 있다. ② 사람을 이끌어가야 한다(Leading People). 관리자는 부하직원들의 잠재력을 파악하여 이를 개발시키는 안목과 능력이 있어야 하며, 부하 직원들이 조직의 규범에 맞게 행동하도록 높은 윤리기준을 적용해야 한다. 이를 위한 자격요건으로는 갈등관리, 팀 형성, 다양성 인정, 단결성 및 정직성 등을 들고 있다. ③ 관리자는 결과지향적이어야 한다(Result Driven). 관리자들은 조직원들이 제공하는 서비스의 결과에 대한 책임을 지고 서비스 향상을 위해 끊임없이 노력하도록 관리해야 한다. 이를 위한 자격요건으로는 기업가적 정신, 고객지향적 서비스, 문제해결 능력, 과단성, 권한위임, 몰입, 그리고 책임성 등을 들고 있다. ④ 사업가적 안목을 가져야 한다(Business Acumen). 관리자는 인적, 물적, 재정적 및 정보 자원을 획득하고 관리할 수 있는 능력과 신속하고 정확한 결정을 내릴 수 있는 관리기술을 사용할 수 있어야 한다. 이를 위한 자격요건으로 재정관리, 인력자원관리, 기술관리 능력이 있어야 한다. ⑤ 관리자는 연대형성(Building Coalition) 및 의사소통 능력을 가지고 있어야 한다. 조직 내·외의 개인이나 집단으로부터 지지를 얻고 필요한 경우 협상도 할 수 있는 자세와 능력을 가져야 한다. 이를 위한 자격요건으로는 협상, 제휴, 인간관계능력, 정치적 재치, 의사소통 능력 등을 제시하고 있다.

우리나라 고위공무원단의 역량평가는 <표 11-1>과 같이 사고, 업무, 관계 세 부분으로 구분하여 제시하고 있는데, 지방정부 공무원들에게 요구되는 필요역량도 궁극적으로 이러한 분류기준에 따라 정리할 수 있으며, 이들 관리자들에게 요구되어지는 필요역량들과 큰 차이가 없을 것이다. 다만, 분야에 따라 특화된 능력이 필요한 경우도 있다. 예컨대, 투자나 마케팅 관련 분야에서는 투자발굴, 투자분석, 투자유치, 판매촉진, 상담기법, 고객관리 등의 능력개발이 요구된다 하겠다.

표 11-1 고위공무원단 역량평가

역량군	역량명	역량 정의
사고 (thinking)	문제인식	정보의 파악 및 분석을 통해 문제를 적시에 감지·확인하고 문제와 관련된 다양한 사안을 분석하여 문제의 핵심을 규명함
	전략적 사고	장기적인 비전과 목표를 설정하고 이를 실행하기 위한 대안의 우선순위를 명확히 하여 추진방안을 확정함
업무 (working)	성과지향	주어진 업무의 성과를 구대화하기 위한 다양한 방안을 구축하고 목표달성 과정에서도 효과성과 효율성을 추구함
	변화관리	환경 변화의 방향과 흐름을 이해하고 개인 및 조직이 변화상황에 적절하게 적응 및 대응하도록 조치함
관계 (relating)	고객만족	업무와 관련된 상대방을 고객으로 인식하고 고객이 원하는 바를 이해하고 그들의 요구를 충족시키려 노력함
	조정·통합	이해당사자들의 이해관계 및 갈등상황을 파악하고 균형적인 시각에서 판단하여 합리적 해결책을 제시함

자료: 행정안전부(2009: 11).

3 교육훈련 및 보직관리

지방정부의 인적자원관리는 일단 충원된 공무원의 능력개발과 지원체제를 갖추어야 한다. 조직 내부나 외부에서 공무원들의 실질적인 수요에 대응할 수 있는 수요자 중심의 교육훈련과 역량평가를 통한 맞춤형 교육훈련시스템 운용이 필요하다.

개인별 역량평가를 통해 능력을 개발시키고, 맞춤교육으로 교육훈련과 직무수행능력 간의 연계성을 제고하며, 개방형 학습 및 현장 체험 위주의 교육훈련으로 공무원들의 전문성 강화와 역량강화를 함께 이루어지도록 해야 한다(김주원, 2004: 12). 또한 공무원들이 어떤 분야의 전문가로 성장하기 위해서는 전문성을 중시하는 보직경로제로 보직관리를 해야 한다. 이러한 방안의 하나가 경력개발제도(career development program)인데, 이는 공무원 개개인의 희망과 전공·특기·적성 등을 분석하여 장래의 경력경로를 설정하고 이에 따른 보직관리와 교육훈련을 연계하여 전문성을 축적시켜 나가는 제도이다(이선우, 2012: 14).

지방정부 공무원들의 교육훈련 및 보직관리는 관리자 생애모델(전문가 → 전문

관리자→관리전문가→관리자)에 따라 적절히 이루어져야 한다. 대부분 전문적 배경을 가진 전문가(professional)로서 지방정부에 충원되면 이들은 직위가 요구하는 성격이나 자격조건에 따라 다르지만 해당 직위를 능력 있게 수행하고 중견지위로 승진하여 전문관리자(professional-manager)가 되고, 관리전문가(manager-professional)를 거쳐 관리자(manager)가 되도록 해야 한다(Gunn, 1992). 이러한 과정은 전문적 훈련뿐 아니라 상위 관리자가 될수록 관리적 기술이나 태도 개발이 요구되기 때문이다. 상위 관리자가 됨에 따라 이들은 자신들이 직접 책임을 지는 업무의 실제에서 멀어지고, 경험이나 능력보다는 직위의 권한을 통해 부하 직원들이 자신들의 요구나 지시에 순응하도록 하는 관리적 업무가 중심이 된다. 따라서 이들은 자신들의 지위를 때로는 상급자로서 아니면 조직목적에 공헌하는 자로서 정당화할 필요가 있으며, 현존의 절차와 체제를 지지하거나 창조하기도 해야 한다(Handy, 1988: 7). 이처럼 지방정부 상위 전략적 지위에 있는 관리자들은 전문성 중심에서 공공서비스 정향으로 변화되어야 한다는 것이다. 직무를 통제자로서 여기기보다는 조직을 새로운 방향으로 활기를 불어넣고 이끌어가야 한다(Stewart & Clarke, 1987: 161-177).

4 인사교류

공직사회의 긴장감을 불러일으키고 조직의 활력과 생산성을 향상시키기 위하여 연관성이 높은 다른 부서나 조직 간 인사교류를 활발히 할 필요가 있다. 인사교류를 통하여 자신의 적성을 살릴 수 있는 새로운 기회를 제공할 수 있기 때문이다. 인사교류는 지방정부 간 혹은 공공기관 간의 인사교류뿐만 아니라 유관기관, 산업계, 학계 간의 교류도 확대할 필요가 있으며, 이를 위해 직위공모제나 개방형 임용제도 등을 적극 활용할 필요가 있다. 직위공모제는 정부 내 인력을 효율적으로 활용하기 위하여 결원발생 시 정부 내 공개모집을 통하여 적격자를 임용하는 제도를 말한다.

개방형 임용제도는 전문성이 요구되거나 필요한 정책수립을 위해 공직 내·외에 공개모집하고 선발시험을 거쳐 적격자를 임용하는 제도를 말한다. 이러한 제도들은 우수 인재를 확보하고 인사 교류를 활성화하는 데 기여한다.

5 실적평가

실적평가는 혈연·학연·지연 중심의 인간관계적 관리에서 벗어나 실적과 성과를 실질적으로 평가하는 합리적인 평가방식이다. 공무원 개개인의 역할과 성과를 중시하고, 근무평정 결과를 공개하며, 그 결과를 전반적인 인사관리에 반영해야 한다. 실적평가는 전문 경력을 관리하여 전문행정가를 양성하는 데 중점을 두고, 성과관리를 위한 유인체계로 구성되어야 할 필요가 있다.

6 분류체계와 봉급 형평화

인적자원관리 체계의 토대는 지위와 보상의 객관화이다. 대부분의 지방정부들은 직위 내 계급이라고 불리는 체계를 활용한다. 이러한 체계는 상호연관된 직위의 관료적 구조를 명시하고 있다. 공무원의 보상은 직위에서 요구되는 의무와 책임, 지식 및 기술에 의해 결정되며 개별 공무원들은 이렇게 요구되는 기술을 소지해야 한다. 그러나 그 직위에서 요구하는 이상의 지식과 기술에는 보상을 받지 못하는 것이 현실이다.

따라서 어떤 직위와 관련된 의무, 책임, 지식 및 기술을 일련의 척도(단순에서 복잡한 것)로 평가하고 점수가 같은 직위는 동일한 봉급을 주는 점수요인 직무분류체계(point-factor job classification systems)를 도입할 필요도 있다. 일을 잘하는 공무원들에게 성과와 연계된 보수체계의 도입, 인센티브제나 포상·후생복지를 강화하여 동기부여가 될 수 있도록 해야 한다.

제 3 절 지방정부 인적자원관리 방향

1 실적주의 활용

바람직한 공무원 인사체계는 실적주의 준칙을 부패방지, 경쟁력 향상 및 공무원의 권리 보호를 위한 기제나 방법으로 활용하여야 한다. 능력의 유무도 중요하지만 그 능력을 활용하여 낸 성과가 인사관리에 반영되어야 한다. 그러나 이러한 준칙들이 수동적인 인사행정을 변호하거나 선의의 관리자들이 역동적인 채용을 하려는 것을 제한해서는 안 되며, 또한 이러한 준칙들이 관리자가 어떤 서비스를 내부에서 수행하기보다는 외부계약에 의해 수행하는 것을 막아서도 안 된다. 공무원에 관한 준칙들이 무능한 자나 부정직한 자를 위한 방패막이가 되서는 안 되기 때문이다(Wisniewski, 1992: 101－118). 지방정부 공무원들의 경쟁력 향상을 저해하는 정실주의 조직문화, 승진을 위한 줄서기, 불합리한 인사관리 등을 개선하여 공정하고 객관적인 평가관리체계의 확립이 필요하다.

2 관리자의 실천행동

제도적인 절차는 관리자들에게 많은 한계와 제약을 주고 있다. 그럼에도 불구하고 직원들을 관리하고 동기화하는 방법에 영향을 미칠 기회도 여전히 많다. 관리자들은 직원관계에 보다 친행동적 시각을 갖거나 사람을 보다 역동적으로 다루는 전략을 개발해야 할 것이다.

첫째, 효과적인 관리자는 직원들을 보다 잘 이해하기 위해 보다 많은 노력과 상상력을 동원해야 한다. 비공식적이고 인상적인 증거를 근거로 하기보다는 무엇이 이들을 동기화하고 이들이 갖고 있는 생애의 희망을 보다 명확하게 검토(공식적인 직원발전 조사를 통하여)해야 한다.

둘째, 효과적인 관리자는 직원들의 자기발전을 고무해야 한다. 좋은 관리자는 자신과 같은 관리자 업무를 하고 싶어하거나 더 낫게 할 수 있는 부하 직원을 두려워해서는 안 된다. 효과적인 관리자는 직원들의 능력과 자질을 억압하기보다는 그들이 무엇인가 할 수 있다고 믿게 하는 것이다.

셋째, 책임과 의무의 위임이 거의 기계적인 과정이어서 관리자들은 직원들로 하여금 효과적인 성과를 고무하거나 개발하도록 할 수 없다. 따라서 이러한 과정을 개선하려는 노력이 요구된다.

넷째, 좋은 관리자는 조직 내 활용 가능한 훈련과 개발의 기회를 적극적으로, 그리고 친행동적으로 활용한다.

이러한 직원발전 과정은 이들 직원들의 발전에 책임이 있는 관리자들에 의해 다르게 다루어질 수 있고 또 그래야 한다. 관리자는 개인이나 조직의 발전 필요에 대한 관점에서 직원들의 개발에 관한 명백한 선택을 해야 한다.

제 12 장 재정관리

지방정부 전략적 관리의 주요 초점은 조직자원을 가장 효과적으로 배치하는 것이며 조직자원관리의 핵심은 비용 및 재정관리이다. 비용분석이 이전 의사결정 결과에 초점을 두었다면, 전략적 관리에서의 재정관리는 자원배분에 관한 미래결정에서 부닥칠 위기와 불확실성을 조정할 수 있는 분석적 기법을 요구하고 있다.

재정관리는 단순히 자금의 회계 그 이상이어야 한다. 재정관리는 자원배분 결정과정에서 관련 당사자들의 가치를 반영하는 예산과정은 물론, 공익과 사업목적을 효율적이고 효과적으로 달성하도록 하는 지출과정에서의 균형적 시각이 요구된다.

예산은 조직의 현재 또는 가까운 장래 하고자 하거나 달성하고자 하는 것에 대한 가장 구체적이고 분명한 표현이며, 조직에서의 실제 우선순위를 나타내주는 지표이기도 하고 공개적인 목적과 목표 진술의 토대가 되는 실체이기도 하다(Kerley, 1994: 85).

또한 지출과정은 국가나 지방정부 행정의 실제를 들여다보는 거대한 창이기도 하다. 지방정부도 공적자금을 사용하고 이 자금의 대부분이 조세를 통해서 이루어지기 때문에 이들 자금의 지출에 대해서 책임을 져야 한다. 지방정부의 관리인들이 예산과 지출과정에 대해 이해하는 일이 무엇보다 중요한 이유이다.

따라서 이 장에서는 지방정부 재정관리의 특징과 최근의 변화 및 지방정부 관리자들이 왜 재정문제에 더 많은 책임을 져야 하는지, 그러기 위해서는 무엇을 알아야 하고 어떠한 기술을 개발해야 하는지를 살펴본다.

제 1 절 지방정부 재정관리 특성과 변화

1 재정관리 변화의 특성

1) 재정관리에 대한 이해와 관리기술 발전의 필요성

지방정부 재정관리에 대한 중앙통제와 지방정부 내 의사결정의 집중화로 재정관리 기술의 발전이 저해되고 있다. 국가적 차원에서 지방정부 지출을 제약하려는 다양한 시도들과 지방정부에 대한 재정지원의 복잡성이 매우 복잡한 재정체제를 가져와 지방재정을 이해하는 데 혼란을 가중시켜왔으며, 또한 개별 지방정부 차원에서도 예산결정과정이 매우 제한된 소수에 의해 결정되어 왔다. 이와 같은 지방정부 재정에서의 중앙통제의 오랜 전통과 개별 지방정부 내에서 집중화된 의사결정 등으로 재정문제는 자신들의 소관사항이 아니라고 하는 인식이 팽배해 있고, 자신들은 몇 사람의 중심적 관료의 하수인으로서 재정문제에 관심을 가질 필요를 없다는 것이다. 이로 인하여 지방정부 재정에 대한 이해와 관리자에게 부여된 재정책임을 효과적으로 다룰 관리기술의 발전을 저해하고 있다.

그러나 이러한 관례는 변하고 있다. 부서 관리인이나 서비스 관리인들이 조직 내 자신들의 기능이나 활동과 관련한 재정에 더 많은 관심과 관리를 시도해야 한다는 것이다. 이러한 변화요구는 관리자가 업무를 효과적으로 수행하고 책임을 지기 위해서는 조직자원에 대한 영향이나 통제에서 소외되어서는 안 된다는 전제이다. 인적자원관리에 대한 책임뿐 아니라 관리자들은 자기 소관의 서비스나 직무에 소요되는 재정을 이해하고 파악해야 한다.

따라서 지방정부에서는 비재정관리인을 위한 재정관리 이해와 같은 연수프로그램을 개발·활용할 필요가 증가하고 있다(Kerley, 1994: 88).

2) 재정회계에서 관리회계로의 변화

지방정부 재정관리는 회계연도의 예산편성과 승인 및 회기 중간에 예산수정(추가경정예산) 등이 중심이 된 재정회계(financial accounting)에 강조를 두고 있다. 이러한 재정운영 관리는 중간·실무관리자들로 하여금 자원의 효율적 사용보다는, 재정관리자들의 집중통제를 우선하는 데 초점이 맞추어지고 배정된 예산과의 일치 및 연도 회계보고와 진술서 작성에 많은 노력과 자원들을 소비하게 한다. 지방정부 중심부에 있는 사람들은 중앙정부지침 준수와 요금인상, 부담금 및 세금 증가를 가급적 낮추려는 데 관심을 갖고 있으며, 여러 가지 방안을 제안하려는 서비스 관리 책임자들을 통제하려 한다. 이는 서비스 관리자들을 신뢰하지 않으려는 것과 관리정보체제가 형편없기 때문에 중앙정부 또는 지방정부 중심부의 결정에 순응을 보장하는 유일한 방법으로 지출을 삭감하는 것이기 때문이다. 그러나 최근에는 예산운용의 효과성과 화폐가치에 부응하는 업무의 효율적 수행에 관심을 두고 있는 관리회계(management accounting)가 강조되고 있다. 관리회계는 본질적으로 관리목적을 위한 정보 제공과 그 활용에 관심을 가지는데 이것은 정책, 장·단기 기획을 개발하고, 조직활동을 통제하며, 대안을 선택하고, 투자결정과 활동을 평가하는 데 도움을 주고자 하는데 초점을 둔다(Kerley, 1994: 89). 즉, 관리회계는 재정자료에 대한 설명을 제공하여, 현재 및 미래 활동의 기획과 통제, 그리고 정책과 의사결정 형성에 도움을 준다. 기획 및 예산과정의 미래성과를 재정적으로 추계하고 이어서 이들 추계와 관련 실제 성과(성과평가와 통제)를 분석하기 위한 것이다. 관리회계는 주로 관리기획, 비용결정, 비용통제, 그리고 성과평가 등의 기능에 관심을 둔다(Steiss, 2003: 303). 이러한 관리회계는 비교적 정확하고 신뢰할 만한 비용예측을 중요시한다. 비용추정은 종속변수(비용)와 독립변수(관련 활동) 간 예측가능한 관계를 발견하려는 노력으로 회귀분석방법 등이 활용된다.

이처럼 대부분의 지방정부에서 자원관리의 책임이 분권화되어감에 따라 이러한 통제 중심의 재정회계가 쇠퇴해 가고 있으며, 재정부서와 서비스 부서 관리자들 간에 지방정부 내 변화된 환경에 맞는 새로운 업무관계 형성이 요구되고 있다.

관리회계보고서는 재정자료를 포함하지만 비화폐적 정보 예컨대, 고용인 수, 작업시간, 사용된 재료의 양 등도 포함하여 프로그램 관리자에게 자원배분과 프로그램 가능성에 관한 의사결정을 도와주는 정보를 제공하기 때문이다.

3) 융통성과 재량적 관리

지방정부 예산과정은 예산 편성과 조정, 그리고 의회에 대한 예산안 제안과 결정에 이르는 의사결정과정으로 비록 소규모 정부에서 조차 복잡하고 긴 과정이다. 지방정부 예산결정은 의회 전체회의에서 결정되지만 실제 예산결정과정은 소수 핵심 인물에 의해 결정된다. 일반적으로 예산결산위원회 위원장과 지방자치단체장 간의 협의가 포함되고 그와 함께 주요 간부들 간의 논의와 의원들과 관리자들이 다양한 공식 또는 비공식적 조정과정을 거치게 된다. 집행부가 서비스를 확충하고 그로 인해 더 많은 자금을 사용하려는 요구는 지방정부의 세금과 지출을 제한하려는 압력과 조정을 거치는 과정에서 집행부의 제안들이 제외되는 경우가 적지 않다. 대체로 전년도 배정 준거에 의해 조정되는 경우가 적지 않다. 그 결과 어느 부서나 개별 단위의 예산은 관리자가 재량적으로 활용할 여지를 주지 않는다. 자금을 실제로 어떻게 쓸 것인가의 재량권은 없고 규정된 제약 내에서 쓰게 함으로써 책임관리를 배양할 토양을 형성하지 못하게 한다.

따라서 관리자들이 자신들의 일을 보다 효과적으로 수행하고 더 많은 책임을 갖게 하기 위해서, 지방정부는 이들 관리자들이 무엇을 알아야 하고, 이들이 필요로 하는 기술은 무엇이고, 이들이 어떠한 권한을 가져야 하는가에 관심을 기울여야 한다. 예산부서는 예산과정을 구조화하거나 배정함으로써, 또는 회계상의 통제를 통해 사업부서의 관리를 통제할 수 있다. 그러나 오늘날과 같은 역동적인 환경 하에서는 이러한 통제체제가 심각한 도전을 받고 있는 것도 사실이다. 그리하여 직접적인 서비스 부서의 예산을 미시적으로 관리하기보다는 전반적인 예산검토 역할을 해야 한다. 지방정부 향후 재정전략의 방향은 보다 대응적인 서비스 전달체계의 수요를 충족시키도록 재정 통제를 재설계할 필요가 있다. 예산부서가 자금에 대한 수문장으로서의 역할보다는, 사업부서 수장에 대한 조언적 역할로 바뀌어야 한다. 이를 위해서 사업관리자들도 보다 나은 정책분석가 및 재정관리자가 되어야 한다. 사업관리자들은 미시적인 사업옹호자의 역할을 차치하고 조직 전반에 대한 공유된 비전을 가져야 한다. 전략기획을 통해 재정관리자와 사업관리자 간 협력을 공유할 수 있게 해주어야 한다(Keating & Jablonsky, 1990).

4) 부서 중심의 예산배정보다는 작업과정(work process) 중심으로

전통적인 예산배정은 부서단위 중심으로 이루어지고 있는데, 이제는 예산을 이루어질 작업을 중심으로 배정한다. 여기서 작업은 결과로서 정해진 산물이나 서비스를 생산하는 과정이다. 작업이 부서의 경계를 넘을 때 비용은 여러 단위에 배정한다. 이를 통해 폐쇄적 부서주의를 넘어 지방정부 공동의 과업을 위해 협동적인 관리문화를 조성할 수 있다.

5) 재정절약의 고취

정부예산은 이용하지 않으면 손해(use or lose)라는 말이 있다. 이는 부서나 사업에 대한 일년 단위의 자원배정에서 연유한다. 그 결과 사업관리자들은 다음 연도에 예산삭감을 우려하여 예산절약을 하려고 하지 않고 회계연도 말 이전에, 자금을 완전 소진하려고 한다. 따라서 예산절약을 유인하기 위해서 지방정부는 예산단위에게 불용액을 다음 회계연도로 이양해 줄 수 있는 제도를 만들어야 한다.

제 2 절 재정관리 주요 내용

지방정부 재정관리는 전통적으로 예산과 회계, 회계감사 및 성과측정 등과 같은 비용 및 재정회계에 초점을 두었으나, 보다 최근에는 현금관리, 부채관리, 재정추세에 관한 모니터링, 미래예측과 같은 종합적인 재정관리 개선에 우선순위를 두고 있다.

1 비용분석

관리자들은 현재 활동에 대한 충분한 지원과 새로운 전략이나 프로그램의 잠재적 비용을 마련해야 한다. 특히, 새로운 전략이나 프로그램 실행을 위한 적절한 재원을 확보하기 위해서는 현 조직의 재정소요를 분석하는 일이 중요하다. 비용분석의 기본적 접근방법은 새로운 전략이나 과정을 집행하기 위해 사용될 재량적 자원을 확인하기 위해, 현재의 조직자원의 원천과 흐름 및 사용 등을 먼저 고려해야 하고, 새로운 전략이나 과정에서 요구되는 재정소요와 잠재적 재원에 관한 미래지향적 시각을 마련해야 한다.

비용분석은 먼저 현재 재정자원이 어떻게 배분되고, 어디에서 재량적 재원을 마련할 수 있는지를 결정하는 현금유동성분석(cash flow analysis)을 해야 한다. 자금을 기준자금과 전략자금으로 분류하고, 전략자금은 전체 수입에서 기준자금을 뺌으로써 결정한다. 기준자금은 운영비, 운전자본, 현재의 설비 유지 등 조직의 현재 활동을 지원하는 데 활용하고, 전략자금은 조직의 전략적 목표를 충족하는 데 요구되는 자산, 시설, 연구·개발, 광고 등 새로운 사업에 투자된다. 전략자금은 일련의 우선순위에 따라 각 프로그램에 배정하고, 바람직한 결과를 달성할 수 있도록 자금 활용을 모니터할 관리통제시스템이 마련되어야 한다. 그리고 비용분석은 미래 비용에 소요될 요인들을 철저히 점검해야 한다. 제공할 서비스의 범위와 질, 이들 서비스를 전달하는 데 요구되는 활동량, 이들 활동수행에 필요한 과정, 방법 및 시설 등 조직의 목표달성을 위한 대안적 전략을 어떻게 선택하느냐에 따라 비용지출은 물론 인력고용, 물리적 재원소비 및 시간 등이 달라지기 때문이다. 그 외에도 정치, 경제 및 사회에서의 불확실성도 미래비용에 영향을 미치는 주요 요인임을 감안해야 한다. 비용분석에는 또한 화폐비용과 경제적 비용도 고려해야 한다. 화폐비용은 대체로 재정회계에 반영되는데 여기에는 연구개발비, 투자비, 운영비, 유지 및 대체비 등이 포함되며, 경제적 비용에는 기회비용, 연관비용(associated cost),[1] 사회적 비용[2] 등이 포함된다(Steiss, 2003: 189).

1) 활동기준 원가계산

활동기준 원가계산(activity-based costing)은 조직이 서비스나 재화를 생산할

---

1) 연관비용은 예를 들어, 서비스 시설은 활용할 경우 생기는 비용으로 공공레크레이션 시설 이용자가 지불해야 할 연관비용은 여행, 음식, 숙박비 등의 증가된 비용을 말한다. 이때 레크레이션 시설 접근을 개선하면, 이용자들의 비용은 절감되고 이들 연관비용의 절감은 개선된 접근에서 생기는 혜택으로 간주될 수 있다.

2) 사회적 비용은 어떤 사업이나 프로그램에 의해 손해를 본 사람들에게 보상해 주어야 할 보조금 등을 말한다.

때 관여한 활동들을 토대로 비용을 측정하는 방법이다. 업무활동 단위로 세분해서 각 업무활동 단위마다 소요 경비를 수치화하는 기법이다. 활동기준 원가계산은 최종 산출물인 제품이나 서비스가 만들어지는 활동 또는 업무를 추적하여 그 활동별로 원가를 계산한 다음, 활동을 유발시키는 요인 등도 포함하여, 원가동인(cost driver)[3]을 기준으로 제품이나 서비스의 원가를 계산하는 방식이다.

전통적인 원가계산 방식은 제품이나 서비스의 생산부문이나 수량을 근거로 대략 원가를 배분하는 방식이기 때문에 원가와 활동의 관계규명이 불명확해 정확한 원가산정과 원가낭비 요인을 파악하기 쉽지 않다는 단점을 가지고 있다. 즉, 전통적 회계기법인 조직단위 회계체계, 예산회계, 원가집계(cost counting) 등은 다음과 같은 단점이 있다. ① 조직단위 회계체계는 관료구조의 구성단위에 경비를 배정하는 방법인데 비용을 과정의 흐름이나, 활동 및 조직의 궁극적 산출에 적용되지 않는다. ② 예산회계는 총비용이 배정된 예산을 초과하지 않도록 하는데 관심을 두고 있기 때문에 생산성 제고나 비용절감보다는 각 단위에 배정된 자원을 완전히 사용하려는 데 주된 목적이 있다. 조직단위 회계체계처럼 산출과 관련된 비용에 관심이 없다. ③ 원가집계 방법은 재화나 서비스 등 최종 산출과 관련된 기능영역별 비용, 대체로 직접 노임, 직접재료비 및 간접비 등 주요 생산요인별로 비용을 추적한다. 이러한 전통적 비용회계 접근방법은 부서에서 수행한 활동의 결과에 초점을 두고 사전 할당요인에 의해 이루어진 것이 아니기 때문에 결함이 있다.

이에 비해 활동기준 원가계산은 비용분석의 초점을 어떤 자원이 사용되었는지를 확인하려는 전통적인 비용회계구조로부터 조직이 수행하는 활동으로 전환하려는 것이며, 조직활동들을 개별 원가동인으로 나누어 비용을 산출하려는 것이다. 활동기준 원가계산은 활동(자원소비)과 비용대상(예, 산물, 서비스, 고객, 시장) 간의 인과관계의 연계를 만들어 조직에서의 활동의 흐름을 추적하고 최종산물에 직접비용과 간접비용을 적절히 배분할 수 있다. 활동기준 원가계산의 기본적 전제는 관리자들이 비용의 근본원인에 초점을 둠으로써 낭비를 확인하고 근절하는 방법을 배울 수 있게 한다.

3) 원가동인은 단일 활동에서 비용을 발생하거나 비용 변화에 영향을 주는 요인 및 사건(event)으로, 반복 횟수, 노력의 양, 점유공간에서의 평방미터 등과 같은 요인과 봉급이나 임금 및 재료비와 같은 직접경비는 물론 주문처리, 디자인, 고용자 훈련, 특수전문성 활용, 제품 및 서비스 전달 등과 같은 활동들도 포함된다.

활동기준 원가계산의 예:

A회사가 두 개의 제품B, C를 생산하고 생산단위, 시장가격 및 생산비가 아래와 같다면, 제품C의 비용은 시장가격보다 높아 비경쟁적이므로 생산라인을 중지해야 한다.

<table>
<tr><th colspan="4">평 균</th></tr>
<tr><th></th><th>생산</th><th>시장가격($)</th><th>비용($)</th></tr>
<tr><td>제품B</td><td>200단위</td><td>125</td><td>110</td></tr>
<tr><td>제품C</td><td>800단위</td><td>18</td><td>20</td></tr>
</table>

그러나 이 경우, 활동기준 원가계산을 활용하여 분석하면 다른 결과, 즉 제품C가 경쟁적이다.

<table>
<tr><td><u>직접비용</u>
제품B 단위당 100$
제품C 단위당 10$</td><td><u>구매부서의 간접비</u>
년 업무량: 1,000 구입주문(서)
년 비용: 10,000$
제품B 단위당 요구되는 구입주문(서): 30
제품C 단위당 요구되는 구입주문(서): 5</td></tr>
<tr><td><u>비용배분표</u>
전통적 비용계산</td><td>총산출량 1,000단위/총간접비 10,000$ = 10$(산출단위당 비용)</td></tr>
<tr><td>활동기준 원가계산</td><td>활동비 10,000$/년 업무량 10,000 = 1$(활동단위당 비용)
산출단위당 총산출비:
제품B: 30×1$ = 30$
제품C: 5×1$ = 5$</td></tr>
<tr><td colspan="2"><u>단위산출당 총비용</u>
전통적 비용계산
제품B: 직접비 100$ + 간접비 10$ = 총비용 110$
제품C: 10$ + 10$ = 20$
활동기준 원가계산
제품B: 직접비 100$ + 간접비 30$ = 총비용 130$
총직접재료비 20,000$ + 총간접비 6,000$ = 총비용 26,000$/생산량 200 = 130$
제품C: 10$ + 5$ = 15$
총직접재료비 8,000$ + 총간접비 4,000$ = 총비용 12,000$/생산량 800 = 15$</td></tr>
</table>

이와 같이 간접비를 산출에 직접적으로 적용하는 전통적 방법은 진정한 비용을 과대 또는 과소로 계산할 수 있다. 그러나 활동기준 원가계산 방법은 복잡하고 간접비의 배분을 결정하는 데 시간과 노력이 요구되지만, 전통적 비용계산 방식의 임의적인 비용배분보다는 보다 공정한 배분방식일 수 있다.

2) 비용-편익분석

비용-편익분석을 적절히 산정하면 경제적으로 바람직한 선택에 필요한 자원을 배분하는 의사결정의 토대가 될 수 있다. 비용-편익분석은 프로그램이나 사업의 직·간접 비용과 유·무형의 편익에 관한 산정이 요구된다. 비용과 편익은 공통의 측정기준으로 대개 화폐단위로 전환한다.

비용-편익분석의 기본 구성요소는 ① 객관적 함수, ② 제약조건, ③ 외부성, ④ 시간 차원, ⑤ 위기와 불확실성으로 되어 있다. 객관적 함수는 각 대안과 관련된 비용과 편익을 가능한 한 화폐단위로 확인하여 양적 측정을 하는 것이고, 제약은 일정 제약조건 안에서 수용할 만한 해결을 찾는 것이다. 사업은 유익하거나 유해한 파급효과나 의도하지 않은 결과를 가져올 수 있기 때문에 외부성을 객관적 함수나 분석적 모델로 검증하고, 편익과 비용은 각기 다른 시간에서 발생하므로 동일 측정단위(할인율을 적용한 현재가치)로 계산하여야 한다. 또한 분석가들은 미래의 위기와 불확실성의 문제를 고려해야 한다.

비용-편익분석의 목표는 편익을 극대화하고 비용을 최소화하는 것이다. 비용-편익분석의 기준으로는 주어진 비용 하에서 편익을 극대화하는 선택과 일정수준의 편익을 달성하는 데 비용을 최소화하는 선택, 그리고 순편익(편익-비용)을 극대화하는 선택 기준이 있다. 편익-비용비는 편익의 현재가치를 비용의 현재가로 나눈 비율이며, 순편익은 그 차이를 측정한 것이다. 비용-편익분석 기법은 희소조직자원의 배분에 관한 모든 문제를 해결해주지 못하고 단지 여러 가지 전략적 목표 중 우선순위 설정 및 여러 대안 중 보다 유익한 대안을 선택하는 데 도움을 줄 수 있다.

3) 비용-효과성 분석

어떤 사업이나 프로그램의 효과성은 그것이 실행되었을 때 희망했던 목표를 달성하는 정도에 의해 평가될 수 있다. 목표는 여러 방법으로 달성될 수 있기 때문에 분석 작업은 이러한 대안들 중에 가장 효과적인 방법을 결정하는 것이다. 그리고 결정은 최소의 비용으로 원했던 성과수준을 낳거나 주어진 비용 하에서 극대화된 성과 수준을 달성하는 대안이 선호된다.

비용－효과성 분석은 처음에는 편익을 비용과 동일한 단위로 측정할 수 없는 상황에서 사용하였으나, 최근에는 합의된 목표를 지향하는 과정을 모니터하기 위해 프로그램 전략 평가나 효과성 측정 활용을 강조하고 있다. 비용－효과성 분석은 현재의 능력이나 현재 자원투입을 나타내는 기준선이 분석의 출발점이며, 목표는 추가적인 성과능력을 달성하기 위해 요구되는 추가적인 자원이 무엇인지를 결정해 주는 지침이다. 효과성 측정은 추가적인 비용증가의 투입으로 이루어진 산출의 증가(교육성과 측정에서의 상승비율, 실업률 감소비율 등)를 판단하는 데 활용된다.

비용－효과성 분석기법은 여러 전략의 상대적 가치를 비교하는 데 활용되며, 대체로 새로운 전략과 현재의 전략·실제와 비교된다. 현재의 전략·실제를 새로운 전략으로 바꿈으로써 생긴 추가적인 결과의 가격을 고려한다. 가격이 충분히 낮으면 새로운 전략은 비용－효과적이라고 판단된다. 비용－효과는 단순한 비용절약만을 의미하지 않고, 다양한 가치판단이 기준이 된다. 이는 법적 제약, 기술능력, 고용인 권리, 노조 및 지역사회 태도 등이 고려되어야 하기 때문이다.

4) 위기와 불확실성

새로운 프로그램이나 전략들을 실행하기 위해 재량적 자금을 어디에서 활용할 것인가를 결정하는 일이 필요하다. 이를 위한 재정관리는 불확실성이 특징인 미래의 사건들을 고려해야 하며 처음부터 이러한 불확실성을 인식하고 이를 다루어야 한다. 전략적 의사결정은 대안적 결과에 대한 가능한 추정에 근거해서 불확실성과 위기를 평가해야 한다. 효과적인 전략적 관리자는 기회, 혁신 및 위기가 어떻게 관련되어 있는가를 알아야 하고, 적절한 책임의 범위에서 위기를 기꺼이 수용하여야 한다. 위기와 불확실성이 혼용되어 사용되지만 양자 간 구별이 필요하다.

불확실성은 특정 사건의 발생에 관한 정보가 부족하거나 없는 상황에서 다양한 가능성의 변화가 있는 조건의 범위를 말하며 이러한 불확실한 사건의 결과에 대해 객관적 또는 주관적 가능성을 갖고 이들 사건을 선택하거나 수행했을 때 위기가 포함된다. 어떤 사람에게 불확실성은 다른 사람에게는 수용할 만한 위기가 될 수 있다(Steiss, 2003: 208). 관리자들은 통계적 불확실성이나 미래 실제세계에서의 불확실성이라는 두 가지 주요 원천의 위기와 불확실성을 다루어야 한다. 민감도분석(sensitivity analysis)은 불확실한 의사결정 요소(예, 비용)의 변화가 분석 중인 대안에 미칠 가능한 결과를 측정하려는 것으로, 어떤 종류의 의사결정 모형에서 해답을 끌어내는 경우, 파라미터(parameter)나 데이터의 변동이 해답이나 결과에 어떤 영향을 미치는가를 보기 위해 하는 조사기법이다. 파라미터가 불확실할 때, 이 파라미터가 취할 수 있는 가능한 값들을 모두 대입해 파라미터의 변화에 따라 결과가 어떻게 되는가를 분석한다. 어떤 데이터나 파라미터에 대한 약간의 변화가 해답이나 결과에 큰 영향을 미칠 때 이 문제의 해답은 이들 데이터나 파라미터에 감응적이라고 한다. 따라서 파라미터 측정의 정확도를 높이거나 그와 같은 파라미터값에 영향을 미치는 경영조건을 조절해야만 한다.

2 예산과정

예산과정은 조직의 목표나 우선순위를 달성하기 위해 제한된 재정자원을 경쟁적 요구에 배분하는 의사결정과정이며, 예상된 결과나 성과의 입장에서 사전에 예산을 배정하는 것으로 이에 대한 체계적인 분석이 요구된다(Steiss, 2003: 217). 예산은 경비지출을 제한하는 수단이 아니라 조직자원을 생산적이고 유익한 방향으로 사용하도록 하는 방법이며 조직의 자원관리에 효율성, 효과성 및 책임성을 담보하려는 것이다.

예산은 또한 재정적 용어로 표현된 전략계획이며 이에 의해 각종 운용프로그램들이 주어진 기간 동안 실행된다. 예산은 수행되어야 할 서비스, 활동 및 사업들에 대한 추정평가, 이들 활동과 사업실행을 위한 경비와 지원해야 할 자원배정, 그리고 경비지출과 책임의 법적 근거를 제공한다. 지방정부 예산은 회계연도 내 정부운용과 기획사업에 자금을 공급하는 계획으로 책임 있는 집행부서에 의해 마련되어 의회에 제출되고 의회의 승인 후에 실행된다(Cleveland, 1915: 15-35).

예산과정은 대체로 기획, 승인, 집행, 평가 및 회계감사와 같은 과정을 거치게 되며 이러한 예산과정은 재정준칙, 자원배분, 기술적 효율성 및 투명성과 같은 원리에 부응해야 한다.[4] 그러나 현실의 예산과정은 이러한 준거에 의해서만 이루어지는 것은 아니다. 예산과정이 정치의 한 복판에 놓여 있기 때문에 갈등과 타협의 모든 현상들이 예산과정에 내포되어 있다. 희소자원을 경쟁적인 목표 간에 배분하는 것은 예산과정 참여자들 간의 치열한 경쟁을 낳을 수 있으며, 공익에 대한 단일 측정기준이 없는 상황에서 선출직 공무원들은 일반적 공익보다는 자신들에게 투표해주는 유권자의 이해를 우선하기 때문이다.

따라서 예산 및 재정관리에서의 쇄신은 정치적 의지나 기술적 차원 간 관계에서 찾아야 한다. 미국의 예산개혁의 역사인 1960년대 PPBS(planning programming budgeting system), 1970년대 영기준(zero base) 예산제, 1993년의 정부성과결과법, 2002~2007년의 PART(program assessment rating tool) 등도 이러한 관계에서 목적과 수단의 합리적 연계를 모색하는 과정이었다. 예산과정에 대한 궁극적 평가는 예산과정으로부터 더 나은 결과를 얻으려는 노력에 따라 여러 대안적 선택과 자원배분이 적절히 했느냐에 달려 있다.

1) 예산기법의 변천

모든 예산체계는 기본적으로 기획, 관리 및 통제과정을 포함하고 있다.[5] 예산과정에서 기획은 목표결정, 대안의 평가와 선택된 프로그램의 정당화를 포함한 예산준비와 밀접히 연계된다. 관리는 승인된 목표에 적절한 구체적인 프로젝트나 활동계획을 세우고, 이들 사업을 실행할 조직단위의 설계와 직원배치 및 필요한 자원의 확보를 포함한다. 통제는 상급자에 의해 설정된 정책과 계획에 운영요원들을 연계하는 과정으로 예산집행과 회계감사단계에서의 주도적인 활동이다.

4) 예산을 짜는 구조와 과정은 재정규칙 및 책임과 재정적 지속성을 보장하고, 자원은 대중들에게 최대한의 보상이 돌아갈 수 있는 사업을 지향해야 하며, 배분된 자원을 가장 효율적으로 활용하고, 사업이나 재정에 관한 투명한 정보를 제공해야 한다(Mikesell & Daniel, 2011: 2).

5) 앤소니(Robert N. Anthony)는 행정과정을 전략적 기획, 관리적 통제, 운영통제 등 세 가지로 구분한 바 있다. 전략적 기획은 조직의 목표, 이들 목표의 변화, 이들 목표를 달성하기 위해 사용될 자원, 그리고 이들 자원의 획득, 사용 및 처분을 다루는 정책들에 관해 결정하는 과정이며, 관리적 통제는 이러한 통제를 통해 관리자들이 조직목표를 달성하는 데 자원을 효과적으로 효율적으로 획득하고 사용하도록 보증하는 과정이다. 운영통제는 구체적인 업무(과업)가 효과적이고 효율적으로 수행되도록 보증하는 과정이다(Anthony, 1965: 16-18).

실제 예산체계에서는 이 중 어디에 더 강조를 두느냐에 따라 통제지향, 관리지향, 기획지향의 예산기법으로 나타나고 이들을 통합하려는 기법들이 등장한다.

(1) 통제지향 예산

역사적으로 예산과정은 재정통제적 측면이 강조되어 왔다. 예산은 여러 프로그램의 추정된 경비를 금전으로 검토하여 재정통제를 하고, 세입과 세출의 회계연도별 균형을 맞추는 재정정책을 기본 원리로 삼아 왔다. 재정통제는 배정과정에 품목별 · 지출대상별 예산제(line－item/object－of－expenditure budget)를 통해 달성된다. 자금은 기관별 총액으로 할당되고 구체적인 지출범주에 관해 상당한 재량권이 부여된다. 할당은 구체적인 품목(예컨대, 인건비, 재료비, 사무 비품, 여비, 계약서비스 및 설비 등)에 따라 이루어지며, 지출분류는 행정단위가 활동하는 데 요구되는 지출대상에 근거하여 이루어진다.

통제지향 예산은 관리자들의 재량을 제한함으로써 정직과 효율성을 강화하려는 데 초점을 두고 이러한 품목을 토대로 자금배정이 기술적 루틴에 의해 이루어진다. 통제지향 예산은 집중구매, 경쟁적 입찰, 균일한 회계절차, 회계감사 등과 같은 쇄신안들과 관련된다. 이러한 품목별 · 지출대상별 예산제는 품목 · 지출대상 분류에 따라 세부적인 비용이 기록되고 통제되며, 감사를 받기 때문에 통제와 책임성을 명확히 할 수 있으며, 인원과 예산소요가 밀접히 연계되어 예산통제를 통한 관리통제가 가능하다.

그러나 품목별 · 지출대상별 예산제는 예산의 효율성과 효과성에 문제가 있다. 대상분류는 무엇을 구매할 것인가를 상세히 보여주지만 왜?라는 질문에는 충분히 설명해 주지 못한다. 따라서 특정 전략적 목표나 관리목표의 실행 및 기관이나 프로그램의 실행과정을 평가하는 토대를 제공해주지 못하고 있다.

(2) 관리지향 예산

정부활동과 지출이 급속히 증가함에 따라 복잡한 품목대상별로 계산하기가 어려워짐은 물론, 이제는 이러한 분산된 정부활동들을 결합하는 것이 보다 중요해지고 집중적 관리의 필요성이 높아지게 되었다. 공공기관의 업무와 성과를 편익차원에서 평가해야 함에 따라 예산도 편익을 달성하기 위한 재정자원 관리수단으로 재정의되어야 했다. 이는 예산과정 개선의 초점을 먼저 경비지출의 기능별 또는 프로그램별로 분류하고, 투입이나 과정에서의 활동보다는 결과에 더 주의를 두는 방향으로 변하게 되었기 때문이다. 프로그램별 분류는 사업선택에 대한 비교평가가 가능하고, 의사결정자나 국민들에게 행정단위가 의도하는 서비스에 대해 보다 명확한 이해를 제공할 수 있으며, 결과 및 성과를 강조하는 것은 투입이나 부서별 예산할당에 초점을 두기보다는 정부가 서비스 제공자로서의 국민들이 원하는 서비스를 어떻게 효율적으로 제공하느냐에 초점을 둔다. 이와 같은 프로그램별 예산과정과 행정성과 개선요구는 1920년 말과 1930년 초 과학적 관리운동과 연계된다. 프로그램의 성취를 편익의 입장에서 검토하면, 예산과정도 이러한 편익을 달성하기 위해 자원을 효율적으로 배열해야 한다. 이러한 노력이 성과예산제(performance budgeting)의 개념으로 절정에 이르고, 1940년대 말에서 1950년대 초 전성기를 맞이한다(Steiss, 2003: 223－225).

① 성과예산제

성과예산은 개인적 서비스나 재료 및 설비와 같은 획득해야 할 물건이나 사물들보다, 해야 할 업무나 제공되어야 할 서비스들에 상대적 중요성을 두는 예산방식이다. 예산에서 중요한 것은 달성되어야 할 업무이고 서비스이며 그러한 업무와 서비스에 비용이 얼마나 드는가이다. 성과예산은 공공기관이나 단위부서에 의해 수행되는 특정 기능이나 활동과 관련된 일련의 업무프로그램을 토대로 한다. 운영단위의 업무효율성을 평가하는 데 도움을 주기 위해 예산을 기능적 관점에서 범주화하고, 규정된 활동을 보다 효율적이고 경제적으로 성취하도록 독려하기 위해 업무－비용 측정을 제공하는 데 있다(Schick, 1966: 249). 성과예산은 운영의 경제성 및 성과의 효율성에 초점을 둠으로써 예산과정의 관리적 측면을 강조한다. 업무－비용자료는 규정된 활동을 수행단위에 의해 얼마나 효율적으로 이루어졌는지를 결정하기 위해 수행단위별로 전환하고, 성과측정은 업무량 측정과 단위비용 측정을 연관시키는 지표이다. 업무량 측정은 일정기간 수행한 업무량(생활환경조사, 봉사고객 수, 예방접종자 수 등)을 말하며, 단위비용 측정은 특정 서비스 전달과 관련된 모든 비용의 총합이다. 성과측정은 운영효율성 지표 — 예, 검찰이 성공적으로 기소한 수, 의료서비스 제공에 소요되는 대응시간 등 — 를 사용하여, 최초의 자원배분(투입)과 서비스 전달(결과) 간의 관계를 밝히려는 데 있다.

1993년 시행된 미국의 정부성과결과법(Government Performance and Results Act)은 성과예산 목표로의 회귀라 할 수 있는 데, 관리 실제의 초점을 프로그램 결과에 두도록 요구함으로써, 연방정부 프로그램의 효과성, 효율성 및 책임성을 개선하고자 하였다. 이러한 정부성과결과법의 전제는 경쟁적인 요구나 우선순위 간 희소자원 배분, 즉 예산결정은 프로그램 성과에 관한 예상 기대들의 정확한 정보를 요구한다.

따라서 GPRA는 성과예산제의 기본 목표로 회귀를 나타내며, 예산배분에서 성과정보를 강조함으로써 논의의 초점을 단순한 투입에서 예상되는 결과로 옮기는 것이다. 클린턴(Bill Clinton) 정부의 NPR은 임무완수의 예산 및 결과지향의 예산을 내포한 성과예산의 부활이라고 할 수 있다(Patrick & Erik, 1999: 168).

(3) 기획지향 예산

기획지향 예산은 재정정책과 예산과정에서 경제분석의 역할을 강조하고, 정보 및 의사결정 기술의 발달로 객관적 분석적용이 확대되어 가는 상황에서 등장한다. 또한 하드웨어나 자본재 투자는 장기간에 걸쳐 이루어지므로 현재의 결정과 미래의 바람직한 상황 달성을 연계하는 다년 간 계획이 필요하고, 다양한 정부기관이 관련됨으로써 이들에 대한 조정과 분산된 활동을 통합하는 기제가 필요함으로써 기획과 예산과정이 긴밀히 연계·수렴되어야 한다는 요구에 따라 프로그램 예산제가 등장하게 되었다.

프로그램 예산제(planning－programing－budgeting, PPB)는 미국 국방부가 국방예산 편성의 합리화를 위하여 개발한 시스템으로, 예산의 근본적 의의에서부터 장기계획을 세우고, 프로그램,[6] 즉 임무별 계획을 책정하여, 이에 따라 예산을 산정(배정)하는 3단계의 의사결정 방식으로 기획 틀과 관리 및 통제의 기본적 기능을 결합한 것이다. 장기 프로그램 계획은 프로그램 목표에 따라 예상되는 서비스와 시설의 결과를 확인하기 위해 개발된다. 프로그램 예산의 초점은 정책분석과 기획이다. 자원은 목적, 목표 및 전략을 토대로 배분되며, 효과성과 효율성 측정은 프로그램 결과를 평가하기 위해 활용된다. PPB의 주요 목적은 선정된 공적 목표를 달성

6) 프로그램(program)은 구체적 목표를 지향하는 자원들의 얼개(조직)이며, 프로그램 목표(program objectives)는 구체적인 자원, 즉 인적자원, 설비, 재료, 자본재 등이 어떻게 어디에 사용될 것인지를 기술한 것이다.

하는 여러 대안들의 비용－편익에 관한 자료와 이들 목표의 효과적인 달성을 조장하기 위한 결과 및 산출측정에 관한 자료를 제공함으로써 정책결정을 합리화하는 것이다. 일 년마다 루틴화된 예산 준비과정을 미래의 목적과 정책에 대한 의식적인 평가에 근거하여 이루어지도록 하려는 데 있다.

PPB에서는 목표 자체도 변할 수 있다. 분석을 통해 새로운 목표가 설정될 수 있기 때문에 목표가 고정되고 투입과 산출의 양이 최적관계로 조정되는 공학적 효율성 모델과는 다르다(Schick, 1966: 250). 프로그램 분석과 평가도 반복적으로 이루어져야 한다. 프로그램 분석은, ① 특정 프로그램이 정당한지를 결정하고, ② 주어진 일련의 목표에 적절한 대안들을 순위화하며, ③ 이들 목표를 달성할 최적 대안을 탐색·확인해야 한다. 그리고 프로그램 평가는, ① 자원배분에서의 변화, ② 현 운용의 개선, ③ 미래활동 계획을 위해 수행되어야 한다. 프로그램으로부터의 피드백이 지속적으로 이루어져 프로그램의 연속적인 수정이 이루어져야 한다.

앞서의 성과예산 기조와 기법의 상당부분은 원가회계와 과학적 관리에서 유래된 반면에, PPB의 핵심적 아이디어는 케인지안(Keynesian) 경제학과 체제분석에서 나온 것이다. 성과예산에서 예산과정은 달성되어야 할 프로그램이나 기능, 이루어질 업무에 초점을 두는데 반해, PPB가 강조하는 것은 달성되어야 할 업무나 서비스가 아니라 공적자금의 투자에 의해서 이루어지는 목표나 목적이다. 성과예산이 업무과정, 즉 어떤 방법이 활용되어야 하는가에 관심이 있는데 반하여, PPB는 업무의 목적, 즉 어떤 활동이 정당한가에 관심이 있다. 프로그램 예산의 기본적 목적은 전통적인 지출대상 형식보다는 프로그램 패키지에 의거 예산요구를 제시하는 데 있다. 따라서 최종목표를 표명하고, 광범위한 프로그램 대안들을 탐색하여 프로그램과 재정계획을 연계하는 것이다. PPB는 기획기능에 우선을 두지만, 통제 및 관리 측면에도 주의를 두는 다목적 예산체계이다. 이러한 PPB의 이상적인 형태는 기획기능을 집중화하고 관리 및 통제책임은 감독 및 운영수준에 각각 위임하는 것이 바람직하다.

(4) 영기준예산제

전통적 예산절차는 현상을 단지 점진적으로 변화시킬 뿐이고 현재의 프로그램을 미래에도 지속하려 한다. 이전에 배분된 자원에 대한 종합적인 분석없이 점진적으로 배분된다. 이러한 점진적 예산제가 희소 재정자원을 가장 효과적이고 효율적이며 경제적으로 배분하고 있느냐에 대한 회의와 결함을 극복하기 위해 등장한 것이 영기준예산(zero-base budgeting)이다. 모든 기관의 사업과 활동을 예산과 관련하여 체계적으로 검토하기 위한 관리과정으로 등장한 영기준예산은 1969년 Texas Instrument Inc.에서 시작되고 조지아 주 지사 지미 카터(Jimmy Carter)에 의해 1973년 예산과정에서 처음으로 채택되었으며, 대통령이 된 후 연방정부 예산과정에 이를 적용하게 되면서 관심을 모으게 되었다. 영기준예산 과정의 초점은 현재의 활동이 효율적이며 효과적인지? 그리고 우선순위가 보다 높은 새로운 프로그램에 자금을 배정하기 위해 현재의 활동과 그에 따른 예산을 감축하거나 삭제해야 하는지?에 관한 문제에 역점을 두어 다룬다(Peter, 1977: 1).

영기준예산 접근방법은 모든 프로그램을 재평가하고, 모든 자금이 비용-편익 분석이나 이와 유사한 평가분석을 토대로 배분될 수 있는 방식으로 자금 요청을 해야 한다는 것이다. 영기준예산은 개개 조직이 현재 또는 새로운 사업이나 활동을 체계적으로 평가하고, 비용은 물론 결과나 성과를 토대로 검토되어야 한다는 것이다. 먼저, 이러한 관리적 의사결정을 강조한 후 다음으로 예산을 숫자화하고 분석을 증가시킨다. 영기준예산은 하나의 접근방법이지 모든 조직에 획일적으로 적용되는 고정된 절차가 아니다.

영기준예산은 몇 가지 기본적인 단계가 있다(Peter, 1977: 2-8; Donald, 1977: 402-407).

첫째, 의사결정단위(decision unit)를 확인하는 일이다. 의사결정단위는 관리자가 지출액, 수행할 업무의 범위와 방향 및 질 등에 관해 주요 결정을 하는 가장 낮은 수준의 조직이나 사업수준이다. 영기준예산은 의사결정단위와 이들의 사업목표를 확인하는 데서 출발한다. 상급관리자와 중간관리자들은 의사결정단위의 사업목표를 산출물로 측정, 확인하고 예산요구의 등급을 매긴다. 의사결정단위를 너무 낮게 소규모단위로 분류하면 과도한 문서업무를 초래하고 대규모단위로 할 경우에는 수행할 업무에 대한 충분한 검토가 이루어지지 못할 수 있다.

둘째, 각 의사결정단위의 관리자들은 해당 단위의 예산총액 요구를 나타내는 일련의 의사결정패키지(decision package)를 준비한다. 의사결정패키지는 각 의사결정단위의 사업 및 예산에 관한 분석의 기초 요소로서 자금을 경쟁하는 서로 다른 의사결정단위와 비교·평가하고 등급화하는 데 필요한 정보나 문서이다. 이들 정보에는 각 단위들의 목표, 활동에 관한 기술, 비용-편익, 업무량과 성과측정, 목표달성의 대안적 수단 등이 내포되어 있다. 문서업무를 최소화하고 등급화하는 데 필요한 중요한 정보를 극대화하기 위해 의사결정패키지는 2페이지로 제한한다.

셋째, 의사결정단위 관리자들은 해당 단위의 의사결정패키지의 우선순위를 정하여 등급화하고, 상위관리자들이 이를 검토, 다른 의사결정단위에서 나온 패키지와 비교하여 종합등급을 정한다. 이러한 관리수준의 과정을 거쳐 상위계층의 관리자는 예산요구를 최종적으로 모든 의사결정패키지를 평가하고 등급화한 후 예산배정 요구를 하며, 의회는 이를 검토하고 수정을 한다. 의회의 예산배정이 예산요구와 다를 경우 전통적 예산기법은 전 예산과정을 재검토하지만, 영기준예산 과정에서는 의사결정패키지나 등급을 토대로 요구예산을 선정·결정한다.

이러한 영기준예산 기법을 통해 우선순위가 낮은 프로그램을 제외시키거나 감축할 수 있으며, 프로그램의 효과를 개선할 수 있다. 그러나 영기준예산은 분석에 참여할 관리자들을 훈련시켜야 하고, 이들은 의사결정단위를 확인하고 또한 필요한 자료를 분석해야 하는 부담을 갖게 된다. 업무부담과 성과측정의 어려움이 분석을 완벽하게 할 수 없게 한다.

(5) 기타 예산과정 개혁방안

최근의 예산과정 접근방법 추세는 이전의 개혁요소들을 내포하고 있다. 즉, 성과예산제의 성과측정을, 프로그램예산제의 기능적 범주를, 목표관리제의 목표에 대한 협의를, 영기준예산제의 목표서열화 요소를 포함하고 있다. 그러나 과거의 개혁과 최근의 개혁과는 차이가 있다. 과거의 예산과정 개혁이 합법성, 효율성 및 효과성을 목표로 하였다면, 새로운 접근방법은 이전 개혁들의 목적 대부분을 포괄하지만 프로그램 관리자에게 그들이 최선이라고 생각하는 대로 자원을 이용할 수 있는 재량권을 부여하여 이들 목적들을 달성하려는 것과 결과에 대한 책임을 강화하려는 것을 지향하고 있다.

이러한 새로운 접근방법은 집중화와 동시에 분권화를 요구하고 있다. 이들 두 가지 특성이 양립될 수 없다고 보이지만, 조직은 분권화하기 위하여 집중화한다는 것이다. 상위관리자들이 그들의 목표가 하위직에 의해 추구된다고 확신할 때 이들은 하위직에게 실현수단에 대한 더 많은 재량권을 부여할 수 있다는 것이다. 이러한 권한위임이 효과적이기 위해서는 목적, 권한 및 책임이 명확하게 구체화되어야 할 것이다. 분권화는 각 행정단위의 목적, 목표설정과 성과 모니터링 등의 절차에 대한 사전 명확화와 각 행정단위와 전체 조직의 목적을 연계하는 통제구조가 명확히 설정되어야 한다. 이럴 경우 집중화와 분권화는 양립될 수 있다는 것이다(Perrow, 1977: 3-14).

1990년대 등장한 기업형예산(entrepreneurial budgeting) 방식을 예로 들 수 있으며, 이 방식에는 세 가지 유형이 있다(Dan, 1993: 445-454).

① 지출통제예산제

미국 도시정부들은 분권화와 인센티브를 강조하는 새로운 공공예산제도를 실험하고 개발시키고 있다. 정책결정자들이 각 부서의 예산요구를 기다리는 전통적 예산제(상향식)와 달리 이러한 접근방법은 시의회가 지출한도를 하향식으로 설정한다. 지출한도는 "금년 총지출 증가를 7%로 묶는다"와 같은 형식으로 표현된다. 대부분의 시의회들이 전통적으로 씨름해왔던 막대한 품목서에 비해 의회예산서는 2페이지 정도로 아주 간단하다. 이러한 생각은 상위 의사결정자로 하여금 세부적인 것보다는 큰 그림에 초점을 두도록 하자는 것이다. 시의회는 시민들이 도시정부가 무엇을 해야 한다고 원하는지를 결정하고, 도시의 포괄적인 정책방향을 설정한다. 그리고 시의회는 도시정부가 정책목표를 달성했는지 확인하기 위해 성과를 모니터한다. 이렇게 함으로써 시의회나 시관리자들은 미시적 관리에서, 보다 광의의 정책문제에 대한 더 많은 관심을 갖게 한다. 동시에 실행부서에 더 많은 재량권을 부여하여, 제한된 지출한도 내에서 각 부서는 전문관리자가 최선이라고 생각되는 대로 자금 사용을 자유롭게 할 수 있도록 허용한다.

이러한 접근방법의 가장 의미 있는 변화는 회계연도 말 불용액을 해당 부서가 보유하고 신 회계연도에 우선순위가 높은 항목에 사용하도록 인센티브를 주는 것이다. 이를 통해 자금사용에 대한 재량권의 확대와 함께 사업을 실제로 관리하는 자들에게 더 많은 재량권을 줌으로써 관리와 사기 개선을 유도한다는 것이다. 분권화가 될수록 일선관리자들은 보다 창의적인 방법으로 자원을 관리하고 변화하는 환경에 융통성있게 대응할 수 있다는 것이다.

이와 같이 정부관료제의 절차적 형식주의에서 벗어나 민간기업의 융통적 방식을 지향하도록 하는 것을 기업가형예산이라 한다.

② 결과예산제(budgeting for results)

쉬크(Allen Schick)는 호주, 캐나다, 덴마크, 스웨덴, 영국 등의 국가예산제도를 검토하면서 이들 정부의 공통적 노력의 특성을 Ⓐ 각 정부들은 전체 비용에 대해 중앙통제를 하고, Ⓑ 자금사용은 부서에 권한을 분산하고, ⓒ 결과에 대한 책임을 강조하는 것 등으로 발췌하고 있다(Schick, 1990: 26-34).

1970~1980년대 재정위기와 예산삭감에 대응하여 영국 정부는 전반적인 경비제한을 결정하였다. 그러나 과거와는 달리 통제를 느슨하게 하고 각 부처에 더 많은 재량권을 부여해 주었다. 예컨대, 각 부서의 인력한도제를 전체 행정비용 제한제로 대체하여 각 부처가 배당 예산범위 내에서 인력과 장비구입에 관한 재량권을 주었다. 재량권은 결과에 대한 책임을 강조하고 각 부처는 성과평가를 개발하도록 요구되었다.

1979년 캐나다 연방정부는 소위 '포장 예산(envelope budgeting)'이라고 일컫는 것을 도입하여 고위정책결정자에게 전체 경비와 우선순위에 더 많은 통제권을 부여하는 조치를 취했다. 내각이 전반적인 예산과 국방, 보건 등과 같은 광의의 범주에 예산을 할당하지만 각 부처가 과거에는 중앙 승인을 얻어야 했던 행정사안들에 대해 더 많은 재량권을 부여받고 재량권의 증가된 대가로 결과에 대한 책임이 강조되었다.

호주 정부도 유사한 패턴을 따라가고 있다. 호주 정부는 21개 품목예산을 2개로 통합하고, 각 부처에 자원관리의 분권화와 각 부처의 평가능력 개발로 이에 부응하고 있다.

이상의 국가들에서 분권화의 주요 목적은 사업관리자가 그들 사업에 보다 많은 예산을 확보하는 것보다 가용자원으로 최대의 성과를 달성하려는 것을 주요 목표로 하는 행정문화를 조성하려는 데 있다.

③ 임무예산제(mission budgeting)

상급의사결정자들로 하여금 예산배정의 우선순위를 임무별로 결정하도록 하고, 일선관리자들은 부여된 임무의 달성을 위해 분권화된 집행과 결과에 대해 책임을 지도록 하는 접근방법이다.

이상에서 살펴본 예산과정 개혁안들의 공통적 특징을 살펴보면, 첫째, 목표의 집중통제이다. 기업성예산제나 임무예산제, 결과예산제 등은 중앙의사결정자들이 전체 예산에 대해 통제를 하고, 보다 광의의 기능, 즉 보건, 공공안전 또는 도로 등에 대한 총비용을 결정한다. 둘째, 수단의 분권화이다. 전체 예산이나 각 기능에 총예산이 배정되면 사업관리자들에게 이들 자금을 어떻게 사용할 것인가에 대한 상당한 재량권이 부여된다. 정부관리자들을 기업관리자와 같이 대우한다. 셋째, 결과에 대한 책임성을 강화한다. 고위 의사결정자들은 하위직에게 부여한 재량권에 대한 대가로 우선 사업달성, 특히 효율성에 대한 증거를 요구한다. 대체로 중앙예산부서와 실행부서가 지향하는 목표들의 목록과 서열에 대한 합의, 이들 목표달성을 평가할 지표를 구체화하고 가능한 한 이들 지표를 계량화할 것을 협의한다. 넷째, 예산과정은 기획기능과 통제기능이 조화되어야 한다. 이전 다양하게 등장했던 예산방식들의 가장 기본적이고 중요한 특성들을 결합하는 혼합적 접근방법이 필요하다. 프로그램 예산제의 토대가 되는 프로그램 구조와 장기간의 시간대를 전략적 관리의 틀에 적용한다. 특정 기능과 관련 활동분류, 업무량과 단위비용 측정, 일련의 업무 프로그램으로서 예산구성의 강조는 성과예산제로부터 유래한 것으로 전략적 관리의 목표에 기여할 수 있다.

3 세입과 세출, 자산과 채무의 균형

세입과 세출의 균형은 지방정부 예산과정의 필수요건이다. 만족할 길 없는 세출요구와 한정된 자원과의 균형을 이루는 것이 지방정부의 과제이기 때문이다.

지방자치단체 재정수입 구조는 크게 자주재원과 의존재원으로 나누어진다. 자주재원은 지방세수입과 세외수입으로 나누어지고, 의존재원은 국고보조금, 지방양여금, 그리고 지방교부세 등으로 나누어진다. 자주재원에서 지방세는 조세법률주의에 의해 지방세법이 정하는 바에 따라 부과 징수되어 지방자치단체의 의지만으로는 할 수 있는 것은 아니다. 따라서 자주재원 확충과 관련하여 세외수입 증대방안, 즉 민관공동출자회사나 제3섹터 등 각종 경영화 사업 등과 추가적인 재원의 확보를 위해 다양한 요금제 등에 관심을 가져야 한다. 급수 서비스나 건축허가 등은 이들 서비스를 이용한 자에게 해당 서비스 이용에 따른 비용지불을 하게 할 수 있다. 지방정부 집행부로서는 일반적인 서비스에 대한 세율변화보다는 이러한 서비스에 대한 요금 설정에 더 많은 재량권을 행사할 수 있어야 할 것이다.

세출은 지출권한이 부여된 사업관리자들이 목적 재원을 일상적으로 운용한다. 공적투자는 지방정부 경제에 영향을 미치며, 잘 관리된 수송망, 충분한 급수 및 적절한 하수처리, 그리고 효과적인 공공안전서비스 등은 지역산업 및 상업활동에 영향을 미친다. 아울러 시민들의 삶의 질과 관련된 공원, 녹색공간, 도서관 및 문화시설 또한 지역경제성장을 유인하는 데 중요하다. 이러한 세출은 지방정부의 발전적 기능을 대표하며 자치단체장들에게는 우선적 지출항목이 된다. 한정된 자원과 세출 간의 균형은 지방정부가 해결해야 할 과제로 지방정부가 접근할 수 있는 방법으로는 민간자원 조달 등이 있다.

한편, 자산과 채무의 균형 또한 중요한 관심사다. 주민들의 다양한 요구 충족과 부족한 재정수입을 보전하거나 대규모 사업에 필요한 경비를 충당하기 위해 지방정부는 채무가 되는 지방채를 발행한다. 지방채 발행은 지방정부 자산능력을 넘는 과도한 채무로 재정 파탄을 가져올 수 있으며, 세대 간의 부담을 불공평하게 할 수 있다. 따라서 미래 사업에 필요한 사업경비를 위해 발행하는 지방채는 실제 사업효과가 발생하는 시점에서의 주민이 적정한 부담을 지도록 발행되어야 할 것이다. 이를 위해 장·단기 재정계획이 수립되고 운용되어야 한다.

1) 민간자원 조달

세계화로 전통적인 거시경제 주체인 국가의 영향력이 약화됨에 따라, OECD 정부들은 물적 및 인적자본에 대한 투자로 각국의 경쟁력을 개선하는 데 관심을 갖게 되고, 여기에 민간부문의 투자와 재원조달에 우선순위를 두고 있다(David & Neal, 1999: 222－236).

(1) 사회자본에 대한 민간투자의 장·단점

사회자본에 대한 민간투자의 장점을 살펴보면, 첫째, 특정 위기를 관리할 참여 당사자에게 위험을 배분함으로써 전체 위기의 양을 줄일 수 있다는 것이다. 둘째,

자본시장이 더욱 정교해지고 세계화되어감에 따라 위기관리 전문가들이 성장하고, 특별한 자금투자가 집단들은 특별한 위기를 다룰 전문가가 되어 가고 있다. 어떤 위기들은 분산되기도 한다. 또한 많은 사업들에 자금을 조달하는 투자가들은 이러한 위기들을 평가하고 다룰 보다 유리한 위치에 있다는 것이다. 즉, 비정형적 프로젝트 같은 경우에 민간자금 조달이 상대적으로 유리하다는 것이다. 셋째, 민간자원 조달은 '이용자 부담' 수단을 보다 용이하게 한다. 통행료는 건설비용을 보상하는 기능과 가격신호로 활용하는 기능이 있다. 넷째, 민간자원 조달과 제3자에 의한 부담의 결합은 특정 선거구・의원만을 이롭게 하는 정부사업이나 보조금에 대한 보호수단이다. 이러한 장점과는 달리, 민간자원 조달에 의한 사업 중 제3자의 부담이 없는 경우, 그 비용은 국고에 의해 지불되어야 하며, 민간부문의 관여에도 진정한 효율성이 결여될 경우 그 부담은 고스란히 다시 국고에 지워진다는 단점도 있다는 것이다.

공공사업에 대한 민간부문의 관여를 유인하는 방법으로는 양여권(concession), 특허권을 부여하는 것이다. 공공당국에 의해 민간부문의 당사자에게 일시적으로 허용된 권리로 일정 기간 동안 건설하여 운영하고, 제3자에게 사용료를 징수할 수 있는 권한을 부여하고 양여가 끝나면 시설 소유권이 공공기관으로 넘어가는 것을 말한다. 이러한 민간재원 조달은 기관이나 부서장들이 다른 기관장들과 프로젝트를 놓고 공공재원을 경쟁하는 것을 피할 수 있게 해준다.

2) 장・단기 재정계획의 운용

(1) 재정추세 모니터링체제

지방정부를 비롯한 모든 수준의 정부들은 많은 재정문제를 겪고 있다. 이들 재정문제들은 서비스에 대한 점증하는 요구, 공무원 노조화, 인플레이션과 경제의 구조변화, 인구변화, 기타 정부 간 관계의 변화 등과 관련되어 있다. 이러한 재정문제가 심각해짐에 따라 재정여건에 대한 관심이 높아지고 있다.

재정여건을 협의로 말하면, 정부가 청구서를 지불할 충분한 현금 및 유동성을 확보할 수 있는 능력으로 현금지급능력을 의미하기도 하며, 지방정부가 정상적인 회계연도에 지출의무를 충족하고 결손을 내지 않을 정도의 충분한 세입을 확보하는 능력으로서 예산지급능력을 의미한다. 또한 지방정부가 매년도 정상적으로 예산에 반영된 지출의무는 물론 특정 연도에 추가적으로 지출해야 할 비용을 포함한 업무를 수행하는 모든 비용을 지불할 수 있는 장기적인 능력을 의미하기도 하며, 서비스 수준과 관련하여 지방정부가 지역사회의 보건이나 복지를 위해 요구되는 서비스의 수준과 질을 제공할 수 있는지의 여부를 의미한다(Sanford et al., 1981: 6).

이와 같이 재정여건의 의미를 현금 및 예산지급능력으로만 볼 경우, 측정의 범위가 너무 협소할 문제가 있고, 장기적인, 그리고 서비스 수준의 지급능력을 포함할 경우에는 각 지방정부의 특성이나 충분한 객관적인 자료부족으로 정확한 측정이 어렵고 규범적인 기준을 제시하기 어렵기 때문에 지방정부의 재정여건을 평가할 포괄적이고 실제적인 방법을 개발하기가 쉽지 않다. 과거 지방정부의 회계체계는 지방금고에 자금이 들고 나는 흐름을 추적하면서 법적 준수를 강조해왔다. 그 결과 1년 간의 세입, 세출을 보여주는 예산과 이들 간의 균형을 요구하였지, 장기적인 재정여건을 평가하는 데 필요한 정보를 제공해주지는 못했다.

최근 지방정부 재정추세 모니터링체제(financial trend monitoring systems)는 재정여건에 영향을 미치는 요인들을 확인하고 조직화함으로써 어느 정도 재정여건을 분석하고 평가할 수 있게 하였다. 이 체제는 지방재정여건, 특히 장기적인 지급능력이나 서비스수준에서의 능력 등에 대한 관심이 높아지면서, 지방정부의 예산이나 재정보고서로부터 관련 정보를 수집하고 여기에 적절한 경제적 인구학적 자료를 혼합하여 재정여건의 변화를 모니터할 수 있고, 또한 지방정부 재정의 강점과 약점을 기술하는 데 편리한 일련의 지표들로 구성되어 있다. 이 체제는 장기적인 정책의 우선순위를 설정하는 데 도움을 줄 뿐 아니라 이러한 장기적인 고려사항을 매년도 예산과정에 반영하게 하는 방법을 제공하기도 한다.

재정추세 모니터링체제는 재정여건에 영향을 미치는 12개의 주요 요인과 이들 요인을 측정하는 36개의 지표로 구성되어 있다. 12개의 주요 요인은 환경적 요인, 조직요인, 재정적 요인으로 분류된다. 환경적 요인은 지방정부에 대한 재정소요 요구를 형성하거나, 재원을 제공해주기도 한다. 예컨대, 인구가 증가하면 추가적인 경찰이 필요하고, 외부 보조금을 받으면 새로운 감사를 받아야 하지만 지역의 부와 세수를 증가시켜주는 재원을 제공해주기도 한다. 지방정부 재정여건에 대한 이러한 환경적 요인들에 관한 분석의 초점은 소요되는 비용을 지불할 수 있는 충분한 재원을 마련할 수 있느냐?이다. 조직요인은 환경적 요인 변화에 지방정부의 대응과 관련된다. 어려운 여건에 서비스 감축, 효율성 제고, 세수증대 등과 같은 적절한 대응을 할 경우 좋은 재정여건을 유지할 수 있다. 조직요인들에 대한 분석의 초점은 지방정부의 입법, 정책 및 관리실제가 환경 변화에 적절히 대응하고 있느냐? 여부이다. 재정적 요인은 지방정부 내부재정에 관한 여건을 반영한다. 즉, 환경이 필요한 재원보다 더 많은 요구를 하거나, 조직이 균형적인 대응을 하지 못할 경우 재정적 요인들은 결국 현금 및 예산상의 지불능력에 이상 신호를 나타낸다. 재정요인들에 대한 분석의 초점은 정부가 지불할 비용을 유예하지 않고 모든 활동비용을 지불하고 있느냐? 여부이다.

그림 12-1 재정추세 모니터링체제

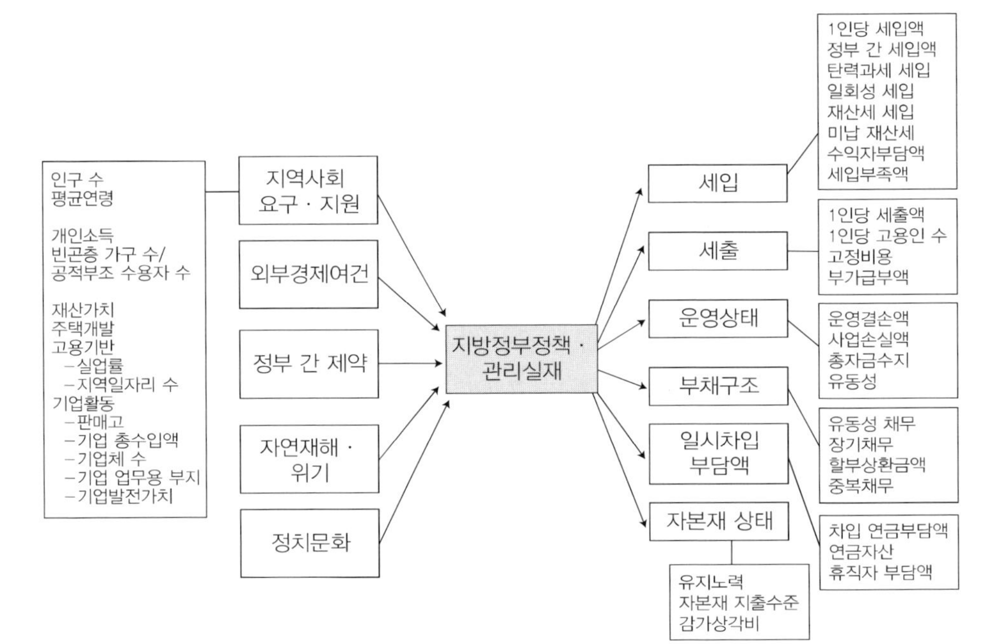

자료: Sanford et al.(1981: 10)의 수정.

(2) 다년 간 세수 및 비용추계

경제여건이나 상급정부의 정책 및 유권자의 태도가 불확실한 상황에서 지방정부의 세입 및 지출에 대한 3~5년의 중기적인 예측의 필요성이 증가하고 있다. 단년도 예산기간은 너무 짧아 현재의 정책결정에 대한 모든 재정적 영향을 포괄하기 어렵고 향후 예상할 수 있는 환경 변화에 적절히 대응할 수 없기 때문이다.

다년 간 세수 및 비용추계(multi-year revenue and expense forecasting)는 향후 2~5년 간 생길지 모르는 세입과 지출에 대해 일관되고 잘 정의된 가정 하에 추정하는 것이다. 세입측면에서 예측은 어떤 세입이 어떻게 변할 것인가에 대한 모형을 시도한다. 이러한 모형은 경제적 · 인구적 주요 변수들이 이들 세입에 영향을 미치는 함수관계 형태이다. 지출측면에서는 미래에 예상되는 경제적 · 인구적 변화에 대한 가정에, 향후 투자할 서비스 수준과 관련된 추가적인 가정들이 결합된다. 그리고 이들 추정된 세입과 세출을 비교하여 미래의 세입이 부족할 경우 이러한 차이가 발생하지 않도록 필요한 조치 예컨대, 서비스 수준의 감축, 자본투자의 축소나 지연, 세율 인상, 추가적인 조세 신설, 수익자 부담이나 상급정부로부터의 재정지원 등을 준비해야 한다(Larry, 1982: 121-127).

4 예산운용의 평가

예산운용의 평가는 재정적 측면과 비재정적 측면에서의 결과를 중심으로 살펴보아야 한다. 먼저, 재정적 측면의 주요 평가요인들로는 1) 균형예산: 예산운용의 주된 성공은 균형예산을 채택하거나 달성함으로써 평가된다. 2) 긍정적 변화: 예산과 실제결과 간 긍정적인 변화가 있어야 한다. 세입측면에서는 예상보다 더 많은 재원을 모으고, 지출측면에서는 계획한 것보다 더 적게 지출되도록 한다. 3) 기금잔액 유지: 지방정부는 기금잔액(fund balance)을 만들어 한 회계연도에서 다음 회계연도까지 재정적 융통성을 유지해야 한다. 기금잔액은 자산에서 부채를 감하고 남은 차액을 말한다. 4) 비순환적 자금의 투자: 예산은 순환적 세입을 순환적 세출에 쓰는 것이다. 예상치 않은 세입을 투자하는 방법은 배당금만 사용하고 자본재형성에 써야 한다. 5) 사업보조 · 이전금의 지양: 지방정부들은 하나 이상의 기업과 같은 사업, 예컨대, 상 · 하수 체계, 전력 등은 대체로 자신들의 세입으로 필요한 경비를 커버하도록 되어 있다. 6) 재정 안정화: 안정적인 조세와 적절한 서비스를 제공한다. 7) 경쟁적 우위 달성: 지방정부는 성장 전망을 개선하고 다른 정부보다 경쟁적 우위를 확보하도록 토지, 노동 및 자본을 사용해야 한다. 8) 세대 간 형평성 유지: 현재 서비스의 부담을 미래 세대의 납세자에게 부담지우는 것을 지양한다. 9) 부채 지불능력의 보전 등이다.

다음으로, 비재정적 측면의 평가요인들을 살펴보면 1) 효율성 획득, 2) 효과성 달성, 3) 보유능력의 최대한 발휘, 4) 적기의 서비스 제공, 5) 서비스 질 유지, 6) 시민과 납세자에게 지속적인 정보 제공, 7) 납세의 자발성과 납세한 돈에 부가가치를 창출한 지방정부의 노력 등이다.

5 재정관리를 위한 관리자들의 역할

지방정부 내 부서 단위별 또는 제도별 재정을 효과적으로 다루기 위해서, 관리자는 보다 광범위한 지방정부 재정맥락에 대한 일반적인 이해를 가져야 한다. 또한 효과적인 관리자들은 개별 지방정부 내에서 이루어지는 예산 일정표와 예산과정에 대해 알아야 하며 현재 아이디어 수준의 제안이 차년도 재정계획에 포함되는 일련의 제안과정을 알아야 한다. 일단 예산배정 결정이 이루어지면 단위부서의 재정을 어떻게 운용할 것인가에 대한 지식이 필요하다. 또한 관리자들은 최근 활동들을 분산, 위임시키려는 경향이 증가하고, 처리비용과 활동경비 수준을 보다 투명하게 하려고 하기 때문에 자신들이 책임을 지는 활동과 시설들의 실제비용을 보다 잘 알아야 한다. 책임있는 관리자들은 자기책임 하에 있는 자원에 대한 적절한 모니터와 통제수준을 세워야 한다.

지방정부가 재정관리의 질을 개선하고 관리책임을 하위관리자에게 위임할 수 있기 위해서는 지방정부 내 조직상의 변화가 일어나야 한다. 예산과정이 중앙집중적이고 폐쇄적일 경우 조직부서의 창의적이고 쇄신적인 업무추진을 저해하고 장기적으로는 관리자가 자신의 업무에 책임을 지는 융통적이고 책임있는 조직을 만들 수 없다. 지방정부가 실무관리자들에게 점차 책임을 위임하려면 위임의 한계와 책임 및 권한을 명확히 해야 하고, 재정책임을 맡고 있는 관리자의 직무기술이 명백해야 한다. 이를 위해 지방정부는 적절한 의사결정을 책임질 관리자에게 위임하고 관리자들이 접할 수 있는 관리정보체제나 온라인 정보체제를 조성하고 지원해야 한다.

제13장 프로그램 및 서비스 관리

지방정부의 사명과 목표 및 정책을 구현하기 위한 구체적인 사업(프로그램) 및 서비스 관리는 시민들의 요구에 효과적으로 대응하고, 이들 사업들을 집단적인 노력과 협동적 과정을 통하여 효율적이고 생산적으로 추진하여 지방정부의 행정책임을 다하는 것을 말한다. 여기서는 지방정부의 사업 및 서비스 관리의 특성과 서비스 질 관리방법, 그리고 그 결과로서의 행정책임을 다루기로 한다.

제 1 절 프로그램 집행관리

프로그램 집행관리는 집행하는 전 과정에 모든 당사자들을 결합시켜 바람직한 방향으로 나아가려는 노력으로 정책목표가 분명하고, 바라는 결과가 모호하지 않고, 모든 관련 행위자들의 이해가 수렴되는 정도에 따라 정책집행이 순조롭게 진행될 수 있다. 프로그램 집행이 성공하기 위해서는 정책결정자들이 집행과정을 이해하고 관리할 수 있어야 한다. 정책결정자들은 집행과정의 규칙이나 유인구조에 주의를 기울이고, 정책목표에 대한 의사소통이 잘 이루어지도록 해야 한다. 그래서 정책결정자들은 집행관리자들에게 정책내용에 관한 정확하고 일관된 신호를 보내야 한다.

정책은 본질적으로 투입과 산출 사이에 활동하는 집행관리에 의해 이루어진다. 집행관리는 구성원들의 행동을 조직목표에 맞추는 메커니즘, 즉 권한의 위계와 통솔범위와 조정기제와 같은 구조차원에 초점을 두거나, 표준운영절차나 보상, 훈련 및 의사소통 절차 등에 배어 있는 통제 방법들을 분석하기도 하고, 구성원들의 행동을 동기화시키거나 조정하기 위한 유인 및 정보 등에 초점을 두기도 한다. 집행관리는 또한 시민을 위해 봉사하는 것으로 이를 위해서는 시민들의 요구와 기대에 대응적이어야 하며, 전 집행과정이 공개적이고 접근가능하여야 하며, 집행과 서비스 관리가 효율적으로 수행될 수 있다. 집행관리의 전제는 "전략적으로 생각하고, 민주적으로 행동하는 것"이어야 한다.

1 집행 연구의 발달

행정학 발달 초기에는 집행에 관한 연구 자체가 존재하지 않았다. 정책이란 변하지 않고 공공기관은 그 정책에 따라 행동한다는 가정과 행정의 목적이 중립성을 유지하고 효율성을 달성하기 위해 행정전문성을 활용하는 것이었기 때문에 집행이라는 개념을 가질 필요가 없었다. 1970년대 정책학 연구가 등장하면서 공공조직의 활동을 조직관리자로서의 활동보다는 정책집행자로서의 활동이라는 생각이 뿌리를 내리면서 집행을 별도의 이슈로 다룬 문헌이 프레스먼(Jeffrey Pressman)과 윌다브스키(Aaron Wildavsky)에 의해 처음 등장한다(Pressman & Wildavsky, 1973). 이들은 정책이 자동적으로 실행되는 것은 아니고, 집행과정의 역동성에 따라 정책결과가 달라질 수 있다고 주장한다.

1) 집행 연구관점의 전개

고긴(Malcolm Goggin) 등은 집행에 관한 연구관점들이 다음과 같은 전개되었다고 보고 있다(Goggin et al., 1990).

(1) 제1세대

제1세대 연구는 프레스먼과 윌다브스키와 이어진 문헌들에서 법안이 어떻게 프로그램으로 전환하고, 집행과정에서 발생하는 복잡성과 어려움 및 실패 등에 관심을 두고 다루었다. 제1세대 연구는 하향식 모델을 전제로 집행은 단선적 과정이어야 하며, 정책지침이 가능한 한 이탈없이 프로그램 활동으로 전환되어야 한다는 것을 전제로 한다. 정책실패의 원천은 정책내용이나 정책을 정확히 집행해야 할 사람이나 조직의 무능에 있으며, 집행문제를 설계와 인지문제, 조직적 협동문제 및 부실한 자료 등에서 찾고, 기술적 조력이 이러한 문제를 해결할 수 있다는 것이다(Weimer, 1980: 231－240).

(2) 제2세대

제2세대 연구는 정책형식, 조직변수 및 개별 행위자의 행태와 같은 집행의 성공과 실패의 예측요인들에 초점을 두고 진행되었다. 성공적인 집행을 위해서 사업설계가 집행자들의 요구와 가치를 고려한 상향식 모델이어야 한다는 것이다. 상향식 모델은 행위자들의 네트워크 존재를 가정하고 이들의 목적, 전략 및 행위들이 고려되어야 한다는 것이다. 이 모델에서 집행기관은 법률을 조직수준의 현실에서 재정의하고 재조명하는 데 적극적이고 적절한 역할을 해야 한다는 것이다. 집행자가 정치적으로 결정된 정책으로부터 이탈하지 않고, 집행자가 재량권을 행사하여 사업이나 정책을 적절하게 재정의할 수 있어야 한다는 것이다. 그리하여 이후 집행연구는 "집행은 상호작용적이며 순환적인 정책과정에서 일어나는 것"이라고 보고, 집행과정은 단선적인 것으로 보는 대신 이음새없이 상호작용하는 전체의 일부분이라고 본다. 따라서 집행과정에서 적응과 재량은 필요하며 바람직한 것으로 본다.

(3) 제3세대

제3세대 연구에서는 정책설계와 정책네트워크에 초점이 맞춰진다. 즉, 정책과 프로그램이 설계되는 방식에 따라 특정 정책네트워크 내에서 이들이 어떻게 성공적으로 집행되는가를 결정한다는 것이다. 정책이 형편없이 설계되었거나 실현불가능하다면 집행은 실패한다는 것이다.

2) 행정사조와 집행

(1) 전통행정과 집행

전통행정에서 집행의 본질에 대한 함축된 전제는 다음과 같다. 첫째로, 정책집행과정은 하향적이고, 계층제적이며, 단일방향이다. 정책은 완전한 형태로 행정기관의 현관계단에 도착한다. 행정기관은 판단이나 재량을 행사할 필요없이 시행한다. 둘째로, 과학적 관리와 공식조직에 대한 강조로 과학적 원리들에 일치하게 행태를 통제하는 데 초점을 둔다. 그리하여 예측가능하고, 규칙화되고 정확한 절차를 발견하고 조직 내 사람들이 해야 할 일을 하도록 관리와 통제를 활용한다. 초점은 조직과 사람관리이며 우선적 가치는 효율성이다. 셋째로, 집행은 정책과정의 일부가 아니고 행정과정과 정책결정은 별개의 것이다. 이러한 전제는 전략적으로 생각하는 것이 부적절하고 불필요하다는 것이다.

(2) 신공공관리와 집행

신공공관리에 함축된 집행에 관한 전제들을 끄집어내는 일은 어려운 일이다. 왜냐하면, 신공공관리에서는 집행을 직접 다루지 않았기 때문이다. 신공공관리나 공공선택에서는 공공목적 달성을 위해 시장 메커니즘이나 인센티브를 정부 역할보다 우선하기 때문이다. 신공공관리에서의 집행에 대한 우선적인 접근방법은 민영화와 공동생산으로 관리자의 손에서 벗어나 시장과 같은 영역에 맡기는 것이다. 신공공관리에서 시민들은 요구를 하고 정부는 이들 요구를 충족시키기 위해 서비스를 생산하는 데 책임을 지며, 시민들의 요구를 만족시키는가 여부에 따라 정부의 성과평가가 좌우된다. 이러한 모델에서는 정부가 업무를 잘하고 있다는 것을 시민들에게 보여주기 위해 성과평가나 생산성의 지표들을 강조하고 있다.

(3) 신공공서비스와 집행

신공공서비스에서 집행의 우선적 강조는 시민참여와 공동체 형성이다. 공공조직의 정책형성과 집행과정 모든 과정에서 시민참여를 독려하고 고양하도록 관리되어야 한다. 이러한 과정을 통해 시민들은 고객이나 소비자 또는 행정의 혜택자로서보다는 스스로를 시민으로 볼 수 있게 한다. 시민들은 자신의 단기적인 요구를 충족하기 위해서 정부에 요구만 하는 대신 통치에 참여한다. 동시에 조직은 서로 다른 시각을 가진 시민과 행정가들이 공공의 선을 위해 함께하는 공적공간이 된다 (Stivers, 1990: 96).

따라서 시민들을 민주사회 정책집행에서 적절하고 필요한 부분으로 간주하고, 시민과 관리자들은 상호협조, 협동 및 전체적인 연계로 표상되는 사회적 관계와 함께 공동체의 응집력과 연대에 기여해야 한다. 이러한 공동체에서는 시민과 공무원들이 문제를 확인하고 해결책을 집행하는 데 상호 책임이 있다고 본다.

2 집행관리 모델

아코프(Russell L. Ackoff)와 가라제다지(Jamshid Gharajedaghi)는 관리의 접근방법을 기계적 모델에서 생물학적 모델, 그리고 사회적 모델로 진화하고 있다고 설명하고 있는 데, 이러한 인식의 틀을 집행관리에 적용해 볼 수 있을 것이다.

표 13-1 집행관리 모델

모 델	특 성	관리자의 역할
기계적	조직을 기계와 유사하다고 본다. 일하는 각 사람은 일정한 절차에 할당되며 이를 열심히 하도록 지시받는다. 기계가 반복적인 과업을 수행할 수 있는 것같이 정태적 환경을 가정한다.	적절한 기계를 설계하고, 변화를 최소화하기 위하여 일하는 사람과 투입을 통제한다.
생물학적	조직을 생물학적 유기체와 유사하다고 본다. 조직 내 각자는 팔, 다리, 감각기관 등과 같이 유기체 전체의 요구에 기여한다. 부분들은 자신들의 프로그램에 따라 자신의 과업을 수행한다고 가정한다.	전체로서 유기체가 무엇을 달성해야 하는가를 결정하고, 각 부분들의 기능을 관찰하며, 산출이 만족스럽지 못할 때 피드백을 제공한다.
사회적	조직을 개인들로 구성된 사회에 유추한다. 개인들은 스스로 생각하고 배우는 능력을 가지며, 개인 간 많은 상호작용을 통해 상호적응과 생존을 위해 서로 의존한다.	바람직한 미래를 설계하고, 이를 성취하기 위하여, 개인과 조직 구성요소 간 상호작용을 유지하는 방법을 찾는다.

자료: Ackoff & Gharajedaghi(1984: 289-300).

기계적 모델에 토대를 둔 집행관리는 주어진 절차에 순응하는 것을 강조한다. 생물학적 모델은 조직의 능력 내에서 예측 가능한 변화에 적응을 요구하는 상황에서 적절하다. 사회적 모델은 변화가 상대적으로 예측할 수 없는 상황에 조직이 새로운 미래를 창조할 수 있을 때 적합하다.

사회적 모델에서 집행관리는 구성원들에게 권한위임과 학습체제를 조장하고 이를 통해 바람직한 미래를 확인하고 이를 달성할 수단들을 계획·실행하는 것을 강조함으로써 생산성과 서비스 질 및 성과와 같은 문제들에 초점을 둔다.

제 2 절 서비스관리

최근의 공공관리 연구는 정부 서비스의 비효율적 공급에 관한 두 가지 근본적인 문제들에 대한 해답에 관심을 가지고 있다. 즉, 어떻게 하면 정부 내부과정들을 보다 융통성있고 효율적으로 기능하게 하여 생산성과 질을 제고할 수 있을 것인가?와 정부활동의 역할과 범위는 어느 정도까지 정당화할 수 있는가?의 문제이다. 내부 효율성 문제에 대한 개선책들로는 팀제, OD, 벤치마킹, TQM과 같은 구체적인 접근방법이 제시되고 있고, 정부활동의 범위에 관해서는 외부계약이나 민영화 전략으로 확대하기도 한다.

1 생산성과 질 관리

내부 효율성 제고를 위한 팀제, OD, 벤치마킹 등은 제10장 '통치체제와 조직관리'에서 언급한 바 있다. 여기서는 생산성과 질 관리에 한정해서 설명하기로 한다.

생산성 측정은 다양한 성과측정을 생산성과 자원사용 측정과 결합하려는 종합적 생산성 측정과 여기에 조직 내・외 관계자들의 융통적 작업집단을 조직화하여 이들로 하여금 생산성과 조직문제들을 해결하도록 독려하는 통합형 성과생산성 개선모델 등의 접근방법이 있다. 이들의 주요 특성을 비교하면 <표 13-2>와 같다.

표 13-2 생산성 측정 주요 접근방법

종합적 생산성 측정	통합형 성과생산성 측정
Ⅰ. 조직목적과 목표들의 문서화 Ⅱ. 측정할 구체적인 조직활동과 프로그램 확인 Ⅲ. 업무산출 측정의 정의: 업무표준, 시간연구, 평균단위비용과 업무량 측정, 결과물 측정, 감독자 평가, 델파이 기법 등의 방법을 활용하여 정의 Ⅳ. 투입 측정의 정의: 비용 및 자원활용의 관점에서의 정의 Ⅴ. 자료수집과 생산성 보고체계를 위한 여건 결정 및 피드백채널 조성	Ⅰ. 조직목적 정의: 이들 목적달성을 도울 성과측정기법 결정 Ⅱ. 관리자와 고용인 대표자 간 미팅으로 나아갈 방향설정 Ⅲ. 생산성 지표 결정 Ⅳ. 작업환경과 업무할당에 관한 고용인 태도 조사 Ⅴ. 조직 생산물과 서비스에 대한 고객만족 조사 Ⅵ. 생산성 지표, 고용인 태도 및 시민만족 수준을 조직회의에서 논의 Ⅶ. 확인된 문제해결을 위한 실행계획 수립

Ⅵ. 생산성 측정 결과를 조직관리 실제에 통합: 성과평가, 금전적 인센티브, 성과목표화, 성과계약 및 구성원과의 의사소통 노력	Ⅷ. 실행계획 집행과 결과평가 Ⅸ. 고용자-관리자 간 문제해결, 의사소통, 팀 빌딩 및 능력형성훈련 등의 제도화

자료: Steiss(2003: 103). 미 인사관리처 및 미 회계감사원 가이드라인, 캘리포니아 San Diego 시 통합성과관리체제 보고서에서 발췌.

질 관리는 서비스나 상품이 생산된 후 질을 입증하기 위한 질 통제와 현재의 질적 문제의 원인을 검토하고, 이들을 교정하여 형편없는 질을 막아보려는 질 보장을 위한 관리방법들이 모색되고 있다.

2 종합품질관리

1) 종합품질관리(TQM)의 의의

TQM의 선례로서 1970년대에는 조직발전(OD)이 있었다. OD의 특성은 관리자와 구성원과의 상호접근성, 새로운 행태를 실험해보려는 자발성, 집단적 개념의 권위, 상호호혜적 관계의 창출 등으로 이러한 주제들은 지원적 관리스타일의 탐색에서 등장한 것이다. 1980년대는 서비스 질에 관심을 갖는 사람들이 작업과정의 개선방안으로 보다 낮은 하위직 고용인들을 참여와 이들을 결합시키려는 노력들을 제안한다. 이러한 접근은 고용인들에 의한 팀 토대의 문제해결을 시도한 초기의 예들이다(Levine, 1995: 141-149). TQM은 질 통제와 질 보장과는 다르다. 질 통제(quality control)는 사후 검사에 의한 질을 보장하려는 접근방법이다. 즉, 서비스나 상품이 생산된 후 질을 입증하기 위해 검사관을 활용한다. 질 통제는 추가적인 인력이 필요하기 때문에 낭비요소가 있다는 문제가 있다. 반면에, 질 보장(quality assurance)은 현존의 질적 문제의 원인을 검토하고 이들을 교정하여 형편없는 질을 막아보자는 것이 목적이다. 이는 고용인들의 추가적인 훈련이 요구된다. 질 보장이 일정수준의 질을 유지하려는 데 반하여, TQM은 질을 지속적으로 상승시키려는 것이다. 또한 질 관리는 최근의 관리분야에서의 관심을 받고 있는 업무과정재설계(process reengineering)와도 다르다. PR은 process visioning,[1] customer value-

1) process visioning은 벤치마킹과 같은 기법으로 이상적인 모델과 실제를 비교하여 전략과 개선을

added assessment,[2] process analysis[3])를 결합한 접근방법으로 하향적 접근방법이고 결과를 강조한다. 이러한 PR의 특성들이 TQM의 요소를 이루고 질 관리 노력의 토대를 제공해주었다.

TQM은 관리이론에서 진화적으로 발전한 것으로 지난 30여 년 간 공공분야에서 성공적이었던 다양한 접근방법과 개념들을 결합한 방법으로 그동안 민간부문에서 경영원리로 널리 도입·활용되다가 1980년대 말과 1990년대 초에 공공분야, 특히 지방정부에서 적극적으로 도입하고 있는 관리전략이다. TQM은 소비자가 선호하고 만족하는 품질의 제품을 제공하기 위해 제품에 대한 고객의 요구와 그 만족여부를 적극적으로 확인하고, 제품의 개발, 설계, 생산, 판매 등 모든 업무 관련자들이 참여하여 품질을 장기적이고 지속적으로 향상시킬 수 있도록 조직의 역량을 개발하고 관리하는 것을 의미한다(Cohen & Brand, 1993: 450-456). 종합품질관리는 조직의 지속적 개선, 고객 중심, 조직 총체적 참여와 사회적 네트워킹 등의 기본 개념들을 토대로 한다(Steiss, 2003: 108).

지속적 개선은 급격히 변화하고 고도로 경쟁적인 세계에서 조직의 생존에 필요하며 학습체계의 토대를 제공한다. 현재의 실제가 합리적으로 잘 작동된다하더라도 과업을 더 잘할 수 있는 방법들을 지속적으로 탐색하는 일은 현재의 생산물과 과정에 관한 반복적인 개선과 새로운 생산물과 과정에 대한 적극적인 개선을 포함한다.

고객 중심은 조직이 고객과 서비스 이용자들이 무엇을 필요로 하고 원하는지를 잘 알기 위해 고객과 서비스 이용자들에게 꾸준히 관심을 보이고 이들의 새로운 요구에 즉시 대응할 것을 강조한다.

총체적 참여는 조직 내 어떤 사람은 업무를 수행하고, 또 다른 사람은 이들 업무를 개선하기 위해 계획을 세우는 전통적 모델로는 변화에 신속하게 대응할 수 없기 때문에 조직의 모든 사람들이 업무를 수행하고 개선하는 일에 관여되어야 한다는 것이다. 더욱이 오늘날 강조되고 있는 새로운 지식의 창조는 조직 내 전반의

연계시키려는 것이다.

2) customer value-added assessment는 고객의 기대와 만족을 더 충족시키려는 목적에서 과정을 재설계하는 것으로 서베이를 통한 고객들의 피드백에 의존한다.

3) process analysis는 도시정부 내 구체적인 과정을 대상으로 작업흐름도와 구조조정팀을 활용하여, 과정 관련 활동들을 문서화하거나 열거하고 핵심과정을 재설계한다.

구성원들 뿐 아니라 조직 외 고객들의 통찰력과 전문기술의 통합에 의해 의존해야 하기 때문이다.

상호네트워크는 오늘날 조직이 경쟁력을 유지하기 위해 새로운 방법들을 독자적으로 개발하기 쉽지 않기 때문에 상호학습체제 또는 사회적 네트워크에 참여해야 한다는 것이다. 상호네트워크는 조직 외부로부터의 학습체계를 지원해주며, 이를 통해 조직의 질적 방법개선과 최선의 실제를 공유하여 관리방법을 개선할 수 있다.

여기서 품질(quality)은 고객의 욕구와 합리적 기대를 충족하거나 초과하는 것으로 정의하며 이는 고객만족, 서비스의 적합성과 적시성, 정확성과 신뢰성 등과 같은 요소로 구성된다. 품질관리의 주요 관심은 품질을 보장하는 과정이다. 전통적으로 평가는 결과나 최종산물 및 서비스에 초점을 두었지만 무결점을 목표로 하는 품질관리에서는 평가가 지속적인 과정으로 이루어진다. 그렇게 함으로써 문제들을 조기에 발견하고 수정이 이루어진다. 이러한 접근방법은 결점을 줄임으로써 자원과 시간을 절약할 수 있다. 따라서 TQM은 고객의 기대가 지속적으로 증가하고 변하기 때문에 끝이 없는 과정이다. TQM은 포괄적인 생산성 개선 전략으로 고객만족을 제고하고, 고객지향의 생산, 하위직의 권한 강화 및 지속적이며 비교·평가를 통한 관리개선을 탐색하려는 것이다(West et al., 1994: 14-26).

2) TQM의 실행

(1) TQM 실행과정

① TQM의 실행은 TQM을 이해하고, 이의 적용을 검증할 준비조사를 기꺼이 허용하는 최고관리자들의 집단 참여를 확보한다.

② 준비조사팀 구성: 고객들에게 중요하고 우선순위가 높은 이슈에 역점을 두고, 과정과 절차의 변화, 근로자들의 태도와 행태에 대한 영향, 고객만족 수준의 관점에서 준비조사 결과를 문서화한다.

③ 고객요구 정의: 고객들의 요구를 확인하고 우선순위를 정하여 조직의 우선순위로 전환한다.

④ 지침기획 작성: 조직의 사명과 이를 실행하기 위한 목적과 목표를 확인하고, 고객의 요구를 명확히 하며, 고객에게 봉사할 과정들을 확인하고 이들 과정

에 적용될 수 있는 성과측정을 설정한다. 그리고 조직의 사명과 최고관리자의 가치에 근거한 장기목적과 목표대상인 조직의 비전을 형성한다. 주요 서비스 영역에서 획기적 약진이 될 항목(조직사명의 달성을 통한 최초의 주요 단계)을 확인하고, 조직의 획기적 기획의 결과를 확산하며 단위부서에서 획기적 기획노력을 작성 · 개시하도록 한다.

⑤ 일상 관리팀 형성: 일상의 관리팀은 검토 중인 과정에 정상적으로 함께 일하는 개인들로 구성된다. 팀 활동에 적절한 문제해결과정이 확인되어야 하고, 과정개선을 위한 공동의 기법과 언어가 제공되어야 한다. 문제해결과정에서 팀의 논의들이 전체 문서화되어 성공적인 접근방법의 반복이 보장되도록 한다.

⑥ 상호교차 기능관리팀 구성: 상호교차 기능관리팀은 기능라인을 넘는 주요 사업에 팀 노력이 이루어지도록 하며, 현재 진행되고 있는 팀의 과업을 평가하고 개선하기 위해서 구성한다. 상호교차 기능관리팀은 부서단위를 넘는 학습을 통합하고, 정책수준에서의 체제를 개선하려는 것이다.

⑦ 보고, 승인 및 보상: 팀에서 일련의 정규적 보고를 준비하여 최고관리층에 제시한다. 팀 추천의 신속한 집행 팀 노력에 대한 가시적 승인을 제공한다. 우수한 팀과 개인의 성과에 대한 보상을 제공한다(Steiss, 2003: 112-113).

(2) TQM 실행의 세부 방법

① 지침관리

TQM의 실행의 접근방법 핵심은 지침관리(hoshin kanri)로 이는 조직의 지침 또는 초점 중심의 관리 및 통제를 의미한다. 고용인들에게 상황을 분석하도록 고무하고, 개선계획을 창출하며, 성취를 점검하고 결점을 정정할 적절한 행동을 취하게 하는 규칙체계를 말한다. 지침관리는 제2차 세계대전 이후 일본의 관리자 및 엔지니어들의 관리기법 훈련과정에서 처음으로 소개되었다. 이 훈련은 차트(Walter A. Shewhart), 데밍(Edwards Deming) 등의 지원 하에 계량적질통제(statistical quality control)기법들이 포함되고, plan-do-check-act(PDCA) 사이클 활용, 계획된 활동과 실제성과 간 변이원인 이해, 통제도표(control charts)를 활용한 과정통제 등에 초점을 두었다. 이와 같이 조직 전반의 관리체계를 기획체계와 연계시키려는 아이디어가 1950~1960년대 일본에서 더욱 발전하였고, 1970~1980년대 일본에서 널리 수용되었다(Steiss, 2003: 114).

지침관리는 먼저, 지침기획(hoshin planning)을 수립해야 한다. 지침기획은 보다 구체적인 목표대상과 합의된 목표달성을 위한 수단들을 확인하는 년 단위 기획 사이클이다. 목표대상은 명확한 목표진술과 함께 측정가능해야 한다. 관리목표들은 질(고객・서비스 이용자들의 만족), 비용, 산출(신 산출물 개발과 배분) 및 서비스 전달(전달대응시간) 및 사기(이해당사자와 고용인들의 훈련과 기술을 포함) 등과 관련하여 구체적으로 진술되며 각 관리영역은 대체로 6~8개의 목표대상을 갖는다. 다음 단계는 목표달성을 위한 수단을 결정해야 한다. 예산준비과정의 목표대상에 관한 수단들을 예로 들면, 수입・지출패턴의 기본 자료 수집에서 보다 효과적인 과정 수립, 새로운 예산모델 수행과 훈련프로그램 활용 등이다.

PDCA 하의 기획은 조직의 모든 수준에서의 관리에 적용되어 소통되고 합의가 이루어져야 한다. 조직의 각기 다른 수준에서 목표대상과 수단이 결정되므로, 각 수준에서의 목표대상과 수단들의 관계를 확인하는 것이 중요하다. 지침계획을 집행하는 동안 각각의 목표대상은 목표진술에서 근거한 성과측정을 활용하여 평가하고, 런 차트(Run charts)나 파레토 차트(Pareto charts)[4] 등과 같은 도표나 도해를 활용하여 측정되어야 한다. 정례적인 평가는 지속적인 질 개선과 비용감축을 이끌어내는 지침을 제공한다. 지침관리는 TQM 실행의 주요 기능 중의 하나이며 조직의 모든 곳을 포괄한다.

② 품질기능전개

품질기능전개(Quality Function Deployment)는 고객들의 욕구, 요구를 확인하는 체계적 과정이다. 제품구상에서부터 생산개발과 생산단계에서 충족시킬 고객의 요구사항을 조직 내 요구(기술설계)로 변환하여 경쟁사 또는 유사제품보다 더 우수한 수준의 제품을 설계함으로써 고객요구를 만족시키려는 방법이다. 품질기능전개는 주로 제조 및 생산과정에 적용하기 위해 고안된 것이지만 4단계의 품질기능전개를 공공서비스 프로그램에 활용할 수 있다. 즉, 1단계로 고객의 목소리를 수합하

4) Run charts는 시계열상의 추세나 변화 패턴을 나타내는 도표, Pareto charts는 어떤 범주에 속하는가를 나타내는 계수형 자료의 도수분포 혹은 히스토그램이다. 하나의 차트 안에 막대차트와 선으로 이루어진 형태로 선그림은 막대그림이 나타내는 정보의 축적된 형태로 나타난다.

여 이 자료를 서비스 제공 공공기관에 정확히 이해시키고, 이들 정보를 조직의 능력과 전략계획으로 분석한다. 2단계로 고객만족의 서비스에서 극적인 개선을 가져올 우선영역 또는 과정을 확인한다. 3단계로 돌파구를 달성하는 데 요구되는 새로운 기술을 포함하여 개선된 과정을 확인하고 설계한다. 4단계로 개선된 서비스와 새로운 기술을 최고의 질적 수준으로 제공한다. 품질기능전개 활용의 장점은 새로운 생산과 서비스를 개발해야 하는 상호교차 기능관리팀 내에서 의사소통을 개선하고, 정보를 공유하게 한다.

③ 창의적 문제해결기법과 체계적 혁신(Systematic Innovation)

창의적 문제해결기법(TRIZ)는 도전적인 문제를 이해하고 정의하기 위한 체계적인 접근방법이다. 알츠슐러(Genrich Altshuller)에 의해 제창된 창의적 문제해결에 대한 체계적인 방법론으로 창의적 문제해결의 초점은 문제의 근저에 있는 기본적 모순의 확인과 해결이다. 주어진 문제에 대한 가장 이상적인 결과를 정의하고, 그 결과를 얻는 데 관건이 되는 모순을 찾아내어 그 모순을 극복할 수 있는 해결안을 얻을 수 있도록 생각하는 방법에 관한 이론이다.[5] 이 이론에 근거한 많은 초기 연구결과들은 두 개의 모순되는 요소 간의 딜레마(문제)를 창의적으로 해결하기 위해 교환관계를 반영하는 것이었지만, 이후 TRIZ에 토대를 둔 주된 목적은 두 요소 간 타협이나 교환의 필요성을 극복한 이상적 해결책을 발견하는 전략이나 도구를 체계적으로 적용하려고 한다. 이러한 분석적 도구로 40가지 발명 원리, 모순행렬(contradiction matrix)[6] 등이 있다.

TRIZ는 이러한 모순해결의 체계적인 방법을 제공하며 체계적인 혁신(SI)을 안

5) https://ko.wikipedia.org/wiki/TRIZ

6) 창의적 문제해결기법(트리즈) "40가지 발명 원리"는 발명원리 1[세분화, 분업, 쪼개기(Segmentation)], 발명원리 2[특성 추출, 제거(Extraction): 필요한 요소·특성만 뽑아낸다], 발명원리 3[특정 품질, 현지화, 맞춤형(Local Quality): 전체를 똑같이 할 필요는 없다], 발명원리 4[비대칭, 차별화(Asymmentry): 대칭을 비대칭으로, 비대칭 정도 증가], 발명원리 5[통합, 융합(Merging, Consolidation): 객체를 통합한다. 함께 작용토록 융합] 등 40가지 발명원리를 러시아의 과학자 알츠슐러가 전 세계 특허 160만 건을 분석하여 개발한 창의적인 사고를 할 수 있는 방법론을 말한다. 모순행렬은 어떤 문제의 모순적 요소들을 서로에게 영향을 미칠 수 있는 39요인 목록에 따라 분류하여, 개선하려는 특성(줄)과 한 특성을 개선하려 할 때 부정적으로 영향을 미치는 특성(열)을 행렬표로 진열하고, 각 셀에는 이들 두 요소 간 모순을 해결하는 창의적 해결방법에 가장 자주 적용되는 3~4가지 원리를 포함되게 한다. 모순행렬의 주목적은 구체적인 모순을 해결하는 데 가장 적절한 원리를 선택하는 과정을 단순화시키기 위한 것이다.

내한다(Steiss, 2003: 120). 체계적 혁신은 문제나 기회는 왜 발생하고? 누구를 위하며? 어떤 상황에서 문제나 기회가 발생하며 이들 문제나 기회에 모순은 없는지?와 같은 질문을 던지면서 문제나 인식된 기회에 대한 철저한 분석으로 시작된다. SI에서는 두 개의 상반된 물리적 속성을 필요로 하는 물리적 모순(비행기의 경우, 지상에서 움직이는데 필요한 바퀴와 공중에서 유선형으로 하기 위하여 필요 없는 바퀴)과 한 변수를 개선할 경우 다른 변수에 부정적인 영향을 미치는 기술적 모순이라는 두 가지 유형의 모순을 표적으로 삼는다. 전자의 모순 해결은 비행기의 예에서 착륙장치 아이디어처럼 체제의 속성을 시간으로 분리하는 것이다(분리의 원리). 기술적 모순이 일어나는 경우는 타협점을 찾는 거래(trade－off)로 유익성과 유해성을 비교하는 것이다.[7] SI의 목적은 모순을, 혁신을 찾는 도약대 역할로 삼아 유익성과 유해성 간의 타협보다는 유해성을 제거하고 유익성을 극대화하는 이상적 시스템이 구현될 해결책을 찾고자 한다.

④ 6시그마와 품질개선과정

오늘날 품질은 제품 및 서비스를 생산하는 조직 전반적인 활동을 잘 관리해야 하는 요소로서 품질경영이라는 경영적 측면이 강조되고 있으며, 품질혁신과 6시그마 등에 관심을 보이고 있다. 시그마는 한 과정에서의 변화성 또는 표준편차를 나타내는 데 사용된다. 6시그마라는 용어는 모든 프로세스에 적용될 수 있는 품질경영 혁신기법으로 1980년대 모토로라 회사 근로자였던 마이클 헤리(Mikel Harry)에 의해 품질개선에 통계적 기법을 결합하여 창안되었다. 기존에는 생산현장을 목표대상으로 한 품질관리(QC), 생산현장 이외의 부문에 적용될 전사적 품질관리(TQC), 종합적 품질관리(TQM)로 발전하였는데, 이들 품질관리기법들은 에러가 발생한 부분이나 지점에 국한된 부분최적화에 관심을 갖거나 생산자 위주의 제조 중심 관리기법이다. 반면에, 6시그마는 운영효율성을 개선하고 전략적 기업목표나 결과를 달성하기 위하여 경영과정에 종합품질관리(TQM)기법, 통계적 방법이나 도구 등의 구조화된 적용으로 사업 전체의 프로세스, 즉 전사최적화가 목표인 전사적 품질경

7) 물리적 모순은 시간에 의한 분리, 공간에 의한 분리, 전체와 부분에 의한 분리, 조건에 의한 분리와 같은 네 가지 분리의 원리로 해결하고, 기술적 모순은 40발명의 원리(40 inventive principles), 모순행렬(contradiction matrix), 물질－장 분석에 의한 76가지 표준해, 기술시스템의 진화법칙, 자연과학의 각종 효과 등을 통해 해결한다.

영혁신운동으로 평가받고 있다. 기업활동의 모든 요소를 작업공정별로 계량화하고 품질에 결정적인 영향을 미치는 요소의 오차범위를 6시그마 내에 묶어두는 것이다. 6시그마 품질수준이란 3.4ppm(parts per million)으로 100만 개의 제품 중 발생하는 불량품이 평균 3.4개를, 5시그마는 233개(회), 4시그마는 6,210개(회)의 불량이 발생하는 수준을 말한다. 6시그마는 실제 업무상 실현될 수 있는 가장 낮은 수준의 에러 발생 수준이다. 품질관리의 정도를 시그마로 나타내는 이유는 서로 다른 공정의 품질수준을 단일한 기준으로 비교하고 품질개선의 정도를 객관적인 수치로 측정하고자 하기 때문이다. 6시그마의 해결기법 DMAIC[8] 과정을 거쳐 최종적으로 6시그마 기준에 도달하려는 것이다.

이러한 6시그마는 결함을 감소하려는 데 그치는 것이 아니고 그 이상, 즉 비용감축, 순환시간 개선, 고객만족 증가, 조직에 중요한 다른 측정규정 등 일반적인 경영과정을 개선하려는 것이다. 6시그마의 관리철학은 고객지향의 접근방법으로 결함이 적을수록 비용을 낮추며 고객에 대한 충성도를 개선할 수 있다는 것이다. 기업이 최고의 품질수준을 달성할 수 있도록 유도하는 고객에 초점을 두고, 통계에 기반을 둔 체계적 접근방법이며, 복잡한 시장환경에서 의사결정자로 하여금 문제해결에 필요한 아이디어를 창출하고 당면한 문제를 체계적으로 해결하도록 지원하는 방법이다.

6시그마 적용 사례로는 한국철도공사가 2000년에 도입 총체적인 고객만족과 고객 중심 지향적인 프로세스 개선을 통한 혁신활동을 추진하였다. 추진 내용을 보면 직원의 의식, 관행, 제도와 시설을 고객 위주로 전환하기 위하여 6시그마의 3p 전략(사람 혁신, 경영방식 혁신, 상품의 혁신)을 중심으로 총괄품질관리 활동을 전개하여 많은 개선효과를 이루었다(신동설, 2005).

그러나 6시그마를 적용할 경우 통계도구가 구조화된 패턴으로 사용되는데, 결함을 계산하고 보고하는 데 너무 몰두하다 보면, 과정개선과 재설계를 조직화하려는 6시그마의 실제 목표를 상실할 수 있다는 것이다(Steiss, 2003: 123). 6시그마가 성공되기 위해서는 상위관리진의 관여와 이들의 헌신을 지원할 하부구조가 마련되어야 한다. 실행관리위원회가 설립되어 직접적인 지원이 이루어져야 하며, 프로젝트를 전담할 변화역군들이 배치되어야 한다. 6시그마는 기업과정이 표방된 목표를

8) DMAIC은 정의(define), 측정(measure), 분석(analyze), 개선(improve), 관리(control)의 두문자이다.

어떻게 달성하는가에 대한 측정과 필요한 개선과 편차를 줄이는 전략으로 제공되고 있다.

품질개선과정(Quality Improvement Process)은 1980년 중반에 개발된 TQM의 변형이다. 이 접근방법은 ① 조직 내 다양한 수준에서 문제해결팀 구성, ② 정책에 관한 체계적인 확인과 전개를 위한 공식적 기제, ③ 일상적 품질개선에 모든 수준의 근로자에 plan－do－check－act(PDCA) 절차 적용 등의 기본 요소를 토대로 한다. 품질개선과정은 첫째, 품질개선, 고용자 기능개발, 의사소통 증진, 업무생활의 질 개선을 위하여 선도팀, 기능팀, 교차기능팀 및 태스크팀 등 다양한 집단을 구성하여 역동적인 문제해결기법을 활용한다. 둘째, 개선의 이유, 현 상황 및 상황분석, 현 상황개선을 위한 대안적 접근방법, 달성된 결과, 표준화기제 및 미래계획 등 품질개선 스토리를 정리한다. 셋째, 정책설정과 전개 및 검토과정을 거친다. 정책설정에서는 비전창출, 현재와 미래 고객수요 분석, 환경분석(벤치마킹), 주요 성공요인 설정, 성과·연말결과 분석 및 장·단기 계획수립 등을 하고, 정책전개에서는 단기계획조정 집행부 선정, 단기계획지표와 합의된 목표발표, 단기계획달성을 위한 경영계획 개발, 획기적 진전을 달성하기 위한 팀 활용하고, 정책검토에서는 계선관리 재검토, 교차기능위원회 재검토 및 집행부 재검토 등을 수행한다. 넷째, 일상 업무에서의 질 관리로 고객요구와 일상의 합리적 기대를 충족하기 위하여 필요한 모든 활동에 PDCA를 적용한다. 마지막 결과관리로 달성결과 유지, 운영에서의 일관성 증진, 고객요구 충족에 개인적 기여 확인, 일상적 운영 개선, 고객요구 충족을 위해 요구되는 주요 책임을 확인하고 통제하며 고용인 교육도구로 활용한다.

⑤ 국제품질보증체제

국제표준기구(ISO)는 품질보증체제를 위하여 ISO 9000을 일련의 보편적 국제표준으로 공표하였다. 이러한 표준은 어떤 규모의 산업에도 통일적으로 적용되며, 회사가 ISO 9000에 등록하면 고객들은 구입한 제품과 서비스의 질을 보장받게 된다. 공공부문의 품질보증체계에 대한 관심도 증가하고 있는데 이는 공공서비스 품질 통제, 품질 저하와 관련된 비용 축소 및 지역사회와 주민들의 요구에 적극 대응하는 필요성 때문이다.

ISO[9]는 1947년에 세계적인 표준화 개발과 이와 관련한 활동들을 진작하고, 제품과 서비스의 국제적 교류 및 지적, 과학적, 기술적, 경제적 측면에서의 협동을 조장하려는 사명에서 설립되었다(Steiss, 2003: 127-128). 서로 다른 국가나 지역에서 유사한 기술에 대한 일치된 표준이 없다면 이른바 교역에서의 '기술적 장벽'을 가져올 수 있다. 특히, 수출지향적 산업들은 국제교역과정의 합리화를 위해 세계적 표준이 필요하다는 것을 오랫동안 인지하고 있었다. ISO 9000은 제품생산이나 서비스 생산 조직들이 전 세계적으로 인정받는 품질기준을 달성하도록 도와줄 수 있다. ISO 9001은 가장 포괄적인 품질보증표준으로 디자인, 제조업, 설비 및 서비스 산업에 적용될 수 있으며, 생산품의 부적합을 피하고 고객만족을 위해 필요한 단계들에 초점을 둔다. ISO 9002는 생산, 설비, 서비스 생산 조직을 다루며, ISO 9003은 생산품의 품질을 최종 검사나 실험을 통해 보장하려는 상황을 다룬다. ISO 9001, ISO 9002, ISO 9003은 품질보증체제 발전에 기여하는 모델들이다.

많은 회사들은 그들의 부품공급처에게 ISO 9001에 등록하도록 함으로써, 등록한 회사들은 고객불만을 크게 감소시키고, 운용비용 감축과 시장에서의 경쟁력과 기회를 제고할 수 있다.

3) 공공부문에 TQM 적용과 과제

(1) TQM 적용의 효과

공공부문에 활용되는 TQM의 목적은 이해당사자들의 요구에 대한 대응성을 높이고, 비용을 절감하며, 지방정부 서비스의 적시성을 증가시키는 데 있다. TQM의 인기는 관료제의 많은 공통적인 문제들에 대한 해독제라는 데에 기초한다(Berman & Jonathan, 1997: 213-237). 많은 시민들은 정부가 운영되는 실제에 대해서는 좋아하지 않는다고 지적하면서 시민들은 정부의 낭비, 비효율성, 실수, 비융통성, 비대응성, 비접근성, 거만, 사려깊지 않는 관료들, 평범함, 겉만 그럴듯한 서비스, 형식주의, 기관 간 다툼 등에 실망하고 있다(Johnston, 1993). TQM은 이러한 정부의 부정적 기능을 야기하는 조직구조를 근본적으로 개편하여 이러한 문제들을 극복하려 하고 있다. 이러한 노력의 주요목적은 규칙에 의해 운영되는 조직을 사명(임무)으로 운영되는 조직으로 변화시키고, 최고관리기획과 일선공무원에의 권한부여나

---

9) ISO는 국제표준기구(International Organization for Standards)의 두문자어가 아니라 그리스어의 같은, 유사한(*equal*)의 뜻을 가진 결합사이다.

고객들에 대한 대응성과의 균형화 및 불필요한 관리계층을 축소하고 횡단면적 기능조직을 조장하여 관료제 내부의 경쟁과 지체로 인한 비용을 줄여보려는 것이다.

(2) TQM 적용의 과제

TQM의 공공분야 적용에 대한 문제점으로 대부분의 정부는 일년 예산주기로 단기적인 초점과 비용절감 철학을 강조하는 데 이는 성공적인 TQM에 필요한 장기적인 기획을 방해한다는 것이다. 즉, 지속적인 과정의 개선, 고용원들에 대한 훈련, 고객들을 만족시키려는 서비스 향상 등을 무시할 수 있기 때문이다. 그러나 선출직이나 관리자들이 TQM의 장점들을 공공서비스의 질 관리에서 비정파적이고 사실에 근거한 문제해결의 접근방법이라고 믿는다면 정부분야에서도 널리 채택될 수 있다는 것이다(Michael, 1990: 19-32). TQM을 공공부문에 성공적으로 적용하기 위해 고려해야 할 과제들로는 첫째로, 인식조성이 필요하다. TQM 문화의 형성은 외부위기와 현상유지의 비적절성에 대한 주요 의사결정자, 관리인 및 하위직 사이에 합의형성부터 시작되어야 한다. 최고관리자는 조직의 신뢰성을 위협하는 문제들, 예컨대 서비스에 대한 불만고조, 의원들에 의해 제기되는 질의, 기관목적과 서비스 간의 불일치, 자원부족 등에 대한 증거들을 제시해야 한다. 주요 의사결정자들과의 대화, 그리고 이러한 문제들을 고려하거나 이로 인해 결과된 변화가 관리인들이나 고용인들의 업무조건이나 고용상태에 부정적인 영향을 미치지 않을 것이라는 것을 보장해 주는 것이 필요하다.

둘째로, TQM은 서비스 공급과정의 실적뿐 아니라 고객들의 만족도를 정기적으로 평가하여 관리자가 이들을 지속적으로 개선하려는 노력을 해야 한다. 개선노력은 SMART[10]를 근거로 측정되어야 한다. 여기서 책임성은 이러한 개선을 실현하는 것을 보장하기 위해 필요하며, 팀 토대는 해당 책임있는 부서들의 참여를 이른다. 벤치마킹은 조직의 과거 실적, 바람직한 미래의 실적이나 비교될 만한 조직의 최선의 실적 등에 근거한 개선 기준(표준)을 세우는 과정이다.

셋째로, TQM은 유연한 조직구조와 부서 간 상호협력 조직문화, 그리고 실무자에게 권한이양이 이루어져야 한다. TQM 적용은 관료제적 과정과 특성을 갖는 조직보다 정책목표 달성을 위해 상호협동적이고 공개적인 조직문화를 갖는 조직에서

10) SMART는 specific, measurable, accountable, realistic, team-based의 두문자이다.

성공적으로 집행되고 유지된다고 보고 있다. 따라서 유연한 조직구조와 부서 간 상호협력적인 조직문화를 필요하고 있으나 대부분의 공공조직은 경직된 조직구조와 부서이기주의가 보편화되어 있어 TQM에 대한 내부저항이 강할 수 있다(이은구 외, 2001: 29). TQM 활용 조직들은 보다 납작하고, 권한 부여된 작업단위, 지도적 감독, 이해당사자들의 욕구 충족, 계량적 기법의 적용, 실무자들의 필요한 기술 확보 등의 특징을 보이고 있다. 실무자에게 권한 부여는 고객 욕구 충족을 보장하기 위한 중요한 전략이다. 이는 실무를 맡은 개인이나 팀에게 자신들의 업무나 업무환경과 관련하여 중요한 의사결정을 하도록 허용하는 방법으로, 다양한 고객들의 욕구에 실무자들이 융통성있고 적시에 대응하게 하는 방법이기 때문이다. 이러한 권한 부여는 감독적 관리(권위적, 통제지향적 감독, 생산 라인 접근방법)대신 지원적 스타일의 채택뿐 아니라 중간관리계층의 생략을 포함한다.

넷째로, TQM을 적용하는 도시의 특성으로는 주로 인구 10만~50만 명 도시의 지방정부에서 이루어지고 있으며, 이들 지방정부의 최고관리자들의 적극적인 지원과 추진력이 요구된다. 고위급 공무원들(시장, 시관리인, 기관장)의 리더십이 TQM 성공에 특히 중요하다. 왜냐하면, 이들이 훈련에 필요한 자금, 변화를 위한 권위와 합법성 및 TQM 실행자에 대한 보상 등을 제공하기 때문이다. 뿐만 아니라 이들의 관여가 하위직 관리자들의 불만이나, TQM을 반대하는 타 부서나 정치인들의 도전으로부터 보호해 주기 때문이다. 최고관리자들의 지원이 중요한 이유는, TQM은 심각한 재정 부족을 치유하기 위한 수단이 아니라 미래의 생산성을 위한 훈련과 같은 재원증가가 요구되기 때문이다. 최고관리자의 관심과 추진력 부재가 TQM 실행에서의 장벽이다. 최고관리자의 관여부족이나 예산문제 등의 압박 외에도 이직율이나 리더십의 단절, 훈련부재 및 노조의 역할도 장애요인이 될 수 있다. 중견관리자나 선출직 공무원들의 이동은 TQM 성공에 중요한 장애이다.

다섯째로, TQM은 서비스 공급과정의 실적을 평가하기 위해 다양한 논리적·통계적 도구를 사용한다. 이러한 도구들로는 '업무흐름과 체제분석'을 통하여 비용을 증가시키고 적시성을 떨어뜨리는 중복성을 확인하며, 원인과 결과 간 관계를 도표화하여 공급과정에서 문제점을 추적하는 '원인–결과 도표(diagrams)', 효율적인 문제해결을 위해 사소한 다수와 중요한 소수를 확인하고 문제나 불만의 빈도를 확인하는 파레토 차트(Pareto charts), 변수들 간의 관계를 검토하기 위한 산포도(scatter diagrams), 과정이 통제 내 혹은 밖에 있는지를 확인하는 '관리도(control charts)', 고려중인 자료의 분산을 살펴보기 위한 히스토그램(historgrams) 등이 있으며 이러한 도구의 적용가능성이 요구되고 있다. 이러한 도구활용 이외에 TQM은 팀워크, 지도기술 및 새로운 분석기법 등의 훈련 프로그램이 요구된다(Cocheu, 1993).

3 지방정부 외부 서비스관리

지방정부 서비스 공급은 지방정부 내부생산과 외부계약 및 민영화 간의 선택을 위해서 관리자들은 모든 관련비용을 고려해야 한다. 이러한 비용에는 생산비용, 거래비용과 기회비용 등이 있다(Globerman & Vining, 1996: 577－586).

생산비용은 재화와 서비스 생산과 직접 관련된 비용이다. 외부계약은 생산비용을 더 낮출 수 있는데 이는 민간부문이 규모의 경제와 경쟁을 통한 기술적 효율성을 개선하여 가능한 최소비용으로 결과를 생산할 수 있기 때문이다.

거래비용은 계약세부사항을 협의하면서 생기는 비용, 계약 후 예상치 못한 상황을 조정하기 위해 계약변경을 협의하면서 발생하는 비용, 계약을 준수하는지를 파악하기 위해 성과를 모니터링하는 비용, 계약당사자 간 분쟁 특히 계약이 파기될 경우 이를 처리하는 비용 등이 포함된다. 이러한 거래비용은 당사자들이 신뢰관계에 있지만 이기적으로 행동할 때 발생한다.

기회비용은 한쪽 당사자가 합의된 거래조건을 보다 유리하게 변경하려는 거래행태이다. 기회비용은 신뢰관계를 무시하고 한쪽 당사자가 이기적으로 행동할 때 발생한다. 따라서 기회비용은 잠재적이거나 실제적인 기회를 취하려는 것과 관련된 모든 비용을 포함한다. 이러한 기회비용은 조직 내 생산에서 보다는 외부계약의 경우에 흔히 발생한다. 이는 조직 간 비계층제 관계에서는 누가 초과이윤[11)]을 얻고 누가 초과비용을 지불하느냐의 문제가 분명하지 않기 때문이다.

(1) 민영화

정부의 기능을 방향 잡아주는 이른바 정책결정기능에 한정하고, 서비스를 제공하는 집행기능은 민간부문이 담당하도록 하는 것이 바람직하다(Osborne & Gaebler,

11) 초과이윤에는 영향력, 권위, 더 많은 예산 등 다양하다.

1992). 서비스 제공을 민간부문에 맡김으로써 지방정부의 재정 적자를 해소할 수 있으며, 민간부문의 자금, 아이디어, 관리운영 방법 등을 활용하여 서비스의 질을 향상시킬 수 있다는 것이다. 민영화는 국가 및 지방정부가 특정 기업에 법적 소유권을 주식 내지 자산 매각 등의 방법으로 민간부문에 이전하는 것을 의미하기도 하며(이종수, 2000: 128), 공공부문에 시장경제의 도입을 통해 지방정부 서비스 공급에 유연성을 확보하려는 방법도 포함된다. 이런 의미에서 민영화의 범위는 정부의 규제역할 축소 및 특정 공공서비스의 민간기업과의 계약으로부터 공기업의 매각까지 그 형태가 다양하다(이은구 외, 2001: 227).

(2) 외부계약

정부의 역할과 활동 범위에 대한 해결책으로는 민간부문에 정부 서비스를 외주(外注)하거나 도급을 주는 방법이 있다. 여기서 외부계약(contracting out)은 민과 관 간의 경쟁 결과 민간기업과 서비스 공급계약을 체결하는 것으로 정부가 정부 서비스나 상품 등을 조직 경계를 넘어 외부 영리 및 비영리 조직으로부터 제공받도록 결정하는 과정이다. 이러한 활동은 그 결과가 서비스 수준을 줄이지 않고 비용을 절감할 수 있다는 가정에서 조장되었다(Eric & Bretschneider, 1999: 259-279). 이러한 개선책들은 정부나 사회에 효율성을 가져다주지만 정부공백, 공공책임성 등과 같은 또 다른 문제들을 야기할 수 있다(Deakin & Kieron, 1996: 33-48).

(3) 외부위탁(outsourcing)

관리 서비스의 일부를 민간기업에 의뢰하는 것을 말한다. 기획, 서비스 생산, 판매, 홍보 등 일련의 관리활동 중에서 비교우위가 없는 부분을 외부전문기관에 맡김으로써 지방정부 서비스 공급에서의 생산성과 효율성을 제고하는 방법이다.

(4) contracting in

지방정부가 자신들의 자원이나 서비스 공급능력을 조직경계를 넘어 다른 영리 또는 비영리 및 다른 정부조직에 팔려는 기업가적 활동을 하는데 이를 'contracting in'이라 한다. Contracting in의 핵심은 지방정부단위가 지방재정 문제를 해결하고, 기금기반을 확대하는 수단으로 전통적인 경계를 넘어 기업가 정신의 이름으로 종종 행해지고 있다. 이들 서비스는 공원이나 도서관 등과 같이 개인이나 시민들에게 직접 제공하는 서비스는 포함하지 않는다. 마찬가지로 준정부기관인 공기업도 포함되지 않는다. 예컨대, 전국에 있는 회사들에게 인적자본이나 물적자본의 형태로 자원을 제공해주는 실험연구소의 경우이다. 여기서 인적자본이란 숙련된 연구자나 전문기술자를 말하고, 물적자원이란 실험실 공간에서 비싸고 드문 설비까지를 포함한다. 또 다른 예로 검사 서비스와 정부기관에 의한 정보자료의 판매 등이 있다. 이러한 정부활동은 새로운 것으로 전통적인 서비스나 지역경계를 넘어서 일어나고 있다.

공공조직이 contracting in을 하도록 하는 가장 분명한 계기는 재정 압박이다. 조세 감축과 지출경비 통제에 대한 일반 시민이나 정치권의 요구가 공공기관의 예산 배정에 제한을 가져옴으로써 공공기관의 예산이 삭감되고 있는 실정이다. 이러한 환경적 제약들이 공공관리자들로 하여금 내부 효율성 제고와 대안적인 세입원천을 찾는데 있어 기업가적 기술을 발휘하도록 요구하고 있다. 재정위기에 봉착한 조직이 선택할 수 있는 대안은 내부 효율성 제고로 비용을 절감하거나 서비스 수준을 줄이거나 아니면 contracting in과 같은 세입증가를 시도하는 일이다.

제 14 장 정보자원 및 정보 관리

오늘날을 정보화시대라 일컫는다. 정보기술과 인터넷의 대중화로 인해 시민들의 일상생활이 크게 바뀌었을 뿐 아니라, 개인이나 조직이 당면한 문제들을 컴퓨터와 정보시스템에 의존하여 해결하는 정도가 높아지고 있다. 사이버스페이스(cyber-space)라는 가상공간이 형성되고 사람들은 이 공간에 의존하여 많은 일상생활을 하고 있으며, 행정은 전자정부 또는 행정정보시스템을 기반으로 행정을 집행하거나 고객들과 무대면으로 행정서비스를 제공할 수 있는 시대가 열리고 있다. 지방정부의 정책결정과 행정과정에서도 주민들은 정보기술을 활용하여 활발히 참여할 수 있는 기회가 확대되고, 지방정부가 주민을 위해 봉사하는 데에도 정보기술이 적극 활용되고 있다.

이처럼 오늘날 지방정부는 정보기술을 채택하여 많은 행정업무를 처리하고 있다. 이를 통해 수많은 정보가 생성되거나, 정보시스템이 구축되고, 지속적인 정보화사업에 많은 예산을 투자하고 있다. 그럼에도 지방정부의 효율적 운영을 위한 정보자원관리와 조직 내 업무담당자와 정보화 담당자 간의 의사소통, 기관 전체 차원의 일관된 정보화 기준 수립 문제 등이 발생하고 있으며, 지방정부의 민주적 운영을 위한 적극적인 행정정보 공개와 정보접근을 위한 노력들이 요구되고 있다.

따라서 여기서는 지방정부 관리과정의 효율성 향상을 위한 정보관리 기법들에 대한 이해와 활용 기법들을 설명하고, 지방정부 민주적 운영을 위한 정보공개 및 주민들의 정보접근 관리 등을 살펴보기로 한다.

제 1 절 정보자원관리

1 정보자원관리의 의의와 특성

정보자원이란 정보 및 이와 관련되는 설비, 기술, 인력 및 자금 등 정보화 촉진에 필요한 자원들을 말한다. 전자정부 구현을 위하여 행정기관이 보유하고 있는 행정정보, 전자적 수단에 의한 행정정보의 수집·가공·검색이 용이하게 구축된 정보시스템, 정부시스템의 구축에 적용되는 정보기술·정보화 예산 및 정보화 인력을 말한다(전자정부법 제2조 제8호). 그리고 정보자원관리(information resource management)라 함은 정부기관의 임무를 달성하기 위하여 이러한 정보자원들을 관리하는 활동으로, 이들 관리활동에는 정보화와 관련된 계획 및 조직, 정보기술 도입 및 정보시스템 구축, 정보자원 관리자의 교육 및 지원, 그리고 이들에 대한 평가활동 등이 포함된다.

오늘날 조직에 있어 정보자원은 기존의 인적 및 재정과 같은 전통적 자원과 동일한 방법으로 관리되어야 할 대상으로 인식되어야 하며, 정보자원관리란 정보기술관리의 차원을 넘어 조직의 목적 및 사업 목표를 달성하기 위한 수단으로 인식되어야 한다(정명주, 2008). 따라서 정보자원관리 대상은 단순한 하드웨어, 소프트웨어, 네트워크 등 장비의 관리를 넘어 정보화에 관련한 계획, 예산, 조직, 교육, 인력 등 관련 자원의 포함은 물론 정보화 사업을 통해 업무의 생산성 향상과 대국민 서비스 개선 등 공공부문의 가치증대를 유발하는 것까지를 정보자원관리의 범위로 보는 게 일반적이다(황주성 외, 2007: 13).

지방정부의 정보자원관리도 본질적으로 행정업무 프로세스 개선을 통한 효율성 향상과 질 높은 대민행정서비스 제공이라는 목표를 달성하기 위한 정보관리과정이나 수단으로 정의될 수 있다. 정보자원관리라는 개념은 1970년대 미국 연방정부에서 문서작업의 과중함이, 정보의 소재를 파악하지 못하여 발생되는 중복작업의 악순환 때문이라는 결론을 내리면서 정부 내 모든 정보와 정보자원을 효율적으로 관리하기 위한 정보자원관리의 도입을 제안하고 이후 관련 법령[1]을 제・개정하여 행정관리와 정보자원관리의 통합관리를 지속적으로 추진하면서 비롯되었다.

이러한 정보자원관리의 특성을 살펴보면, 첫째, 정보자원관리는 정보기술과 정보체계는 물론 그의 산물인 정보 자체가 조직의 희소자원으로 관리 대상이 되어야 한다. 둘째, 정보자원관리에서는 무엇보다도 정보자원의 관리가 조직의 목표 혹은 임무를 명확히 지원하는 방향으로 이루어져야 한다. 셋째, 정보자원관리에서는 정보자원이라는 수단과 조직의 목적을 체계적으로 연계하는 기획기능이 강조되며 이는 다시 조직 내의 각종 정보 관련 자원에 대한 종합적・하향적 관리로 이어져야 한다. 넷째, 정보자원관리는 각 기능부서가 각자의 정보자원을 일정 수준에서 분권적으로 관리해야 할 필요성을 인정하기는 하나 이러한 분권적 관리가 조직 전반에 걸친 정보자원관리 전략을 위해 이루어지도록 해야 한다(정명주 외, 2002: 5-6).

정보자원관리를 체계적이고 효율적으로 수행하기 위해서는 첫째로, IT의 중요성을 조직구성원 전체가 인식을 해야 한다. 오늘날 지방정부도 더 적은 자원으로 보다 높은 품질의 서비스를 더 많이 제공하도록 압박을 받고 있다. 그러므로 자치단체의 관리자, 현업담당자 및 IT 관리자 모두가 IT를 보다 적극적으로 활용함으로써 조직의 생산성을 꾀하는 노력이 필요하다.

둘째로, 모든 것을 IT 부문이 주도하던 예전방식을 탈피하여 관련 주체가 각기 나름대로의 역할을 수행하고 이에 따른 책임을 져야 한다. 지방정부 최고책임자는 IT 부문 관리자(CIO)가 전략적 IT 활용을 통한 조직목표 달성이라는 역할을 효과적으로 수행할 수 있도록 지속적인 관심과 지원을 하며, 이슈가 있을 때는 언제든 충분히 상의하는 조직문화를 형성하고 부서 간 갈등이 있을 경우 이를 조정하고 통제하는 노력이 필요하다. 예산, 기획, 행정업무 등의 현업담당자들은 현업이 필요로 하는 IT를 스스로 결정하게 하고, 이 과정에서 필요로 하는 제반 서비스를 정보화 기획자 및 개발담당자, 정보화 운용담당자 등이 효과적으로 제공해야 한다.

셋째로, 정보자원의 통합적 관리가 필요하다. 이는 업무와 정보기술자원이 불가분의 관계에 있고 이들 정보자원이 서로 연계되어 있을 경우 그 가치를 더욱 발

1) 문서작업감축법(Paperwork Reduction Act), 정부성과결과법(Government Performance Result Act), 1996년 정보기술관리혁신법(Information Technology Management Act) 등이다.

휘할 것이므로 자원을 공유하고 조직 및 부서 간에 공동으로 관리할 수 있는 방안들이 강구되어야 한다.

마지막으로, 정보자원의 관리에 일정한 기준과 표준을 적용함으로써 기술과 업무처리 방식의 변화에도 체계적으로 대응할 수 있어야 한다. 이와 같이 정보자원관리를 체계적으로 추진하기 위해서는 필요한 전문인력의 확보 및 기술과 지식의 배양 등에 지속적인 노력을 기울여야 한다(김성근, 2004).

2 정보자원관리기준으로서 EA[2)]

조직이나 기관은 존재하는 목적이 있고 이들 목적을 달성해 나가고자 하는 전략이 있다. 이런 전략을 실행해가면서 목적을 달성하기 위해서는 여러 업무가 발생하고, 업무를 수행하기 위한 인력과 부서가 필요하며 효율적인 업무수행을 위해 다양한 정보기술을 활용한 정보시스템을 구축하게 된다. 업무의 효율성과 성과 제고를 위해서는 개별 단위업무가 조직의 목표와 전략에 연결되어 있는지, 구성원이 수행하는 업무와 이를 지원하는 정보시스템은 무엇인지, 각 업무가 어떤 성과를 달성해야 하는지 등에 대한 여러 정보를 쉽게 파악할 수 있어야 한다.

정보시스템을 효율적으로 도입 및 운용하기 위해서는 정보기술아키텍처(architecture)가 필요하다. 정보기술아키텍처는 건축물의 설계도와 같은 기능을 수행하는 것으로, 조직 전반의 정보화 종합설계로서 조직의 업무활동과 IT(응용, 데이터, 기술 등) 간의 현황과 향후 추구해 나아갈 계획을 원칙과 기준에 따라 정의하고 체계화한 것이다(정보통신부, 2006). 즉, 기관을 구성하는 목표, 전략, 업무, 조직, 정보시스템, 데이터 등 전체 요소를 누구나가 쉽게 이해하고 미래를 위한 계획을 세우며, 현재 업무를 개선해 나갈 수 있도록 하는 모델이다. 정보기술아키텍처를 행정자치부에서는 EA로 사용하고 있는데, 이는 조직 내 정보자원 관리대상을 조직 전체의 정보자원으로 확대 적용하려는 입장이라 할 수 있다.

EA는 기관의 비전, 목표, 전략을 중심으로 모든 업무프로세스와 정보시스템을

2) 전사적 아키텍처, EA(enterprise architecture)는 체계화된 정보화를 추진하기 위해 업무, 데이터, 시스템 등 정보화 구성요소와 상호관계를 미리 규정한 정보화 종합설계도라 한다(이강원 외, 2016).

업무아키텍처, 데이터아키텍처, 응용아키텍처, 기술아키텍처 등으로 표현한 표준화된 설계도[3]로서 정보자원관리를 위한 기준이 된다. EA를 통해 기관의 업무프로세스와 정보시스템에 관한 설계도를 표준화함으로써 조직의 최고결정권자로부터 현업담당자, IT 담당자에 이르기까지 모든 업무, 정보시스템, 데이터 등에 대한 동일한 시각과 이해를 바탕으로 조직의 전체 형상을 바라보며 업무를 수행하고 커뮤니케이션할 수 있게 한다. 정보자원관리에서 EA와 같은 기준이 없다면 조직의 개별 업무, 정보, 정보시스템, 데이터 등이 독자적으로 관리되어 정보자원관리를 통해 달성하려는 자원의 재사용, 공동활용, 개별 정보시스템의 통합, 연계, 상호운용 확보 등을 달성할 수 없다는 것이다(최진명, 2007: 30-32).

따라서 정보자원의 효과적 관리를 위해 EA 기반의 정보자원관리가 이루어져야 한다. 즉, 조직 내 존재하는 정보자원을 관리하고자 할 때 정보자원을 포함한 조직 전체의 정보기술과 업무, 성과 간의 연관성을 포함한 정보기술아키텍처를 토대로 계획, 구축, 운용, 평가와 같은 구체적인 활동이 이루어져야 한다는 것이다.

3 정보공용

행정정보공유 확대를 통해 대민서비스 개선과 업무프로세스 혁신을 이끌어내기 위해서는 개별 정보시스템들 간의 연계, 상호운영성 확보를 통한 정보의 공동활용이 전제되어야 한다. 정보화사업의 효율성은 단위조직의 단위사업으로 추진하기보다는 타 부서나 기관과의 연계 및 통합된 정보화체계가 구축되어야 실효성이 높다. 이러한 조직 간 업무연계 및 통합은 결국 개별 기관에서 생성 및 보유하고 있는 행정정보의 질과 개별 조직의 정보시스템을 넘어 흘러 다니는 정보를 공동활용하는 수준에 달려 있다. 행정정보 공동활용을 위해서는 기본적으로 데이터, 시스

3) 업무아키텍처는 기관의 목적 및 임무를 지원하기 위해 수행되는 업무를 분석하고, 이를 업무활동단위로 분할하여 계층적으로 표현한 것이고, 데이터아키텍처는 업무처리와 의사결정을 위해 필요한 데이터를 어떻게 제공하고 유지·관리할 것인가를 정의한 것이며, 응용아키텍처는 업무를 수행하기 위해 필요한 기능들을 애플리케이션(응용)이 어떻게 지원하고 제공할 것인가를 정의한 것이다. 그리고 기술아키텍처는 각 업무부문과 결합된 애플리케이션 및 데이터를 실행하기 위해 갖추어야 할 정보기술을 어떻게 구성하고 제공할 것인가를 정의한 것이다(Zachman, 1987; 최진명, 2007: 30).

템, 법 · 제도 등 세 가지 측면에서 여건이 갖추어져야 한다(황주성 외, 2007: 25-26).

데이터 차원에서는 정보를 공유할 수 있도록 '공부(대장 및 증명)' 중심의 정보관리에서 '속성' 중심의 정보로 바뀌어야 한다. 개별 기관들의 행정정보와 프로세스가 범정부 표준의 틀에 기초하여 정비되어야 한다. DB 통합이 이루어지지 않으면 정책을 지원하는 각종 분석정보를 신속히 지원할 수 없기 때문이다.

따라서 기존의 조직 관점보다는 업무 및 기능 관점에서 정부의 업무를 재정의(서비스 기능분류 도입)하고 내부 운영과 대민서비스도 특정 부처의 관점이 아닌 범정부 차원에서 구성해야 한다. 또한 대장 중심의 데이터 관리체계에서 속성 중심의 데이터 관리체계로의 전환은 이를 뒷받침할 수 있는, 범정부 간 속성 중심의 행정정보 공동활용 체계가 마련되어야 한다. 그리고 이를 위한 법 · 제도적 지원이 요구되며 더 나아가 민간과의 교류를 통한 통합서비스를 확대시킬 필요가 있다.

제 2 절 정보관리

정보관리는 조직의 효과적 기획이나 전략수립, 프로젝트(계획사업)나 프로그램의 효율적 실행과 통제에 필수적이다. 시기적절한 정보는 이슈를 둘러싼 상황을 이해하고, 문제해결을 위한 행동 대안들을 평가하는 데 활용될 수 있다.

1 정보관리 유형

1) 정보관리체제

정보관리체제(information management system)는 현대의 자료처리 소프트웨어와 하드웨어를 효과적으로 활용하는 것으로 정보를 저장, 검색, 조작, 분석하고 재현할 수 있도록 설계된 일련의 절차와 기법을 말한다. 전통적으로 운영관리를 위한 도구로 발전해왔다. 조직의 일상적 운영에 관한 다양한 측면들을 세부적으로 측정하기 위해 자료가 기록되고 축적되었다. 그러나 전략적 관리에 필요한 정보들은 운영통제를 위해 사용했던 전통적 의미의 정보관리체제와는 다르다.

관리자들은 자신들의 책임영역 내에서의 활동들을 기획, 조직, 집행 및 통제해야 한다. 따라서 관리자들은 조직에 부과된 요구들을 충족시키기 위해, 조직역량을 제고하고 지속적으로 전략적, 전술적, 그리고 기술적 의사결정을 개발·적용하고 이를 실행해야 한다. 정보관리체제는 이런 일련의 의사결정과정들이 시너지 방식에 의해 이루어지도록 정보소통에 강조를 두고 있다. 정보는 자료(data)와 달리 의사결정에 사용되기 위해 분류된, 해석된 자료들로 구성되며, 정보관리체제는 데이터베이스와 정보자료를 관리하는 데 필요한 소프트웨어 패키지(컴퓨터 프로그램)로 구성된다. 데이터베이스는 컴퓨터체제에 저장된 구조화되고 연관된 정보의 수집이며, 소프트웨어 패키지는 분석에 필요한 수단으로 이들 자료의 접근과 관리를 촉진해준다.

데이터베이스 관리시스템(database management system, DBMS)은 데이터를 저장하고 관리하기 위한 목적으로 사용되는 일체의 시스템을 말한다. 파일 시스템의 단점을 극복하고 데이터를 효율적으로 관리하기 위해 출현한 시스템으로, 사용자와 데이터베이스 사이에 위치하여 사용자의 요구에 따라 데이터베이스를 조작하고 제어하는 기능을 하는 소프트웨어이다. 데이터베이스는 응용 시스템을 통해 접근이 가능한 공유된 형태의 통합된 데이터 집합이고, DBMS는 이러한 데이터베이스를 관리하는 논리적 프로그램이다. 데이터베이스는 정보들의 조각인 데이터들의 집합을 말하며 데이터의 지속적인 관리를 목적으로 하는데 반하여, DBMS는 방대한 양의 데이터를 편리하게 저장하여 효율적으로 관리하고 검색할 수 있는 환경을 제공해주는 시스템으로, 응용프로그램들이 데이터베이스 내의 데이터를 공용으로 사용할 수 있도록 관리해주는 파일 관리자라고 할 수 있다.

자료를 수집하여 분석하고, 이들 자료들을 결합하여 조직 의사결정에 필요한 정보를 이끌어내는 일이 전략적 관리의 기본 전제이다. 수용할 만한 의사결정을 위한 자료와 메모리를 선택·결합하는 선별과정을 통해 의사결정이 이루어지고 이를 행동으로 전환된 후 그 결과에 따라 지속적으로 수정되는 순환적 과정을 거쳐야 하기 때문이다.

(1) 전략적 관리를 위한 정보관리체제

전략적 관리를 위한 정보관리체제의 활용은 다음과 같다.

① 먼저, IMS는 자료에 대한 기본적 조사와 분석단계에 활용된다. 이들 자료의 원천은 외부환경으로부터의 자료, 자가정보 및 역사적 자료 등이다. 외부환경 정보는 고객들의 요구를 포함하여 조직이 속해 있는 보다 광의의 환경에 관한 자료이며, 자가정보는 특정 조직의 구성요소에 관한 자료로 조직자원에 대한 평가와 고객요구에 대응할 수 있는 능력 등이 포함된다. 역사적 자료는 과거 경험으로부터 배운 교훈의 축적과 분석에서 나온 정보다. 이들 자료는 조직 데이터뱅크에 저장되어 특정 의사결정 상황이 제기될 때, 또는 조직의 전반적인 목적과 목표에 대한 평가가 필요할 때 검색된다. 조직의 장점과 취약점에 관한 자료의 편집과 주요 외부 이슈로서 기회와 위협에 관한 자료들이 SWOT 분석의 기초가 된다. SWOT 분석의 핵심은 조직의 현재 프로그램과 과정에 대한 효율성과 효과성 평가이다. 이러한 평가에는 양적 자료와 프로그램에 대한 주민 및 고객들의 의견과 같은 질적 자료에 근거한 과정평가가 포함된다. 그리고 추세에 대한 진단은 모델링이나 시뮬레이션프로그램 및 통계분석 패키지에 의해 이루어지며, 그 결과는 OLAP 서버[4)]에 저장될 수 있다.

이러한 분석적 토대 위에서 가능한 결과 예측이 이루어질 수 있다. SWOT 분석과 관련된 예측이 조직의 사명진술과 전략적 목표결정에 투입되고, 사명진술과 전략적 목표가 결정되면 전략적 기획과정은 주민과 고객요구에 대응하여 조직이 택해야 할 가능한 방향들을 확인할 수 있다. 또한 조직의 전반적인 성과를 개선할 수 있는 새로운 행동 대안들이 탐색되고, 자원관리와 통제의 틀이 마련됨으로써 조직의 전반적인 대응성 개선을 위한 전략과 기술적 쇄신을 탐색할 수 있다. 조직의 전략은 의도적이고 목적 지향적 행동과 예상치 못한 상황전개와 외부압력에 대한 필요한 대응으로 결합되어야 하며, 제안된 전략에 대한 다양한 가정적 시나리오가 IMS에 있는 분석적 서브루틴(아래경로)을 통해 검증되어야 한다. 전략계획의 전반

4) OLAP(online analytical processing)는 최종사용자가 직접 다차원으로 이루어진 데이터로부터 통계적인 요약정보를 분석하여 의사결정에 활용하는 방식을 말한다. OLAP 시스템은 데이터 웨어하우스나 데이터 마트와 같은 시스템과 상호 연관되는 정보시스템이다. 데이터 웨어하우스가 데이터를 저장하고 관리한다면 OLAP는 데이터 웨어하우스의 데이터를 전략적인 정보로 변환시키는 역할을 한다.

적인 내용은 관리기획과정을 통해 보다 구체적인 프로그램이나 활동으로 전환되어야 한다. 후속 관리기획(hoshin planning, 프로그래밍, 예산과정 등)이 없다면, 전략기획은 단순한 일련의 의도에 불과하기 때문이다.

② 프로그램 대안 형성과 분석단계에 IMS가 활용된다. OLAP 기억장치와 IMS의 조회능력이 유의미하게 연계 사용될 수 있으며, 이전의 의사결정과 프로그램 활동의 결과들이 정책건의나 자원 권고를 통해 결합되어야 한다. 이러한 능력으로 IMS는 필요한 정보의 저장과 검색 및 보고서 산출에 유용하게 사용된다.

③ 관리통제활동에서도 조직의 메모리뱅크가 활용된다. 이전에 성공적으로 작용했던 프로그램화된 의사결정 탐색에 유용하며, 시의적절한 자원평가 또는 관리통제과정에 중요한 영향을 준다. 자원평가는 조직의 현재 재정상태(재정 및 비용회계자료 등)에 관한 정보를 포함하고, 관리통제과정은 향후 목표의 세련화를 위해 중요한 피드백과정이 필요한데 이러한 피드백은 다음 단계로 나가기 전 분석적 과정의 순환을 요구한다.

이러한 요구에 IMS는 현재의 과정과 미래 과정을 위한 권고 자료와 분석의 용기로서 기여하는데 이는 조직의 전반적인 사명을 지원하는 기본적 과정에 대한 정례적인 재평가 노력을 지원하기 때문이다. 이를 위해 프로그램평가점검기법(PERT)이나 임계경로법(CPM)[5]과 같은 기법들을 활용할 수 있다. 오늘날 조직의 기본 문제는 조직의 장·중·단기적 미래에 대한 대응력인 체제 적응력(system readiness)을 보장하기 위해서 프로그램과 의사결정 간의 적절한 균형을 달성해야 하는데, IMS의 개발과 유지가 이들 도전에 기여할 수 있다는 것이다.

④ 마지막 성과평가단계에서도 IMS 정보가 필요하다. 성과평가는 주민과 고객들의 요구 충족 및 문제해결에서의 효율성과 효과성에 관한 조직 외부환경으로부터의 자료에 의존한다. 요약과 예외상황에 대한 보고서가 IMS에 의해서 나오고 상급자들의 검토와 평가가 될 수 있다. 이러한 평가는 이어서 목적과 목표의 쇄신을

5) CPM(critical path method)은 PERT(program evaluation review technique)와 함께 대규모 프로젝트의 일정을 계획 및 관리학 위한 기법으로서 PERT는 주로 프로젝트의 완료까지의 소요 시간만이 문제가 되는 것에 대하여, CPM에서는 시간과 더불어 비용 측면이 고려된다. 직업소요 시간을 단축하기 위해서는 새로운 자원의 투입이 필요하기 때문에 프로젝트의 일정을 단축하고자 하면 그만큼 직접비는 증가한다. 그러나 이때 간접비는 반대로 감소한다. CPM 목적의 하나는 일정의 단축이 가능할 때에 이들 비용이 전체 최적화를 달성할 수 있는 일정 계획을 수립하는 데 도움을 준다(국방과학기술용어사전, 2011).

낳고, 차후의 관리활동들이 이들 피드백을 반영하면서 순환되어 이루어질 수 있다. 피드백은 IMS의 기본적 필요조건이다. 피드백에는 질(효과성), 양(서비스 수준의 효율성), 비용 등의 정보가 포함되어야 한다. 피드백 자료는 다양한 프로그램 집행과 현 과정의 유지단계에서 수집되고 분석되어야 한다.

전략적 관리에 적절한 정보체제는 피드백(feedback)뿐만 아니라 피드포워드(feedforward)로 활용되어야 한다. 피드포워드는 투입을 모니터하고 산출변수에 이들의 영향을 예측함으로써 피드백 시스템의 문제나 지체를 예상할 수 있다. 그렇게 함으로써 투입변화를 위한 행동을 선택할 수 있고, 산출이 바람직한 결과와 균형을 이루도록 할 수 있으며, 수용기준으로부터의 일탈을 막을 수 있다.

(2) IMS 실행의 전제

새로운 정보관리체제 도입과 실행의 추진력은 최고관리자의 관여가 있어야 하며, 단순한 묵인 이상의 지원이 필요하다. 설계나 집행단계에서 문제가 발생하면 최고관리자는 반대의견을 듣고 문제해결을 위한 의사결정을 해야 한다. 그리고 외부 이해집단과의 다툼도 극복해야 한다. 최고관리자는 처음부터 끝까지 정보관리체제의 실행에 적극적으로 관여해야 하며, 책임있는 관리자들은 정보관리체제의 일반적인 개념과 목표를 완전히 이해하기 위해서 충분한 시간과 노력을 기꺼이 기울여야 한다. 아울러 주요 부하 직원들에게 이러한 절차가 자신들은 물론 조직 전체에 어떻게 도움이 되는가를 설명할 수 있어야 한다.

IMS같은 새로운 시스템을 도입하는 것은 압력과 설득 및 타협이 내재된 일종의 정치적 과정이며, 관련 구성원들의 참여를 통한 교육과정으로 이해되어야 한다. 최고관리자가 새로운 시스템에 대해 부하 직원과 토론하고, 또 이들이 하위 직원들에게 메시지를 전달해가는 과정이 필요하다.

조직 전반에 단 한번으로 새로운 IMS를 장착하는 것은 어려운 일이다. 처음에는 조직의 일부 부서에 집중하고 가시적인 성공을 다른 부서에 확산하는 것이 적절하다. 그리고 최선의 정보관리체제라 하더라도 자료는 관리자에 의해 분석되고 해석되기 마련이다. 시스템은 의사결정 변수를 제공할 수 있지만 의사결정은 할 수 없다. 따라서 관리자들은 예외적 상황에 대한 지속적인 판단을 해야 한다.

2) 의사결정지원체제

의사결정지원시스템(decision-support system)은 사용자가 컴퓨터를 통해 의사결정에 필요한 자료를 얻고 의사결정에 도움이 되도록 하는 시스템이다. 컴퓨터의 데이터베이스 기능과 데이터를 분석하는 분석모형의 교류를 통해 의사결정과정을 지원해주는 컴퓨터 시스템을 의미한다. 의사결정지원체제는 개인들의 지적자원과 컴퓨터의 능력을 결합하여 의사결정의 질을 개선하는 것으로 반구조적 문제를 다루는 의사결정자들을 위한 컴퓨터지원시스템이다(Morton & Peter, 1978).

의사결정지원시스템은 데이터를 단순 처리하는 EDPS(electronic data processing system)나 조직의 신경망 구실을 하는 관리정보시스템(management information system, MIS)과는 사용목적이 다르다. EDPS는 단순 반복 업무를 수행하는 일선근로자에게 유용한 시스템이고, MIS는 정형화된 업무를 처리하는 중간관리자의 운영합리화를 위해 유용한 시스템이라면, DSS는 최고관리자가 비정형화된 업무의 전략적 판단을 내리기 위해 필요한 시스템이다(허만형, 2012: 184-185). DSS는 의사결정자가 컴퓨터시스템을 사용해 의사결정모형을 만들거나 기존의 모형을 이용해 자료를 분석할 수 있도록 준비된 시스템으로 문제의 일부분만을 해결해주고 나머지 부분은 의사결정자가 자신의 판단과 경험에 의해 처리한다.

의사결정지원체제의 목표는 끊임없이 변하는 조직 내 문제들(하나의 올바른 해답 이상을 갖는 문제들)에 대한 의사결정을 지원해주는 것이다. 다양하게 발생 가능한 시나리오를 분석·평가하여 불확실성을 최소화하는 정보시스템으로 DSS는 구조적 의사결정을 지원하는 시스템이 아니라 비구조적 의사결정을 지원하는 시스템이다. 프로그래머들은 비교적 구조화되지 못한 문제들에 불편을 느끼고 가능한 한 빨리 문제의 명확화로 처리하고자 하여, 문제로부터 벗어난 정보체계를 형성할 수 있다. 그러나 의사결정지원체제는 문제의 명확화가 이루어지지 않은 상황에서, 상호작용적 접근방법을 통해 의사결정을 하려는 것이다.

DSS는 하나의 시스템으로 상호관계가 있는 4개의 하위 체제로 구성되어 있다. 즉, 데이터베이스 시스템, 모델베이스 시스템, 사용자 인터페이스, 그리고 사용자로 구성되어 있다. 데이터베이스 시스템은 의사결정에 필요한 자료를 저장·관리하는 시스템이고, 모델베이스 시스템은 데이터를 분석하는 모형을 갖추고 있는 시스템으로, 의사결정에 필요한 다양한 모형을 저장하고 있는 모델베이스와 의사결정에 필요한 모형을 개발하고 수정 및 통제기능을 수행하는 모델베이스 관리시스템이 있다. 사용자 인터페이스는 DSS와 사용자를 연결하는 모듈로서 DSS에서 처리한 분석결과를 메뉴 방식이나 그래픽 처리 형식으로 사용자 앞에 알기 쉽게 제공하는 역할을 한다. DSS 사용자는 조직의 주요 의사결정을 담당하는 관리자들이다(Sprague, 1980).

조직 의사결정에 대한 DSS의 기여는 의사결정과정에서 요구되는 중요한 자료입력을 제공해주며, 자료 입력을 정리해주는 도구와 모델을 제공하여 의사결정변수들의 틀을 만들어주고, 의사결정으로 영향받는 대상자들에 대한 정보와 결과 및 실현가능성 등에 관한 정보를 제공해준다. DSS는 관리자들 간에, 보다 나은 의사소통을 이끌어주어 목적과 목표에 대한 보다 광의의 합의와 조직이 직면하는 문제에 대한 가정을 공유하게 함으로써 문제해결에 보다 통합된 접근방법을 제공해준다.

DSS가 조직의 의사결정과정에 바람직한 영향을 주기위해서는 몇 가지 기본적인 조건이 충족되어야 한다. 첫째, 올바른 문제가 다루어져야 한다. DSS는 상급관리자에게 중요한 구체적인 문제상황을 다루어야 한다. 의사결정지원에 대한 수요는 이용할 수 있는 자료에 의해 강제되는 것보다는 상급관리자로부터 나와야 한다. 둘째, DSS 개발에 참여자들은 제기된 문제해결을 위한 전문기술뿐 아니라 관리 원리에 대한 일반적인 이해를 가진 사람들이어야 한다. 셋째, 기술적 전문성의 부담을 줄여주기 위하여 가능한 한 쉽게 활용할 수 있고 이용자 친화적 분석도구를 이용해야 한다. 넷째, DSS는 문제가 진화함에 따라 새로운 때로는 예상치 못한 방식을 지속적으로 변화시킬 수 있는 역동적인 기제이어야 한다.

컴퓨터 기반의 정보체제와 의사결정지원체제가 널리 유용하게 활용되지만 좋은 의사결정을 위해서는 의사결정자가 사실에 주의를 기울이고 직관적 통찰력을 개발할 능력을 가져야 한다. DSS는 좋은 의사결정의 속성을 고양하는 것으로 정보의 질을 자료의 양으로 대체하려는 것은 아니다. 따라서 상급관리자와 정보체제 관리자들은 컴퓨터 기반의 정보체제의 잠재성을 극대화하도록 노력해야 한다. 관리자들은 정보체제의 기술을 두려워하거나 정보체제 전문가들의 특수용어에 소원해서도 안 된다. 관리자들은 정보관리부서에게 관리에 필요한 실제 정보제공의 책임을 부과하여야 한다.

3) 전사적 자원관리

전사적 자원관리(enterprise resource planning, ERP)는 조직의 전체 활동, 즉 재정관리, 인적자원관리, 생산 및 배분관리 등을 연결하기 위해 설계된 조직 전반의 통합정보시스템이며, 더 나아가 조직과 주민 및 고객, 그리고 공급자들 간의 연계도 포함하려는 정보관리시스템이다.

민간부문에서 인사, 재무, 생산 등 기업의 전 부문에 걸쳐 독립적으로 운용되던 각종 관리시스템의 경영자원을 하나의 통합 시스템으로 재구축함으로써 생산성을 극대화하려는 경영혁신기법이다. 이는 과거 경영지원을 위한 각 서브시스템이 해당 분야의 업무를 처리하고 정보를 가공하여 의사결정을 지원했지만 별개 시스템으로 운용되다 보니, 정보가 다른 부문과 동시에 연결되지 않아 불편과 낭비를 초래하였다. ERP는 이러한 문제점을 해결하기 위한 것으로 어느 한 부문에서 데이터를 입력하면 회사의 전 부문에서 동시에 정보를 활용할 수 있도록 한 것이다.

ERP는 1980년대 등장한 종합생산관리시스템(material requirement program, MRP)[6]과 1980년대 후반에 개발된 MRP II[7]보다 개념과 기능이 크게 향상된 것이라 할 수 있다. 즉, 기업의 생산관리부문에서 자재관리와 구매활동을 원활히 하기 위해 제안된 MRP에서 시작하여 MRP II라는 과도기를 거쳐 기업의 모든 조직 간 상호정보통합을 위한 전사적 개념으로 전개되고 있다. ERP의 주요 추동력은 제조업분야에서 나왔지만 다양한 데이터베이스와 자료 원천을 가진 공공조직은 물론 민간조직에서 정보관리에 대한 전조직적 통합접근을 위한 실험들이 시작되면서 활발히 전개되고 있다. 지방정부에서도 e-정부 적용이 보다 확산되고 정교화됨에 따라 정보기술정보 비용증가와 전문기술가들의 확보가 요구되고 통합된 정보관리시스템의 필요성이 점증하고 있는 실정이다. ERP는 조직 전반에 걸친 모든 기능과 부서를 단일정보시스템으로 통합하여 인적자원, 조달, 자산관리 등은 물론 재정관리의 필요성 등에 기여함은 물론 각기 다른 개별 단위들이 보다 쉽게 정보를 공유하고 상호소통

---

6) MRP는 자재소용량 계획으로 제품을 생산함에 있어서 부품(자재)이 투입될 시점과 투입되는 양을 관리하기 위한 시스템을 말한다. 즉, 컴퓨터를 이용하여 최종제품의 생산계획에 맞추어 그에 필요한 부품이나 자재의 소요량 흐름을 종합적으로 관리하는 생산관리시스템이다(NEW 경제용어사전).

7) MRP I은 자재수급관리(재고최소화), MRP II는 제조자원관리(원가절감)를 위한 정보관리시스템을 말한다.

할 수 있는 공동 데이터베이스를 활용하여 이들 개별 시스템의 요구도 충족할 수 있게 한다.

ERP를 실현하기 위해 공급되는 소프트웨어 패키지는 데이터를 어느 한 시스템에서 입력하면 전체로 자동으로 연결되어 별도의 인터페이스를 처리할 필요 없이 주기적으로 새 버전이 공급되어 신기술 도입을 쉽게 해준다. 이로 인해 선진업무프로세스의 도입에 따른 생산성 향상, 많은 기업에 적용함으로써 신뢰성과 안전성 확보, 전 모듈 적용 시 데이터의 일관성과 통합성으로 업무의 단순화와 표준화 실현, 실시간 처리로 의사결정 정보의 신속한 제공 등 장점을 갖고 있다(시사경제용어사전, 2010). ERP 시스템 설치의 일반적 방법으로는 전면적 접근방법(across-the-board), 가맹권 전략(franchise strategy), 선발대(fast start) 접근방법 등이 있다(Steiss, 2003: 393). 전면적 접근방법은 기존의 모든 시스템을 일시에 버리고 전 조직에 걸쳐 단일의 ERP 시스템을 실행하는 방법이다. 조직 내 각 부서단위는 자신들에 익숙한 정보시스템을 갖고 있고, 모든 사람들이 협력하고 일시에 새로운 소프트웨어를 받아들이는 것이 쉽지 않은 엄청난 노력이 필요하며 조직 내 경험있는 사람이 많지 않기 때문에 제대로 작동될지 확신할 수가 없다. 가맹권 전략은 재정기록 관리와 같은 공동의 프로세스를 갖지만 개별 단위들이 독립된 ERP 시스템을 설치하고 전 조직과 연계하는 방법이다. 각 단위는 자신들의 ERP, 즉 개별적인 IMS나 데이터베이스를 갖지만 모든 단위를 넘어 조직의 큰 그림을 그릴 때 필요한 정보를 공유한다. 개방적 단위부서에 실험적 설치로 시작한다. 선발대 접근방법은 한두 개의 주요 과정에 초점을 둔 후 조직이 ERP에 익숙하도록 하는 방법이다. 최종 이용자들에게 보급할 절차적 변화가 비교적 적은 중심 단위부서에 적용한다.

이러한 ERP 프로젝트를 기피하는 주된 이유로는 이들 소프트웨어가 자신들에게 익숙한 주요 과정을 지원해주지 못하거나, ERP 시스템을 적용하기 위해 과정을 재설계하거나 자신들의 역할이나 책임 등을 변화시켜야 하기 때문이다.

제 3 절 정보공개와 정보접근

지방자치의 기초가 주민의 적극적·실질적 참여를 바탕으로 한 주권적 민주주의를 지향하면서, 다른 한편으로는 지역정책·기획 및 지역발전 사업에 주민들이 직·간접으로 참여하고 통제함으로써 지방정부 운영의 민주성과 효율성을 증대하는 데 있다는 것은 의문의 여지가 없다. 이러한 주민의 자발적 참여와 자치의식을 고취시키고 그것을 자치행정에 반영함은 물론 건전한 여론을 형성하려면 지방정부의 행정정보 공개와 주민들의 알권리로서 행정정보 접근 노력이 전제되어야 한다.

1 행정정보공개와 정보접근의 의의

행정정보공개는 국민의 기본권으로서의 알권리를 충족시킬 뿐 아니라 참여민주주의의 기초가 되는 것으로 지방정부가 자발적으로 또는 주민의 공개청구에 의하여 보유하고 있는 행정정보를 주민에게 공표하거나 공개하는 행위를 의미한다(정세욱, 2000: 351). 반면에, 정보접근은 시민이 모든 영역에서 주도적인 역할을 수행하는 시민 중심사회의 변화에 따라 시민들이 능동적으로 공공부문의 정보에 접근하려는 자세를 말하며, 이러한 동전의 양면이 활발히 작동할 때 민주주의, 지방자치라는 명칭에 실질적으로 부합되는 사회가 도래할 수 있다는 것이다. 지방정부와 주민 간에 질적 또는 양적 정보격차가 있을 경우에는 주민참여가 무의미할 뿐 아니라 민주주의, 지방자치는 허명에 그칠 수밖에 없을 것이다.

이러한 행정정보공개의 성격을 수평성, 의무성, 교류성, 객관성, 교육성 등으로 설명하고 있다(정세욱, 2000: 356-357). 수평성은 행정정보공개가 지방정부와 주민이 대등한 수평적 지위에 있을 것을 전제로 한다는 것으로 지방정부와 주민 간 정보격차가 있을 경우 왜곡된 정보로 인한 불신과 주민의 이해를 구하며 자발적 협조를 유도할 수 없다는 것이다. 의무성은 행정정보공개가 주민에 대한 지방정부의 특전이 아니라 당연한 의무임을 특질로 한다는 것이다. 주민의 정보접근이라는 알권리에 대한 지방정부의 알려줄 의무라는 것이다. 교류성은 행정정보공개가 지방정부에 의해 일방적으로 공표하는 것이 아니라, 공개된 정보에 대한 주민의 반응·의견이나 요망을 듣고 이를 정책에 반영하는 것도 포함해야 한다는 것이다. 객관성은 지방정부가 그 업적이나 시책의 성과에 관한 정보를 주민에게 객관적으로 공개해야 하며 이를 왜곡·과장하거나 은폐해서는 안 된다는 것이다. 마지막으로, 교육성은 행정정보공개가 건전한 여론을 형성할 수 있는 기반을 조성하기 위해 주민에 대한 계도적·교육적 의미를 가져야 한다는 것이다.

이러한 정보공개제도에 직·간접으로 영향을 미친 것은 미국 연방정부의 정보공개제도라 할 수 있다. 미국 연방정부의 정보공개제도와 관련된 주된 법률은 정보자유법(Freedom of Information Act)과 전자정보자유법(Electronic Freedom of Information Act) 등이다. 1966년 제정되어 수차의 수정을 거친 정보자유법은, 연방정부기관이 생산했거나 소유하고 있는 정보에 대한 국민의 알권리를 충족시키고 국민의 접근을 위한 수단적 법이다. 공개가 제한된 분야에 속한 정보(국가안보, 외국정책, 개인의 사생활, 기업 내부의 기밀, 정부의 기능, 유전 지리정보 등)를 제외하고는 적합한 절차에 따른 시민의 정보공개 요청에 대해서 정부기관은 그 요청된 정보를 공개해야 한다는 법률이다.

전자정보자유법은 정보자유법을 수정한 법으로 정보자유법이 좀 더 효과적이고 생산적으로 공공에게 정보공개를 제공하기 위해서는 전자적 매체와 같은 정보기술을 적극적으로 활용하여 정보를 수집·저장·전송하도록 규정하고 있는 법률이다. 1996년 11월 이후 생성된 기록물은 컴퓨터 통신기술과 종이복사물로 이용 가능하게 규정함으로써 온라인과 오프라인으로 모두 이용이 가능하도록 하고 있다(천대윤, 2004: 76－77).

이와 같이 미국의 정보공개제도는 시민의 '알욕구'에서 '알권리'로 전환하여, 시민이 공개요청한 정보에 대해서 정부가 공개하지 못하는 비밀에 대한 필요성은 정부가 정당화하도록 하였으며, 인터넷, 컴퓨터, 통신 등의 정보기술을 적극 활용하도록 하였다.

2 행정정보공개 관리

1) 정보관리체계의 정비

정보공개는 행정정보가 모두 정리·보관되어 검색이 가능할 수 있어야 한다. 특히, 정보화사회에서의 공개청구 대상정보는 공문서의 형식은 물론 전산처리된 기록물의 형태로도 이루어지기 때문에 공적기록은 공공재산 또는 공공용문서로서의 성질을 갖는다고 할 수 있다.

따라서 공적기록의 정리 및 보관상태가 미비하거나 불충분할 경우에는 행정 내부의 업무처리에 있어서도 비능률적일 뿐 아니라 정보공개를 저해하는 요인으로 작용할 수 있다. 따라서 행정정보는 정보공개에 대비하여 이에 적합한 형태로 공적기록들이 분류 및 관리·보관되어야 하며, 정보공개가 원활하게 이루어지기 위해서는 정보의 체계적 관리, 일원화된 전담부서 및 직원배치, 정보공개편람 등이 작성·비치되어야 한다.

2) 전자적 정보공개시스템 활용

초고속 정보통신망이 구축된 전자정부시대에서 정보공개는 인쇄물이나 사본을 준비할 필요 없이, 인터넷과 같은 전산망을 통하여 정보이용자들이 지리적 여건에 제한받지 않고 편리한 시간대에 편리한 형태로 정보를 제공받을 수 있도록 해야 한다. 이러한 전자적 공개시스템은 행정업무의 신속함과 행정의 투명성 확보에 큰 기여를 할 수 있다.

이를 위해서는 먼저 행정사무 및 정보의 전자화를 추진해야 하고, 인터넷을 통한 정보공개청구가 가능하도록 공개청구와 관련된 프로그램을 구축하여야 하며, 홈페이지의 정보공개 관련 메뉴를 연계하여 손쉽게 정보에 접근할 수 있도록 해야 한다.

3) 관리자들의 인식 전환

행정정보공개는 현실적으로 관리자들의 의식 및 태도에 따라 많은 영향을 받는다. 관료사회는 행정의 폐쇄주의, 비밀주의를 유지하려는 경향이 있으며, 행정정보를 공개함으로써 야기될 수 있는 행정의 책임성, 무능에 대한 추궁 등으로 인하여 관리자들은 정보공개를 기피하려는 경우가 있을 수 있다. 따라서 관리자들의 인식 전환을 위해 행정정보공개에 대한 교육 강화, 전문화된 정보담당공무원의 배치 등의 방법을 강구해야 할 것이다.

제 15 장 성과관리

공공관리나 지방정부관리에서 결과지향 관리(result-oriented management)가 강조되고 있고, 이러한 방향에서 공공개혁도 추진되고 있는 것이 현실이다. 주민들은 지방정부가 자신들에게 보다 질 높은 서비스를 제공해 주기를 원하고 있으며, 지방정부들도 성과를 측정하는 방법을 찾아 자원을 보다 효율적으로 활용하여 의미있는 성과를 달성하기 위한 제도적 장치와 개혁을 강조하고 있다. 이와 같은 결과지향 관리가 각국 정부의 관리문화를 변화시키고 있는 상황이다. 관리가 조직이나 체제의 성과에 책임이 있다는 말은 널리 받아들여지는 전제이다. 관리여하에 따라 조직의 성과가 달라질 수 있기 때문이다. 성과지향 관리는 지방정부활동의 결과로서의 편익과 그에 소요되는 비용과의 연계에서 파악되어야 함은 물론 주민과의 관계에서 주민의 요구와 기대를 어느 정도 충족시켰는가를 평가해야 한다. 이는 지방정부가 무엇을 얼마나 잘하고 있는지를 판단하는 근거로서 지방정부의 책임성과 고객지향성을 확보하는 수단이며, 지방정부 내부활동의 효율성과 생산성, 효과성을 제고하고 주민과의 관계에서 민주성, 대응성 등의 가치와 연계시키는 전략이기 때문이다.

제 1 절 성과관리의 의의

1 성과관리의 의미와 발달

성과관리(performance management)는 정책 및 프로그램 집행의 결과에 초점을 두고, 해당 부서의 재원 배분과정과 연계된 여러 서비스 관리자들의 의사결정 시각을 통합하고, 시민들의 표출된 욕구를 충족시키기 위한 관리전략으로 기관의 운영이나 기관이 행하는 프로그램에 대해 정규적이고 체계적인 자료수집과 이의 활용을 토대로 개별 사업들의 효율성과 효과성을 지속적으로 모니터하는 것을 말한다(Gerasimos & Clifford, 1997: 239－258). 이와 같이 성과관리는 지방정부가 제공하는 공공서비스에 측정 가능한 성과지표를 설정하여 서비스의 통일과 질적 향상을 도모하는 관리이다. 영국 지방정부는 서비스 개선과 내부 효율적 관리를 위해 성과관리와 경쟁입찰제를 도입하였다. 학교급식, 차량관리, 시설관리 등과 같은 서비스를 제공하는 직접서비스 조직에 경쟁적 입찰을 제도화하여 민간부문과 경쟁하거나 민간기업으로부터의 계약에 의한 업무수행과 민영화로 공공조직도 민간기업과 같은 조건에 놓이게 하였다. 미국 클린턴(Bill Clinton) 정부도 행정을 보다 성과위주로, 그리고 주민 중심으로 바꾸려는 정부재창조 작업을 시도한다. 보다 적은 비용으로 일을 더 잘하는 정부를 만들고, 행정서비스 공급자인 정부의 기구, 절차를 재설계하여 고객이면서 주인인 시민의 입장에서 필요한 서비스를 그들의 선호에 맞게 전달할 수 있도록 시도하였다. 번잡한 행정절차와 문서를 줄이고 고객을 중시하며 일선담당자에게 권한을 부여하여 일의 결과물인 성과에 치중하는 관리를 지향하자는 것이다.

실제로 대규모의 복잡한 조직이나 지방정부에서 효과적인 성과를 측정하는 일은 쉽지 않다. 그럼에도 불구하고 이에 대한 지방정부의 적절한 대응은 성과를 측정하는 다양한 접근방법을 검토하고 개발하는 것이다. 영국 및 웨일스 회계감사위원회가 지적한 바대로 “공공서비스에서 성과를 측정하는 일은 어렵다. 특히, 질과 효과성의 측면에서 더욱 그렇다. 그러나 이러한 어려움을 과장하는 것은 잘못이라는 것이다. 가장 중요한 것은 각 서비스가 달성하려고 하는 것을 명확히 하고, 좋은 서비스와 형편없는 서비스를 구별하는 것이다. 질과 효과성은 여러 가지 방법으로, 즉 이용자로부터의 피드백이나 다양한 검사 및 조사를 포함하여 모니터할 수 있다는 것이다"(Audit Commission, 1986: 4).

성과관리에 대한 관심은 금세기 전통적인 관리이론화의 근간이 되는 주제들 즉, "관리과정은 목표를 설정하고 그러한 목표를 지향하는 과정들을 평가한다"라는 전제를 반영하며 구체적으로 말하면 관리에 대한 합리적 기획 접근방법을 나타낸다. 효과적인 성과관리의 주요 요소들은 관리의 단순한 통제고리체계(control loop system)에 근거하고 있다. 많은 지지자들에 의해 제시되고 많은 지방정부에서 실제화된 과정은 기업의 기획과정, 즉 부서 목표설정 → 사업 계획(3년) → 실행계획(1년) → 성과 모니터링 → 검토 및 경신과 같은 민간기업 기획(business planning) 과정을 모델로 하고 있다. 이러한 성과관리 접근방법은 공공부문으로 이전된 전략적 기업기획에 적용된 다양한 접근방법과 분석방식의 공통적인 배경에서 발전되었다. 제2차 세계대전 이후 이러한 아이디어들은 MBO에 의해 주도된다. 미국에서 시작된 MBO가 영국 산업계와 공공부문에 전해지고, 1960~1970년대에는 공공서비스 분야에서 PPBS와 PAR(Programme Analysis and Review)이라는 형태로 표면화된다. 이러한 접근방법은 1960년대와 1970년대 초 의사결정에서 보다 합리적이고 과학적인 접근에 대한 열정에 부합된다. 그리고 어떤 점에서 그것은 의사결정과정의 탈정치화를 시도한 것으로 간주될 수 있다.

이러한 공공부문에서의 관리개혁 추세와 분위기는 1960년대 말과 1970년대 초 지방정부에 중요한 영향을 미치게 된다. 1970년대 초 영국에서는 지방정부 구조개혁 입법을 통과시키고 지방정부 관리체계와 과정을 검토할 2개의 위원회를 설립했다. Bains위원회(1972), Paterson위원회(1973)가 설립되는데, 이들 위원회는 지방정부에서의 기업관리(corporate management)와 합리적 기획에 관한 새로운 사고에 크게 영향을 받아 지방정부 내부관리 형태와 정책개발과 관리결정에 이르는 과정에서의 변화를 제안하였는데, 이들 보고서가 제안한 주요 특징은 지방정부 내 관리 및 의사결정체계에 검토과정이 있어야 한다는 것이다.

그러나 1970년대 중반 재정 압박은 효과적인 성과에 대한 체계적인 평가를 고무하기보다는 단기적인 예산감축이나 서비스 축소에 강조를 두게 되었다. 그래서 지방정부에서의 성과검토는 단기적 경험에 불과했고, 지방정부의 오랜 전통과 실제였던 경제성·효율성의 강조는 결과나 성과의 평가보다는 투입에 대한 통제에 더 강조를 두게 된다. 최근에도 지방정부에 대한 중앙정부의 통제를 통해서 지출에 대한 제한을 강조하고 있다.

그럼에도 불구하고 중앙정부나 지방정부에서는 경제성과 효율성에 대한 단순한 강조로부터 시민들에게 제공하는 서비스나 조직의 효과적인 성과에 대해 광범위한 관심이 시들지 않았다. 중앙정부나 지방정부에서의 공공관리 개혁을 위해 모든 관리자들에게 ① 목표와 관련한 산출과 성과를 측정하고 평가하는 수단에 대해 명확한 관점을 갖고, ② 자원을 최적으로 활용하기 위해 책임을 명확히 정의하며, ③ 각자의 책임을 효과적으로 수행하는 데 필요한 정보(특히, 비용 관련 정보), 훈련 및 전문가 조언에 접근해야 한다고 강조하고 있다.

이러한 관심과 노력들은 1980년대와 1990년대를 걸쳐 정부의 사고가 단순히 낭비를 근절하고 경제성을 강조하기보다는 공공서비스의 효과성 평가를 시도하고 공공서비스의 질에 대해 관심을 보여야 한다는 추세와 지향을 이어가게 하였다. 1992년 영국 정부는 지방정부법(Local Gov't Act, 1992)을 통해 일반 대중이 서비스의 질을 비교·측정하도록 도와주는 방안들을 찾도록 시도하고 있다. 이는 잉글랜드와 웨일스 회계심사위원회와 스코틀랜드 지방정부 회계위원회로 하여금 각 지방정부가 성과지표를 선정하여 발표토록 지시하고, 이러한 성과지표를 통해 지방정부의 책임성을 증진하고 일반 대중으로 하여금 각 지방정부의 성과를 평가하도록 도와주는 계기가 되었다.

이러한 결과지향 관리 또는 성과관리가 가능하기 위해서는 먼저, 지원 인프라가 구축되어야 하고 이들 인프라를 통해 나온 성과평가정보들을 일상의 조직운영에 연계시키려는 관리자들의 행태와 관리문화가 정착되어야 한다.

결과지향 또는 성과관리의 핵심은 성과관리를 가능하게 하는 지원 인프라를 구축하고 이를 위한 정보의 활용에 달려 있다. 성과관리를 위한 인프라에는 여러 가지가 있으나 미국 GPRA의 경우, 조직의 다년도 전략기획, 성과측정수단과 기본적인 자료수립시스템, 자료의 타당성 검증절차, 성과평가시스템 등이 중요한 인프라이다. 우리나라 정부에서도 정부업무평가기본법에 성과관리전략기획, 연도별성과관리기획, 성과지표, 성과점검 및 측정절차, 성과의 평가 등의 지원인프라를 제시하고 있다(정부업무평가기본법, 2006.4.1). 이러한 인프라들이 제대로 작동되기 위해서는 이를 뒷받침할 테크니컬 기술(technical skill), 관리기술(managerial skill), 테크놀로지 이용가능성, 자원, 기관의 경험 등 역량구축이 요구되며, 이를 통해 획득된 성과평가정보들이 조직운영이 반영될 때 결과를 위한 관리가 정착될 수 있다는 것이다(Kusek et al., 2004: 41-43).

제 2 절 성과평가와 성과모니터링 체제

1 성과평가의 의의

성과평가는 투입 측면보다는 서비스 산출 측면에 대한 통제가 필요하다고 강조하는 것으로, 최근 정부개혁운동의 중심적 속성이다. 조직의 효과적인 성과는 조직의 전반적인 사명에 적합한 주요 프로그램이나 프로젝트를 개발하고, 집행하며 이를 유지하는 관리능력에 달려 있다. 따라서 전략적 목표달성이라는 측면에서 조직성과의 점검은 관리 스타일이나 관리운영 접근방법에 대한 비판에서 시작되어야 한다. 관리의 본질은 세 가지 기본적인 관심사, 즉 체계적 관심사, 위기에 대한 관심, 시간적 차원에 대한 관심 등의 함수이다. 이들 세 가지 영역에 대한 세부적인 점검을 통해 관리자들이 자신들의 책임을 성취하는 데 있어 취하는 태도를 완전히 이해할 수 있으며, 구체적인 프로그램과 프로젝트의 성공적인 성과를 평가하는 토대가 된다(Steiss, 2003: 322).

1) 체계적 관심사

체계적 관심사에는 조직의 목적, 안정성 및 조직이 처한 환경에 대한 대응성이 핵심이다. 구체적인 사업이나 프로그램을 조직의 목적, 목표 및 지향과 관련시키는 것과 조직운영에서 우연과 변칙적인 것의 영향을 줄이고 제기된 문제를 다룸에 있어 예측 가능한 규범, 표준, 규칙 및 정책과 절차에 따라 수행되게 하고, 조직의 하위체계들이 하나의 통합된 실체로서 연계되는지에 대한 관심들이다. 관리자들이 조직의 전반적인 목적, 즉 체계적 관심사를 헤아리지 못한다면 조직 전체에 자신들이 기여할 책임을 극대화할 수 없다.

2) 위기에 대한 관심

관리자들은 혁신과 변화의 기회와 그와 연관된 위기를 끊임없이 고려해야 한다. 조직의 관점에서 새로운 정책이나 프로그램과 관련된 위기들은 대체로 고비용, 저조한 효과, 프로그램 실패, 대중들의 부정적인 반응 등이다. 쇄신과 위기는 피할 수 없는 동전의 앞과 뒤이다. 따라서 관리자는 기회와 혁신 및 위기 간의 상호성에 대한 이해가 깊어야 한다. 위기를 수용하려는 결정은 유용한 정보, 논리성, 불확실성 및 이해득실에 대한 평가를 토대로 이루어져야 한다.

3) 시간적 차원에 대한 관심

의사결정과 관련된 다양한 시간적 차원과 이들 결정에 따른 조직자원의 투여를 이해하는 것이 중요하다. 어떤 문제들은 단기적인 효과로 즉시 해결이 요구되기도 하며, 또 어떤 문제들은 원인과 함의를 확인하는 데 장기적인 접근이 필요한 경우도 있다. 서로 다른 문제들의 시간적 차원은 단기적 · 일상적 의사결정에서부터 예측과 기획이 필요한 장기적 의사결정에 이르기까지 일련의 시간선상에 따라 각기 다른 접근방법을 요구한다.

이러한 관심사를 토대로 성과평가는 현재 진행되고 있거나 제안된 프로그램의 효과성과 합의된 목적과 목표를 달성하는 과정에 대한 평가로서 정의될 수 있다. 성과평가는 현재 프로그램과 과정에서의 개선 필요성을 결정하고, 미래 조직발전을 위한 가능성을 확인하려는 것이다(Steiss, 2003: 340).

평가는 총괄적 평가(summative evaluation)와 형성적 평가(formative evaluation)가 상호밀접하게 관련되어 이루어져야 한다. 총괄적 평가는 프로그램이 천명한 목적을 어느 정도 달성하였는지에 대해 기술하거나 기대하지 않은 산출물에 대해 언급하는 등 프로그램의 일반적인 효과성에 대한 요약된 언명으로, 재정지원 기관, 정부기관 또는 주민들에게 평가결과를 보고하려는 것을 목적으로 한다. 총괄적 평가는 프로그램 실행결과와 영향을 측정하는 평가로서 총괄적 평가결과는 형성적 평가로 이어져야 한다.

형성적 평가는 수행될 활동과 원하는 결과 간 인과관계의 이해를 근거로 프로그램 집행과정, 프로그램 및 서비스전달체제를 설계하거나 수정하는 데 필요한 정보를 제공하는 데 목적이 있다. 프로그램 운용 초기나 어느 정도 집행되고 난 후 프로그램 활동을 모니터링하며 목표가 어느 정도 이루어졌는가를 주기적으로 테스트하고, 충족시켜야 할 요구나 해결해야 할 문제에 대한 분석과 이들 문제를 해결할 과정과 프로그램을 어떻게 설계해야 할지를 포함하여야 한다(King et al., 1987: 12-13). 형성적 평가는 보다 넓은 의미에서 행동방향의 윤곽을 설명해주는 일련의 전략적 목표를 제시하고, 이들 목적달성을 지향하는 과정을 수량화하여 제공하는 관리목표를 지원해야 한다. 형성적 평가에 의해서 개발된 목표들은 특정 문제에 대한 최선의 가능한 해결책을 제시해야 하고 실제 프로그램 실행을 측정하는 지속적인 메커니즘 개발의 토대가 되어야 한다.

따라서 평가는 비용과 효과성의 관점에서 프로그램을 평가하거나 프로그램에 책임이 있는 조직을 평가할 것인지가 결정되어야 한다. 프로그램 평가는 과정에 초점을 두거나 결과로서의 영향에 초점을 둘 수 있는데, 전자는 프로그램이 사전에 정해진 지침에 따라 실행되었는지의 정도에, 후자는 프로그램이 의도된 방향의 변화를 낳았는지의 정도에 각각 초점을 둔다. 반면에, 프로그램을 수행하는 조직에 관한 평가는 특정 프로그램 수행의 성패에 의해서만 평가될 수 없다. 프로그램 자체보다 프로그램 실행에 관한 조직의 속성 및 프로그램 실행과정에서의 운영능력 등에 관한 평가도 중요하다. 조직이 실패를 통해 학습능력과 프로그램 운영능력을 향상하였는지 등에 관한 평가도 중요하기 때문이다(Quade, 1975: 235).

이와 같은 평가를 위해 지방정부 서비스나 활동의 효율성, 경제성, 효과성에 관한 자료나 정보를 규칙적으로 수집·분석하는 일이 중요하다. 평가의 목적이 관리자나 선출직으로 하여금 정책이나 프로그램의 집행을 개선하도록 도와주는 것이고, 한정된 자원의 배분이나 제한적 사용 및 정책, 사업 및 여러 활동의 수준을 조정하고 결정하는 토대가 되기 때문이다.

2 성과모니터링 체제

성과모니터링 체제는 정례적으로 서비스 공급의 질과 공공사업이 달성한 결과를 측정하는 일련의 과정이며 접근방법을 말한다. 여기에는 전통적인 사업비용, 공급된 서비스의 질과 만족도, 수혜자 수 등에 관한 측정을 포함하거나 그 이상을 포함한다.

성과모니터링은 시간적 차원에서의 사업활동을 중·단기결과(예컨대, 고객건강상태의 변화, 학생들의 성취수준, 복지수혜자의 전임고용직으로의 취업자 수)로 평가하며, 서로 다른 단위부서의 성과, 최근의 성과와 이전의 성과 또는 성과 목표수준에 대한 실제결과를 비교한다. 또한 서로 다른 지역이나 서로 다른 인구집단에서 달성한 결과를 비교하기도 한다. 보다 진전된 성과모니터링 체제는 동일조건 하에서 운영되는 부서들 간의 성과를 비교하고 사업결과에 영향을 미치는 요인들(고객의 특성, 지역공동체의 특성 등)을 통제하기 위한 통계분석을 사용하기도 한다.

적절한 성과모니터링 체제를 개발하는 것은 어려운 과제이다. 유용한 성과모니터링은 정책결정과 집행활동 간에 이루어진 사업성과에 대한 적절한 지표를 개발하고 지표구성에 대한 합의에 달려 있다. 정책결정자와 사업관리자 또는 스태프, 그리고 이익집단들은 동일사업에 대한 각기 다른 목적을 가지고 있다. 아울러 대부분의 공공서비스는 다양한 결과와 질적 차원을 가지고 있다. 따라서 적절한 성과모니터링 체제는 다양한 사업평가지표를 요구하고 있다. 공공기관은 모든 서비스의 질과 결과차원이 포괄될 수 있다고 기대해서는 안 된다. 또한 선별적인 사업성과 측정도 중요하지만 측정되지 않는 활동에 주위를 소홀히 해서는 안 된다. 관리자로 하여금 유리한 것만을 조장할 수 있고 성과자료를 조작할 우려가 있기 때문이다 (Joseph et al., 1992: 604-610).

성과모니터링 체제에는 성과관리 전략기획, 연도별 성과관리기획, 성과지표, 성과점검 및 측정절차, 성과평가 등으로 구성된다. 성과관리 전략계획은 당해 기관의 전략목표 달성을 위해 수립하는 중·장기 계획으로 기관의 임무·전략목표를 설정하고, 예산회계법에 의한 중·장기 재정운용계획을 반영하도록 하고 있다. 전략계획은 최소 3년마다 계획의 타당성을 검토하여 수정·보완하는 연동계획을 도입하고 있다. 성과관리 시행계획은 전략계획에 기초하여 당해 연도의 성과목표를 달성하기 위해 수립하는 연도별 시행계획으로 당해 연도의 성과목표, 성과지표 및 재정부문의 과거 3년 간 성과결과 등을 포함하도록 하고 있다. 성과모니터링 체제의 주요 내용은 다음과 같다.

1) 프로그램 모니터링

프로그램 모니터링(program monitoring)은 집행과정에서의 자원활용과 운용방법에 초점을 두고, 프로그램집행의 효율성과 효과성을 확보하기 위한 평가로서 프로그램집행 모니터링과 프로그램성과 모니터링으로 구분할 수 있다. 프로그램집행 모니터링은 프로그램에 대한 투입 또는 프로그램 활동들을 측정하고, 이들을 사전에 결정하였거나 또는 기대되었던 어떤 기준값이나 측정값과 비교함으로써 프로그램이 구체적으로 지정된 대상모집단 또는 지역에 도달되고 있는지, 그리고 프로그램 활동이 프로그램설계에 구체적으로 명시된 바 그대로 수행되고 있는지를 평가하는 데 중점을 둔다.

이에 반해 프로그램성과 모니터링은 투입활동 및 산출물들을 측정하고, 프로그램의 성과들을 사전에 설정되었거나 또는 기대되었던 성과와 비교함으로써 현재의 상태에 대한 정보를 산출·제공하며 프로그램 활동의 분석에 초점을 둔다(노하준, 2007: 492-493).

2) 성과지표 개발

현안으로 제기된 문제들을 해결하기 위해 설정한 정책목표 또는 프로그램 목표의 달성 여부를 평가하기 위해서는 먼저 정책문제를 산출결과로 전환하는 과정을 거쳐야 한다. 이 과정에서는 산출결과를 평가하기 위해 성과지표(performance indicator)를 개발하고 선택해야 하며, 프로그램과 이해관계 당사자들이 참여하여 선택한 산출결과가 문제를 올바로 나타내고 있는지를 합의하는 것이 필요하다. 성과지표 개발은 결과를 위한 관리시스템을 발전시키는 가장 핵심적인 과정이다(노하준, 2007: 508-509).

성과지표는 배정된 자원과 목표 관련 영역에 제공된 서비스 간에 관한 진술로 종종 양적으로 표현된다(HM Gov't, 1990: 3). 원하는 산출결과가 달성되어 가고 있는지를 파악하기 위해서는 산출결과를 측정가능한 성과지표로 전환시켜야 하는데, 이를 위해서는 먼저 산출결과에 대해서 무엇을 알고자 하고, 그것을 어떻게 알 수 있는가 하는 질문에 대답할 수 있는 측정지표를 만들어야 한다.

측정은 관리 의도나 실제와 밀접하게 연계되어 있기 때문에, 환경 변화와 업무 현장에서의 변화가 있다면 측정에서도 변화가 있어야 한다. 성과평가체제는 세 가지 조건, 즉 타당성과 합법성 및 기능성을 갖춰야 한다.

측정의 타당성은 주로 신뢰성, 반복성, 투명성 등과 같은 기술적 측면을 다루어 왔지만, 정부 실제가 소비에서 서비스 생산주체로 진화함에 따라 성과측정의 초점도 단순한 투입지향 예산에서 산출 및 영향에 관한 관심으로 변해야 한다. 따라서 측정지표도 산출과 투입추세를 비교할 수 있어야 하며, 양적 측면에 초점을 둔 평가체제를 질적 차원도 포괄하는 측정지표를 개발해야 타당성을 확보할 수 있다.

합법성 성과측정은 공공부문이 내부 폐쇄체제에서 외부 공개체제로 전환되고, 권한이나 책임이 분권화되어감에 따라 내부나 기술적 문제로부터 외부문제 등도 다루어야 한다. 전통적으로 성과평가체제는 상위층에서 또는 조직 외부전문가에 의해서 개발되었지만, 구성원들의 동기적 측면도 강조되어야 하기 때문에 하위 및 중간관리자들이 관여된 평가 및 측정지표가 만들어져야 한다.

기능성은 평가체제의 측정과 조직의 상호작용에 관한 것으로 측정과 평가는 중립적 측정지표로부터 향후 있을 수 있는 역기능도 고려되어야 한다. 측정과 평가가 중립적이어야 하지만 이러한 측정은 성과에 영향을 미치지 못한다. 공공관리가 기계적 · 과학적 관리에서 인간관계 · 자원 또는 체제적 접근방법으로 변함에 따라 측정과 평가도 단순한 보고가 아닌 기능적 역할을 해야 한다. 순기능을 제고하고 역기능을 축소하기 위한 측정과 평가가 이루어져야 한다(Bouckaert, 1993: 31-42).

성과를 측정하는 일이 쉽지 않고 성과를 측정하는 절대적이고 정확한 방법은 없기 때문에 성과지표 개발에 다음과 같은 것을 유의해야 한다.

첫째, 단일 지표로는 범위가 제한되어 완벽한 도구가 될 수 없기 때문에 단일 지표보다는 많은 지표를 활용하고 지표들의 범위를 고려하는 것이 중요하며, 지표는 절대적인 측정이나 평가라기보다는 일종의 안내나 신호로 간주하는 것이 바람직하다.

둘째, 성과지표는 쉽게 측정되는 것을 측정하는 일은 피해야 한다. 이런 수치는 별로 유용하지도 않고 속임수일 수 있으며, 활동에 대한 환상을 줄 수 있다. 그리고 검토과정은 가능한 한 간단해야 한다. 많은 조직들이 막대한 자료를 수집하려고 과부담을 주게 되면 이는 유용한 정보로 전환시키기가 어렵다. 또한 선정된 성과지표가 조직의 특정 업무만을 강조할 때, 관리자들은 이러한 측면에만 주의와 관심을 두게 될 위험이 있다. 이는 규제책임과 개발활동이 혼합된 서비스와 기능(기획기능, 환경서비스, 거래기준, 허가 및 건축통제 등)에서 특히 그렇다.

셋째, 개별 단위나 서로 다른 조직 간 또는 특정 단위를 일정한 시간을 두고 비교할 경우 수용할 수 있는 성과지표를 만들어야 한다. 성과지표가 유용하게 설정되고 채택되려면 이들 지표들이 지방정부 전체 또는 조직 내 관리자들의 활동에 안내자로 간주되어야 한다. 성과를 효과적으로 다루는 과정은 시간을 두고 개발해야 한다. 다른 지방정부에서 채택한 접근방법이나 체제를 단순히 채택하는 것은 현명하지 않다. 성과관리에 대한 효과적인 접근방법을 개발하는 실제적인 과정은 개발하고, 실험하고, 검토하는 과정이 조직 내 실무차원에서 완전히 수용되기 위해서는 시간이 필요하다.

마지막으로, 평가의 규모와 시간구조는 프로그램이나 과정에 주요 개선을 형성하는 데 도움이 될 정도이어야 하며, 지나친 경비가 들 정도로 복잡한 평가를 해서는 안 된다.

(1) 지방정부 성과평가 기준

지방정부 성과평가 기준은 내부관리에 관한 평가기준과 서비스 이용자를 기준으로 나누어 설명할 수 있다.

먼저, 내부관리 범주로는 업무량(workload), 효율성, 효과성 및 생산성에 관한 측정이다. 업무량 평가는 활동과 노력에 대한 기본적인 계산을 말한다. 예컨대, 응모 처리건수, 도서관 방문자 수, 도서순환 수, 수거된 쓰레기 톤 수, 범죄자 체포 수 등 원자료(raw numbers)들의 추세를 확인하기 위하여 몇 개의 기간에 걸쳐 검토되거나 효율성과 효과성에 관한 보다 현시적인 지표를 만들기 위해 다른 자료들과 결합되기도 한다. 효율성평가는 산출량과 이들 생산과 공급에 소요된 자원의 양(예, 단위 비용, 근로자 시수)과의 관계를 반영한다. 효과성평가는 서비스 질이나 목표가 달성된 정도(조회질문에 대한 응답 비율, 전체 인구 중 등록된 후원자 비

등)를 다룬다. 생산성평가는 효율성과 효과성을 단일 지표로 결합한 것이다.

지방정부가 제공하는 서비스에 관한 포괄적인 측정목록들을 제시하면 다음과 같다. Ⓐ 편리성－지방정부 서비스가 시민들에게 쉽게 접근하고 이용될 수 있는 정도를 측정, Ⓑ 안정성－제공된 서비스를 시민들이 안전하다고 느끼거나 이들 서비스를 이용할 때 확신할 수 있는 정도를 측정, Ⓒ 신뢰성－정부 서비스가 정확하게 정시에 제공되는 정도를 평가, Ⓓ 개인적 배려－개별 수요자의 요구에 대한 대응, Ⓔ 문제해결방법－공무원들이 시민들에게 정보를 제공하고, 그들의 요구를 충족하도록 함께 도와주는 정도를 측정, Ⓕ 공정성－정부 서비스가 모든 사람에게 동등하게 제공되고 있다고 믿는 정도를 측정, Ⓖ 재정적 책임－지방정부가 서비스를 제공할 때 재정을 책임있게 쓰고 있다고 믿는 정도, Ⓗ 시민영향－시민들이 받고 있는 서비스의 질에 영향을 미칠 수 있다고 느끼는 정도 등이다(Margaret et al., 1995: 29).

3) 균형성과표

균형성과표(balanced scorecard)는 조직의 사명과 전략을 조직 내·외부의 핵심성과지표로 재구성하여, 전체 조직이 목표달성을 위한 활동에 집중하도록 하는 전략경영시스템이다. 회계자료에 의한 전통적 성과측정은 낡은 것이 되어 보다 포괄적 평가방법이 필요하며, 조직에 보다 효율적인 평가도구를 제공해야 한다는 것이다. 1992년 캐플란(Robert S. Kaplan)과 노튼(David P. Norton)이 내부와 외부, 유형과 무형, 단기와 장기의 균형잡힌 관점에서 성과를 측정하고 관리하기 위해 개발한 포괄적인 측정틀이다. 평가의 주요 목적을 장·단기 목표 간, 재정－비재정적 측정 간, 과거 일어났던 것에 초점을 둔 지표와 후속적 결과를 낳는 지표 간, 그리고 내·외부 성과에 관한 시각 간의 균형에 두고 있다(Kaplan & Norton, 1996).

이러한 균형성과표는 전략기획과 조직목표에 대한 조직 전 부분들이 공동의 이해로 행동을 통합하고 실행하는 것을 지원한다. 조직의 전체적인 전략목표에 맞는 팀별, 개인별 이행과제를 수립해 조직의 역량을 키우는 데 초점을 두고 있다. 개인의 성과지표와 조직의 목표가 어떻게 연동되어 있는지 한눈에 파악할 수 있다. 균형성과표는 조직의 비전 진술과 이와 관련된 전략목표에서 출발한다. 중요 성공 요인들이 정의되고, 측정은 세부 타깃을 설정하고 전략목표에 중요한 영역에서의 성과를 측정하는 것으로 구성된다. 재무, 고객, 내부 프로세스, 학습과 성장 등 네 분야로 구분하여 조직별 특성에 맞는 지표를 선정하고 각 지표별 가중치를 적용하여 산출한다. 재무관점에서는 우선 예산과정, 공적자원관리와 비용통제에 초점이 주어지며, 고객관점에서는 고객만족 달성이 평가의 중요 목표가 된다. 내부 프로세스 관점에서는 규모의 경제, 비용절약, 효율성 및 서비스 표준화 등이 초점이 되며, 학습과 쇄신 관점에서는 창의성, 혁신, 선진기술의 적용과 책임성, 형평성의 문제들이 반영되어야 한다.

이러한 포괄적 균형성과표는 주요 평가 측정을 조직 내 다양한 수준에서의 전략들과 연계되도록 도와준다는 것이다.

3 성과평가수행의 기본적 접근방법

성과평가는 실제 일어난 것과 프로그램이나 과정이 없었다면 일어날 수 있었던 것과의 비교를 하려는 것이다. 그러나 프로그램이 없었다면 일어날 수 있을 것을 정확히 설명하는 것이 불가능하고, 단지 추정할 수 있는 평가절차를 적용해야 하기 때문에 어렵고 한계가 있다.

평가의 주요 목적은 과정, 프로그램 또는 활동으로 인한 평가기준 또는 효과성 변화를 확인하는 것이다. 따라서 성과평가는 동일한 절차적 단계로 시작과 끝이 이루어져야 한다. 첫 단계는 평가하려는 과정, 프로그램 또는 활동들의 목표와 이와 연관된 평가기준을 확인하는 것이고, 마지막 단계는 관찰된 변화가 이들 프로그램이나 활동 외에 다른 가능한 설명요인(외생변수)들이 있는지 철저하게 탐색해야 한다. 프로그램의 결과에 영향을 미치는 경쟁적 과정변수들은 많다. 프로그램의 결과는 순수 프로그램의 효과와 이러한 복잡한 변수들의 함수일 수 있다. 평가의 기본적 접근방법에서는 이러한 경쟁적 변수들을 고립·제외시켜야 한다. 평가를 수행하는 기본적 접근방법으로는 전·후 비교, 시간추이 추정, 프로그램 적용여부 비교, 계획과 실제성과 비교, 통제된 실험 등이 있다(Steiss, 2003: 345).

1) 전·후 비교

전·후 비교는 가장 간단하며, 비용이 가장 적게 드는 평가방법이다. 평가는 시간상 두 시점(프로그램이나 과정이 소개되기 직전과 집행 후 일정시점)에서 대상 집단의 변화된 상황을 점검한다. 평가기준에 의해 측정된 사후변화를 새로운 과정이나 프로그램의 결과라고 가정한다.

2) 시간추이 추정

시간추이 추정은 프로그램 결과와 프로그램이나 과정이 없다면 유력하게 나타날 상황이나 여건을 추정한 자료 간을 비교하는 접근방법이다. 실제와 추정된 자료의 차이를 프로그램이나 과정의 투입에 의해서 나온 변화의 양으로 간주한다. 이 접근방법은 새로운 과정이나 프로그램이 소개되지 않으면 일정 기간 기본적 추세가 안정적으로 지속될 경우 적절하다.

3) 프로그램 적용여부 비교

특정 프로그램 적용집단과 프로그램을 적용하지 않은 하나 혹은 그 이상의 집단과 비교하는 접근방법이다. 이러한 접근방법은 특정 프로그램을 지역사회 내 일부 집단에 적용한 경우와 적용하지 않은 집단 간 비교로서 프로그램 실험을 검증하는 경우와 같다.

4) 계획과 실제성과 비교

이 접근방법은 프로그램이나 과정을 시작하기 전, 구체적이고 측정가능한 목표나 타깃을 설정하고, 설정된 기준에 프로그램의 실제결과를 비교하는 방법이다. 이 접근방법에서는 평가기준의 토대로서 적절한, 현실적인 목표가 설정되어야 한다. 목표가 과장되면 달성이 불가능할 것이며, 과소되면 프로그램 성과가 더 좋게 보일 것이기 때문이다. 이 접근방법은 효과성 측정에 필요한 자료를 정례적으로 수집하기만 하면 보다 널리 활용될 수 있는 방법이며, 특히 일년 단위의 성과평가에 유용하다. 비용도 선정된 평가기준에 부가적인 자료만 모으면 되기에 적게 든다. 그러나 이 접근방법도 전·후 비교처럼 효과성 기준에서 어느 정도의 변화가 새로운 프로그램이나 과정에 의해서만 이루어진 것인지 명확한 판단을 제공하지 않는다.

5) 통제된 실험

평가에서 통제된 실험이 가장 유력한 방법이지만 활용하기에 가장 어렵고 비용이 많이 든다. 여러 단계의 실험설계기법이 요구되어 복잡하며, 실험을 설계하고 수행하는 데 요구되는 시간이 많이 들고, 자료분석에서 보다 고도의 분석적 기술이 요구되기 때문이다. 이 접근방법은 특정 개인들을 겨냥한 프로그램, 예컨대 건강프로그램, 인력훈련, 마약 및 알코올 남용 등과 같은 프로그램 평가에 적절하지만 시설과 설비에 막대한 자본재 투자가 요구되는 프로그램에는 적절하지 않다. 이 방법에는 프로그램을 적용한 지역과 적용하지 않은 지역 간 비교도 가능하다. 새로운 프로그램 실행 전후 평가 자료에서의 추세가 프로그램 적용 지역에서 의미 있는 개선이 있다면, 이들 변화를 프로그램에 의해서 이루어진 것으로 평가된다. 이상의 접근방법 선택은 시간, 비용과 자원, 정확성의 요구에 따라 달라지며, 결합하여 활용할 수 있다.

4 성과평가결과의 활용

지방정부는 전형적으로 다양한 서비스 전달체제로 구성되어 있으며 시민들에게 서비스를 직접 전달하기 때문에 중앙정부보다는 지방정부 수준에서 보다 성과평가가 용이하다. 지방정부 관리 환경에서 성과평가의 필요와 추세는 민영화 운동과 점증하는 자원 부족이 자극한 결과이다. 특히, 자원 부족과 재정 압박은 활용자원의 생산성 고양과 지방정부로 하여금 수익자 부담을 강요하고 있고, 수익자 부담은 서비스 공급자로 하여금 서비스 제공 비용에 보다 관심을 기울이게 하였다. 서비스 가격이 비용을 보전해야 하기 때문이다.

따라서 성과관리는 지방정부 능력을 제고할 수 있는 전략으로 다음과 같은 능력형성에 초점이 모아져야 한다.

(1) 사업의 결과와 책무에 초점을 두는 성과평가체제는 지방정부 조직 내부와 지방정부 및 시민 간의 의사소통 기제로 기능한다. 조직 내에서 이러한 의사소통은 다양한 서비스를 제공하기 위하여 지방정부 조직 간 치열한 경쟁을 가져오고 부분최적화의 자원배분 결과를 낳을 수 있지만, 조직 간 작용하는 원심력을 완화하는

데 도움이 된다. 실제로 사업관리자들은 자신들의 사업을 보다 큰 그림 안에 두고 보며 다른 사업과의 관계를 확인시켜주기 때문에 관리자의 시각을 넓혀준다.

(2) 성과평가체제는 지역사회 실제 서비스 요구에 대응하는 지방정부 조직의 능력을 고양함으로써 정부 능력을 증가시킬 수 있다. 성과평가는 현재의 서비스 수준과 바람직한 서비스 수준 간의 논의에 초점을 제공하며 자원배분의 효율성을 고양시켜준다.

(3) 결과지향의 예산과정을 통해 관리자의 에너지를 성과 극대화로 모을 수 있고 관리자로 하여금 산출요인의 수집과 적용에서 보다 많은 융통성이 허용되고 정책 결과에 책임을 진다.

(4) 성과평가 자료는 정부업적을 시민에게 알리고, 구체적인 생산성 개선 사업을 모니터하고, 공공사업의 전반적인 효과성을 평가하고, 자원배분에서의 균형(교환관계)을 명확히 하고 의사결정과정을 합리화에 기여한다. 성과평가 자료는 또한 장기적인 서비스 기획과, 수익자 부담 결정 및 필요한 세입규모 분석 등에 유용하다.

(5) 성과평가는 조직의 주요 구성요소에 전략적 통제가 적용되도록 기여한다. 평가결과는 정책이 만들어지는 과정이나 프로그램이 개발되는 과정에 영향을 주며, 프로그램을 개발하고 실행하는 데 책임 있는 사람들에게 평가의 필요성을 인식하게 하고 수용하게 한다. 공공조직이 전략적 목표달성에 실패했을 때 개선책은 목표를 수정하거나, 계획과 프로그램을 재구성하거나 조직구조 수정과 관리방법들을 개선하려고 하는데 이를 위해 이러한 성과평가결과를 활용할 수 있다.

① 관리감사와 성과감사

감사의 전통적 초점은 재정준수와 관련 재정거래에서의 정확성, 적법성 및 성실성 평가에 두어왔다. 내부감사는 내부 스태프에 의해 정기적으로 실시하여 내부통제 목적으로 보고되고, 외부감사는 회계연도가 끝난 후 독립적 공공회계기관에 의해 수행되어 지방정부 집행부나 규제기관에 제출된다. 집행부는 감사결과를 예산과 세출 조례(규정)의 의도와 일치하여 세입과 지출행위가 이루어졌는지를 확인하기 위하여 검토한다.

그러나 감사의 범위가 확대되고 지방정부의 프로그램이 가장 효율적이고 경제적으로 달성되었느냐가 강조됨에 따라 관리감사(management audits)와 성과감사

(performance audits)가 관심을 받게 된다. 관리감사는 정보관리체계, 행정절차 및 조직구조의 적절성 심사를 포함한 자원활용 실제에서의 경제성과 효율성을 평가하는 것이고, 성과감사는 관리감사의 초점을 확대하여 프로그램 결과가 원했던 편익을 달성했는지, 프로그램 목표가 충족되었는지, 바람직한 결과를 저비용으로 달성할 수 있는 대안들을 고려했는지 등의 심사를 포함한다.

② 프로그램 재구성

조직은 생존을 위한 놀라운 본능을 갖고 있다. 그 결과 프로그램들은 종결을 피하기 위하여 새로운 상황에 끊임없이 적응해간다. 프로그램 개선의 예술은 장래가 없는 프로그램을 과감히 종결지우는 것이 아니라, 프로그램 개발과정을 재구성하거나 재협의하는 데 있다. 프로그램 재구성은 전략적 관리과정의 피드백 단계에 기초하여, 시초의 프로그램 결과에 영향받은 집단의 반응이나 지원자원에 대응하여 수정하는 것이다. 프로그램을 완전히 새롭게 세팅하는 것이 아니라 재정의하고 목표를 재설정하는 것이다. 현실적으로 정부활동의 재정환경이 열악하여 프로그램 재구성이 더욱 요구되고 있다.

5 성과관리 적용의 전제조건들

성과평가를 통한 지방정부 능력 형성은 설계와 훈련, 상위관리층의 지지와 지도, 광범한 조직발전 노력 등이 전제된다.

1) 성과관리 적용의 기술적 문제

성과관리 적용에서의 기술적 문제들이 있다. 결과를 쉽게 계량화할 수 없는 경우가 많으며 많은 정부 사업의 실적을 어떻게 개선해야 할지에 대한 지식이 부족하다는 것이다. 자료를 정보로 전환시키는 분석기법 이용에서의 문제도 있다.

호울리(Joseph S. Wholey)와 하티(Harry P. Hatry)는 성과자료는 측정치의 추세를 분석하거나, 목표에 대한 측정치를 비교하거나, 타 부서의 기록과 비교하여 분석될 수 있는데 비교의 차원이 각기 달라 문제가 있을 수 있다는 것이다. 즉, 어떤 부서의 추세분석은 회귀분석 방법이나 간단한 외삽법으로 제한되는 경우가 있고,

목표와의 비교는 목표가 무엇이어야 하는지를 나타내지 않아 관리자들은 쉽게 달성할 수 있는 목표만을 설정하는 경향이 있어, 타 부서와의 비교는 간단치 않다는 것이다(Wholey & Hatry, 1992: 604-610). 이러한 직접적인 측정과 검증된 기술이 부재한 상황에서 "성과신화(performance myths)"는 오히려 생산성을 개선하려는 노력을 저해할 수 있으며, 공공부문은 이 경우 실제적 효과보다는 인지된 합법성에 더 가치를 둘 수 있다는 것이다(Ammons, 1985).

2) 관리층의 지원

성과평가체제가 정착되기 위해서는 상위관리층의 강력한 지원과 지속적인 관심이 요구되고, 위로부터의 지시보다는 아래로부터의 수용하려는 여건이 조성되어야 한다는 것이다. 1970년대 커다란 관심을 보였던 공공생산성 및 성과평가운동이 관리층의 지속적 관심 부재와 실제와 실무를 지도할 응용이론의 부족으로 시들해졌다고 평가하기도 한다(Balk et al., 1989: 117-131). 성과문제를 일반 공공관리이론 내에 정착시키기 위해서는 유용한 응용이론의 개발이 필요하다.

성과모니터링에서 제기되는 주요 문제는 보고된 결과가 외부요인보다는 기관노력에 기인하는 정도가 명확하지 않다는 것이다. 성과모니터링 체제가 인과관계에 대한 정보를 충분히 제공해 주지 않으며, 원인이야 어쨌든 사업결과에 대한 정보 자체가 중요하다고 생각하기 때문이다. 그러나 사업결과가 기대에 못 미쳤다면, 그 원인이 무엇이고 관리자들은 어떤 행동을 해야 할지를 결정하기 위해 상황을 보다 깊이 검토할 것이 필요하기 때문이다.

3) 타당성과 실현가능성의 문제들

사업의 질과 사업결과에 대한 타당하고 정확한 지표가 충분히 있느냐의 문제다. 또한 분기별 또는 연도별 모니터링이 불가능한 사업(연구조사 사업 등)들도 있다는 점이다. 그러나 많은 지방정부사업들, 특히 대중에게 직접 서비스를 제공하는 사업들은 서비스의 질과 사업결과에 대한 모니터링이 가능하다는 것이다. 성과정보의 조작이나 오류 가능성을 최소화하기 위하여 사업의 질과 결과자료는 정례적인 감사를 받아야 한다.

4) 수용가능한 성과수준 설정

성과지표의 이상적인 목표는 무결점이나 이러한 목표는 실현가능하지 않다. 따라서 다른 평가수준으로 평가한다. 예를 들어, 현재 성과와 이전 성과 간의 비교, 연초에 설정한 목표와 실제결과의 비교, 서비스 수혜지역과 수혜집단 간 비교 등 수용가능한 성과수준을 설정해야 한다.

5) 비 용

성과모니터링에 소요되는 비용문제이다. 성과모니터링 비용은 현존자료를 가능한 한 활용함으로써, 전수조사보다는 샘플조사로서, 그리고 자료수집과 분석에서 기관인력을 사용함으로써 최소화할 수 있다.

6) 설명 및 보고기회 부여

사업관리자들은 선출직 공무원이나 이익집단 및 언론에서 사업의 질과 결과에 대한 정보를 자신들을 공격하는 자료로서 사용할 것에 두려움을 갖고 있다. 부정적 결과에 대한 잘못된 활용을 막기 위해 보고과정은 사업관리자에게 사업성과 자료에 대한 설명적 정보를 제공할 기회를 허용해야 한다.

7) 관리자를 위한 성과평가

서비스 질과 성과평가 정보의 최대수혜자는 사업관리자여야 한다. 성과자료가 외부에 대한 책임성에 한정해서 사용되고, 관리자로 하여금 사업개선에 도움이 되도록 활용되지 않는다면 그 결과는 아무 쓸모가 없는 것이다. 성과관리는 만병통치약이거나 그 자체가 목적은 아니라는 것이다. 그것은 관리자가 사업을 개선하고 선거직 공무원이나 일반 시민들에게 책임을 지도록 하는 중요한 과정이기 때문이다.

제 16 장 지방정부의 변화관리

사람들은 대체로 변화에 저항한다. 조직 내 구성원들도 변화를 지연시키거나 저항하는데 이는 변화로 인한 지위상실감, 새로운 상황에 대한 불안이나 적응실패의 두려움 등과 같은 정서가 깔려 있기 때문이다. 그럼에도 변화는 새로운 기회와 가능성을 가져다준다. 변화관리는 지방정부관리에서 가장 어려운 측면이며 논리적 논의나 기계적 접근으로 쉽게 극복될 수도 없다.

지방정부 관리자의 화두는 항상 지역의 미래를 어떻게 효과적으로 진흥시킬 수 있는가?와 미래의 점증하는 복잡성과 불확실성에서 어떠한 역할을 해야 할 것인가? 일 것이다. 지역미래를 인도할 방법으로 변화관리에 관심을 기울이지 않을 수 없다. 관리자들은 내일의 지역사회 비전을 형성·제시하고, 이러한 비전을 실천하는 계획과 집행 연계과정에서의 수월성을 드러내야 한다.

그러나 지방정부 미래는 불확실성으로 지속될 것이다. 지방정부가 활동하고 있는 환경이나 지방정부가 익숙한 기존의 활동방식으로는 변화된 여건에 적응하기 쉽지 않을 수 있다. 경제 상황은 가까운 미래에 지방정부가 경비를 줄이고 서비스 성장을 확보할 대안적인 수단들을 탐색하도록 상당한 압력을 가하게 될 것이고, 지방정부는 이에 맞는 관리구조 형성과 관리방법 및 관리자들의 노력을 통해 소비자들에게 서비스를 가장 효과적으로 제공해야 할 과제에 직면해 있다. 여기서는 지방정부 내·외의 변화에 대한 관리를 어떻게 다루어야 할 것인가를 중심으로 살펴보기로 한다.

제 1 절 지방정부 미래와 변화의 장벽

1 지방정부의 미래

중앙정부는 지방민주주의라는 사고에 여전히 불편해 할 수 있다. 지방정부를 지역사회의 자율정부로 보기보다는 지시를 잘 따르는 하위제도로 간주하고 이를 어길 경우 지도와 강제가 필요하다고 보는 관점이 있다. 이러한 관점이 시사하는 바는 지방정부 형태가 유지되지만 자유롭게 선출된 제도의 본질적 특성인 재량과 선택은 점차 줄어야 하고, 어떤 활동의 범위는 중앙정부에 의해 규정되어야 한다는 것이다. 지방정부가 보다 통제화되고 예측가능한 형태로 되어야 하며, 지방행정의 형태로 되어야 한다는 것이다. 반면에, 지방성 또는 지방적인 것이 지역공동체 및 사회자본 형성을 통해 지역현안을 스스로, 그리고 공동으로 해결하고, 세계화 속의 경쟁력 제고에도 기여하고 있다는 인식도 만만치 않다. 지방정부에 자율권을 부여하는 지방자치 형태가 강화되어야 한다는 것이다. 결국, 이러한 상반된 관점들이 지방정부 변화관리의 장벽이며, 지향할 곳은 관리의 어떤 가치를 우선하느냐에 따라 조정되어야 할 것이다.

그리고 지방정부가 직면하고 있는 문제와 추세 또한 변화관리의 어려운 과제들이다. 먼저, 인구변화와 문화적 다양성으로 인한 행정수요의 융통성과 다변화가 요구된다. 지방정부 구성인구의 노령화와 문화적 다양성으로 서로 다른 요구들에 대응하기 위해서 지방정부들은 서비스의 혼합이나 유형에 보다 융통성을 발휘해야 한다. 또한 공기·물 오염, 자연자원의 침식, 공한지 고갈, 신속하게 채워지는 쓰레기 매립장 등 환경문제가 오늘날 지방정부의 일반적인 문제이다. 자연과 지역사회 삶의 질을 보전하고 보호하기 위해 오늘의 결정과 사업들의 환경적 영향이 고려되어야 한다. 아울러 경제의 세계화가 지속됨에 따라 새로운 경쟁 환경에 대한 대응력을 높여야 한다. 세계경제화가 지속됨에 따라 새로운 기업을 유치하거나 기존의 제조업단지를 유지하기 위한 경쟁이 치열해지고 있다. 안정적인 조세와 자원기반을 개발하고 유지하는 일이 세심한 기획을 요구하는 복잡한 과제로 등장하고 있다. 지방정부가 직면하고 있는 이러한 문제들의 대부분이 현존의 도시나 군 경계 내에 한정되지 않고 주변의 지역사회를 포괄하는 지역문제(regional)로 되고 있어 이들 문제해결에 대한 접근방법으로 지방정부 간 협동과 조정이 필요하다.

향후 지방정부는 더 이상 지시만 할 수 없고 복종을 기대할 수 없는 상황에 적응해야 한다. 도시지역이든 시골지역이든 지방정부의 포부를 발전시키고 시행하기 위해 네트워크 업무관계에 점차 의존하게 되고 이러한 네트워크를 통해 변화를 발의하고 추진하는 일은 이제까지와는 다른 관리범위를 다루어야 한다.

지방정부는 조직 자체 내 정책네트워크를 유지하기 위해 상당한 노력을 해야 한다. 오늘날에는 한 부서나 한 위원회 내에서 처리할 수 있는 유형의 새로운 도전은 없기 때문이다. 따라서 조직 딜레마는 다기능적 문제들을 협력적 방법으로 다룰 방법들을 찾는 데 있다. 조직의 응집과 통합 유지는 격변하는 환경 속에서 복잡한 조직의 딜레마가 되어 왔다. 하지만, 지방정부는 점차 지방의 물리적 환경, 공공보건, 사회정책 변화 및 경제적 구조조정과 관련된 새로운 관심들을 처리할 효과적인 체제와 과정을 개발해야 한다.

지방정부는 다양한 이해와 서비스 프로그램에 대한 명확하고 분명한 정책전략을 개발할 필요가 더 있게 되었다. 특히, 정책과정에서 다양한 이해당사자나 잠재적 수혜자와의 복잡한 협상이 과제일 경우에는 그렇다. 협상은 수단에 관해서는 융통적이어야 하지만 의도된 결과에 대해서는 명확해야 한다.

이상의 요인들에 의한 미래를 성공적으로 도모하기 위해, 지방정부로 하여금 관리 실제를 지속적으로 점검하고 세련화시켜야 할 과제에 직면하게 된다.

2 변화의 장벽

변화의 장벽은 인적, 정보기술, 조직의 하부구조와 과정 등의 원천에서 발생한다.

먼저, 인적 장벽은 제안된 변화 방향에 대한 회의론이나 불신과 같이 표면으로 드러나지 않기에 확인하거나 극복하기가 가장 어렵다. 인적 장벽은 비전을 공유하지 못하기 때문에 일어난다. 따라서 제안된 변화를 실행할 조직구성원이나 이러한 변화에 의해 직접적으로 영향을 받는 사람들을 관여시키고 교육시키는 노력이 필요하다. 조직의 계층구조를 줄이고 평편하게 하고, 고용인들에게 자신의 책임영역에서 의사결정 권한을 위임함으로써 고용인들에게 동기부여뿐 아니라 연수와 교육의 필요성을 인정한다. 이외에 전통적 업무방식이나 조직 내 부서 단위 간 영역문제도 변화의 주요 장애요인이다. 새로운 전략이나 과정 및 특정 활동을 주도할 세력이나 우수한 사람의 부족, 변화에 헌신할 리더십 부재 등도 변화의 장애요인이다. 변화전략을 실행하는 데 있어 조직구성원들의 무력증이나 무능 또한 변화의 장벽인데 대체로 이들은 문제에 대한 불완전한 분석에서 연유한다.

정보기술 장벽은 필요한 설비나 관련 소프트웨어의 부족에서 연유하기도 하지만 조직 내에서 활용해야 할 새로운 기술을 이용할 수 없는 무능, 즉 기술과잉(technology overload)문제가 변화를 지연시키는 요인이다. 최종 이용자들이 기술을 활용할 수 있도록 세심한 기술이전 워크숍이나 훈련프로그램이 조성되어야 한다. 대부분 신·구 기술을 일정 기간 병행하는 것이 바람직하다. 또한 새로운 과정들을 실행할 때 직면하는 주요 기술적 문제는 자료접근과 관련된다. 대부분의 단위부서는 자료 — 특히, 재정 및 인적자료에 대해서 — 에 대한 실시간 접근을 원하지만, 모든 이용자들이 실제상황이 기록되는 데이터베이스에 직접 접하는 것은 이들 자료의 가공과정에서 지체를 야기할 수 있기 때문에 시간마다 정기적으로 새롭게 제공되는 온라인 데이터베이스 복제를 활용하는 것이 필요하다.

조직의 하부구조 장벽은 기능적 또는 공간적 분산에서 연유한다. 조직은 주요 역할과 책임이 기능적으로 또는 공간적으로 분권화해야 하기 때문에 이로 인해 노력의 중복, 의사소통의 문제를 가져올 수 있다. 조직이 집권화되어도 계층제상의 여러 계층 간 의사소통의 문제가 변화의 장애요인이 될 수 있다. 따라서 조직구조를 새로운 전략이나 과정에 적응하는 일이 중요한 과제로 등장한다. 하부단위 재구조화, 업무순환, 권한위임 등이 원활히 이루어져야 한다. 현재의 과정과 연관된 변화의 장벽들은 정부규제, 법적 제약, 고용인 권리 및 노조규약, 지역사회 태도 등 외부요인에 의한 경우가 적지 않은데 이들 외부요인들을 조정할 필요가 있다. 어떤 경우 보다 효과적인 과정을 실행하기보다는 정치적·사회적 이유가 더 중요한 경우도 있기 때문이다. 과정 모니터링은 새로 집행된 변화가 질적 개선에 어느 정도의 성과와 기여를 했는지 지속적으로 검토되어야 하며, 변화 노력의 성패를 판단하기 위해 새로운 과정의 성과를 대체된 과정과 비교하여 측정되어야 한다.

제 2 절 변화관리

1 변화관리의 의의

변화관리는 두 가지 의미를 함축하고 있다. 하나는 변화를 기획 또는 체계적인 방식으로 시도하는 것을 의미한다. 새로운 과정과 전략을 현 조직에 보다 효과적으로 실행하려는 것이다. 이러한 변화는 조직 내에서 관리되며 통제된다. 이들 내부변화는 흔히 외부환경에 의해 촉발된다.

변화관리의 또 다른 의미는 조직 스스로 어떤 힘과 통제를 가할 수 없는 경제여건의 변화, 새로운 입법, 정부규제, 사회정치적 소요, 경쟁자들의 활동 등 외부변화에 대응하는 것을 말한다. 이러한 외부변화에 대한 대응은 사실이 있고 난 이후의 반사적 대응이거나 미리 예상하여 적극적으로 대응하는 방법 등이 있다(Steiss, 2003: 252－253).

공공부문에서의 개혁을 어떻게 할 것인가에 관해서 실무자들은 모순적인 조언을 받을 때가 있다. 공공부문의 개혁은 변화의 보편적인 방향을 추구하면서 여러 가지 제안들을 실험하고 탐색해야(grope along)하는 것으로, 잘 정의되고 분석된 계획의 추구보다 탐색과 경험을 통한 학습 접근방법이어야 한다는 관점이 있다. 시행착오를 통해서 현재의 실무를 개선해가며 혁명적인 변화보다는 진화적인 변화를 추구하면서 새로운 방법에 익숙해져야 한다는 것이다(Sanger & Levin, 1992: 88－115). 반면에, 공공부문 개혁은 혁신의 과정 — 발의, 설계, 집행 — 을 거치면서 혁신적인 사고를 체계적으로, 그리고 전략적으로 추진해가야 한다는 관점이 있다. 새로운 사고나 아이디어를 정치적으로 방어하고, 급진적인 변화뿐 아니라 점진적인 변화도 촉구해야 한다는 것이다(Roberts, 1992: 55－71).

이와 같이 공공부문에서의 혁신에 대한 상반된 관점은, 변화를 어떤 제도적 환경에서, 그리고 혁신적 사고에 내재된 변화의 수준(혁신적 사고의 본질이나 특성)에 따라 탐색방법을 택하거나 전략적으로 분석을 해야 할지를 결정해야 할 것이다. 공공영역에서의 쇄신은 제도적 맥락에 따라 혁신적 행태 방식이 다르다. 공공관료제 내의 변화관리자들은 대체로 현재의 실제에서 탐색하고 수선하려 하기도 하고 전략적 분석과 기획으로 접근하기도 한다. 공공관료제 내의 변화관리자들은 현상에 대한 온건한 조정을 벗어나지 않고, 점증적인 변화를 대표하는 아이디어를 추구함으로써 조직구성원이나 관련 당사자들로부터의 저항을 최소화할 수 있으며 한정된 자원에서 선택할 수 있는 방법을 선호하기도 한다. 이에 반하여 보다 급진적인 아이디어를 추구하는 변화관리자들은 새로운 아이디어의 정당성을 시사하기 위해 분석과 자료에 의존하게 된다. 보다 분석적이고 전략적인 행동으로 발생되는 저항을 극복하려 한다. 급진적인 변화를 추구할 경우 전략적인 분석과 계획이 요구되고 있고 점증적인 변화를 추구할 경우에는 탐색의 방법이 바람직하다.

많은 조직들의 변화관리는 혁신적인 것, 특히 새로운 기술도입을 확인하고 실행하는 데 초점을 두고 있으며, 기술의 결과는 조직구조나 과정에 독립적으로 영향을 미친다는 기술결정주의 전제에 빠지는 경향이 있다. 그러나 변화는 새로운 것의 도입과 함께 조직과정이나 실제에서의 보완적인 변화가 오히려 현실적일 수 있다.

따라서 변화관리자들은 새로운 기술이 조직의 전략적 목표들 및 일상의 업무실제 등과 같은 조직의 다른 측면들과의 상호작용과 긴밀한 연계에 대한 정확한 인식을 가져야 한다. 그리고 변화관리자들은 자신들의 오래된 인식의 틀을 벗어나 적절한 기획과 인간행태의 근본들에 대해 깊이 고려해야 한다. 새로운 접근방법들은 단순히 점진적 방식으로 개선하기보다는 과거의 실제로부터 의미있게 벗어나야 한다. 그리고 특정 상황 예컨대, 민간부문이나 특정 조직 및 부서에서 성공적으로 작동한 해결책이 다른 상황에도 그렇게 될 것이라는 전제는 잘못될 수 있다는 것을 알아야 한다. 조직의 변화는 예기치 않은 기회와 난관이 나타날 수 있는 학습과정이다.

조직의 변화는 구조적 변화와 문화적 변화를 포괄한다. 구조는 조직의 목적이나 목표를 달성하기 위한 수단으로, 효과적인 구조는 주어진 업무나 서비스에서의 주요 활동들을 기능하게 하고, 성과를 낼 수 있도록 설계하는 것이다. 구조적 변화관리는 기능단위들이 각자의 업무책임을 수행하도록 조직화하는 방법에 관심을 둔다. 구조적 변화는 시설이나 사물, 규칙이나 규정 등을 다루어야 하며 우선적으로 구조적 요소와 관련된 시설과 설비, 관리진, 인적자원 정책과 실제, 다른 절차와 규제 등에 초점을 둔다. 이들 조직의 요소들은 상호작용하므로 구성요소들 간의 상호작용 강도를 고려해야 한다.

문화적 변화는 조직이 변하는 게 아니라 사람이 변화해야 한다는 것에 초점을 둔다. 변화를 성공적으로 집행하고 유지하기 위해서는 변화의 시도가 변화로 인해 영향받는 각 개인들과 밀접한 관계가 있어야 한다. 변화 프로그램이 당초 계획보다 더 많은 시간이 필요한 이유이다. 문화는 사람들이 습관적으로 생각하고 일을 하는 방법으로 사람들은 그들이 속한 사회나 지역사회 및 조직의 문화와 일치하여 행동한다. 따라서 문화적 변화관리는 조직 내 사람들 간의 상호작용 방법, 즉 상하관계나 동료관계에 관심을 둔다. 조직 내 인간적 차원인 사람과 문화는 어떤 변화시도를 일으키거나 방해할 수도 있다. 처음에는 변화를 지지했던 사람들도 나중에는 공개적으로 입장을 바꾸거나 방해한다. 문화를 변화시키기 위해서는 참여자들의 행태를 변화시키는 일에서부터 시작하는 것이 필요하다. 행태변화를 달성하기 위해서는 변화관리의 책임을 변화관리팀에게 할당하고, 변화관리팀은 새로운 전략과 개선된 과정들이 현재의 조직구조와 문화에 동화되도록 해야 한다. 조직 내 필요한 구조적 변화를 설계하고, 새로운 방침과 일관된 조직의 문화적 전환을 위한 프로그램을 설계해야 한다. 가능한 한 제안된 변화는 개념적으로 명확해야 하며 이해할 수 있는 인과관계를 토대로 주요 참여자들의 가치에 적합해야 한다. 새로운 전략과 과정을 수행할 사람들에게 교육과 연수를 제공하고, 실제적 경험을 할 수 있도록 실험적 연구(pilot study)와 별도의 기회들이 제공되어야 한다.

일반적으로 변화관리는 인간 또는 행태적 문제와 같은 인간적 이슈와 정보기술, 회계절차와 마케팅 방법 등과 같은 과정적 이슈를 다루며, 변화관리의 기본적 단계는 이러한 이슈들에 대한 인식, 이해, 그리고 수용으로 이루어진다. 그동안 새로운 관리기법의 대부분은 과정적 이슈를 강조했지만 최근에는 인간적 이슈를 더 강조한다. 이는 변화집행을 위해서는 사람의 관여가 중요하고, 인간적 이슈가 다른 방법들을 효과적으로 사용할지, 거부할지를 결정하기 때문이다. 새로운 관리체계의 성공적 결과는 불가해한 인간적 행태, 즉 집행진의 관여, 공개적이고 신뢰적인 문화, 고용인에 대한 권한위임 등과 같은 인간적 행태와 상호관련이 깊다는 것이다

(Powell, 1995: 42-54).

2 변화관리 기획과 접근방법

1) 변화관리 기획

변화관리 기획은 문제를 체계적으로 정의하고 철저히 생각하여 의사결정의 질을 개선하려는 의식적 노력이다. 기획은 미래에 주로 초점을 두기 때문에 다른 관리활동과 구별된다. 급속한 경제적, 사회적, 인구적, 기술적 변화가 미래를 예측하고 기획하는 일을 어렵게 하고 있다. 그러나 기획을 어렵게 하고 있는 이러한 복잡성과 불확실성이 오히려 효과적인 기획의 필요성을 요구하고 있다. 지방정부 관리자들은 점차 지역사회의 미래를 기획하고 증진하는 일이 전통적인 기획부서만의 활동일 수 없다는 것을 인정해야 한다. 오늘날 지역사회는 토지의 물리적 이용이라는 관점에서 미래를 설계하기보다는, 지역사회 삶의 질에 영향을 미치는 다양하고 복잡한 요인들을 고려한 변화관리(기획)를 통해 그들의 미래를 그려야 한다.

지역사회 미래 기획은 토지이용과 조세기반안정 및 확대, 경제발전의 목적과 전략, 사회적 요구와 문제 및 환경보호 등 지역사회 전반의 삶의 질에 영향을 미치는 요인들을 포괄한 광범위한 활동이 되고 있다. 따라서 기획은 전통적 기획부서만의 활동 범위를 넘어 지역사회 모든 수준에서의 기획활동으로 확산되고 있고, 기술적 능력을 가진 개인들의 관여를 점차 더 요구하고 있다. 이제 지방정부 관리자들은 전문기획가이기를 기대할 수 없지만 다양한 형태의 변화관리를 위한 기획활동을 이해할 수 있어야 하고, 기획과 의사결정을 통합할 수 있는 능력을 갖춰야 한다.

2) 변화관리 접근방법 유형

변화관리에 대한 접근방법의 유형은 관리자가 전체 체제, 즉 조직, 제도 및 지역사회 등에 관심을 갖는 정도와 위기·혁신 및 기회를 기꺼이 수용하는 정도, 그리고 정책이나 프로그램을 형성할 때 장기적 관점을 갖는 정도 등에 따라 구별지을 수 있다(Steiss, 2003: 330).

(1) 전통적 접근방법

전통적 접근방법은 체제 및 현상의 유지, 전통과 선례의 지지, 위기와 불확실성을 최소화하는 데 관심이 높다. 변화와 성장을 희생하더라도 안정과 선례 및 통제를 강조한다. 과거 문제를 다루기 위해 개발된 절차, 정책 및 실제들이 현재의 상황에 적절하지 않더라도 여전히 적용되며 의미 있는 변화나 혁신이 억제된다.

전통적 접근방법의 관리자들은 주요 직원들의 기능과 책임을 명백히 하여 조직의 안정을 우선하고 미숙한 행동을 막으려는 구조를 모색한다. 보상과 제재가 이러한 기제를 강화한다. 소통 채널은 조직의 통제고리와 정해진 규약에 의해 명백히 정해진다. 문제진술이나 확인도 현상유지의 압력으로 미리 정해진 기준이나 선례와 일치되게 사안을 유지하려는 편견을 갖게 된다. 비용초과의 경우, 전통적 관리자들의 반응은 어떻게 하면 불필요한 경비를 줄여 설정된 기준에 맞추느냐에 초점을 둔다.

전통적 관리자에게 변화에 대한 태도는 조직에 안정적이고 건전한 방향을 제공하는 것이어야 하고, 어떤 활동도 현존의 절차나 실제에 일치하도록 하는 구체적인 억제와 균형의 기준이 포함되어야 한다고 본다. 따라서 과거의 축적된 여건을 선형적 추세로 구성한 보수적 계획을 우선하고 현상을 위협할 때만 이들 여건을 변경하려고 한다.

(2) 위기지향 접근방법

위기지향 접근방법(crisis-oriented approach)은 전체 체제에 대한 관심이 낮고 위기를 피하려 하거나 위기에 대한 관심이 적다. 조직목적이나 성장기회에 대한 적절성에 관계없이, 관리자들이 직면하는 문제를 가장 중요한 업무라고 간주한다. 위기를 최소화하기 위해 관리자들은 상황이나 책임을 져야 할 구성원에 대한 끊임없이 감독하고, 조직의 전반적인 필요와 목적을 희생하더라도 자원을 엄격하게 통제한다. 위기지향 접근방법에는 충동적인 접근방법과 소방식 접근방법이 포함된다. 전자는 체제의 전반적인 목적에 대한 관심이 없이 단기적 관점에서 생각나는 대로 대응한다. 내부기준이 되는 규칙이 없고 기존의 선례나 정책이 무시되기 때문에 관리자들의 행태를 예측할 수 없다. 후자는 개별 사건들을 단기적으로 통제되어야 할 문제로 간주한다.

이러한 변화에 대한 태도는 위기를 받아들이려 하지 않고 개별 사안들은 선례가 없는 것으로 여기기 때문에 장기적 목적을 가지고 다루지 않는다. 관심은 최소한의 비용과 당면한 문제를 가능한 한 빨리 해결하려고 한다. 이러한 접근방법은 어떤 문제를 다루는 경우 효과적이지만 장기적으로는 자원을 부적절하게 사용하거나 중요한 기회를 상실할 수 있다.

위기지향 변화관리 태도는 장기기획은 미래를 예측할 수 없고 시간과 자원의 낭비이기 때문에 불가능하다고 본다. 현재의 상황이 신속히 다루어진다면 조직은 잘될 것이라 주장한다. 굳이 문젯거리를 찾을 필요가 없다는 것이다. 위기지향 관리자들은 자료수집이나 분석보다는 실천행동에 에너지를 쏟는다.

(3) 기회지향 접근방법

기회지향 접근방법(opportunistic approach)은 체제나 안정성에 대한 관심이 낮고 소극적이지만, 변화의 기회를 활용하려는 열의와 위기를 기꺼이 수용하려고 한다. 전체 조직이나 지역사회의 장기적 목적에 미칠 영향에 대한 고려가 없이 혁신에 대한 관심이 높다. 이러한 관리자들은 장기적이고 체계적인 고려를 간과하고 새로운 돌파구, 특히 단기적이고 즉시적 수익을 가져올 기회를 위해 끊임없이 모색한다. 그 결과 부적절한 위기를 수용해야 하고 조직은 전반적이고 장기적인 목적과 관련없는 사업들을 연장하기도 한다. 기회지향 접근방법에는 투기적 접근방법과 기업가적 접근방법을 포함한다. 투기적 접근방법은 전반적인 체제에 대한 위기나 실험적 영향에 대해서는 관심이 적지만, 미래의 의미 있는 수익을 위해 현재의 기회를 창출해야 한다는 장기적인 관점을 가지고 접근한다. 기업가적 접근방법은 장기적인 방향이나 목적을 희생하더라도 새로운 기회가 포착되면 위기를 적극 선호하고 이를 어떻게 활용할 것인지를 우선적으로 고려한다.

기회지향의 변화관리 태도는 기회에 대응하기 위한 자유와 융통성을 위해 직무기술이나 조직도해와 같은 공식적인 조직구조를 피한다. 기업가적 관리자들은 비교적 제한된 정보를 수집, 경험과 직관 및 개인적 판단에 의해 기회를 감지하고 해결책을 모색한다. 조직통제는 비교적 적게 하고 직원들은 문제를 다룸에 있어 상상과 창의를 자유롭게 활용하도록 허용된다.

기회지향의 변화관리자들은 사건들이 무작위적이고 서로 연결되어 있지 않기 때문에 기획을 쓸모없는 것으로, 더 나아가 자유를 제약한다고 본다. 핵심은 실천 행동이기 때문에 성장과 개선의 기회에 우선순위를 두어야 한다. 장기적 미래는 추세를 알고 기회를 활용하는 적절한 행동을 할 수 있는 창의적이고 민감한 개인들에 의해 잘 다루어질 수 있다는 것이다. 기회지향 관리자들은 전반적인 조직목적에서의 이익보다 기초적 수준에서의 신속한 이익을 주는 대안들을 선택한다.

(4) 공동상승 접근방법

공동상승 접근방법(synergistic approach)은 변화관리에서 안정 — 지휘감독과 위기 — 기회 간의 균형을 확보하거나 이들을 통합하려고 노력한다. 조직이나 지역사회 전반적인 목표들을 다루지만 체제안정 자체를 목적으로 보지 않으며, 또한 위기를 최소화하는 수단으로도 간주하지 않는다. 약간의 위기를 내포한 성장기회가 발생할 경우, 변화관리자들은 정보를 활용하여 보다 광의의 체제에 잠재적으로 기여할 방향을 선호한다. 이러한 공동상승 접근방법에는 체계적 접근방법과 실험적 접근방법의 특성들을 내포한다.

체계적 접근방법은 전반적인 조직, 부분과 전체와의 관계, 그리고 보다 장기적인 시간차원에서 단기적 목표와 장기적 목적을 고려하는 접근방법이다. 구체적인 사건이나 활동을 위한 기획이 전체 체제에 대한 관심과 함께 고려된다. 투자결정은 체제의 장기계획의 관점에서 고려되고 정보는 미래의 불확실성을 줄이기 위해 수집되고 분석된다. 그러나 체제적 관리자들은 너무 조심하여 보다 즉시적인 요구를 충족시키지 못할 수 있다.

실험적 접근방법의 관리자들은 장기적 목표달성에 기여할 위기나 기회를 다루는 데 있어 분석적 태도를 유지하려 한다. 의사결정을 사실과 정보에 근거하여 접근하고 장기적이고 목적지향적 관점을 유지하기 위해 강제적이고 지나치게 엄격한 행태의 함정을 피하려고 한다.

변화에 대한 공동상승 접근방법은 문제를 어떻게 해결할 것인가에 대한 사전결정된 지침을 포함하지 않는다. 가능한 해결방안의 모색에서 방법의 개선, 프로그램 초점의 변화, 프로그램 목표의 재설정 등을 포함시킨다. 공동상승 접근의 변화관리자들은 건강한 기획이 기회를 평가하고 위기수용의 가능성을 판단하게 하는 토대를 제공한다고 본다. 그래서 이들은 전반적인 방향과 장기적인 방향 수정을 안내해 줄 정보를 찾고자 체계적이고 종합적인 방식으로 장기기획을 시도하고, 단기적으로는 조직성장의 토대형성과 건전한 방향 유지를 위한 자료수집과 분석은 중요하다. 공동상승 접근의 변화관리자들은 과정의 최적화를 찾고자 한다. 의사결정과정에서 자료수집, 위기가능성에 대한 평가, 잠재적 가능성 등을 중요시하여 전반적 목표지향의 건강한 과정을 거쳐 대안을 선택한다.

이상의 변화관리에 관한 접근방법에서 공동상승 접근방법이 보다 선호될 것이지만, 많은 관리상황은 공동상승 접근방법의 합리적 강조보다는 판단, 민감성, 상상력 및 직관 등이 더 효과적인 방법이 되는 경우도 있다. 적절한 시간과 적절한 공간에서 기회지향 접근방법이 조직에 더 큰 이익을 가져올 수 있고, 위기지향 접근방법 또는 전통적 접근방법이 중대한 문제를 피하기 위해 더 적절한 접근태도가 될 수 있기 때문이다.

특정 상황에서 보다 적절한 변화관리 접근방법을 선택하는 데 적용될 기준들은 다양하다. 추정된 이익과 손실, 문제의 심각성, 문제발생의 빈도 및 의사결정의 파생효과 등이 고려되어야 할 기준들이다. 그리고 이러한 접근태도의 유형에 관한 논의가 개별 관리자들의 태도와 동기를 이해하는 데 초점을 두었지만, 이들 개인들이 속한 조직이나 조직에 속한 집단에도 적용될 수 있으며 시사점을 충분히 제공하고 있다고 할 수 있다.

3) 변화관리 전략과 기술

(1) 변화관리 전략

변화를 시도하고 관리하는 기본적 전략으로는 합리적-경험적 전략, 규범적-재교육적 전략, 권력-강제 전략(Bennis et al., 1969)과 환경-적응적 전략(www.home.att.net/~nickols/change.net) 등이 있다.

합리적-경험적 전략은 인간은 합리적이며 자신들의 최선의 이기심을 따른다는 전제 하에서 변화는 성공적인 정보소통과 유인책의 확대를 토대로 한다는 것이다. 규범적-재교육적 전략은 사람은 사회적 존재로서 문화적 규범과 가치를 고수한다는 것을 전제로, 변화는 현재의 규범이나 가치에 대한 재정의와 재해석, 그리고 새로운 규범의 관여를 토대로 해야 한다는 것이다. 권력-강제 전략은 사람은 기본적으로 순응적이며 들은 것을 실행한다는 전제로 변화는 권한행사와 제제부과를 토대로 해야 한다는 것이다. 환경－적응적 전략은 사람들은 익숙한 것의 와해와 상실을 반대하지만 새로운 환경에 쉽게 적응한다는 전제로 변화는 새로운 조직구조를 수립하고 사람들을 서서히 전환하는 것을 토대로 해야 한다는 것이다. 이러한 변화관리 전략 중 어떤 단일의 변화전략이 모든 상황에서 작동하지는 않기 때문에 상황에 따라 전략의 혼합이 필요할 것이다.

(2) 변화관리 기술

변화관리를 위한 기술에는 인간적 기술, 분석적 기술, 체계적 기술, 조직적 기술과 지방정부 내 정치적 과정에 대한 이해와 같은 일련의 세련된 기술들이 요구된다.

① 인간적 기술 중에서 가장 필요한 기술은 개방적 의사소통과 인간관계 기술이다. 변화관리자들은 사물을 조직 내 다른 사람들의 눈으로 보는 것을 배워야 하고, 서로 별개의 관점들 간 갈등을 인정하며 이를 해소해야 한다. 개방적 의사소통이 성공적인 변화관리의 핵심이다. 메시지 내용이 변화관리 과정마다 조심스럽게 기획되어야 한다. 의사소통에서 가장 중요한 것은 정직과 융통성 및 감정이입이다. 의사소통은 메시지의 내용이 전달받은 사람의 기대 내에서 이루어지면, 반응도 일정 범위의 가능성 내에서 나타날 것이라는 함의에 의해서 이루어진다. 기대와 반응에 차질이 생기면 피드백을 통해 의사소통의 방식이나 내용 및 관찰된 반응에 맞는 기대를 수정해야 한다.

조직의 의사소통은 여러 경로의 네트워크로 이루어지고 있다. 권한관계망에 의한 의사소통은 조직의 상부에 있는 비교적 소수의 사람들로부터 권한구조 하위에 있는 많은 사람들에게 수직적으로 흐른다. 정보교환망은 권한관계 의사소통 흐름과 달리, 활동단위에서 조직의 상부로 조직 내부의 활동이나 외부환경에 관한 메시지가 전달되거나, 의사결정의 지침들이 활동단위들의 결정을 위한 정보제공 등 양방향으로 흐른다. 비공식적 네트워크는 정규채널이 적절히 기능을 하지 못할 경우 생긴다. 이러한 의사소통망은 관리적 통제를 직접 받지 않고 자연적 비공식집단의 결과로 생기는데 공식적 정보흐름을 강화하기도 하지만 정반대로 기능할 수 있다. 조직과정과 구조변화에 관한 최초의 의사소통은 상위관리층에 의해서 발의되고 권한관계망에 의해 전달되는 것이 적절하다. 이러한 접근은 새로운 제안과 전반적인 변화관리 노력에 대한 중요한 보증을 제공하기 때문이다. 최초의 발표에 이어 일련의 정보교환망과 업무 관련 망을 활용하여 보다 지시적인 의사소통이 이어져야 한다. 정보교환망은 관련자들의 의견과 반응을 유도해내는 구조화된 발표회가 되도록 설계되어야 하며, 업무전문망은 시범과 논의와 같은 실제적 회의가 되어야 한다.

조직과정과 구조변화에 관한 일관된 정보의 흐름이 필요하며, 정례적인 회합과 정기적인 진행과정에 대한 보고, 뉴스 등이 제공되어야 하고, 효과적인 의사소통이 이루어지기 위해서는 정보, 자료 및 분석이 일관된 형태로 제공되어야 한다. 정보관리체계(IMS)가 도움이 된다.

② 성공적인 변화관리자는 조직이 직면하고 있는 문제상황에 대한 복합적 분석을 할 수 있는 기술을 가져야 한다. 통찰과 직관이 유용한 시각을 가져다 줄 수 있지만 설득하거나 방어하기 어려운 경우가 있기 때문이다. 분석기술 중 업무흐름 또는 활동분석과 재정분석이 특히 중요하다. 변화관리자는 업무를 해체하고 새로운 방법으로 과정을 재결합할 수 있어야 하며, 이루어진 업무의 재정적 영향과 결과를 판단할 수 있어야 한다.

③ 조직은 특정한 결과를 산출하기 위한 자원들과 과정들을 배치하는 체제이다. 조직은 환경과의 지속적인 유입과 유출이 이루어지면서 새로운 수준에서 새로운 조직과 기능을 통해 생존해가는 개방체제이다. 변화관리자는 목적지향적이며 사회·기술적 실체로서 활동하는 개방체제를 다룰 수 있는 일련의 기술들을 습득해야 한다. 조직자원들이 어디서 왔고 어디로 가고 어떻게 얻으며 유지하는가에 대한 이해와 함께 조직 생존에 중요한 기본 요소에 대한 지식이 필요하다.

④ 지방정부는 정치적 실체이다. 특히, 제한된 조직자원을 놓고 경쟁이 치열할 경우에는 지방정부 내 정치가 강렬하다. 따라서 변화관리자는 정치적 게임에 관여되어서는 안 되지만 이를 이해해야 한다.

(3) 변화에 대한 반응 관리

조직 내 모든 변화가 항상 똑같은 것일 수 없고, 변화에 대한 구성원들의 반응도 일정하지 않고 다양하다. 변화에 대한 가능한 반응들을 이해하고 이에 대한 적절한 대응을 변화관리 계획에서 수립하는 것이 중요하다. 변화에 대한 저항의 주요 이슈들은 개방적 의사소통으로 다루어져야 한다.

조직 내 개인이나 집단들은 제안된 변화가 실행되는 동안 불확실, 좌절, 검토 및 적응이라는 4단계의 변화를 경험할 수 있다(Steiss, 2003: 272－273). 불확실단계에서 변화에 대한 첫 반응은 놀라움과 불신이다. 제안된 변화가 비현실적이며 터무니없는 것으로 받아들여지고, 자신들에게 위협으로 간주하여 이를 두려워하고 그에 맞는 반응을 한다. 따라서 관리는 변화가 일어날 것이며, 새로운 변화가 정착될 수 있게 충분한 시간이 허용될 것이라 점을 명확히 하고, 제안된 변화의 근저가 되는 전략적 비전과 목표를 지속적으로 반복 제시한다. 좌절단계에서 개인들은 예전의 일처리 방식을 고집하며 방어하려고 한다. 오랫동안 지켜온 신념들이 새로운 정보에 도전받을 경우, 인식의 틀이나 태도는 흔들리게 된다. 많은 사람들의 태도는 자신의 입장을 고수하려 하고 변화 실행노력에 저항한다. 이 단계에서 관리는 듣고 이들 감정을 인정하며 곪아가는 관심들을 다루어야 한다. 검토단계에 이르면 사람들은 제기된 변화에 대해 좋은 점과 나쁜 점들을 고려하게 된다. 변화의 필요성이 명백해지고 사람들의 감정이나 우려가 인정된다. 사람들이 그들에게 변화가 유리하게 진행될 수 있다고 인정할 때 전환이 시작된다. 변화의 가치를 알게 되고 이를 어떻게 다루어야 할 것인가를 고려하게 된다. 이 단계에서 관리는 조직구성원들이 브레인스토밍에 참여할 기회를 제공하여 단기적인 목표를 설정하게 하고 새로운 과정에 관한 최종이용자들을 훈련시킨다. 제안된 변화가 성공적으로 실행되도록 지속적인 보장책들이 제공되고 적절한 자원이 활용되어야 한다. 마지막 적응단계에서 사람들은 변화에 안심하고 새로운 과정과 절차에 적응할 준비가 되어 있다. 인식, 태도 및 행태가 다시 안정화되고 대부분의 고용인들은 조직의 혜택 장치가 변화로 인한 위기들을 보장해 줄 것이라 믿게 된다. 이 단계에서 관리는 혁신을 찬양하고 성취를 보상한다. 하향적 통제를 개인들의 자발적인 지향으로 대체한다.

불행하게도 변화과정에 참여하는 모든 사람들이 이러한 4단계를 성공적으로 진행하는 것은 아니다. 성공적인 변화관리는 변화란 어렵지만 변화에 의해 영향받는 사람들을 배려하고 고비를 넘길 수 있도록 충분한 시간을 허용한다는 것을 이해시키는 것이 필요하다.

(4) 변화의 실행 관리

제안된 전략과 과정이 현재의 과정과 실제와 반대되는 경우 대개 현재의 과정을 없애는 경향이 있는데 이러한 접근은 위험하다. 남아 있는 체계가 더욱 강고해져 변화시키기가 어렵다. 현재의 과정을 보완하는 새로운 과정은 실행하기가 쉽다. 그러나 새로운 과정과 실제가 옛날 방식을 강화하여 옛 체계를 해체하기가 어려울 수 있다. 새로운 과정에 상반되는 실제가 오래 남아 있을수록 결국은 이전의 안정된 상태로 되기 쉽기 때문에 완전히 새로운 방식으로 변화를 소개하는 것이 바람직하다.

변화를 실행할 때 제안된 변화의 특성(점진적 또는 급진적)과 속도(완만 또는 신속)를 구별하는 것이 중요하다.

급진적 변화는 이용자원이 이미 배분되고 처음 여건들이 변화에 대한 저항을 가져올 수 있을 경우 몇 개의 단계로 실행에 옮겨야 한다. 조직은 따라야 할 절차와 루틴을 설정한다. 변화지지자들은 새로운 전략과 과정을 소개할 때 이러한 절차를 이해하고 교과서처럼 진행해야 한다. 급진적 변화는 활동적 시각에서 뿐 아니라 정신적 관점에서 중요한 조정이 필요하다. 현재의 프로그램 관리자는 기존의 운영절차에 묶여 있기 때문에 외부 변화관리자로 교체하여 활용하는 것이 필요하다. 급진적 변화를 단일 단계로 집행하는 것은 너무 파괴적이고 비용이 많이 들며, 너무 혼란스러워 조직활동에 불연속성을 가져올 수 있다. 그러나 조직생존의 위기에 처했을 경우나 상황이 기술적 또는 정치적으로 단순할 때 단일 단계의 집행을 고려해야 한다. 변화를 전부 아니면 전무식으로 접근할 필요가 있는 경우도 있다. 중도적 접근이 자원낭비, 역기능 또는 실패를 야기할 수 있기 때문이다.

변화의 속도를 결정하는 요인으로는 조직의 변화 수용성, 과업의 상호의존성, 외부압력 등이다. 조직문화가 변화의 수용성에 중요한 실마리를 제공한다. 조직이 위기 수용에 유연하다면 변화의 수용정도는 높다. 이러한 조직에서는 단일 단계의 집행이 보다 유용하다. 변화가 조직의 여러 영역에 걸쳐 배분될 필요가 있는 경우 집행은 실험과 학습과정을 거쳐 초기 수용자들의 실수를 반복하지 않도록 해야 한다. 업무상호성은 변화의 주요 단계를 분리 모듈화할 수 있는 정도를 결정한다. 제안된 변화를 관리할 수 있는 형태로 실행할 구체적인 사업들로 나누고 이들 업무를 모듈화하는 것이 유용하다. 외부압력이 낮으면 조직은 완만한 속도의 변화를 위한 충분한 시간을 가질 수 있지만 조직이 위기에 직면할 경우는 전환 시간을 최소화해야 한다.

변화의 기본적 단계 내내 필요한 것은 조직 상부관리로부터 확고한 관여이다. 명백한 비전을 조직 전반에 걸쳐 공유하고, 지속적으로 의사소통하여 넓게 순환하도록 해야 한다. 변화관리는 개인들의 요구와 관심을 보살피고, 듣고, 대응하는 것이다. 변화관리는 또한 구성원들로 하여금 자신들의 통찰력, 기술 및 가치관을 팀 노력과 합동 진단을 통해 앞으로 나아가도록 도와주는 것이어야 한다.

제 3 절 지방정부 미래 관리자

1 관리자로서의 삶

지방정부 관리자의 삶이 힘들고 스트레스를 주며 때로는 지역사회의 속죄양이 될 수 있기도 하지만, 관리자들이 지방정부에 생애를 바치는 주요 이유는 공공서비스에 헌신할 수 있는 기회, 문제해결에 도전하고 중요한 일을 수행할 수 있는 기회, 관리 노력의 가시적 결과를 볼 수 있는 기회가 제공되기 때문이라고 한다. 그리고 다른 어떤 분야와 달리 개인의 전문적 기능을 요구하고 있어 자긍심과 자아실현의 기회를 가질 수 있다는 것이다.

그럼에도 지방정부 관리자에 대한 요구나 압력들은 여러 가지 형태를 띤다. 어느 것은 직업 자체와 인간관계와 관련되어 있고 어떤 것은 개인의 성격과 관련되기도 한다.

직업과 관련된 긴장은 역할모호성, 역할갈등 및 역할중첩 등이다. 역할모호성은 통치단의 정책지시가 불명확하고 모순될지라도, 또는 자원이 충분하지 못하더라도, 업무를 수행할 충분한 권한을 허용하지 않으면서도 관리자에게 전문행정가이기를 기대하기 때문이다. 역할갈등은 의원들이 관리자들의 역할에 관해 다르게 기대하고 있을 경우 발생한다. 즉, 관리자 지위에 공식적으로 할당된 역할과 의회가 기대하는 역할 간에 차이가 발생한다. 예컨대, 부서 운영에 전적인 책임이 있는 관리자에게 의회는 보다 추종적이고 순응적이길 기대하면서, 한편으로는 정책조언을 요구하기도 한다. 지방정부에서의 인간관계 또한 동료들과의 갈등에서부터 협력과 동지애 등에 이르는 다양한 형태를 존재하며 이는 해당 조직문화에 따라 달라질 수 있다. 이외에 개인의 심리적 특성에 따라 스트레스를 받는 경우도 천차만별하다. 지방정부 관리자들이 성공적인 관리자가 되기 위해서는 이러한 압력이나 스트레스를 적절히 관리해야 한다.

스트레스는 육체적 · 정신적 긴장이다. 적절한 스트레스는 개인의 주의력 집중과 높은 성취를 위해 유익한 것이지만, 과도한 스트레스는 개인의 업무수행 능력을 줄게 하거나 무력하게 하기 때문에 바람직하지 않다. 스트레스의 주요 증상은 업무상 불만족, 업무 긴장, 정서적 및 심신의 피로 등을 포함한다. 스트레스의 부정적 영향을 피하기 위해 관리자들은 긴장관리 기법이 필요하다.

성공적인 스트레스 관리의 가장 중요한 요인들은 개인들이 맞서 싸우는 전략과 건강 습관 및 지원네트워크이다. 먼저, 스트레스와의 정면전(正面戰) 전략은, 통제를 통한 대응(스트레스의 원인을 확인하고 참을 수 있는 수준으로 줄이기 위해 변화를 시도하는 적극적인 방법), 도피를 통한 대응(어려운 문제를 부하 직원들에게 위임이나 상사에게 전가하는 방법과 사임하는 방법) 및 증상관리를 통한 대응(스트레스의 원인보다 증상을 줄이거나 근절하여 스트레스에 대한 저항과 관대성을 증가시키는 방법) 등이 있다.

스트레스 해소의 또 다른 방법으로는 좋은 건강 습관과 적절한 삶의 방식을 만들고 유지하는 것이다. 그리고 가족이나 친구 및 동료들과 이루어진 지원망을 활발히 활용하는 것이 스트레스 관리를 위한 방법이라고 한다.

지방정부 관리직은 생애직업으로서 오랜 시간과 어려운 업무, 그리고 많은 스트레스와 압력을 참아낼 수 있는 능력을 요구한다. 그러나 그의 대가로 시민들의 삶과 지역사회 방향에 영향을 미칠 수 있는 의미 있는 삶을 누릴 수 있다는 것이다.

2 관리자에 대한 기대

향후 지방정부 관리자들에게 기대하는 것들은 많다. 먼저, 여러 가지 이유로 지방정부는 특정한 기능이나 일반적인 직업 경력에, 보다 넓고 다양한 전문적 임용조건을 요구할 것이다. 따라서 향후 지방정부에서 성공적인 관리자들은 자신들의 전문성 기반의 범위를 넘어 이해와 활동의 폭을 넓혀야 할 것이다.

그리고 활발한 시민참여와 보다 강화되는 정치적 환경에서 훌륭한 관리자는 정치적 민감성을 훌륭히 개발해야 할 것이다. 이는 시민들의 요구에 대한 대응능력 향상과 함께 시민을 대표하는 지방정치인들의 요구 또한 가중될 것이기 때문이다. 따라서 관리자들은 자신들이 정당원이 되어야 한다는 것을 말하는 것이 아니고, 의원들이 관심을 갖고 있는 정치적 의제나 이의 효과적인 실행을 위해 알고 있다는 것을 전시하는 능력을 가져야 한다는 것이다.

또한 효과적인 관리자는 지방정부가 공공서비스의 유일한 제공자만은 아니라는 것을 이해해야 한다. 경쟁이 있을 수 있고, 지방정부의 서비스 공급이 대안적 공급과 비교하여 검증되고, 서비스가 자신들의 요구조건에 맞기를 기대하거나 자신들의 편의 및 기대 패턴에 맞게 이루어지길 기대하는, 보다 차별적이고 독단적인 소비자들에 의해 검증될 것이기 때문이다. 반면에, 자신들의 요구를 충분히 주장하지 않는 소비자들도 많다. 사회의 많은 집단들은 지방정부로부터 소홀한 대접을 받는다. 소수민족집단, 여성 등이 차별의 대상이었다. 따라서 관리자들은 정책개발과 집행에서 평등한 기회에 보다 민감해야 할 것이다.

이러한 주제들은 끊임없이 지방정부 관리자들의 현재 또는 미래의 역할과 책임에 대한 깊은 사고를 요구하고 있고, 그 해답은 관리자들이 찾아야 할 과제이기도 하다. 관리문제는 이데올로기와 철학과는 무관하다고 주장하는 견해도 있다. 지방정부가 실제 주민들의 주머니에서 가져온 막대한 돈을 효율적이고 효과적으로 사용하여, 이들의 이해에 진정으로 봉사하도록 변화하는 과정을 시작하는 일이기 때문이다(Lansley et al., 1989: 116).

그러나 관리자들이 업무수행에서 판단과 실행할 때 뒷받침이 되는 특성뿐 아니라 옳고 그름을 결정할 때 준거할 원칙이나 가치로서의 관리자 윤리는 필요하다. 우리가 살고 있는 자유민주주의 체제에서 공공관리자들이 자신들의 의무를 수행할 때 준거할 윤리적 가치와 특성은 자유주의와 민주주의의 원천에서 흘러나온다. 자유주의 원천은 인간의 존엄성을 인정하는 기본적 의무로서 개인의 권리와 자유를 존중하는 것을 말하며, 민주주의 원천은 독재정치를 막고 인간의 자치적 능력과 시민으로서의 덕성을 표현할 수 있는 수단으로서 국민주권과 참여를 조장하는 것을 뜻한다. 개인의 권리를 존중하는 것이 공동체 차원의 민주적 참여와 책임성과 대립할 수 있지만, 소수집단이나 개인들의 존엄과 번성할 기회에 대한 공동체의 영향에 제한을 가할 수 있어야 한다는 것이다(Dobel, 2005: 158).

이러한 민주적·자유적 원천들은 오히려 공공관리를 불신한다. 정부가 국민들의 일반 의지와는 다른 정부 자체의 특별 의지를 펼치거나 정부의 제도들이 민주적 주권에 심대한 문제를 야기할 수도 있기 때문이다. 공공관리자들이 고뇌해야 할 문제이다.

참고문헌

국내 문헌

권용수(2001), 『공무원 직무수행역량 평가모델』. 서울: 한국행정연구원.

김도창(1978). 『일반행정법론(상)』. 서울: 청운사.

김병섭 · 오시영(2005). "정부조직의 팀제: 신화와 현실." 『행정논총』, 43(4).

김병준(2000). 『한국지방자치론』. 서울: 법문사.

______(2015). 『지방자치론』(제2수정판). 서울: 법문사.

김석준 외(2000). 『뉴거버넌스연구』. 서울: 대영문화사.

김성근(2004). 자치단체의 정보자원관리와 EA. 『지역정보화』, 제30호.

김영기(1997). 『지방자치행정론』. 서울: 대영문화사.

김영종(2000). 『지방자치론』. 서울: 형설출판사.

김영인 외(2007). "정책단계와 NGO의 역할 유형: 교육개혁정책과정에서 NGO의 활동을 중심으로." 『행정논총』, 45(4).

김주원(2004). "지방행정 공무원의 전문성 제고 방안: 역량강화모델적용을 중심으로." 강원발전연구원 연구보고서.

김태룡 · 안희정(2006). "팀제가 조직성과에 미치는 영향－행정자치부에 도입된 팀제를 중심으로." 『한국행정학보』, 40(4).

김항규(1995). "정책결정과정에서의 정치적 합리성 확보방안에 관한 연구." 『한국행정학보』, 29(3).

노화준(2007). 『정책학원론』(제2전정판). 서울: 박영사.

류재현(2005). "지방정부의 전략경영에 관한 연구." 한국적 적응과제 탐색. 『한국행정연구』, 14(4).

박응격(2003). 『지방행정론』(제4판). 서울: 신조사.
박종민 외(1999). 한국지방정치의 특징. 『한국행정학보』, 33(2).
______(2001). "지방정치에서의 정당의 역할과 한계." 『정부학연구』, 7(1).
박종화 외(1995). 『지역개발론』. 서울: 박영사.
안계춘 외(1994). 『현대사회학의 이해』. 서울: 법문사.
안길찬(2002). "팀제 조직의 성과평가모델에 관한 연구." 한국생산성학회. 6(1).
오석홍(1990). 『조직이론』. 서울: 박영사.
유종해(2001). 『현대행정학』(제4전정판). 서울: 박영사.
이강원 외(2016). 『지형 공간정보체계 용어사전』. 서울: 구미서관.
이달곤(2004). 『지방정부론』. 서울: 박영사.
이선우(2012). "지방정부 공무원의 행정가로서의 필요역량 및 실행에 관한 연구." 『한국인사행정학회보』, 11(3).
이은구 외(2001). 『지방정부 경영전략론』. 서울: 법문사.
이자성(2004). "정보공개제도와 정부의 책무성에 관한 한국과 일본비교." 『한국행정학보』, 38(15).
이종수(2000). 『행정학사전』. 서울: 대영문화사.
______(2002). 『지방정부이론』. 서울: 박영사.
임도빈(1993). 『지방화 시대의 국가행정』. 서울: 장원출판사.
유재천 · 이민웅(1994). 『정부와 언론』. 서울: 나남출판.
성경륭(1995). "지방주도적 발전과 분권화 개혁의 추구." 『한국정치학회보』, 29(4).
신동설(2005). 공기업의 6시그마 경영혁신 성공사례에 관한 연구.
장지호(1987). 『서독지방자치론』. 서울: 대왕사.
조석준(2000). 『뉴거버넌스연구』. 서울: 대영문화사.
정명주(2008). "정보기술아키텍처를 활용한 정보화 수준평가 모형 개발." 서울대한국행정연구소. 『행정논총』.
정명주 · 이유택(2002). 정보자원관리 모형 및 전략에 관한 연구. 한국전산원.
정보통신부(2006). 공공기관 정보아키텍처 기본계획 2007~2009.
정세욱(2000/2005). 『지방자치학』. 서울: 법문사.
정정길(2000). 『행정학의 새로운 이해』. 서울: 대영문화사.
정정길 외(2010). 『정책학원론』. 서울: 대명출판사.
차일석(2000). "지방자치의 발전과 언론의 역할." 『지방포럼』, 70. 한국지방행정연구원.
총무처 직무분석단(1997). 『신 정부혁신론』. 서울: 동명사.
천대윤(2004). "외국의 정보공개제도 특성에 관한 소고." 한국지역정보개발원. 『지역정보화』, 제28호.
최진명(2007). "EA와 정보자원관리의 관계." 한국지역정보개발원. 『지역정보화』, 제33호.

하미승 외(2007). "공무원 역량평가를 위한 사례비교연구." 『한국인사행정학회보』, 6(1).
하성규 외(2000). 『도시관리론』. 서울: 형설출판사.
한국경제연구원(1995). 지방경쟁력 강화를 위한 기업가형 지방경영.
황주성 외(2007). 공공정보자원관리의 혁신방안연구. 정보통신연구원.
행정안전부(2009). 고위공무원단 진입을 위한 역량평가 안내.
허만형(2012). 『사회복지행정론』. 서울: 대영문화사.

국외 문헌

松井茂記(1996). 『정보공개법』, 岩波新書.
Ackoff, Russell L., & Jamshid Gharajedaghi(1984). "Mechanisms, organisms and social systems." *Strategic Management Journal*, Vol.5.
Almond, Gabriel A., & Sidney Verba(1963). *The Civic Culture: Political Attitudes and Democracy in Five Nations*, Princeton, N.J.: Priceton University Press.
Alasdair, Robert(1995). "Civic Discovery' as a Rhetorical Strategy." *Journal of Policy Analysis and Management*, 14(2).
Anthony, Robert N.(1965). *Planning and Control Systems: A Framework for Analysis*, Boston.
Anthony, Robert N., & Glenn W. Welsch(1974). *Fundamentals of Management Accounting*, Homewood, Ⅲ.: Richard D. Irwin.
Argyris, C.(1957). "Organization Man: Rational or Self-actualizing?." *Public Administration Review*, 33(4).
______(1957). *Personality and Organization*, New York: Harper and Row.
Audit Commission(1986). *Performance Review: A Handbook*. London: HMSO.
______(1990). "We Can't Go On Meeting Like This: The Changing Role of Local Authority Members." *Management Paper*, No.8. London: HMSO.
Bachrach, Peter & Morton Baratz(1970). *Power and Poverty: Theory and Practice*, New York: Oxford Univ. Press.
Backoff, R., Wechsler, B., & Crew R. E.(1993). "The Challenge of Strategic Management in Local Gov't." *Public Administration Quarterly*, 17(2).
Balk, W. L. et al.(1989). "Notes on the theory and practice of gov't productivity improvement." *Public Productivity and Management Review*, 13(2).
Barnard, Chester I.(1962). *The Functions of the Executive*. Cambridge: Harvard Univ. Press.
Bellah, Robert, et al.(1991). *The Good Society*. New York: Knopf.

Benjamin, Barber(1984). Strong Democracy: *Participatory Politics for a new Age*. Berkeley, Calif.: Univ. of California Press.

Benest, Frank(1990). "Creating Neighborhood Connections." *Public Management*, August.

Bennis, Warren(1992). "The Artform of Leadership." in *Public Administration in Action*. ed. by R. B. Dehnhardt & Barry S. Harmmond, Pacific Grove, CA: Brooks−Cole.

Bennis, Warren. G., Kenneth D. Benne, & Robert Chin(eds.)(1969). *The Planning of Change*. New York: Holt, Rinehart and Winston.

Benyon, John & Adam Edwards(1999). "Community Governance of Crime Control." in Stocker, G., (ed.) *The New Management of British Local Government*. Macmillan Press Ltd.

Berry, Jeffrey M. et al.(1989). "Empowering and Involving Citizens." in *Handbook of Public Administration*. (ed.) James L. Perry, San Francisco: Jossey−Bass.

Bevir, M.(2011). "Governance as theory, practice and dillema." In *Handbook of Governance*. (ed.) M. Bevir, Thousand Oaks, CA: Sage.

Bouckaert, G.(1993). "Measurement and Meaningful Management." *Public Productivity and Management Review*, 17(1).

Brudney, Jeffrey L., et al.(2001). *Advancing Public Management, New Development in Theory, Methods, and Practice*. Washington, D.C. Georgetown.

Bryson, John M.(1995). *Strategic Planning for Public and Nonpublic Organizations*. San Francisco, CA: Jossey−Bass Publishers.

Burgess, Philip M.(1975). "Capacity Building and Elements of Public Management." *PAR*, Vol.35, Special Issue.

Cahn, Mattew A.(1995). "The Players: Institutional and Noninstitutional Actors in the Polocy Process." in Stella Z. Theodoulou & Mattew Cahn (eds.) *Public Policy: An Essential Readings*. Englewood Cliffs, N.J.: Prentice Hall.

Callahan, K.(1994). "Rethinking Governmental Change: New Ideas, New Partnerships." *Public Productivity and Management Review*, XVII(3).

Castellani, Paul J.(1977). "Managing Alternative Approaches to the Provision and Production of Public Goods: Public, Private, and Nonprofit." in John J. Gargan (ed.) *Handbook of Local Gov't Administration*.

Cayer, Joseph N.(1989). "Qualities of Successful Program Managers." in *Managing Public Programs: Balancing Politics, Administration, and Public Needs*. (ed.) Robert E. Cleary, Nicholas.

Chandler, Alfred(1962). *Strategy and Structure: Chapters in the History of the Industrial Enterprise*. Cambridge: The MIT Press.

Christensen & Lægreid(2012). "Governance and Administrative Reforms." in *The Oxford Handbook of Governance.* (ed.) David Levi−Faur.

Christopher et al.(2012). "NGOs: Between Advocacy, Service Provision, and Regulation." in *The Oxford Handbook of Governance.* (ed.) David Levi−Faur.

Clarke, J., & Newman, J.(1997). *The Managerial States.* London: Sage.

Cleveland, H.(1972). *The Future Executives: A Guide for Tomorrow's Managers.* New York: Harper & Row.

______(1913). *Organized Democracy.* New York: Longmans, Green and Co.

Cleveland, F.(1915). "Evolution of the Budget Idea in the United States." *Annals of the American Academy of Political and Social Science,* 62.

Cocheu, T.(1993). *Making Quality Happen: How Training Can Turn Strategy Into Real Improvement.* Jossey−Bass, San Francisco.

Cochran, Clarke(1974). "Political Science and 'The Public Interest'." *Journal of Politics,* 36(2).

Cohen, Steven & Brand, R.(1993). *Total Quality Management.* San Francisco: Jossey−Bass Publishers; Projected−focused Total Quality Management in New York City Department of Parks and Recreation. *PAR,* 54(5).

Colin, Diver(1982). "Engineers and Entrepreneurs: The Dilemma of Public Management." *Journal of Policy Analysis and Management,* 1(3).

Cooper, Terry(1991). *An Ethic of Citizenship for Public Administration.* Englewood Cliffs, N.J.: Pretice−Hall.

Cooper, Terry L., et al.(2006). "Citizen−Centered Collaborative Public Management." *PAR,* December, Special Issue.

Curtis, Ventriss(1985). "Emerging Perspectives on Citizen Participation." in *Public Administration Review,* May/June.

Dahl, Robert A.(1961). *Who governs? Democracy and Power in an American City.* New Haven, CT: Yale University Press.

Dan, A. Cothran(1993). Entrepreneurial Budgeting: An Emerging Reform. *PAR,* Vol.53.

Deakin, Nicholas & Kieron Walsh(1996). "The Enabling State: The Role of Markets and Contracts." *Public Administration,* 74(1).

Denhardt, Robert B., & Janet Vinzant Denhardt(2000). "The New Public Service: Serving Rather than Steering." *PAR,* 60(6).

______(2003). *The New Public Service, Serving, not Steering.* M. E. Sharpe, Inc.

Dimock, Marshall E.(1936). "Criteria and Objectives of Public Administration." in *The Frontiers of Public Administration.* (ed.) J. M. Gaus, L. D. White & Marshall E. Dimock, Chicago: Univ. of Chicago.

Dohency, S.(2007). "Responsibility and the Deliberative Citizen: Theorizing the Acceptance of Individual and Citizenship Responsibilities." *Citizenship Studies*, 11(4).

Donald, F. Haider(1977). "Zero Base; Federal Style." *PAR*, Vol.37, July/August.

Dobel, J. Patrick(2005). "Public Management as Ethics." in *The Oxford Handbook of Public Management.* (ed.) Ferlie E. et al., Oxford University Press.

Drucker, Peter F.(1954). *The Practice of Management.* New York: Haper & Row Publishers, Inc.

______(1974). *Management: Tasks, Responsibilities, Ptactices.* New York: Harper & Row.

______(1976). "What results should you expect? A users' guide to MBO." *PAR*, 36(1).

Dunleavy, Patrick(1991). *Democracy, Bureaucracy and Public Choice.* New York: Harvester Wheatsheaf.

Eadie, Douglas C., et al.(1983). "Putting a Powerful Tool to Practical Use: The Application of Strategic Planning in the Public Sector." *PAR*, Vol.43.

Eadie & Steinbacher(1985). "Strategic agenda management: A marriage of organizational development and strategic planning." *PAR*, 45.

Easton, David A.(1965). A *System Analysis of Political Life.* New York: John Wiley & Sons.

Epstein, Paul D., & Deborah A. Cutchin(1990). "The Achieving Organization in Local Government." and Deborah A. Cutchin & Paul D. Epstein. "Make No small Plans: New Jersey Municipalities Attempt to become achieving organizations." *National Civic Review*, 79(May-June).

Eric, Welch & Stuart Bretschneider(1999). "Contracting in can Government be a Business?" in *Public Management Reform and Innovation.* (ed.) H. G. Frederickson & J. M. Johnston.

Etzioni, Amitai(1995). *The New Communitarian Thinking.* Charlottesville, VA: Univ. of Virginia Press.

______(1967). *Public Policy in a New Key.* New Brunswick: Transaction Publishers.

Evan, M. Berman & Jonathan P. West(1997). "Total Quality Management in Local Government." in *Handbook of Local Government Administration.* (ed.) John J. Gargan.

Felderman, M. S., & Khademian, A. M.(2001). "Managing for Inclusion: Balancing Control and Participation." *International Public Management Journal*, 3.

Ferlie, E., et al.(1996). *The new Public Management in Action.* Oxford: Oxford Univ. Press.

Fisher, R., & W. Ury(1981). *Getting to Yes: Negotiating Agreement Without Giving In.* New York: Penguin Books.

Floyd, S. W., & Wooldridge, B.(1997). "Middle management's strategic influence and organizational performance." *Journal of Management Studies*, 34.

Frederickson, George H.(1996). "Comparing the reinventing government with the new public administration." *PAR*, 56(3).

______(1980). *New Public Administration.* Tuscaloosa: Univ. of Alabama Press.

Fowler, M.(1988). *Human Resource Management in Local Government.* London: IPM.

Fox & Miller(1997). "The Depreciating Public Policy Discourse." *American Behavioral Scientist*, 41(1).

______(1995). *Postmodern Public Administration. Towards Discourse.* London: Sage.

Furlong, Scott R.(1998). Political Influence od the Bureaucracy: The Bureaucracy Speaks. *Journal of Public Administration Research and Theory*, 8(1).

Gabris, Gerald T., & Robert T. Golembiewski(1997). "The Pratical Application of OD to Local Gov'ts." in *HandBook of Local Gov't Administration.* (ed.) John J. Gargan.

Gaebler, T., & David Osborne(1992). *Reinventing Government: How the Entrepreneurial Spirit is Transforming the Pubic Sector.* Addison-Wesley: Reading, MA.

Garber, Judith A.(1997). "Reinventing What?: The Uncertain Context of Local Govern't Administration." in John J. Gargan (ed.) *Handbook of Local Governmwnt Administration.*

Gargan, John J.(ed.)(1997). *Handbook of Local Gov't Administration.* New York: Marcel Dekker.

______(1986). "Local Government Governing Capacity: Challenges for the New Century." in Honadle, B. W. & A. M. Howitt, (eds.) *Perspectives on Management Capacity Building.* State Univ. of New York Press.

Gerasimos, A. Gianaski & Clifford P. McCue(1997). "Local Gov't Capacity Building Through Performance Measurement." in *Handbook of Local Gov't Administration.* (ed.) John Gargan.

Globerman, S., & Vining, A.(1996). "A Framework for Evaluating the Government Contracting-out Decision with an Application to Information Technology," *Public Administration Review*, 56(6).

Goggin, Malcolm, et al.(1990). *Implementation Theory and Practice: Toward a third Generation.* Glenwood, IL: Scott Foresman/Little, Brown.

Golembiewski & Gabris(1995). "Tomorrow's city management: Guides for avoiding success-becoming-failure." *PAR*, 55.

Greiner, John M.(1984). "Motivating Improved Productivity: Three Promising Approaches." in *Creative Personnel Practices: New Ideas for Local Governments.* (ed.) John Matzer, Washington, D.C.: ICMA.

Gruening, G.(2001). "Origin and Theoretical Basis of New Public Management." *International Public Mansgement Journal*, 4(1).

Gunn, L.(1992). *The Effective Manager in Local Government.* Glasgow: mimeo.

Handy, C. Gorden, et al.(1988). *Making Managers.* London: Macmillan.

Haque, M. S.(1996). "The intellectual crisis in public administration in the current epoch of privatization." *Administration & Society*, 27(4).

Hammer, Michael & James Champy(1993). *Reengineering the Corporation.* New York: HarperCollins.

Harber, C.(1992). *Democratic Learning and Learning Democracy, Education for Active Citizenship.* Ticknall: Education Now.

Harbermas, J.(1990). *Moral Consciousness and Communicative Action.* Cambridge: Polity Press.

______(1996). *Between Facts and Norms: Contributions to a Discourse Theory of Law and Democracy.* Cambridge, MA: MIT Press.

Harmon, Michael M.(1995). *Responsibility as Paradox: A Critique of Rational Discourse on Governmental.* Thousand Oaks, Calif., Sage.

Harold, F. Gortner, et al.(1987). *Organization Theory.* Chicago: Dorsey.

Hart, David K.(1997). "A Partnership in Virtue Among All Citizens': The Public Service and the Civic Humanist Tradition." *International Journal of Public Administration*, 20.

Havens, Harry S.(1976). "MBO and Program Evaluation or Whatever happened to PPBS?" *PAR*, 36(1).

Heald, David & Neal Geaughan(1999). "The Private Financing of Public Infrastructure." in *The New Management of British Local Governemrnt.* (ed.) Garry Stocker.

Heifetz, Ronald(1994). *Leadership without Easy Answers.* Cambridge, MA: Harvard Univ. Press.

Helen, Lawson(2001). "Active citizenship in school and the community." *The Curriculum Journal*, 12(2), summer.

Hendriks, Frank & Pieter Tops(1999). "Between Democracy and Efficiency: Trends in Local Government Reform in the Netherlands and Germany." *Public Administration*, 77(1).

HM Gov't(1990). *Measuring Up: Performance Indicators in Further Education.* London: HMSO.

Hood, Christopher(2005). "Public Management, The Word, The Movement, The Science." in *The Oxford Handbook of Public Management.* (ed.) by Ferlie E., Lawrence E. Lynn Jr. & Christopher Pollitt, Oxford University Press.

______(1991). "A Public Management for All Seasons." *Public Administration*, Vol.69, Spring.

Hood, C., & Michael Jackson(1991). *Administrative Argument.* Aldershot: Dartmouth.

Hughes, Owen E.(1998). *Public management & Administration.* New York: Macmillan Press.

______(1994). *Public Management and Administration.* New York: Martin Press.

Hunter, Floyd(1953). *Community Power Structure: A Study of Decision Makers.* Chapel Hill, N.C.: University of North Carolina Press.

ICMA(1991). Code of Ethics with Guidelines, *Who's Who in Local Government Management, 1991~1992.* Washington, D.C.: ICMA.

______(1993). *The Effective Local Government Manager.*

Inglehart, R.(1997). *Modenization and Postmodernization. Cultural, Economic and Political Change in 43 Societies.* Princeton: PrincetonUniversity Press.

Ingraham & Rosenbloom(1989). "The New Public Personnel and the New Public Service." *PAR,* 49(2).

Jacob, Torfing(2012). "Governance Networks." in *The Oxford hadbook of Governance.* (ed.) David Levi—Faur.

Janet, Vinzant & Lane Crothers(1998). *Street—Level Leadership: Discretion and Legitimacy in Front—Line Public Service.* Washington, D.C.: Georgetown Univ. Press.

Jong, S. Jun(1976). "Management by Objectives in the Public Sector." *PAR,* 36(1).

Johnston, K. B.(1993). *Beyond Bureaucracy: A Blueprint and Vision for Government That Works.* Business One Irwin, Homewood, IL.

Karen, G. Evans & Gary L. Wamsley(1999). "Where's the Institution? Neoinstitutionalism and Public Management." in *Public Management Reform and Innovation.* (ed.) by H. G. Frederickson & J. M. Johnston.

Kaplan, Robert S., & David P. Norton(1996). *The Balance Scorecard: Translating Strategy into Action.* Cambridge, MA: Harvard Business School Publishing.

Kasemets, A.(2000). "In Implications of New Public Management Theory in the Research Service." Paper Presented at the 66th International Federation of Library Associations and Institutions, Jerusalem, Augus.

Kaufman, Herbert(1956). "Emerging Conflicts in the Doctrines of Public Administration." *American Political Science Review,* 50(4).

Kearney, Richard C., & Steven Hays(1994). "Labor Management Relations and Participative Decision Making: Toward a New Paradigm." *PAR,* 54(1).

Keating & Jablonsky(1990). *Changing roles of Financial Management: Getting Close to the Business.* Financial Executives Research Foundation, Morristown, N.J.

Kerley, Richard.(1994). *Managing in Local Government.* The Macmillan Press Ltd.

Klijn, Erik—Hans(2005). "Networks and Inter—Organizational Management." in Ferlie et al., (ed.) *The Oxford Handbook of Public Management.*

Kline, J. J.(1992) "Total quality management in local government." *Government Finance Review*, 8(4).

Knight, J.(1992). *Institutions and Social Conflict.* Cambridge: Cambridge Univ. Press.

Kirlin, John(1996). "What Government Must Do Well: Creating Value for Society." *Journal of Public Administration Research and Theory*, 6(Jan).

King & Stivers(1998). Government is Us: *Public Administration in an Anti-Government Era.* Thousand Oaks, CA: Sage.

King, Jean A., Morris Lynn Lyons & Fitz-Gibbon, Carol Taylor(1987). *How to Assess Program Implementation.* Newbury Park: Sage Publications.

Kooiman, J.(1993). "Governance and Governability: Using Complexity, Dynamics and Diversity." in *Modern Governance.* (ed.) J. Kooiman London: Sage.

Korten, David(1990). *Getting to the 21th Century: Voluntary Action and Global Agenda.* West Hartford, CT: Kumarian Press.

Kotler, Milton(2005). *Neighborhood Government: The Local Foundations of Political Life.* New York: Bobbs-Merill, 1969 and Rev. (ed.) Lanham, MD: Lexington Books.

Kotter, John(1979). "Managing External Dependence." *Academy of Management Review*, 4.

Kusek, Jody Zall & Rist, Ray C.(2004). *Ten Steps to a Results-Based Monitoting and Evaluation System.* Washington, D.C.: The World Bank.

Lado, A. A., et al.(1992). "A competency-based model of sustainable competitive advantage: Toward a conceptual integration." *Journal of Management*, 18.

Lansley, S., Goss, S., & Wolmar, C.(1989). *Councils in Conflict.* London: Macmillan.

Larry, D. Terry(1998). "Administrative Leadership, Neo-Managerialism, and the Public Management Movement." *PAR*, 58(3).

Larry, Schroeder(1982). "Local Gov't Multi-Year Budgetary Forecasting: some administrative and political issues." *PAR.*

Lawrence, F. Keller(2003). "Public Administration as Management." in Jack Rabin (ed.) *Encyclopedia of Public Administratiom and Public Policy.* Mardel Dekker, Inc.

Levi-Faur, D.(2012). "From Big government to Big Goverance." in *The Oxford Handbook of Governance.* (ed.) David Levi-Faur. Oxford University Press.

Levine, M. J.(1995). "Labor and management response to total quality management." *Quality Management Today.* J. P. West (ed.) ICMA, Washington, D.C.

Levy, John M.(2006). "*Contemporary Urban Planning.*" Englewood Cliffs, N.J.: Prentice Hall.

Lynn, Jr. Lawrence E.(1996). *Public Management as Art, Science and Profession.* Chatham, N.J.: Chatham House Publishers.

______(2005). "Public Management A Concise History of The Field." in Ferlie E., et al., (ed.) *The Oxford Handbook of Public Management.*

Linda, deLeon & Robert B. Denhardt(2000). "The Political theory of Reinvention." *PAR*, 60(2).

Linda, Kaboolian(1998). "The New Public Management." *PAR*, 58(3).

Loretta, R. Flanders & Dennis Utterback(1985). "The Management Excellence Inventory: A Tool for Management Development." *PAR*, 45, May－June.

Lowndes, Vivien(1997). "Change in Public Service Management: New Institutions and New managerial Regimes." *Local Government Studies*, 23(2).

______(1999). "Management Change in Local Governance." in Garry Stocker (ed.) *The New Management of British Local Governance.* Macmillan Press Ltd.

______(1996). "Varieties of New Institutionalism: A Critical Appraisal." *Public Administration*, 74(2).

Lowndes, Pratchet & Gerry Stocker(2001). "Trends in public participation: Part 1 local government perspectives." *Public Administration*, 76.

Lindblom, Charles E.(1965). *The Intelligence of Democracy.* New York: Free Press.

MacGregor, Burns, James(1978). *Leadership.* New York: Harper and Row.

McGregor, Douglas(1957). "The Human Side of the Enterprise." *Management Review*, November.

______(1957). "An Uneasy Look at Performance Appraisal." *Harvard Business Review*, Vol. 35.

MaClelland, D. C.(1973). "Testing for Competence rather than intelligence." *American Psychologist*, 28.

Margaret, S. Carlson & Roger Schwarz(1995). "What do Citizens Really Want?" *Popular Government*, Spring.

Marini, F., ed.(1971). *Toward a New Public Administration: The Minnowbrook Perspective.* San Francisco Chandler Publishing Co.

Marshall, T. H.(1977), *Class, citizenship and social development.* University of Chicago Press.

Matthew, R. Fairholm(2001). "Leading from the middle: The power and influence of middle leaders." *The Public Manager*, Vol.30, Winter.

Michael, E. Milakovich(1990). "TQM for Public Sector Productivity Improvement." *Public Productivity and Management Review*, 15.

Michael, Scott－Morton & Peter G. W. Keen(eds.)(1978). *Decision Support Systems: An Organizational Perspective.* Reading, MA: Addison－Wesley.

Mikesell, John L., & Daniel R. Mullins(2011). Reforms for Improved Efficiency in Public

Budgeting and Finance. *Public Budgeting & Finance*, Winter.

Milward, H. Briton(1994). "Implications of Contracting Out: New Roles for the Hollow State." in *New Paradigms for Gov't: Issues for the Changing Public Service.* (ed.) P. W. Ingraham, B. S. Romzek, and Associates. San Francisco: Jossey-Bass.

Mintzberg, Henry(1996). "Managing Government, Governing Management." *Harvard Business Review*, May-June.

Moe, Ronald(1994). "The Reinventing Government Exercise: Misinterpreting the Problem, Misjudging the Consequences." *PAR*, 54(2).

Moe, Ronald C., & Robert Gilmour(1994). "Rediscovering Principles of Public Administration: The Neglected Foundations of Public Law." *PAR*, 54(2).

Mockler, Robert J.(1972). *The Management Control Process.* New York: Appleton-Century-Crofts.

Morphet J.(1993). *The Role of Chief Executives in Local Government.*

Moynihan, D. P.(1998). *Secrecy: The American Experience.* Yale Univ. Press.

Najam, A.(1999). "Citizen Organization as Policy Entrepreneurs." in David Lewis (ed.) *International Perspectives on Voluntary ActionL Reshaping the Third Sector.* London: Earthcan Publication.

Nakamura, R. T., & Smallwood, Frank(1980). *The Politics of Policy Implementation.* New York: St. Martin's Press.

Nalbandian, John(1990). "Tenets of Contemporary Professionalism in Local Government." *PAR*, 50.

______(1999). "Facilitating community, enabling democracy: new roles for local government managers." *Public Administration Review*, May/June.

______(1994). "Reflections of a pracademic on the logic of politics and administration." *PAR*, 54.

Nancy Roberts, C.(1992). "Public Entrepreneurship and Innovation." *Policy Studies Review*, 11(1).

Newton, K.(1976). *Second City Politics.* Oxford: Univ' Press.

Nigro, F., & L. Nigro(1973). *Modern Public Administration.* New York: Harper & Row.

Odiorne, George S.(1965). *Management by Objectives: A System of Managerial Leadership.* New York: Pitman Publishing Co.

OECD(1989). *Survey of Public Management Developments 1988.* Paris: OECD.

Oliver, P. Williams(1961). "A Typology for Comparative Local Government." *Midwest Journal of Political Science*, 5, May.

Ordiorne, George S.(1976). "MBO in state government." *PAR*, 36(1).

Osborne, David & Ted A. Gaebler(1992). "Bringing Government Back to Life." *Governing*, 5, Feb.

______(1992). *Reinventing Government: How the Entrepreneurial Spirit Is Transforming the Public Sector*. Reading, MA: Addison－Wesley.

Ostrom, Vincent & Elinor Ostrom(1971). "Public Choice: A Different Approach to the Study fo Public Administration." *PAR*, 31.

Paul, Amy C.(1991). *Future Challenges, Future Opportunities: Final Report of the ICMA Future Visions Consortium*. Washington D.C.: ICMA.

Patrick, D. Larkey & Erik A. Devereux(1999). "Good Budgetary Decision Processes." (ed.) H. G. Frederickson & J. M. Johnston, *Public Management Reform and Innovation*. the university of Alabama Press.

Perrow, Charles(1977). "The Bureaucratic Paradox: The efficient organization centralizes in order to decentralize." *Organization Dynamics*, Spring.

Peter, A. Pyhrr(1977). "The Zero－Base Approach to government budgeting." *PAR*, Vol.37.

Perry, James L.(1989). "The Effective Public Administratiom." in *Handbook of Public Administration*. (ed.) James L. Perry, San Francisco: Jossey－Bass.

Perry, J. L., & Lois Wise(1990). "The Motivational Bases of Public Service." *PAR*, 50(3).

Peters, B. Guy & Donald Savoie(1996). "Managing Incoherence: The Coordination and Empowerment Conundrum." *PAR*, 56(3).

Peter, deLeon(1997). *Democracy and the Policy Sciences*. Albany: State Univ. of New York Press.

Peters & Waterman(1982). *In search of Excellence*. Warner Books, New York.

Poister, Theodore H.(1986). "A HUD Capacity Sharing Effort: The Financial trend monitoring system." *Public Budgeting and Finance*, Vol.6.

Phillips, S. D.(2012). "The new Citizenship and Governance: Alternative Intersections." in *The Oxford Handbook of Governance*. (ed.) David Levi－Faur.

Pierson, J.(1992). "Effective local government internship." *Public Management*, 74(2).

Pocock, J. G. A.(1995). "The Ideal of Citizenship Since Classical Times." in *Theorizing Citizenship*. (ed.) Ronald Beiner, Albany: State Univ. of New York Press.

Pollitt, Christopher(1993). *Managerialism and the Public Services*. Oxford: Blackwell.

______(1990). *Managerialism and the Public Service*. Cambridge, UK: Basil－Blackwell.

Poister, Theodore H. & Gregory Streib(2005). "Elements of Strategic Planning and Manage－ment in Municipal Government: Status after two decades." *Public Administration Review*, 65.1(Jan/Feb).

______(1999). "Strategic Management in the Public Sector." *Public Productivity & Manage-*

ment Review, 22(3), March.
______(1997). "Strategic Management: A Core Responsibility of Local Gov't Administrators." in *Handbook of Local Gov't Administration*. (ed.) John J. Gargan.
______(1995). "MBO in Municipal Government: Variations on a Traditional Management Tool." *PAR*, 55(1).
Powell, Thomas C.(1995). "When lemmings learn to sail: Turning TQM to competitive advantage, 1995." in *Handbook of Business Strategy*. (eds.) B. Voss & D. Willey London: Faulkner & Gray.
Pressman, Jeffrey & Aaron Wildavsky(1973). *Implementation: How Great Expectations in Washington Are Dashed in Oakland*.
Putnam, Robert D.(1993). *Making Democracy work: Civic Traditions in Modern Italy*, Princeton, N.J.: Priceton Univ. Press.
______(1995). "Bowling Alone: America's declining social capital." *Journal of Democrcy*, 6(1).
Quade, E. S.(1975). *Analysis for Public Decisions*. New York: American Elsevier Publishing Co.
Rainey, Hal G. & Chun Young Han(2005). "Public and Private Management compared." in Ferlie et al. (ed.) *The Harvard Handbook of Public Management*. Oxford University Press.
Rhys Andrews, et al.(2008). "Supporting Effective Citizenship in Local Government: Engaging, Educating and Empowering Local Citizens." *Local Government Studies*, 34(4).
Rhodes, R. A. W.(2012). "Waves of Governance." in *The Oxford Handbook of Governance*. (ed.) David Levi-Faur.
______(1996). "The new Governance, Governing without Government." *Political Studies*, 44(4).
Rice, Tom W., & Alexander F. Sumberg(1997). "Civic Culture and Government Performance in the American State." *Publics*, 27.
Roberts, Nancy C.(1992). "Public Entrepreneurship and Innovation." *Policy Studies Review*, 11(1).
Rodgers, Robert & John E. Hunter(1992). "A Foundation of Good Management Practice in Gov't: Management by Objectives." *PAR*, Vol.52.
Roethlisberger, F. J., & William Dickson(1939). *Management and the Worker*, Cambridge, MA: Harvard Univ. Press.
Romzek, B. S., & Melvin J. Dubnick(1987) "Accountability in the Public Sector: Lessons from the Challenger Tragedy." *PAR*, 47(3).

Rosenbloom, David H.(2001). "History lessons for Reinventors." *PAR*, Vol.61.

Rowat, D. C.(1979). *Administrative Secrecy in Developed countries*. Columbia Univ. Press.

Sandel, Michael(1996). *Democracy's Discontent*, Cambridge: Belknap Press of Harbard Univ. Press.

Sanford, M. Groves, et al.(1981). "Financial Indicators for Local Gov't." *Public Budgeting and Finance*, Vol.1.

Sanger, J. B., & M. A. Levin(1992). "Using Old Stuff in New Ways: Innovation as a Case of Evolutionary Tinkering." *Journal of Policy Analysis and Management*, 11(1).

Savitch, H. V.(1994). "Reorganization in three cities: Explaining the disparity between intended actions and unanticipated consequences." *Urban Affairs Q*, 29(4).

Savitch, H. V., & William A. Tharp(1997). "The Changing Landscape of Big City Management." in John J. Gargan (ed.) *Handbook of local Government Administration.*

Schachter, Hindy L.(1997). *Reinventing Gov't or Reinventing Ourselves, The Role of Citizen Owners in Making a Better Gov't.* State Univ. og New York Press.

Schattschneider, E. E.(1952). "Political Parties and the Public Interest." *Annals of the American Academy of Political and Social Science*, 280.

Schein, Edgar(1987). *Organizational Culture and Leadership*, San Francisco: Jossey－Bass.

Schick, Allen(1966). "The Road to PPB: The States of Budget Reform." *PAR*, Vol.26.

______(1990). "Budgeting for results: Recent development in five industrialized countries." *PAR*, Vol.50.

Schubert, Glendon(1960). *The Public Interest, A Critique of the Theory of a Political Concept.* Glencoe, IL: Free Press.

Sharpe, L. J.(1970). "Theories and Values of Local Government." *Political Studies*, 18(2).

Sherwood, Frank P., & William J. Page, Jr.(1976). "MBO and public management." *PAR*, 36(1).

Simon, Herbert A.(1947). *Administrative Behabior: A Study of Decision Making Processes in Administrative Organization*, Macmillan: New York.

Sørensen, E., & Torfing, J.(2005). "Democratic anchorage of governance network." *Scandinavian Political Studies*, 28.

______(2009). "Making goverance networks effective and democratic through metagovernance." *Public Administration*, 87.

Sprague, Jr. Ralph(1980). "A Framework for the Development of Decision Support System." *MIS Quarterly*, 4(4), December.

Steiss, A. W.(2003). *Strategic Management for Public and Nonpublic Organizations*. Marcel Dekker, Inc.

Stevens, C.(1994). "The Politics of Decentralization." *Teaching Public Administration*, 15(2).

Stewart, J.(1986). *The New Management of Local Government.* London: Allen & Unwin.

Stewart, J., & Clarke, M.(1987). "The Public Service Orientation: Issues and Dilemmas." *Public Administration*, 65(2).

StillmanⅡ, Richard J.(1974). *The Rise of the City Manager.* Albuquerque: University of New Mexico Press.

Stivers, Camilla(1990). "The Public Agency as Polis: Active Citizenship in Administrative State." *Administration & Society*, 22(1).

Stocker, Gerry(1998). "Public Private Partnerships and Urban Governance." in J. Pierre (ed.) *Partnerships in Urban Governance: European and American Experience.* London: Macmillan.

______(eds.)(1999). *The New Management of British Local Government.* Macmillan Press LTD.

______(2002). "Democracy and citizenship." in *Democratic Theory Today: Challenges for 21st Century.* A. Carter & G. Stockes (eds.) Cambridge: Polity Press.

______(2004). *Transforming Local Governance: From Thatcherism to New Labour.* Basing-stoke: Palgrave Macmillan.

______(1991). *The Politics of Local Government.* London, Macmillan.

Stone, C.(1989). *Regime Politics: Governing Atlanta, 1946–1988.* Lawrence: Univ. of Kansas Press.

Stone, Deborah(1997). *Policy Paradox: The Art of Political Decision Making.* New York: W. W. Norton.

Stone, Harold A., et al.(1940). *City Manager Government in the United States.* Chicago: Public Administration Service.

______(1957). *Administrative Behavior.* (2nd ed.) New York: Free Press.

Stribling P. Boynton(1989). "A Dozen Tips for Working with Media." *Public Management*, March.

Sullivan, William M.(1995). "Institutions as the Infrastructure of Democracy." in *New Communitarian Thinking: Persons, Virtues, Institutions, and Communities.* (ed.) by Amitai Etzioni. Charlottesville, Va.: Univ. Press of Virginia.

Svara J. H.(1985). "Dichotomy and Duality: Reconceptualizing the relationship between policy and administration in council–manager cities." *PAR*, 45.

Sylvia, Ronald D.(1997). "Managing Human Resources: Personnel Administration in Local Gov't." in *Handbook of Local Governemnt Administration.* (ed.) John J. Gargan.

Terry, Larry(1998). "Administrative Leadership, Neo–Managerialism, and the Public Management Movement." *PAR*, 58(3).

Thompson, G.(1993). "Network Co−ordination." in R. Maidment & G. Thompson (eds.) *Managing the United Kingdom*. London: Sage.

Thompson, Arthur A. Jr., & A. J. Strickland Ⅲ−Hill(1996). *Strategic Management: Concepts & Cases*. Boston, MA. Irwin/MaGraw.

Tiebout, C. M.(1956). "A Pure Theory of Local Expenditure." *Journal of Political Economy*, 64.

Vancil, Richard F.(1976). "Strategy Formulation in Complex Organizations." *Sloan Management Review*, 17, Winter.

Wagenheim George D. & John H. Reurink(1991). "Customer Service in Public Administration." *PAR*, 51, May−June.

Waldo Dwight(1948). *Administrative State: A Study of Political theory of American Public Administration*. Ronald Press Co.: New York.

______(1955). *The Study of Public Administration*. New York: Random House.

Weihrich, Heinz(1982). "The TOWS matrix: a tool for situational analysis." *Long Range Planning*, 15(2).

Weimer, David(1980). "CMIS Implementation: A Demonstration of Predictive Analysis." *PAR*, 50(3).

West, J. P., Berman, E. M., & Milakovich, M. H.(1994). Total quality management in local government. *Municipal Yearbook 1994*. International City Management Association. Washington, D.C.

Wholey, Joseph S. & Harry P. Hatry(1992). "The Case for Performance Monitoring." *PAR*, 52(6).

Wisniewski, S. C.(1992). "A Framework for considering the contracting out of government services." *Public Personnel Management*, 21.

Wright C. R.(1960). "Functional Analysis and Mass Communication." *Public Opinion Quarterly*, Vol.24.

Wright Deil S.(1988). *Understanding Intergovernmental Relations*. (3rd ed.) Pacifics Grove, Ca.: Brooks/Cole Publishing Co.

Yankelovich, Daniel(1999). *The Magic of Dialogue*. New York: Simon and Schuster.

Yin & Yates(1975). *Street Level Governments*, Lexington Books, Lexington, MA.

Zachman, J. H.(1987). "A Framework for Information Systems Architecture." *IBM System Journal*, 26(3).

Zimmerman, Joseph F.(1986). "*Participatory Democracy*." Populism Revised. New York: Praeger Publishers.

찾아보기

ㅊ

ㅌ

ㅍ

ㅎ

김종후

[약 력]

- 서울대 행정대학원 행정학 석사
- 서울대 대학원 행정학 박사
- 서울행정학회 부회장 역임
- 한국행정학회 부회장, 이사 역임
- 한국지방자치학회 이사 역임
- 대통령소속 지방자치발전위원회 위원
- 국가고시 · 공무원시험 출제 · 채점 위원 역임
- 군산대학교 행정학과 교수

[주요 논문]

지방정부 기획체제 변화요인에 관한 연구(서울대학교 대학원), 공공시설 설치에 따른 지역/집단간 이해갈등과 조정에 관한 연구(지방자치학회보), 지방정부 관리환경 변화에 대한 대응전략(지역발전연구), 지방정부 관리정향과 책임준거(서울행정학회), 지방정부관리자의 역할정향에 관한 연구(한국자치행정학보), 지방정부의 시민성 육성에 관한 서설적 연구(한국자치행정학보) 등

지방정부관리론

펴낸날 제1판 제1쇄 2017년 8월 30일
지은이 김종후
펴낸이 임춘환
펴낸곳 도서출판 대영문화사
주소 서울특별시 용산구 청파로 61길 5(청파동 1가) 제일빌딩 2층
등록 1975년 12월 26일 제3-16호
전화 (02)716-3883, (02)714-3062
팩스 (02)703-3839
홈페이지 http://www.dymbook.co.kr

ISBN 978-89-7644-598-8
값 25,000원